W0034822

Rudolf Large

Strategisches Beschaffungsmanagement

Eine praxisorientierte Einführung

Mit Fallstudien

2., überarbeitete und erweiterte Auflage

Prof. Dr. Rudolf Large lehrt Betriebswirtschaftslehre, insbesondere Logistik und Produktion, an der Hochschule Anhalt (FH). Er ist Vorsitzender der Region Sachsen-Anhalt im Bundesverband Materialwirtschaft, Einkauf und Logistik e.V. (BME).

Die Deutsche Bibliothek – CIP-Einheitsaufnahme

Ein Titeldatensatz für diese Publikation ist bei
Der Deutschen Bibliothek erhältlich.

1. Auflage April 1999
2., überarbeitete und erweiterte Auflage Oktober 2000

Alle Rechte vorbehalten

© Betriebswirtschaftlicher Verlag Dr. Th. Gabler GmbH, Wiesbaden, 2000
Lektorat: Jutta Hauser-Fahr / Renate Schilling

Der Gabler Verlag ist ein Unternehmen der Fachverlagsgruppe BertelsmannSpringer.

Das Werk einschließlich aller seiner Teile ist urheberrechtlich geschützt. Jede Verwertung außerhalb der engen Grenzen des Urheberrechtsgesetzes ist ohne Zustimmung des Verlages unzulässig und strafbar. Das gilt insbesondere für Vervielfältigungen, Übersetzungen, Mikroverfilmungen und die Einspeicherung und Verarbeitung in elektronischen Systemen.

www. gabler.de

Höchste inhaltliche und technische Qualität unserer Produkte ist unser Ziel. Bei der Produktion und Verbreitung unserer Bücher wollen wir die Umwelt schonen: Dieses Buch ist auf säurefreiem und chlorfrei gebleichtem Papier gedruckt. Die Einschweißfolie besteht deshalb aus Polyäthylen und damit aus organischen Grundstoffen, die weder bei der Herstellung noch bei der Verbrennung Schadstoffe freisetzen.

Die Wiedergabe von Gebrauchsnamen, Handelsnamen, Warenbezeichnungen usw. in diesem Werk berechtigt auch ohne besondere Kennzeichnung nicht zu der Annahme, dass solche Namen im Sinne der Warenzeichen- und Markenschutz-Gesetzgebung als frei zu betrachten wären und daher von jedermann benutzt werden dürften.

Konzeption und Layout des Umschlags: Ulrike Weigel, www.CorporateDesignGroup.de
Druck und Buchbinder: Hubert & Co, Göttingen
Printed in Germany

ISBN 3-409-22245-6

für Birgit,
Friederike und
Rebekka

Vorwort zur 2. Auflage

Überraschend schnell wurde die 2. Auflage notwendig. Dies gab mir Gelegenheit, neue Ergebnisse von Forschungs- und Praxisprojekten aufzunehmen. Die Ausführungen zur Beschaffungsaufbauorganisation und zum Lieferantenerfolgspotentialportfolio konnten deshalb vollständig überarbeitet werden. In der kurzen Zeit seit der ersten Auflage gab es zudem rasante Veränderungen in der Anwendung von Internet-Technologien im Einkauf. Auf die Aufnahme einer zusätzlichen Lerneinheit über Virtuelle Beschaffung habe ich jedoch bewußt verzichtet. Statt dessen wurden die betroffenen Lerneinheiten um die jeweils relevanten Internet-Anwendungen ergänzt. Eine dritte Fallstudie, die die Erstellung eines Lieferanten-Erfolgspotential-Portfolios zum Gegenstand hat, wurde neu aufgenommen. Um den Umfang des Buchs in etwa zu erhalten, waren auch einige Kürzungen notwendig.

Wiederum sind viele Gedanken aus der Zusammenarbeit mit Unternehmen eingeflossen. Besonders wertvoll waren dafür die Diskussionen im Regionalarbeitskreis Sachsen-Anhalt im Bundesverband Materialwirtschaft, Einkauf und Logistik. Stellvertretend möchte ich Herrn Erich Bierschenk danken, der durch sein persönliches Engagement die Zusammenarbeit zwischen Hochschule und Wirtschaft in hervorragender Weise gefördert hat. Mein besonderer Dank gilt wiederum Frau Anja Schubert für ihre Flexibilität und ihren Einsatz bei der Durchsicht des Manuskripts.

Bernburg und Weinheim   Rudolf Large
im August 2000

Vorwort zur 1. Auflage

Noch immer fristet die betriebliche Grundfunktion Beschaffung gegenüber ihren großen Geschwistern, der Produktion und dem Absatz, ein Schattendasein. Trotzdem oder gerade deshalb war es mein Ziel, ein praxisorientiertes Lehr- und Lernbuch zu schreiben, das aufzeigen soll, welche bedeutsamen Beträge des Beschaffungsmanagements zum Erfolgspotential der Unternehmung möglich sind. Der nun vorliegende Text ist aus meiner Vorlesung „Strategisches Beschaffungsmanagement" im Hauptstudium der Hochschule Anhalt (FH) und der Fachhochschule Süd-Karelien in Lappeenranta hervorgegangen und gliedert sich nach amerikanischem Vorbild in 18 abgeschlossene aber dennoch inhaltlich zusammenhängende Lerneinheiten, die jeweils etwa dem Umfang einer zweistündigen Vorlesung entsprechen. Zwei größere Fallübungen dienen dazu, den Lernerfolg in der problemorientierten Anwendung zu überprüfen. Durch die Bearbeitung der Fälle in Gruppen soll nicht zuletzt die Fähigkeit zur Arbeit im Team, die heute eine wesentliche Anforderung an Beschaffungsmanager darstellt, gefördert werden.

Das Buch richtet sich in erster Linie an Studentinnen und Studenten der Fachhochschulen, Universitäten und Berufsakademien, die im Beschaffungsmanagement eine vielversprechende Berufsperspektive erkannt haben. Es wird aber auch all jenen Studierenden eine Hilfe sein, die im späteren Berufsalltag als Produktionsmanager, Controller, Konstrukteur und vor allem als Verkäufer mit dem Einkauf zusammenarbeiten werden.

Die Entwicklungen der letzten Jahre und die zunehmende Erfolgsorientierung der Unternehmungen haben das Tätigkeitsfeld des Einkäufers grundlegend gewandelt und zu neuen beruflichen Anforderungen geführt. Hierdurch ist ein großer Weiterbildungsbedarf gerade hinsichtlich strategischer Fragestellungen entstanden. Die vorliegende Schrift wurde deshalb in besonderem Maße für Führungskräfte und Führungsnachwuchskräfte des Einkaufs konzipiert, welche die Herausforderungen der modernen Wirtschaftsgesellschaft annehmen und sich dazu in die strategischen Handlungsfelder des Beschaffungsmanagements einarbeiten möchten.

Hilfreich waren dazu Gedanken, die aus der Zusammenarbeit mit Unternehmen verschiedener Branchen vor allem im Arbeitskreis Sachsen-Anhalt des Bundesverbands Materialwirtschaft, Einkauf und Logistik BME e.V. entstanden sind. Wichtig für die Ausführung des Buches waren jedoch vor allem eigene Berufserfahrungen in der Maschinenbauindustrie. An dieser Stelle sei deshalb ausdrücklich meinen früheren Kolleginnen und Kollegen für die lehrreiche Zeit gedankt. Stellvertretend möchte ich Herrn Klaus Börner nennen, der mir eindrucksvolle Einblicke in seinen reichen fachlichen und menschlichen Erfahrungsschatz eröffnete.

Mein besonderer Dank gilt Herrn Dipl.-Kfm. Wolfgang Rückels für seine stete Diskussionsbereitschaft und für seine kritischen Anmerkungen zu einem ersten Entwurf dieses Buches. Dank schulde ich auch Frau Anja Schubert für die mühevolle Durchsicht des Manuskripts.

Danksagen möchte ich nicht zuletzt meiner Frau Birgit und meinen Töchtern Friederike und Rebekka. Sie gewährten mir voller Verständnis einen arbeitsreichen Sommer 1998, ohne den das nun vorliegende Buch nicht entstanden wäre. Ihnen ist es deshalb in tiefer Zuneigung gewidmet.

Bernburg und Weinheim   Rudolf Large
im Januar 1999

Inhaltsverzeichnis

1. Kapitel:

Grundlagen

1. Lerneinheit:

Bedeutung und Objekte der Beschaffung

Die beiden folgenden Lerneinheiten bilden eine Einheit und können als Einführung in das komplexe Gebiet des Beschaffungsmanagements verstanden werden. Zunächst werden die Bedeutung und die Aktualität der Beschaffung herausgearbeitet. Im Mittelpunkt der 1. Lerneinheit steht eine Übersicht und erste Gliederung der vielfältigen Beschaffungsobjekte einer Unternehmung.

Lernziele

Nach dem Studium dieser Lerneinheit sollten Sie in der Lage sein,

- die Beschaffung als betriebswirtschaftliche Grundfunktion einzuordnen,
- die Bedeutung der Beschaffung zu erläutern,
- aktuelle Entwicklungen in der Beschaffung aufzuzeigen,
- die Beschaffungsobjekte grob zu klassifizieren und abzugrenzen.

1.1 Bedeutung der Beschaffung

Unternehmungen sind spezielle menschliche Einrichtungen der Schöpfung von Wert unter einheitlicher Leitung.[1] Menschliche Schöpfung bedeutet stets Bestehendes zu verändern, aus Gegebenem Neues zu bauen, aus Geringwertigem Besseres zu schaffen. In jeder Unternehmung müssen deshalb Einsatzgüter unterschiedlichster Art beschafft werden, um die Funktion der Wertschöpfung erfüllen zu können. Darin findet die **betriebswirtschaftliche Funktion der Beschaffung** ihre Begründung. Folgen wir zunächst an dieser Stelle einer Definition von **Arnold**, so umfaßt die betriebswirtschaftliche Funktion der Beschaffung „sämtliche unternehmens- und/oder marktbezogene Tätigkeiten, die darauf gerichtet sind, einem Unternehmen die benötigten, aber nicht selbst hergestellten Objekte verfügbar zu machen."[2] Die Beschaffung erfüllt somit die Funktion der Versorgung der Unternehmung.

Welche **Bedeutung** hat nun diese Aufgabe im Vergleich zu den anderen Aufgaben der Forschung und Entwicklung, der Produktion und des Absatzes? Betrachten wir dazu die Kostenstruktur der drei größten Branchen des verarbeitenden Gewerbes (**Abbildung 1**).

	Maschinenbau		Herstellung von Kraftwagen und Kraftwagenteilen		Chemische Industrie	
	1996	1997	1996	1997	1996	1997
Materialverbrauch	39,6%	38,7%	48,8%	49,7%	32,6%	33,9%
Handelsware	6,5%	6,5%	12,5%	12,7%	12,4%	13,0%
Lohnfertigung	3,1%	3,2%	1,3%	1,2%	1,6%	1,7%
sonst. Dienstleistungen	1,5%	1,6%	1,6%	1,2%	3,4%	3,6%
Energie	1,0%	0,9%	0,9%	0,8%	3,3%	3,4%
Abschreibungen auf Sachanlagen	3,0%	2,9%	3,9%	3,8%	4,6%	4,4%
Summe	54,7%	53,8%	69,0%	69,4%	57,9%	60,0%

Abbildung 1:   Kosten im Verarbeitenden Gewerbe (Industrie und Handwerk ab 20 Mitarbeiter) als Anteil am Bruttoproduktionswert in %.
Quelle: Statistisches Bundesamt. Statistisches Jahrbuch 1998 und 1999. 9.3 Kostenstruktur im produzierenden Gewerbe.

---

[1]   Vgl. Large (1995), S. 11.
[2]   Arnold (1997a), S. 3.

Im Maschinenbau erreichte beispielsweise der Materialverbrauch 1997 einen Anteil von 38,7% am Bruttoproduktionswert.[3] Nimmt man Handelswaren, Lohnfertigung, Energie, sonstige Dienstleistungen und Abschreibungen hinzu,[4] so wird deutlich, daß über die Hälfte des Bruttoproduktionswertes einer Maschinenbauunternehmung durch am Markt bezogene Sachgüter und Dienstleistungen bestimmt wird. Bei einem Bruttoproduktionswert von 267,2 Mrd. im Maschinenbau entspricht dies einem Einkaufsvolumen von 143,7 Mrd. DM. In anderen Branchen liegt der Anteil sogar über 60%. Alleine daraus kann man eine hohe Bedeutung des Managements der Beschaffung ableiten. Durch die Beschaffung der notwendigen Einsatzgüter wird offensichtlich ein **großer Anteil der Kosten einer Unternehmung** beeinflußt. Zieht man noch in Betracht, daß auch die Qualität der Endprodukte und somit die Umsätze in vielen Branchen wesentlich durch die **Qualität der bezogenen Einsatzgüter** bestimmt wird, so wird die Bedeutung der Beschaffung für den Erfolg der Unternehmung deutlich.[5]

1.2 Aktuelle Entwicklungen in der Beschaffung

Man könnte nun annehmen, Beschaffung sei eine einfache und rein operative Aufgabe. Jeder von uns kauft täglich ein und empfindet dies meistens nur als lästige Aufgabe und kaum als besondere Herausforderung. Die Beschaffung der Unternehmungen ist jedoch aufgrund der gezeigten Bedeutung eine außerordentlich vielfältige und komplexe Tätigkeit. Dies wird nicht zuletzt an den **Trends in der Beschaffung**, die in den letzten Jahren ersichtlich wurden, deutlich.[6] **Trent** und **Monczka** haben auf Basis einer Befragung von Managern,[7] die an einem jährlich stattfindenden Seminar an der Michigan State University teilnahmen, Bereiche des Beschaffungsmanagements ermittelt, in denen sich in den letzten Jahren **wesentliche Veränderungen** ergaben bzw. in der nahen Zukunft ergeben werden.[8]

● Die Erwartungen der Unternehmensleitungen hinsichtlich einer Leistungsverbesserung der Beschaffung nehmen noch immer zu und sind die treibende Kraft bei der Entwicklung neuer Ideen im Beschaffungsmanagement.

---

[3] Der Bruttoproduktionswert entspricht in der Definition des Statistischen Bundesamtes dem Umsatz ohne Umsatzsteuer plus der Bestandsveränderung an unfertigen und fertigen Erzeugnissen und dem Wert selbsterstellter Anlagen.

[4] Weitere Fremdbezugsanteile sind noch im Posten sonstige Kosten (z.B. Beratung, Transport) enthalten.

[5] Diese Überlegungen werden in der 3. Lerneinheit fortgeführt.

[6] Vgl. Monczka/Trent/Handfield (1998), S. 698-713, Trent/Monczka (1998) sowie die Einzelbeiträge in Large (1998a).

[7] Die Teilnehmergruppe war nicht identisch und variierte in der Anzahl: 1990: 53, 1993: 61, 1997: 58.

[8] Vgl. Trent/Monczka (1998), S. 3.

- Die Unternehmensleitungen messen der Beschaffungsfunktion und dem Lieferantenstamm zunehmend Bedeutung für den Unternehmenserfolg zu.

- Das Vertrauen in funktionsübergreifende Teams nimmt zu.

- Bei der Entwicklung von Informationssystemen liegen die Schwerpunkte zunehmend bei externen Kommunikationsverbindungen und bei der Vernetzung von Beschaffungsabteilungen verschiedener Standorte.

- Die Notwendigkeit der Leistungsmessung des Beschaffungssystems und der Lieferanten nimmt zu.

- Die Anzahl der Lieferanten nimmt weiterhin ab, wenngleich nicht so stark wie in der Vergangenheit.

- Der Anteil langfristiger Vertragsbeziehungen nimmt weiterhin zu.

- Der Wille zur Lieferantenförderung nimmt zu.

- Die Zuständigkeit des Beschaffungsmanagements für strategische Aufgaben nimmt zu, während jene für operative Aufgaben abnimmt.

- Die Beschaffung wird zunehmend zu einer globalen Aufgabe.

Mit diesen Trends wurden exemplarisch einige aktuelle Problembereiche des Beschaffungsmanagements angesprochen. Bevor sie diese interessanten Entwicklungen in ihrer Konsequenz begreifen und einordnen können, müssen zunächst noch einige Grundlagen gelegt werden. Dabei wird uns zunächst ein einführendes Beispiel helfen.

1.3 Ein einführendes Beispiel

Der vorangegangene Abschnitt hat ein buntes Bild der Entwicklungen im modernen Beschaffungsmanagement gezeichnet. Welche Verrichtungen sind nun aber konkret mit der Erfüllung der Versorgungsfunktion in der Unternehmung verbunden und welche Objekte werden beschafft? Um diese Frage zu beantworten, können wir uns zunächst exemplarisch den **Ablauf eines Arbeitstages** eines Einkaufsleiters betrachten (**Abbildung 2**).

Einkaufsleiter Michel versucht an diesem Vormittag eine wichtige strategische Aufgabe zu erledigen: er soll seine Meinung zu einem neuen EDV-System für seine Abteilung abgeben. Durch das Tagesgeschäft wird er jedoch an die (nicht erfolgte) mittelfristige Materialbedarfsplanung, an Vertragsentwürfe und an noch ausstehende Preisverhandlungen erinnert. Zusätzlich muß er sich um die Lösung von aktuellen Problemen kümmern, die er nur teilweise an seine Mitarbeiter delegieren kann.

Karl Michel ist Einkaufsleiter der Anhaltinischen Zahnrad und Getriebe GmbH (AZG) mit Sitz in Bernburg. Das Unternehmen hat einen jährlichen Umsatz von 115 Mio. DM, der von 450 Mitarbeitern erbracht wird. Neben Michel sind in der Abteilung „Einkauf" zwei Einkäufer beschäftigt. Das jährliche Einkaufsvolumen beträgt 52 Mio. DM.

Michel betritt sein Büro. Gerade hat er an einer Besprechung mit dem Entwicklungsteam des Hauses und einem Vertriebsingenieur der Firma KUNA teilgenommen. Die Entwicklung präferiert KUNA als Lieferant der Schaltkupplungen für die neue Großgetriebegeneration, obwohl Michel wiederholt auf die kritische Geschäftssituation von KUNA hingewiesen hat. Noch hat er die Hoffnung nicht aufgegeben, die Zusammenarbeit mit KUNA verhindern zu können.

Ein Blick auf den Schreibtisch erinnert ihn an die Arbeitssitzung „Materialwirtschaft 2000" am Nachmittag. Unbearbeitet liegt dort das umfangreiche Konzept für ein neues EDV-System zur Einkaufsabwicklung. Heute findet die Sitzung statt, in der man seine Stellungnahme zu dem Papier erwartet. Michel schlägt die erste Seite auf. Bereits beim ersten Absatz, der die strategischen Herausforderungen der Jahrtausendwende zum Gegenstand hat, klingelt das Telefon.

Johannes Schrauber, der Leiter der Endmontage, ist verärgert. Die Lieferung der Kegelräder aus Tschechien sei noch nicht eingetroffen. Er habe ja schon immer bei diesem Lieferanten Bedenken gehabt. Die Montage stehe still. Michel versichert Schrauber schnell, daß er sich selbst um die Sache kümmern werde. Sofort ruft er seinen Mitarbeiter Huber. „Huber, lassen Sie alles liegen, die Montage steht! Schaffen Sie sofort die Teile bei!"

Als Huber das Zimmer verlassen hat, lockert Michel seine Krawatte. Zurück zur Materialwirtschaft 2000. „Das neue EDV-System wird durch eine detaillierte Lieferantenbewertung Entscheidungsgrundlagen für einen strategischen Einkauf liefern." Es klopft an der Tür. Schröder, ein weiterer Mitarbeiter, informiert Michel, daß der Vertreter von Kugeljäger gerade gekommen sei, um mit ihm über den neuen Rahmenvertrag zu sprechen. Er habe jedoch derzeit keinen Überblick, welche Mengen an Wälzlagern für das nächste Geschäftsjahr geplant seien. Michel rät, die Planmengen des laufenden Jahres um 10% zu erhöhen. Die grobe Richtung werde dann schon stimmen.

Michel liest weiter. Er denkt an den Abrufvertrag für Büromaterial mit der Firma Papier-Müller. Papier-Müller hat noch immer falsche Preisvorstellungen. Bei dem derzeit vorliegenden Angebot würde der Abrufvertrag kaum einen Preisvorteil gegenüber der derzeitigen Praxis von Einzelbestellungen bieten. Außerdem liegen sehr günstige Vergleichsangebote vor. Gleich morgen wird er den alten Müller anrufen und ihn mit dieser Situation konfrontieren. Morgen wird auch die Verhandlung mit Zunftmeister wegen der neuen Drehmaschine stattfinden. Michel überfliegt nur noch das Konzeptpapier und markiert wichtige Begriffe: strategischer Einkauf, Entscheidungsgrundlagen, Beschaffungscontrolling, reibungslose Prozesse.

Wieder klingelt das Telefon. Es ist Fred Braun aus der Abteilung Qualitätssicherung. Wiederholt seien große Lunker in den Rohlingen der Eisengießerei Hohenberg aufgetreten. Man müsse dringend ein Gespräch mit dem Lieferanten führen, um die Qualitätsmängel zu beseitigen. Michel ist überrascht und versichert, daß er in den nächsten Tagen mit dem Produktionsleiter der Eisengießerei Hohenberg sprechen werde. Es ist 13.55 Uhr. Michel eilt zur Sitzung.

Abbildung 2:   Ein Vormittag im Leben des Einkaufsleiters Karl Michel.

Auch bei den **Beschaffungsobjekten** bietet sich ein vielfältiges Bild. Die Einkaufsabteilung, die insgesamt 3 Mitarbeiter umfaßt, kauft pro Jahr im Wert von 52 Mio. DM ein: Schaltkupplungen, Kegelräder, Wälzlager, Büromaterial, Büroausstattungen, Drehmaschinen, Gußrohlinge.

Mit der Beschreibung eines Vormittags von Karl Michel haben wir einen ersten Einblick in die Arbeit einer Einkaufsabteilung gewonnen, die für viele Unternehmungen typisch ist. Beim weiteren Lesen des Buches werden Sie die aufgezeigten Probleme besser verstehen, die Fehler von Michel erkennen und Wege kennenlernen, wie diese Fehler vermieden werden können.

Obwohl wir durch diesen „Fall" bereits eine erste Übersicht des Gegenstands der Beschaffung gewonnen haben, wollen wir zunächst unser Wissen über die Objekte weiter vertiefen und uns ein strukturiertes Bild darüber verschaffen. Daran anschließen werden sich in der 2. Lerneinheit erste Überlegungen zu den Aufgaben im Beschaffungsbereich.

1.4 Objekte der Beschaffung in Industrieunternehmungen

Die Bedarfe einer Unternehmung an Einsatzgütern, die von Lieferanten bezogen werden, sind noch weitaus vielfältiger als in dem Beispiel gezeigt und können in unterschiedlicher Art und Weise nach verschiedenen Kriterien gegliedert werden. Die Auswahl der Klassifikationsmerkmale hängt primär vom Zweck der Unternehmung ab und stellt bereits eine grundlegende Aufgabe des Beschaffungsmanagements dar.[9]

In der Literatur finden sich zahlreiche Aussagen über den Objektumfang der Beschaffung und über Ansätze zur Gliederung der Beschaffungsobjekte.[10] Der Objektumfang reicht danach von der Gleichsetzung von Beschaffung und Produktionsmaterialbeschaffung bis hin zu einem beispielsweise von **Sandig** und **Grochla** vertretenen umfassenden Beschaffungsansatz, bei dem neben Sachgütern auch Arbeitskräfte, Kapital, Rechte und Informationen als Objekte der Beschaffung betrachtet werden. Dementsprechend haben sich unterschiedliche Klassifikationsansätze herausgebildet. An dieser Stelle wird eine erste Grobgliederung in **fünf Beschaffungsobjekthauptgruppen** vorgeschlagen (**Abbildung 3**),[11] die häufig in Industrieunternehmungen vorzufinden sind, und die uns helfen soll, die Spannbreite der Beschaffungsobjekte einer Unternehmung zu erfassen.

---

[9] Siehe dazu die 5. Lerneinheit.

[10] Als wichtige Einzelarbeiten seien hier erwähnt: Sandig (1935), Arbeitskreis Hax (1972) und Grochla (1977). Siehe auch die Übersichten in Grochla/Schönbohm (1980), S. 16-25, Hammann/Lohrberg (1986), S. 5-9, Arnold (1997a), S. 3-5.

[11] Eine weitergehende Klassifizierung wird in Lerneinheit 5 vorgenommen.

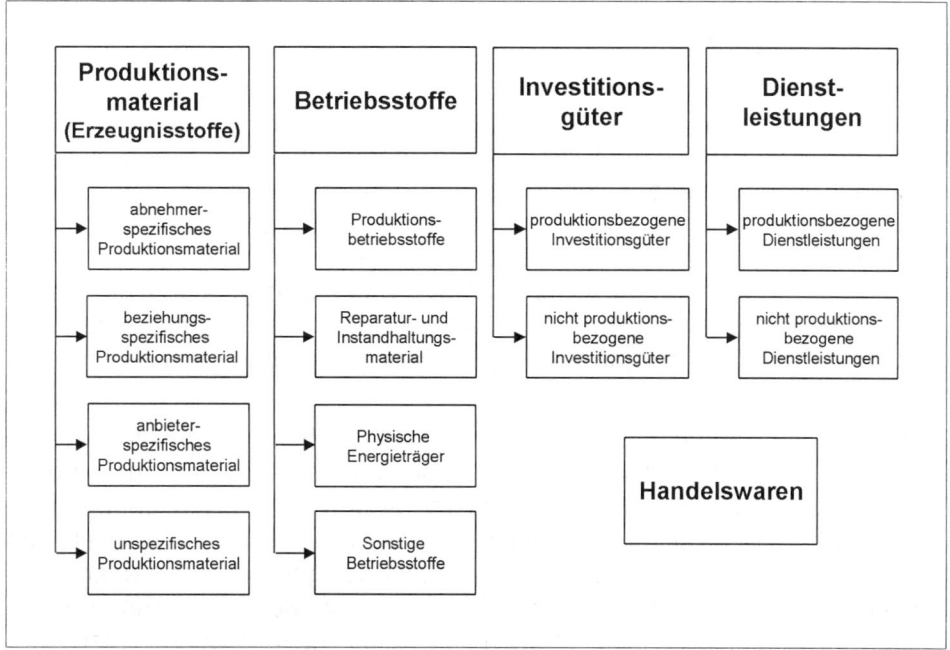

Produktions- material (Erzeugnisstoffe)	Betriebsstoffe	Investitions- güter	Dienst- leistungen
abnehmer- spezifisches Produktionsmaterial	Produktions- betriebsstoffe	produktionsbezogene Investitionsgüter	produktionsbezogene Dienstleistungen
beziehungs- spezifisches Produktionsmaterial	Reparatur- und Instandhaltungs- material	nicht produktions- bezogene Investitionsgüter	nicht produktions- bezogene Dienstleistungen
anbieter- spezifisches Produktionsmaterial	Physische Energieträger		
unspezifisches Produktionsmaterial	Sonstige Betriebsstoffe	Handelswaren	

Abbildung 3:   Beschaffungsobjekthauptgruppen.

Produktionsmaterial geht in das zu produzierende Gut ein. Produktions-material entspricht den **Werkstoffen** im faktororientierten Modell, zu denen **Gutenberg** neben den Rohstoffen auch alle Halb- und Fertigerzeugnisse zählt, die „als Ausgangs- und Grundstoffe für die Herstellung von Erzeugnissen zu dienen bestimmt sind, mithin nach der Vornahme von Form- oder Substanzänderungen oder nach dem Einbau in die Fertigerzeugnisse Bestandteile der neuen Produkte werden."[12] In einer eher materialwirtschaftlichen Sichtweise entspricht das Produktionsmaterial den Erzeugnisstoffen.[13]

Produktionsmaterial kann zunächst nach dem Grad des **Fertigungsfortschritts** in Rohstoffe, Halb- und Fertigerzeugnisse gegliedert werden. Fertigerzeugnisse sind Werkstoffe, die ohne Gestaltsänderung lediglich dem Einbau in ein Endprodukt dienen. Diese werden in der Praxis häufig als Komponenten bezeichnet und hinsichtlich der Montagestufe in Teile und Gruppen gegliedert.[14] Für gegossene oder geschmiedete Halbfertigerzeugnisse, an denen noch keine spanende Bearbeitung vorgenommen wurde, ist der Begriff „Rohling" oder Rohteil[15] üblich. Diese Beispiele aus der Metallverarbeitung machen deutlich, daß Klassifikationen hinsichtlich des Ferti-

---

[12] Gutenberg (1983), S. 122.
[13] vgl. Grochla (1978), S. 15.
[14] Vgl. DIN 199 Teil 2, S. 6, 9.
[15] Vgl. DIN 199 Teil 2, S. 8.

gungsfortschritts ganz wesentlich von der **Technologie des Produktionsprozesses** abhängen

Objekte der Beschaffung sind jedoch nur diejenigen Produktionsmaterialien, die nicht in vorgelagerten Fertigungsstufen selbst erstellt, sondern von Lieferanten bezogen werden.[16] In Produktionsunternehmen findet man stets ein fließendes Nebeneinander von selbsterstelltem Produktionsmaterial (Halbfertigerzeugnisse) und fremdbezogenem Produktionsmaterial (Rohstoffe, Halb- und Fertigerzeugnisse). In der DIN 199 Teil 2 „Begriffe im Zeichnungs- und Stücklistenwesen - Stücklisten" werden **Eigenteile** (eigene Entwicklung und eigene Fertigung), **Fremdteile** (fremde Entwicklung und fremde Fertigung) und **Fremdfertigungsteile** (eigene Entwicklung und fremde Fertigung) unterschieden.[17]

Das wichtigste Kriterium zur Gliederung von fremdbezogenem Produktionsmaterial ist die **Spezifität**. **Abnehmerspezifisches Produktionsmaterial** kann nur von einem Abnehmer eingesetzt werden, für dessen Endprodukte es individuell entwickelt und gefertigt wurde. Beispiel dafür sind alle Teile und Baugruppen, die nach einer Zeichnung („**Zeichnungsteile**") oder einer anderen Vorgabe des Abnehmers individuell erstellt werden. Können diese Produktionsmaterialien nicht oder nicht mehr, z.B. wegen einer Umkonstruktion eines Endproduktes, im Sinne der geplanten Verwendung eingesetzt werden, haben sie in aller Regel nur noch Schrottwert. In der Chemieindustrie gehören dazu alle Rohstoffe, die gemäß einer Spezifikation speziell für einen Abnehmer hergestellt werden.

Anbieterspezifisches Produktionsmaterial kann nur von einem bestimmten Lieferanten und von anderen Lieferanten höchstens in ähnlicher aber dennoch abweichender Form bezogen werden. Das Material wurde von dem Lieferanten gestaltet und enthält dessen Produktwissen. Typisches Beispiel sind nicht standardisierte Produktionsmaterialien, die von einem Lieferanten unter Angabe bestimmter technischer Spezifikationen (z.B. Leistung, Anschlußmaße) an eine Vielzahl von Kunden verkauft werden („**Katalogteile**"). Die darüber hinausgehenden genauen Produktinformationen sind dem Abnehmer jedoch unbekannt. Ist ein benötigtes anbieterspezifisches Material nicht oder nicht mehr verfügbar, so führt dies in aller Regel zu Änderungskonstruktionen oder wenn möglich zum Einsatz von Substitutionsgütern mit ähnlichen Eigenschaften.

Bedeutsam ist auch die Kombination von Anbieter- und Abnehmerspezifität. Hierdurch entstehen **beziehungsspezifische Produktionsmaterialien**. In diese Klasse fallen alle Produktionsmaterialien, die von einem Abnehmer

---

[16] Allerdings ist die Frage, welche Teile selbst erstellt oder bei Lieferanten bezogen werden, eine wichtige Frage im Rahmen des strategischen Beschaffungsmanagements.
[17] Vgl. DIN 199 Teil 2, S. 4, 5.

und einem Lieferanten gemeinsam gestaltet wurden und dann in der Regel nur von diesem Lieferanten produziert werden können. Ein Beispiel dafür ist die Entwicklung eines Antriebes für eine bestimmte Werkzeugmaschine entsprechend eines vom Anbieter vorgegebenen Pflichtenhefts.

Daneben gibt es als vierten Typus völlig **unspezifisches Produktionsmaterial**. Dazu zählen alle nach nationalen (z.B. DIN, BSI, AFNOR) oder internationalen Standards (CEN, ISO) genormten Produktionsmaterialien („**Normteile**") sowie alle Produktionsmaterialien, die in gleichartiger Beschaffenheit von einer großen Anzahl von Lieferanten angeboten und von einer großen Anzahl von Abnehmern nachgefragt werden („**Branchenstandards**"). Beispiele dafür sind Sechskantschrauben nach DIN 931 bzw. nicht genormte Kunststoffgriffe, wie sie von vielen Herstellern und vom Technischen Handel angeboten werden.[18] Zur Gruppe des unspezifischen Produktionsmaterials gehört auch der ganz überwiegende Teil der **Rohstoffe**, wie z.B. die Gießereirohstoffe Eisen, Mangan, Kupfer, Zink usw., und unspezifische Halbzeuge, wie z.B. Stahlbleche, gezogenes Rundmaterial und Standardprofile. In der Chemieindustrie enthält diese Klasse vielfältig verwendbare Grundstoffe, z.B. Methanol, die von verschiedenen Quellen bezogen werden können. Unspezifisches Produktionsmaterial hat somit reinen Warencharakter (**Commodities**).

Eine weitere, häufig vorzufindende Gliederung des Produktionsmaterials ist jene in Hilfsstoffe und Erzeugnishauptstoffe.[19] **Hilfsstoffe** gehen ebenso wie die Erzeugnishauptstoffe in das Produkt ein, sind jedoch je Einheit hinsichtlich ihres Werts „unbedeutend"[20] und in aller Regel unspezifisch. Musterbeispiele sind Klebstoffe oder häufig verwendete Normteile, wie Dichtungen oder Schrauben. Deshalb werden Hilfsstoffe üblicherweise nicht in die Stückliste eines Produkts aufgenommen und dementsprechend der Bedarf verbrauchsorientiert geplant.

Die zweite Beschaffungsobjektgruppe enthält alle Materialien, die nicht der Gruppe Produktionsmaterial zuzurechnen sind, also nicht in das Endprodukt eingehen. Dabei handelt es sich um die große und heterogene Gruppe der **Betriebsstoffe.** Betriebsstoffe sind zur Durchführung der Wertschöpfungsprozesse erforderlich, gehen jedoch nicht in das Produkt ein. Beispiele aus der Produktion sind Kühl- und Schmierstoffe, welche bei der spanenden Fertigung (Fräsen, Bohren etc.) benötigt werden, sowie alle Artikel für den Arbeitsschutz, z.B. Gehörschutzartikel, Arbeitsschuhe und Schutzbrillen. Eine wichtige Gruppe innerhalb der Betriebsstoffe sind die physischen

---

[18] Der Übergang dieser zweiten Gruppe der unspezifischen Teile zu den anbieterspezifischen Teilen ist häufig jedoch fließend.

[19] Vgl. Grochla (1978), S. 14.

[20] Allerdings können auch Hilfsstoffe in Summe einen erheblichen Einkaufswert erreichen.

Energieträger, wie Kohle, Heizöl, Treibstoffe und Erdgas. Zu den Betriebsstoffen zählen auch alle Materialien, die für wertschöpfende Tätigkeiten benötigt werden, die nicht zur Produktion im engeren Sinne zählen. Beispiele dafür sind Instandhaltungs-, Reinigungs- und Reparaturmaterial, Büromaterial, Verpackungsmaterial und Werbemittel, wie z.B. Kataloge, Werbegeschenke etc.

Ebenso wie Produktionsmaterial können Betriebsstoffe gemäß ihrer **Spezifität** untergliedert werden. Allerdings ist hier der Anteil von unspezifischen und anbieterspezifischen Beschaffungsobjekten bedeutend höher. Die überwiegende Zahl von Betriebsstoffen kann als Katalogmaterial oder wie z.B. Energie- und Treibstoffe als unspezifische Ware beschafft werden (**Commodities**).

Daneben werden in jeder Unternehmung auch Betriebsstoffe benötigt, welche in keinem oder nur sehr indirektem Zusammenhang mit wertschöpfenden Tätigkeiten stehen und deshalb eher konsumtiven Charakter haben. Es handelt sich dabei um Güter, die von Mitgliedern der beschaffenden Organisation während ihrer Tätigkeit konsumiert werden. Beispiele für diese heterogene Gruppe von Gütern sind Kaffee, Milch und Kekse für Besprechungen, Hygieneartikel oder auch die Geburtstagsblumen für einen Mitarbeiter. Erzeugnisstoffe (Produktionsmaterial) und Betriebsstoffe können unter dem Begriff „**Material**" zusammengefaßt werden.[21]

Eine Sonderstellung nimmt das **Verpackungsmaterial** ein. Dieses umfaßt Packmittel und Packhilfsmittel.[22] Verpackungsmaterial gehört prinzipiell zu den Betriebsstoffen. Verpackungsmaterial kann jedoch auch Produktionsmaterial sein, wenn die Verpackung ein Bestandteil des Produktes ist. Dies ist häufig bei Verkaufsverpackungen der Fall. Beispiel dafür ist die Flasche als Bestandteil des Produktes Wein. Dagegen sind unspezifische Verpackungsmaterialien wie beispielsweise Standardkartons zu den Betriebsstoffen zu rechnen.

Die dritte Hauptgruppe von zu beschaffenden Gütern wird durch die **Investitionsgüter** gebildet. Die Begriffe „Investition" und „Investitionsgut" werden in Forschung und Praxis sehr unterschiedlich gebraucht.[23] **Backhaus** nimmt beispielsweise eine sehr weite Abgrenzung des Investitionsgüterbegriffs vor und subsumiert unter dem Investitionsgüterbegriff alle Leistungen, „die von Organisationen beschafft werden, um weitere Leistungen zu erstellen."[24] Damit wären alle Beschaffungsobjekte mit Ausnahme der sonstigen Materia-

---

[21] Zum Materialbegriff siehe auch Hummel (1996), Sp. 1160.
[22] Siehe zu diesen beiden Begriffen aus dem Verpackungswesen DIN 55405 Teil 3 und 4.
[23] Siehe zur Diskussion des Investitionsbegriffs Rückle (1993).
[24] Backhaus (1993), Sp. 1937.

lien mit eher konsumtivem Charakter Investitionsgüter. Eine solche begriffliche Abgrenzung ist in der betrieblichen Praxis nicht vorzufinden.[25]

Überlicherweise werden mit dem Begriff Investitionsgut materielle Vermögensgegenstände des **Anlagevermögens** bezeichnet, die nicht unter die Grenze der geringwertigen Wirtschaftsgüter fallen. Nach § 247 Abs. 2 HGB umfaßt das Anlagevermögen nur Gegenstände, „die bestimmt sind, dauernd dem Geschäftsprozeß zu dienen." Wesentliche Merkmale von Investitionsgütern sind deshalb die Dauerhaftigkeit der Nutzung und der im Vergleich zum Material oft hohe Wert eines einzelnen Objektes. Die Investitionsgüter entsprechen damit weitgehend den Arbeits- und Betriebsmitteln im Sinne **Gutenbergs**, die alle Einrichtungen und Anlagen umfassen, „welche die technische Voraussetzung betrieblicher Leistungserstellung, insbesondere der Produktion, bilden."[26]

Beispiele für zu beschaffende Investitionsgüter sind Gebäude und Grundstücke, Produktionsmaschinen und -anlagen, fördertechnische Anlagen, EDV-Anlagen, Büroausstattung, Behälter, Werkzeuge, Vorrichtungen usw. Investitionsgüter können grundlegend nach ihrem Bezug zur Produktion in Produktionsinvestitionen und sonstige Investitionen unterschieden werden. Da für Betriebsmittel, die selbst repariert und gewartet werden, Bedarfe an Instandhaltungs- und Reparaturmaterial entstehen, sind die Bedarfe an Investitionsgütern und an Instandhaltungs- und Reparaturmaterial interdependent. Diese Bedarfe können bei den Investitionsgüterherstellern selbst oder bei speziellen Ersatzteillieferanten gedeckt werden.

Eine weitere wichtige, jedoch sehr heterogene Beschaffungsobjektgruppe sind die **Dienstleistungen**. Beispiele dafür sind Logistikdienstleistungen (Transporte, Lagerleistungen), Lohnfertigung („Verlängerte Werkbank"), Lohnverpackung, Beratungsleistungen, Sicherheitsdienste, Hotel- und Gaststättendienste und Reinigungsdienste. In diesem Lehrbuch kann die umfangreiche Diskussion zu dem Wesen von Dienstleistungen und zu den unterschiedlichen Dienstleistungsbegriffen nicht wiedergegeben werden.[27] Ebenso soll keine umfassende Systematik der Dienstleistungen erstellt werden.[28] Dienstleistungen werden von Dienstleistungsunternehmungen, jedoch auch von Industrieunternehmungen bezogen, welche diese als Ergänzung zu ihren Sachleistungen anbieten.[29] Diese Gruppe von Dienst-

---

[25] In der 5. Auflage seines Lehrbuches zum Investitionsgütermarketing räumt Backhaus dementsprechend ein, daß eine solche Abgrenzung „falsche Assoziationen geweckt hat", und bezeichnet diese Gütergruppe nun als „Industriegüter" (Backhaus (1997), S. VII).

[26] Gutenberg (1983), S. 3. Allerdings betrachtet dieser auch die Hilfs- und Betriebsstoffe als Bestandteil der Gruppe der Betriebsmittel. Vgl. Gutenberg (1983), S. 4.

[27] Siehe dazu beispielsweise die Überblicksabhandlungen Corsten (1988), Corsten (1993), Stauss (1996).

[28] Siehe dazu beispielsweise Benkenstein/Güthoff (1996).

[29] Vgl. Homburg/Garbe (1996), S. 255-260.

leistungen wird häufig als **Industrielle Dienstleistungen** bezeichnet und umfaßt beispielsweise Leistungen der Produktberatung, Projektierungs- leistungen, Inbetriebnahmen, Wartungsleistungen, Reparaturen und Schulung.[30]

Bemerkenswert für das Beschaffungsmanagement in Industrieunternehmun- gen ist jedoch vor allem die Unterscheidung von Dienstleistungen nach dem **Grad der Produktionsbezogenheit**. Produktionsbezogen ist neben Instand- haltungsdiensten vor allem die Dienstleistung „Lohnfertigung", die eine gewisse Sonderstellung innerhalb der Dienstleistungen einnimmt. Unter Lohnfertigung (Lohnfabrikation, Lohnarbeit) wird die Ausführung von Produk- tionsprozessen nach **Arbeitsplänen des Abnehmers** verstanden. Das Material wird vom Abnehmer beigestellt. Die Vergütung erfolgt i.d.R. auf Grundlage von vereinbarten Maschinenstundensätzen. Da die Fertigungs- prozesse von Produktionsmateriallieferanten und von Lohnfertigern im Prinzip identisch sind, werden hinsichtlich der Fertigungsfähigkeiten an beide Lieferantengruppen ähnliche Anforderungen gestellt. Zudem ist der Fall nicht unüblich, daß ein Lieferant sowohl Produktionsmaterial liefert als auch in Lohnfertigung Material eines Abnehmers bearbeitet. In diesem Buch wird deshalb das Beschaffungsobjekt „Lohnfertigung" ähnlich wie „abnehmer- spezifisches Produktionsmaterial" behandelt.

Daneben können Dienstleistungen nach dem **Grad der Spezifität** gegliedert werden. Da sich Dienstleistungen gerade durch die Integration eines abnehmereigenen Fremdfaktors auszeichnen,[31] werden sie immer, wenn auch möglicherweise nur in einem geringen Maße, anwender- oder beziehungsspezifisch sein. Gering ist beispielsweise die Spezifität von Transporten, die von einem Frachtführer durchgeführt werden; hoch dagegen die von externen Beratungsleistungen.

Die fünfte Hauptklasse von Beschaffungsobjekten umfaßt die **Handels- waren**. Handelswaren sind Güter, die bezogen und ohne Durchführung von Bearbeitungsprozessen weiterveräußert werden. Typische Handelswaren sind Sachgüter, die das eigene Produktionsprogramm ergänzen, z.B. Repa- raturwerkzeug als Ergänzung einer Werkzeugmaschine, sowie Ersatzteile, die direkt an den Endabnehmer verkauft werden. Daneben können auch Dienstleistungen Handelswaren sein. Ein Beispiel sind Schulungen für End- kunden, die von einem externen Trainingsunternehmen durchgeführt werden.

Häufig wird in der Literatur eine **umfassende Beschaffung** gefordert, die alle Ressourcen einer Unternehmung als Objekte einschließen soll. Diese Forderung ist berechtigt, wenn man Beschaffung als eine neben der Produk-

---

[30] Vgl. Buttler/Stegner (1990), S. 936-938.
[31] Siehe beispielsweise Corsten (1996), Sp. 340-342.

12

tion und dem Absatz stehende betriebswirtschaftliche Grundfunktion betrachtet. Zum Beispiel findet sich bei **Grochla** und **Schönbohm** eine Einteilung der Beschaffungsobjekte in die Objektkategorien Personal, Kapital, Anlagen, Material und Informationen.[32]

Dieser große Objektumfang erscheint uns für ein praxisorientiertes Lehrbuch **nicht zweckmäßig**. Zum einen haben sich innerhalb der Disziplinen Finanzwirtschaft und Personalwirtschaft bereits Lehren zur Beschaffung von Kapital bzw. Arbeitsleistungen etabliert. Zum anderen wird in der unternehmerischen Praxis die Aufgabe der Beschaffung von Arbeitsleistungen bzw. von Kapital durch spezialisierte Personal- und Finanzmanager erfüllt. Die Beschaffungsobjekte „Personal" und „Kapital" sind aus diesen Gründen nicht Gegenstand dieses Buches. Allerdings werden wir noch zeigen, daß zwischen dem strategischen Beschaffungsmanagement und dem Personalmanagement Parallelen bestehen, die uns interessante Einsichten verschaffen können.

Ebenso werden **Informationen** nicht als eigenständige Gruppe von Beschaffungsobjekten betrachtet. Die Überschneidungen mit den bisher betrachteten Beschaffungsobjektgruppen würden zu kaum lösbaren und zudem aus Anwendungssicht zu unnötigen Abgrenzungen führen. Dies wird deutlich, wenn man die heterogene Gruppe von Informationen, die in einer Unternehmung benötigt werden, näher betrachtet. Zunächst können Informationen als Bestandteile zu beschaffender Sachgüter beschafft werden, wie dies z.B. bei Informationen über die Zusammensetzung eines bezogenen Rohmaterials, die in einem Materialzeugnis dokumentiert sein können, der Fall ist. In diesem Sinne enthalten alle beschafften Sach- und Dienstleistungen Informationen. Zum zweiten gibt es Informationen, die an einen physischen Datenträger gebunden sind, der als Sachgut beschafft wird. Beispiele sind Fachbücher, Zeitschriften, eine gedruckte Marktübersicht und ein Lieferantenverzeichnis auf CD-ROM. Die dritte Gruppe von „Informationen" kann als Dienstleistungen, die zu einer Informationsübertragung führen, verstanden werden. Hierzu gehören beispielsweise Beratungsleistungen, gebührenpflichtige Leistungen der Bereitstellung von Informationen über Internet oder Auskünfte.

---

[32] Vgl. Grochla/Schönbohm (1980), S. 16-25. Siehe dazu auch grundlegend Grochla/Kubicek (1976), Grochla (1977).

Empfohlene Literatur zur Lerneinheit 1

Zur Bedeutung der Beschaffung können besonders die Ausführungen in **Arnold** (1997a), S. 12-17, empfohlen werden. Die Entwicklung der Beschaffung wird eindrucksvoll aus der Untersuchung **Trent/Monczka** (1998) ersichtlich. Einen Einblick in die aktuellen Trends im Beschaffungsmanagement geben die Beiträge in **Large** (1998a).

Einen guten Überblick über die üblichen Beschaffungsobjekte und über die mögliche Erweiterung des Objektbereichs geben die frühen Aufsätze **Sandig** (1935), **Arbeitskreis Hax** (1972), **Grochla** (1977) und **Grochla/Kubicek** (1976). Grundlegend ist auch heute noch das Lehrbuch **Grochla/ Schönbohm** (1980), S. 16-25.

2. Lerneinheit:

Aufgaben der Beschaffung

Als zweiter grundlegender Sachverhalt sollen in dieser Lerneinheit die Aufgaben der Beschaffung behandelt werden, die zur Erfüllung der Funktion der Versorgung der Unternehmung erfüllt werden müssen. In dem angeführten Fallbeispiel von Karl Michel wurden bereits einige Tätigkeiten der Beschaffung angesprochen: Mitwirkung in einem Entwicklungsteam, Mitwirkung bei der ablauforganisatorischen Gestaltung eines neuen EDV-Systems zur Einkaufsabwicklung, Gewährleistung der Teileverfügbarkeit, Rahmenvertragsverhandlungen, Bedarfsplanung, Preisverhandlung, Einkauf von Investitionsgütern und Qualitätssicherung. Diese Liste von Tätigkeiten ermöglicht zwar einen ersten Überblick, hat jedoch eher exemplarischen Charakter und ist unsystematisch.

Lernziele

Nach dem Studium dieser Lerneinheit sollten Sie in der Lage sein,

- die Möglichkeiten der Gliederung von Beschaffungsaufgaben zu erläutern,
- Beschaffungstätigkeiten als Wertschöpfungsprozesse zu erklären,
- die Leitungsaufgaben der Beschaffung einzuordnen,
- die Formen von Unsicherheit und die Arten von Informationsasymmetrien zu nennen und zu erläutern,
- den Begriff des Beschaffungsmanagements zu definieren.

2.1 Möglichkeiten der Gliederung von Beschaffungsaufgaben

Bereits im Jahre 1935 nennt **Sandig** als **Einzelaufgaben der Beschaffung** die Schaffung der betrieblichen Voraussetzungen, die Feststellung des Bedarfs, die Prüfung der Eignung der Beschaffungsobjekte, die Untersuchung der Quellen am Markt, die Untersuchung der verschiedenen Beschaffungsbedingungen, die Darstellung des Beschaffungsvorganges sowie die Klärung der Auswirkungen auf das Verhältnis zwischen dem Beschaffer und dem Beschafften.[33] Spätere Systematiken stützen sich in der Regel auf diesen frühen Ansatz.

Mit der Übertragung von Marketinggedanken in den Bereich der Beschaffung wird jedoch in jüngeren Klassifikationen stärker zwischen **abwicklungsorientierten und beschaffungspolitischen Aufgaben** unterschieden. **Grochla** und **Schönbohm** bilden mit dem „Modell des umfassenden Aufgabenkonzepts der Beschaffung" vier Klassen von Aufgaben der Beschaffung, jene der marktgerichteten Beschaffungspolitik, der betriebsgerichteten Beschaffungspolitik, der marktgerichteten Beschaffungsdisposition und der betriebsgerichteten Beschaffungsdisposition. Ähnliche Überlegungen finden sich in der Unterscheidung von Beschaffungsmarketing und Beschaffungsoperating[34] sowie in der Trennung von Tatbeständen des Güterbezugs sowie der Güterlagerung und des -transports.[35] Zur weiteren Untergliederung der Aufgaben des Güterbezugs bzw. des Beschaffungsmarketings wird in diesen Systematiken das aus dem Absatzmarketing bekannte absatzpolitische Instrumentarium auf die Beschaffung übertragen und somit zwischen Aufgaben zur Gestaltung des Beschaffungsprogramms, der Beschaffungspreise und -konditionen, der Beziehungen zu den Beschaffungspartnern und der Beschaffungskommunikation unterschieden.

Häufig findet sich gerade in der anwendungsorientierten Literatur eine Beschränkung auf die einfachen Ausführungsaufgaben der Beschaffung. Beispielsweise unterscheiden **Hammann** und **Lohrberg** zwei Gruppen von Tätigkeiten in der Beschaffung: Tätigkeiten zur Erlangung der Verfügungsgewalt und die innerbetriebliche Behandlung von Beschaffungsgütern. Während zur letzteren Gruppe eher materialwirtschaftliche Tätigkeiten gerechnet werden, enthält die erste die klassischen abwicklungsorientierten Prozesse zur „Ermittlung des Beschaffungsbedarfs, Spezifikation des Beschaffungsbedarfs, Suche nach potentiellen Lieferanten, Einholen von

---

[33] vgl. Sandig (1935a), S. 177.
[34] Vgl. Berg (1981), S. 15.
[35] Küpper (1993), S. 208.

Angeboten, Bearbeitung der Angebote und Auswahl der Lieferanten, Objekt-realisation und Überprüfung der Vertragserfüllung."[36]

2.2 Beschaffung als Wertschöpfungsprozeß

Diese Übersichten reichen zunächst aus, um ein anschauliches Bild der Beschaffungsaufgaben und der Tätigkeiten, die zu ihrer Erfüllung notwendig sind, zu zeichnen. Im folgenden wollen wir trotzdem etwas grundlegender die Tätigkeiten der Beschaffung herausarbeiten, um damit das Fundament einer verrichtungsorientierten Arbeitsdefinition des Beschaffungsmanagements zu legen. Bereits **Sandig** betont den wertschöpfenden Charakter der Beschaffung. Bei Beschaffung handelt es sich „um eine Tätigkeit der Unternehmung, ein aktives schöpferisches Tätigsein, und nicht etwa um einen zwangsläufig sich abwickelnden Vorgang."[37]

Es liegt also nahe, zur Strukturierung von Beschaffungsaufgaben auf die **Wertschöpfungsprozesse der Beschaffung** zurückzugreifen.[38] Ganz allgemein gesprochen ist ein Prozeß eine zeitliche Folge von Handlungen oder Tätigkeiten, zwischen denen ein Sinnzusammenhang besteht. Beschaffungsprozessen liegt als spezielle Ausprägung eines Sinnzusammenhangs der Zweckzusammenhang der Versorgung zugrunde.[39] Um Wert für das beschaffende Unternehmen zu bekommen, müssen die beschafften Güter über relative Eigenschaften verfügen, die durch den Bezug auf die beabsichtigte Nutzung konkretisiert werden können. Wesentliche wert-konstituierende Eigenschaft eines Gutes ist seine Fähigkeit, einen Zweck zu erfüllen. Ein Beschaffungsobjekt wird zu einem Gut, zu einer Vorleistung, wenn es für eine bestimmte Nutzung in der beschaffenden Unternehmung geeignet ist. Das Beschaffungsobjekt hat somit **Eignung** hinsichtlich einer bestimmten Nutzung und deshalb **Eignungswert**.

Produktionsmaterial in der richtigen Qualität und Menge, eine hervorragend geeignete Werkzeugmaschine oder auch der ergonomisch wohlgeformte Bürostuhl haben für die beschaffende Unternehmung keinerlei Wert, solange diese Objekte sich im Eigentum und Besitz eines Lieferanten befinden. Damit ein geeignetes Beschaffungsobjekt tatsächlich genutzt werden kann, muß es auch verfügbar sein. Mit der **Verfügbarkeit** ist die zweite relative Eigenschaft eines Gutes angesprochen, welche ihm endgültig **Gebrauchs-wert** verleiht. Die Verfügbarkeit eines Beschaffungsobjektes hat zwei Dimensionen: die faktische Verfügbarkeit und die rechtliche Verfügbarkeit. Beide Dimensionen müssen gegeben sein, damit ein Beschaffungsobjekt

---

[36] Hammann/Lohrberg (1986), S. 7.
[37] Sandig (1935a), S. 176.
[38] Siehe dazu ausführlicher Large (1995), S. 33-43.
[39] Zum Begriff des Zweckzusammenhanges siehe Sombart (1967), S. 211.

genutzt werden kann und genutzt werden darf.

Die **faktische Verfügbarkeit** wird durch die Übereinstimmung der Orts- und Zeiteigenschaften eines Gutes mit dem Ort und der Zeit des Gebrauchs (der Verfügung) hergestellt. Beispielsweise kann ein bestimmtes Produktionsmaterial nur dann in der Produktion verwendet werden, wenn es zum Zeitpunkt der beabsichtigten Lagerentnahme tatsächlich im vorgesehenen Lagerfach liegt. Ein Gut, dessen faktische Verfügbarkeit für die beschaffende Unternehmung nicht gegeben ist und deshalb nicht genutzt werden kann, hat zwar aus deren Sicht einen Eignungswert, aber keinen Gebrauchswert.

Die **rechtliche Verfügbarkeit** eines Gutes ist gegeben, wenn ein Subjekt das für einen speziellen Gebrauch nötige **Verfügungsrecht** über das Gut hält. Das Verfügungsrecht hinsichtlich einer Sache kann das Recht, deren Form, Ort oder Substanz zu verändern, deren Früchte zu nutzen und alle Rechte an der Sache an einen anderen Menschen zu übertragen, umfassen.[40] Nur wenn ein der Nutzung entsprechendes Verfügungsrecht vorliegt, darf ein faktisch verfügbares Gut tatsächlich genutzt werden. Das umfassende Verfügungsrecht ist das **Eigentum**. So sieht der § 433 BGB ausdrücklich vor, „dem Käufer die Sache zu übergeben und das Eigentum an der Sache zu verschaffen." Die beschaffende Unternehmung erlangt deshalb durch einen Beschaffungsvorgang neben der faktischen Verfügung auch die rechtliche, in der Regel in Form von Eigentum. Verfügungsrechte ergeben sich nicht nur aus dem Eigentum an einer Sache. Ein Beispiel sind die Nutzungsrechte, die aus einem Mietvertrag resultieren. Allerdings kann im Sonderfall auch das Verfügungsrecht fehlen, obwohl eine geeignete Sache faktisch verfügbar ist. Beispiele für faktisch verfügbare und geeignete Güter, die von einer Unternehmung jedoch nicht genutzt werden dürfen, sind Raubkopien von Software, durch den Lieferanten versehentlich geliefertes Material, das für einen anderen Kunden bestimmt ist, oder ein Gebäude, für welches kein Mietvertrag mehr besteht.

Aus diesen drei relativen Werteigenschaften, der Eignung, der faktischen Verfügbarkeit und der rechtlichen Verfügbarkeit, lassen sich nun **drei Formen elementarer Wertschöpfungsprozesse** ableiten. Die erste Klasse von Wertschöpfungsprozessen betrifft die Herstellung oder Änderung der Eignung eines Gutes. Solche Prozesse der Wertschöpfung sollen im weiteren als **Transformationsprozesse** bezeichnet werden. Transformationsprozesse schöpfen Eignungswert und finden sich vor allem im Bereich der Produktion. Ist die faktische Verfügbarkeit eines Produkts Gegenstand von Wertschöpfungsprozessen, so liegen **Transferprozesse** vor. Transferprozesse sind Gegenstand der Logistik. **Transaktionsprozesse** verändern die rechtliche Verfügbarkeit von Gütern. Durch Transfer- und Transaktionspro-

---

[40] Vgl. Furubotn/Pejovich (1972), S. 1140.

zesse wird Eignungswert in Gebrauchswert verwandelt.

Mit diesen Vorüberlegungen lassen sich die **Tätigkeiten der Beschaffung** abgrenzen. Da die Eignung von Beschaffungsobjekten von den Lieferanten geschaffen wird, obliegt der Beschaffung die **Durchführung von Transfer- und Transaktionsprozessen, um gemeinsam mit dem Lieferanten die Verfügbarkeit der Beschaffungsobjekte für die beschaffende Unternehmung zu erreichen.**[41] Daneben gehört zu den Aufgaben der Beschaffung auch, durch Einbindung fähiger Lieferanten und durch die Definition der Anforderungen die Eignung der Beschaffungsobjekte zu gewährleisten. Ähnlich, jedoch ohne Rückgriff auf die Werteigenschaften der Beschaffungsobjekte, definiert **Arnold** den Tätigkeitsbereich der Beschaffung.[42]

Die Ausführung und vor allem die Planung von Transfer- und Transaktionsprozessen für Beschaffungsobjekte sind eng miteinander verwoben. So können beispielsweise logistische Aspekte (Transfer) und Fragen des Eigentumübergangs und der Vergütung (Transaktion) bei der Lieferantenauswahl oder bei der Vertragsgestaltung zwar auf hohem Abstraktionsniveau unterschieden, jedoch kaum anwendungsorientiert sinnvoll abgegrenzt werden. Aus diesem Grund scheint auch die zuweilen vorgeschlagene Trennung der Beschaffung in die Teilfunktionen „**Einkauf**" und „**Beschaffungslogistik**" nur auf der Ebene der Prozeßausführung sinnvoll.[43] Bei der Umsetzung dieser Trennung in der betrieblichen Praxis auch auf der Planungs- und Steuerungsebene besteht darüber hinaus die Gefahr einer Vernachlässigung logistischer Aspekte durch den „Rest"-Einkauf. Im folgenden werden die Begriffe „Einkauf", der in der betrieblichen Praxis stärker verbreitet ist, und „Beschaffung" als **Synonyme** verwendet.

2.3 Managementaufgaben der Beschaffung

Bisher wurde allgemein von der Durchführung von Transfer- und Transaktionsprozessen gesprochen. Neben der **ausführenden Arbeit der Beschaffung**, wie z.B. dem Einlagern von eingegangenen Lieferungen oder dem Versenden von Anfragen, setzt sich die Beschaffung überwiegend aus Tätigkeiten zusammen, die eher dem Bereich des Managements zuzurechnen sind. In dem oben beschriebenen Fallbeispiel wurden beispielsweise die ablauforganisatorische Gestaltung eines neuen EDV-Systems zur Einkaufsabwicklung, Vertragsverhandlungen und die Bedarfsplanung als typische einkäuferische Aufgaben angeführt. Im Sinne **Gutenbergs** gibt es also auch

---

[41] Ebenso führt der Absatzbereich des Lieferanten Transfer- und Transaktionsprozesse durch.

[42] Arnold (1997a), S. 3, siehe Abschnitt 1.1.

[43] Siehe beispielsweise Tempelmeier (1993), Sp. 313-314. Allerdings kann eine funktionale und sogar organisatorische Trennung aus Sicht der Logistikkonzeption vorteilhaft sein. Siehe dazu Pfohl (2000), S. 182-183.

in der Beschaffung neben der objektorientierten Arbeit einen Tätigkeitsbereich der dispositiven Arbeit,[44] der im folgenden als **Beschaffungsmanagement** oder als Gesamtheit der Tätigkeiten zur Erfüllung der Unternehmerfunktion in der Beschaffung bezeichnet werden soll.[45]

Eine Umschreibung und **Gliederung von Managementtätigkeiten** findet
sich in jedem Lehrbuch zur Unternehmensführung. In der Regel gehen diese
auf zwei frühe Arbeiten zurück.[46] Der Ingenieur **Fayol** grenzte bereits im
Jahre 1916 aufgrund seiner eigenen Erfahrungen fünf „Verwaltungsverrich-
tungen" (opérations administratives) in Unternehmungen ab: Vorausschau,
Organisation, Anweisung, Koordination und Kontrolle.[47] Wenige Jahre später
entwickelte **Gulick** auf Grundlage der Fayol'schen Einteilung die bekannte
POSDCORB-Gliederung, welche die Managementfunktionen Planning,
Organizing, Staffing, Directing, Coordination, Reporting und Budgeting
umfaßt,[48] und die als Grundlage aller späteren Klassifikationen betrachtet
werden kann.

Zu ähnlichen Ergebnissen führt auch eine Abgrenzung von Managementtätigkeiten, die sich an der **Arbeitsidee der Reduktion von Unsicherheit**
orientiert.[49] Danach erfüllen Träger der Unternehmerfunktion durch die
Ausführung von Managementtätigkeiten (unternehmerische Arbeit) die
Funktion der Reduktion von Unsicherheit bei der Wertschöpfung. Unsicherheit entsteht zum einen durch unsicheres Wissen über vergangene,
derzeitige und zukünftige Ausprägungen der natürlichen und institutionellen
Umwelt. Diese Form der Unsicherheit kann als **Umweltunsicherheit**
bezeichnet werden. Beispiele dafür sind Unsicherheiten über die Entdeckung
bisher unbekannter Rohstoffvorkommen oder über das geltende Recht auf
einem Auslandsmarkt.

Da menschliches Handeln stets von einem individuellen Sinn geprägt ist,
entsteht Unsicherheit vor allem durch das überraschende, enttäuschende,
unkalkulierbare, eben unsichere Verhalten anderer Menschen. Unsicherheit
erscheint dann als **Verhaltensunsicherheit**, als unsicheres Wissen über das
vergangene, aktuelle oder zukünftige Verhalten von Menschen. Aber auch
das Wissen über die eigenen Ziele, Fähigkeiten und Rechte, die Ausgangspunkt der eigenen Handlungen sind, wird häufig unvollständig sein.

Neben dem absoluten Mangel an Wissen liegt die Ursache für Unsicherheit

---

[44] vgl. Gutenberg (1983), S. 8.
[45] Zu den Grundlagen der Unternehmerfunktionen siehe ausführlich Large (1995), S. 66-77.
[46] Vgl. Large (1995), S. 78-79.
[47] Vgl. Fayol (1950). Zum Einfluß Fayols auf die Unternehmensführung siehe Perridon (1986).
[48] Vgl. Gulick (1937), S. 13.
[49] Siehe dazu ausführlich Large (1995), S. 50-91. Kernaussage dieser Arbeitsidee ist, daß in
   der Unsicherheit, vor allem in der Unsicherheit über die Handlungen anderer Menschen,
   das Hauptproblem wirtschaftlichen Handelns liegt.

häufig in einer **Ungleichverteilung von Wissen**[50] zwischen verschiedenen Menschen (**Informationsasymmetrien**).[51] Berücksichtigt man, daß in aller Regel ein anderer Mensch seine eigenen Handlungen und Absichten am besten kennt, dann sind vor allem Verhaltensunsicherheiten durch Informationsasymmetrien bedingt. Da wir die Theorie der Informationsasymmetrien in diesem Buch häufiger zur Erklärung von Phänomenen heranziehen werden,[52] sollen im folgenden grundlegend die drei Formen von Informationsasymmetrien als Ursache von Verhaltensunsicherheit diskutiert werden: hidden characteristics, hidden intentions und hidden actions.[53] Informationsasymmetrien beziehen sich immer auf die unterschiedlichen Wissensstände zwischen zwei Akteuren, die allgemein als Akteur A und Akteur B bezeichnet werden können. Ein Beispiel dafür ist die Informationsasymmetrie zwischen einem Beschaffungsmanager (B) und einem Verkäufer des Lieferanten (A).

Zunächst kann das Verhalten eines Akteurs A und die genaue Ausprägung eines von diesem gestalteten Systems für B unbekannt und unbeeinflußbar sein, da feststehende Eigenschaften vorliegen, die selbst A keine Beeinflussungsmöglichkeiten auf sein eigenes Verhalten geben. Dem Akteur B werden diese verborgenen Eigenschaften (**hidden characteristics**) erst im nachhinein, d.h. in der Regel nach Abschluß eines Vertrages (ex post) bekannt. Hierdurch entsteht **Qualitätsunsicherheit**, mit anderen Worten Unsicherheit darüber, ob verborgene unerwünschte Eigenschaften vorliegen. Aufgrund der Qualitätsunsicherheit besteht insbesondere die Gefahr der Falschauswahl (**adverse selection**). Qualitätsunsicherheit ist ein besonderes Problem bei der Auswahl und Einbindung von Neulieferanten.

Eine weitere für die Entstehung von Verhaltensunsicherheit wichtige Form von Informationsasymmetrie liegt dann vor, wenn das Verhalten eines Akteurs A seinem freien Willen unterliegt und dessen Absichten dem Akteur B erst zu einem späteren Zeitpunkt bekannt werden (**hidden intention**). In diesem Fall entsteht Unsicherheit vor allem darüber, ob dieser Akteur ex post eine Abhängigkeitssituation und ungeklärte Freiräume arglistig zu sogenannten Überfällen (**hold-up**) ausnützen wird.[54] So liegen verborgene Absichten beispielsweise bei Mitarbeitern eines Lieferanten vor, die im Tagesgeschäft spezifisches Wissen, z.B. über Fertigungsabläufe und undokumentierte Spezifikationen, ansammeln, den Abnehmer damit in eine Abhängigkeitssituation bringen und die Absicht haben, diese Abhängigkeits-

---

[50] Vgl. Schneider (1993), S. 11-12.
[51] Siehe dazu Large (1999), S. 254-255.
[52] Hilfreich ist die Berücksichtigung von Informationsasymmetrien vor allem bei der Lieferantenauswahl und der Steuerung in Lieferanten-Abnehmer-Beziehungen.
[53] Zu den folgenden Ausführungen vgl. Spreemann (1990), Alewell (1994), S. 58–59, Large (1999).
[54] Siehe dazu ausführlicher Large (1995), S. 122-123.

situation schließlich zu ungerechtfertigten Preiserhöhungen auszunutzen, mit denen der Abnehmer nicht gerechnet hat und gegen die er sich nun nicht mehr wehren kann.

Der dritte Fall unterscheidet sich von der Informationsasymmetrie aufgrund von hidden intentions dadurch, daß selbst im nachhinein die tatsächlichen Handlungen des A dem B nicht genau bekannt werden. Die Ursache dafür kann zum einen in verborgenen Handlungen (**hidden actions**) des A liegen, also solchen, deren Ergebnisse B, i.d.R. dessen Auftraggeber, zwar beobachten kann, die Handlung selbst für ihn jedoch unbeobachtbar bleibt.[55] Zum anderen kann A über verborgene Informationen (**hidden information**) verfügen. Wiederum kann B nur das Ergebnis des Informationseinsatzes beobachten, jedoch nicht das Vorhandensein oder den optimalen Einsatz der Informationen.[56]

Ein Beschaffungsmanager kann beispielsweise im Fall der hidden action nicht mit Sicherheit auf die **tatsächliche Leistungsbereitschaft**, Anstrengung oder Sorgfalt eines Lieferanten schließen. Eine gute Leistung kann ebenso durch besonders günstige Rahmenbedingungen, durch Zufall oder durch die Vergabe an Sublieferanten zustande gekommen sein.[57] Er muß damit rechnen, daß der Lieferant die Möglichkeit der im Detail nicht beobachtbaren Arbeitsausführung ausnutzt, um ihn über seine tatsächliche Leistungsfähigkeit zu täuschen. Beispielsweise kann ein Lieferant Angebotsmuster, Erstmuster und die ersten Lieferlose mit der notwendigen Sorgfalt ausführen, bei der Serienbelieferung dann aber aus Kostengründen auf die vorgeschriebene Endkontrolle verzichten ohne den Abnehmer zu informieren.

Es entsteht deshalb Unsicherheit aufgrund der Gefahr von sogenanntem unmoralischem Verhalten (**moral hazard**).[58] Die moralische Gefahr und damit die Unsicherheit ist dann besonders hoch, wenn arglistiges Verhalten, z.B. aufgrund vergangener Erfahrungen oder bestimmter Persönlichkeitsmerkmale, befürchtet werden muß. Nicht in allen Fällen von moral hazard muß jedoch Arglist im Spiel sein. Werden beispielsweise von einem Lieferanten unter Ausnutzung von Abhängigkeitsverhältnissen quantitative oder qualitative Leistungen verlangt, die dessen Leistungsfähigkeit übersteigen, so besteht schon bei **Verfolgung von schlichtem Eigeninteresse**[59] die Gefahr, daß sich diese durch verborgene Handlungen aus der Zwangslage befreien. In **Abbildung 4** sind die drei Fälle von Informationsasymmetrien

---

[55] Vgl. z.B. Alchian/Woodward (1987), S. 117, Alchian/Woodward (1988), S. 69.

[56] Vgl. Arrow (1985), S. 39.

[57] Vgl. Richter (1994), S. 17.

[58] Vgl. z.B. Alchian/Woodward (1988), S. 68.

[59] Zur Unterscheidung von Arglist (opportunism) und schlichter Verfolgung von Eigeninteresse siehe insbesondere Williamson (1984), S. 198-200.

und die daraus resultierenden Formen von Unsicherheit aus Sicht des Akteurs B nochmals zusammengestellt.

Verhalten des A	Entdeckung durch B	Ursache	Unsicherheit des B
Verhalten ist auch durch A nicht be- einflußbar	Verhalten wird ex post bekannt	verborgene fest- stehende Eigen- schaften „hidden characteristic"	Unsicherheit über das Vorhandensein uner- wünschter Eigenschaften „adverse selection"
Verhalten ist durch A willentlich beeinflußbar	Verhalten wird ex post bekannt	verborgene Absichten „hidden intention"	Unsicherheit über die überraschende Aus- nutzung von Abhängig- keiten und Spielräumen „hold-up"
Verhalten ist durch A willentlich beeinflußbar	Verhalten wird auch ex post nicht bekannt; nur das Handlungser- gebnis wird ex post bekannt	verborgene Hand- lungen „hidden action"	Unsicherheit über die Ausführung von Prozes- sen in der erwarteten Art und Weise „moral hazard"

Abbildung 4: Asymmetrische Informationen und Unsicherheit.

Folgt man dieser Arbeitsidee, dann bedeutet Beschaffungsmanagement die Reduktion von Unsicherheit bei der Durchführung von Transfer- und Trans- aktionsprozessen, um gemeinsam mit dem Lieferanten die Verfügbarkeit der Beschaffungsobjekte für die beschaffende Unternehmung zu erreichen. Zur Abgrenzung von einzelnen Beschaffungsmanagementtätigkeiten können nun die verschiedenen Vorgehensweisen der Reduktion von Unsicherheit bei der Beschaffung betrachtet werden. Grundsätzlich können drei verschiedene **Wege zur Verringerung von Unsicherheiten** angeführt werden:

- die Gewährleistung einer ausreichenden Versorgung mit ver- gangenheitsorientierter, aktueller und zukunftsgerichteter Information,

- das rechtzeitige Durchdenken der eigenen zukünftigen Hand- lungsmöglichkeiten und

- die aktive, zielgerichtete Beeinflussung und Kontrolle des Ver- haltens anderer Menschen.

Jeder Vorgehensweise zur Unsicherheitsreduktion läßt sich nun eine Klasse von **Managementhandlungen** zuordnen. Durch die Gewährleistung einer ausreichenden Versorgung mit vergangenheitsorientierter, aktueller und zukunftsgerichteter Information kann der Wissensstand der Mitarbeiter der beschaffenden Unternehmung verbessert und damit Unsicherheit verringert werden. Durch die erste Vorgehensweise wird somit die Informationsver- sorgungsfunktion erfüllt. Notwendig dafür sind die Handlungen der **Informa- tionsgewinnung und -aufbereitung**. Beispiele dafür sind die Dokumen- tation und Auswertung von Qualitätsmängeln, die ein Lieferant in der Vergangenheit hatte, die Bestimmung der aktuellen Beschaffungsziele und die Prognose der Materialbedarfe für das nächste Geschäftsjahr.

Das rechtzeitige Durchdenken der eigenen zukünftigen Handlungsalternativen ist Voraussetzung, um die Quellen der Unsicherheit zu identifizieren und notwendige bzw. vorteilhafte Handlungen zu erkennen. Durch die Festlegung auf bestimmte Handlungsabsichten im voraus wird die Unsicherheit über die eigenen zukünftigen Handlungen reduziert. Die Unternehmerfunktion, die hierdurch erfüllt wird, kann als Planungsfunktion bezeichnet werden. Die Planungsfunktion wird durch **Planungsaktivitäten** erfüllt. Beispiele für Planungstätigkeiten im Beschaffungsmanagement sind die Lieferantenstrukturplanung, die Planung der Bestellungen für die nächste Serie und die Planung der mittelfristigen Personalbedarfe im Einkauf.

Die dritte Vorgehensweise führt zur Erfüllung der Steuerungsfunktion, denn die zielgerichtete Beeinflussung und Kontrolle des Verhaltens anderer Menschen kann als Verhaltenssteuerung bezeichnet werden. Durch Steuerungshandlungen wird die Unsicherheit über das Verhalten anderer Menschen reduziert. Dies wird durch **Aktivitäten der Menschenführung, Organisation und Kontrolle** erreicht. Beispiele für diese sehr vielfältigen Tätigkeiten sind die Führung von Mitarbeitern eines Problemlieferanten, die Organisation von Bestellabläufen und die laufende Lieferantenbewertung.

Mit Hilfe dieser Überlegungen können wir nun eine **Arbeitsdefinition des Beschaffungsmanagements** aufstellen. Das Beschaffungsmanagement als spezieller auf die Beschaffung ausgerichteter **Managementprozeß** umfaßt alle Handlungen der Informationsversorgung, Planung und Steuerung, die darauf gerichtet sind, einer Unternehmung das benötigte Produktionsmaterial, das sonstige Material, die Investitionsgüter, die Dienstleistungen und die Handelswaren in geeigneter Form durch Transaktions- und Transferprozesse rechtlich und faktisch verfügbar zu machen. Zuweilen werden wir auch mit dem Begriff „Beschaffungsmanagement" die Gesamtheit der Beschaffungsmanager einer Unternehmung bezeichnen. In diesem Sinne umfaßt das Beschaffungsmanagement als **Personenkreis** alle Personen, welche Beschaffungsmanagementhandlungen im Sinne der obigen Definition durchführen.

Zum Ende dieser ersten Lerneinheit sei darauf hingewiesen, daß sich in der betrieblichen Praxis zwischen Beschaffungsmanagement und Beschaffungsausführung keine scharfe Trennlinie ziehen läßt. Häufig sind Tätigkeiten beider Klassen in einem Wertschöpfungsprozeß verbunden und werden von einer Person erledigt. Trotzdem ist eine prinzipielle Abgrenzung für das Verständnis der Beschaffung notwendig, zumal in der folgenden Lerneinheit der „strategische Aspekt" des Beschaffungsmanagements als eigentlicher Gegenstand dieses Buches erarbeitet werden soll.

Empfohlene Literatur zur Lerneinheit 2

Einen guten Überblick über Tätigkeiten der Beschaffung geben die beiden grundlegenden Aufsätze **Grochla** (1977) und **Grochla/Kubicek** (1976). Gewinnbringend läßt sich auch noch heute, 20 Jahre nach dem Erscheinen, **Grochla/Schönbohm** (1980), hier S. 1-16, 37-48, lesen. Noch immer sehr empfehlenswert ist auch der Grundriß der Beschaffung von **Sandig**, insbesondere der 1. Teil (**Sandig** (1935)), der sehr moderne Sichtweisen der Beschaffung enthält.

Die Grundlagen zu den in der 2. Lerneinheit herangezogenen Arbeitsideen Unsicherheit, Wert und Unternehmerfunktion lassen sich in **Large** (1995), insbesondere S. 33-91, und **Large** (1999) nachlesen. Eine gute Zusammenfassung der Theorie der Informationsasymmetrien liefert der wichtige Aufsatz **Spreemann** (1990).

3. Lerneinheit:

Gegenstand des strategischen Beschaffungsmanagements

In den beiden vorangegangenen Lerneinheiten haben wir die Beschaffungsobjekte und die Beschaffungshandlungen grob kennengelernt. Damit konnte eine Arbeitsdefinition des Beschaffungsmanagements aufgestellt werden. Gegenstand dieses Buches ist jedoch das „strategische Beschaffungsmanagement". Wir wollen deshalb in dieser Lerneinheit den Gegenstand des strategischen Beschaffungsmanagements herleiten, indem versucht werden soll, das „Strategische" der Beschaffung abzugrenzen.[60]

Lernziele

Nach dem Studium dieser Lerneinheit sollten Sie in der Lage sein,

- den Sachverhalt des „Strategischen" zu erläutern,
- die Merkmale des strategischen Beschaffungsmanagements zu nennen,
- Erfolgspotentiale der Beschaffung zu beschreiben und zu klassifizieren,
- die Bedeutung von Lieferanten-Abnehmer-Beziehungen darzulegen,
- die Voraussetzungen für den Aufbau von leistungsfähigen Lieferanten-Abnehmer-Beziehungen zu nennen,
- eine Gliederung des strategischen Beschaffungsmanagements vorzunehmen.

---

[60] Vgl. Large (1998b).

3.1 Ist Beschaffungsmanagement wirklich strategisch?

Ist Beschaffungsmanagement wirklich strategisch? Diese einfache Frage stellen **Zarter** und **Narasimhan** in einem im International Journal of Purchasing and Materials Management erschienen Aufsatz.[61] Man sollte diese Frage jedoch etwas genauer formulieren: Gibt es das „Strategische" im Beschaffungsmanagement überhaupt und worin besteht es gegebenenfalls?

Die 90er und ansatzweise bereits die 80er Jahre waren von einem stets steigenden **Interesse an dem „Strategischen" im Beschaffungsmanagement** gekennzeichnet.[62] Durch das Begehen von Wegen aus „der operativen Problemverengung"[63] wurde eine Diskussion aufgegriffen, die in anderen Bereichen der Betriebswirtschaftslehre bereits Jahre zuvor eingesetzt hatte. Beispiele für diese Entwicklung sind neben der grundlegenden Arbeit von **Arnold**[64] vor allem mehrere Dissertationen, die strategische Aspekte im Beschaffungsmanagement zum Gegenstand hatten.[65]

Gleichzeitig wuchs auch das **Interesse in der betrieblichen Praxis.** Bereits Ende der 70er Jahre beschäftigte sich der Arbeitskreis „Beschaffung, Vorrats- und Verkehrswirtschaft" der Schmalenbach-Gesellschaft mit strategischen Aspekten in der Beschaffung.[66] Es entstanden in vielen Unternehmungen Organisationseinheiten, die den Namen „Strategischer Einkauf" tragen. Ebenso wuchs die Zahl der Seminare und Konferenzen zu strategischen Fragestellungen oder Beschaffungsstrategien an. Deutlich wird diese Entwicklung auch an der Einschätzung der Wichtigkeit strategischer Fragestellungen der Beschaffung durch Führungskräfte des Beschaffungsmanagements. **Carter** und **Narasimhan** haben beispielsweise versucht, durch die Befragung von 45 Beschaffungsführungskräften europäischer Großunternehmen zu ermitteln, welche gegenwärtigen Trends im Beschaffungsmanagement als besonders wichtig eingestuft werden. Von den 36 vorgegebenen Entwicklungen wurden dem Einsatz von Beschaffungsteams, der strategischen Lieferantenauswahl, dem Total Cost of Ownership Concept, der technischen Qualifikation von Beschaffungsmanagern, der umweltgerechten Beschaffung und dem Qualitätsmanagement die höchste Bedeutung beigemessen.[67]

---

[61] Vgl. Carter/Narasimhan (1996a).
[62] Eine gute Übersicht der Literatur gibt Ellram/Carr (1994).
[63] Vgl. Fieten (1990).
[64] Siehe Arnold (1982).
[65] Beispielsweise seien genannt: Lindner (1982), Anders (1992), Kligge (1992), Roland (1993), Menze (1993), Wietersheim (1993), Kleinau (1995).
[66] Siehe dazu Welters/Winand (1980).
[67] Vgl. Carter/Narasimhan (1996b), S. 20.

Andererseits ist die **Tagesarbeit in vielen Beschaffungsabteilungen** ganz überwiegend objektorientierter und ausführender Natur. Hinzu kommt eine steigende Arbeitsbelastung durch die Reduktion der Fertigungstiefe und die „Verschlankung" des Managements gerade in scheinbar unproduktiven Bereichen, die oft für langfristige und grundlegende Überlegungen keinen Raum läßt. Vor diesem Hintergrund kann das aufgezeigte Fallbeispiel von Klaus Michel durchaus als Abbild der Normalität betrachtet werden. Deshalb kommt der Frage, wie eine strategische Orientierung in der Beschaffung erreicht werden kann, besondere Bedeutung zu.[68]

Es muß allerdings im folgenden zunächst geklärt werden, worin die Elemente des „Strategischen" im Beschaffungsmanagement bestehen. Ebenso ist zu hinterfragen, ob diese von grundlegender Bedeutung für eine beschaffende Unternehmung sind oder ob strategisches Beschaffungsmanagement lediglich eine Modeerscheinung ist, die ohne nachhaltige Auswirkung auf die Funktionserfüllung bleibt.

3.2 Elemente des „Strategischen"

Wird der Begriff Beschaffungsmanagement um das Adjektiv „**strategisch**" ergänzt, so kann damit nur ein bestimmter **Aspekt des Beschaffungs- managements** angesprochen sein. Geht man von dem in der zweiten Lerneinheit entwickelten Beschaffungsmanagementbegriff aus, der das Be- schaffungsmanagement als Gesamtheit einzelner Handlungen beschreibt, dann liegt es nahe, unter dem strategischen Beschaffungsmanagement eine Teilmenge dieser Handlungen zu verstehen, nämlich solchen, die als strate- gisch gekennzeichnet werden können. Mit anderen Worten kann strate- gisches Beschaffungsmanagement als Schnittmenge der Handlungen des Beschaffungsmanagements und des allgemeinen strategischen Manage- ments betrachtet werden. Diese Sichtweise bietet sich vor allem zur Abgren- zung einer strategischen Beschaffungsplanung an.[69] Wir wollen uns dem Strategischen jedoch zunächst in allgemeinerer Form nähern.

Nach **Kirsch** kann strategisches Handeln als **Umweghandeln** bezeichnet werden,[70] bei dem der langfristige Erhalt der Unternehmung im Vordergrund steht.[71] Als wesentliches Element des „Strategischen" kann deshalb das Vorhandensein von Handlungsmöglichkeiten identifiziert werden. Zukünftige **Handlungsmöglichkeiten** ergeben sich aus den Fähigkeiten der Mitarbeiter einer Unternehmung, die schon heute angelegt und durch entsprechende

---

[68] Siehe dazu Rajagopal/Bernard (1994).

[69] In diesem Sinne führen Carr und Smeltzer aus: „Strategic purchasing refers to the planning process purchasing follows as part of the strategic management process." Carr/Smeltzer (1997), S. 200.

[70] Vgl. zu den folgenden Ausführungen Kirsch (1993), Sp. 4096-4099.

[71] Zum Zweck der Bestandserhaltung siehe Arnold (1982), S. 18.

technische und organisatorische Rahmenbedingungen gefördert und schließlich bei Bedarf entfaltet werden können. **Kirsch** verwendet deshalb das Adjektiv „strategisch" im Sinne von „die Fähigkeiten signifikant betreffend".[72] In einer zunehmend vernetzten Wirtschaft werden die Handlungsmöglichkeiten neben den eigenen **Fähigkeiten** auch durch die Fähigkeiten der Marktpartner bestimmt (externe Fähigkeiten), auf deren Mitwirkung eine Unternehmung bei ihrer Leistungserstellung angewiesen ist.

Letztlich ergeben sich die Handlungsmöglichkeiten aus der Ausstattung einer Unternehmung mit **Ressourcen**, welche die einzelnen Ressourceneigner in diese einbringen.[73] Folgt man dem sogenannten Ressourcenorientierten Ansatzes des strategischen Managements,[74] so können verschiedene Sachmittel, Fähigkeiten, Organisationsprozesse, Verhaltensweisen, Informationen und Wissen als Ressourcen im weitesten Sinne verstanden werden.[75] Der Begriff „firm resource" bezeichnet dabei nicht wie üblich eine Inputgröße, sondern steht für das strategische Können der Unternehmung.[76] Damit in einer Unternehmung vorhandene Fähigkeiten tatsächlich strategisch relevant sind, sollten sie über vier Eigenschaften verfügen: sie sollten wertvoll sein, d.h. tatsächlich eine Stärke darstellen, knapp, nur schwer durch Wettbewerber imitierbar und nicht durch andere Fähigkeiten ersetzbar sein.[77]

Stimmen die eigenen und die externen Fähigkeiten mit den Anforderungen an die Unternehmung überein, so ergeben sich daraus **Erfolgspotentiale**. Der Begriff „Erfolgspotential" wurde von **Gälweiler** geprägt, der eine strategische Steuerungsgröße suchte, die dem Erfolg ähnlich vorgelagert ist wie der Erfolg der Liquidität.[78] Mit Hilfe des Konstrukts des Erfolgspotentials sollen die negativen und positiven Einflüsse auf den Erfolg so früh wie möglich erkannt werden.[79] Dies setzt die „eindeutige Abgrenzung solcher kleinsten Unternehmensaktivitäten voraus, die ein eigenständiges Erfolgspotential besitzen."[80] Dazu zählen auch viele Beschaffungsmanagementaktivitäten. Im folgenden wird deshalb das **Adjektiv „strategisch"** im Sinne von „die Entfaltung von Erfolgspotentialen betreffend"[81] verwendet. Wird der Wettbewerbscharakter der gegenwärtigen Wirtschaft in den Vordergrund gestellt, so kann man den Aufbau von Erfolgspotentialen, die einem Wettbe-

---

[72] Vgl. Kirsch (1997), S. 157.
[73] Siehe dazu ausführlich Large (1995).
[74] Siehe dazu Bamberger/Wrona (1996).
[75] vgl. Barney (1991), S. 101-102.
[76] Zu den terminologischen Problemen des Ressourcenorientierten Ansatzes siehe Rasche/Wolfrum (1994), S. 511.
[77] Vgl. Barney (1991), S. 105-112.
[78] Vgl. Gälweiler (1976).
[79] Vgl. Gälweiler (1976), S. 368.
[80] Gälweiler (1976), S. 371.
[81] Kirsch (1993), Sp. 4097.

werber nicht zur Verfügung stehen, als das Erreichen von Wettbewerbsvorteilen verstehen.[82]

Ausgehend von diesem Verständnis können nun die Merkmale eines strategischen Beschaffungsmanagements erarbeitet werden. Zunächst wollen wir jedoch auf einen Begriff eingehen, der auf den ersten Blick große Ähnlichkeit mit dem des strategischen Beschaffungsmanagements besitzt: die **Beschaffungsstrategie**. Der Begriff „Beschaffungsstrategie" steht für die Art und Weise wie Beschaffungsaufgaben durch bestimmte Handlungen zielorientiert erfüllt werden können.[83] Beschaffungsstrategien umfassen vor allem die strategischen Handlungsabsichten (Pläne) für den Bereich der Beschaffung und können daher als Ergebnis eines strategischen Informationsversorgungs- und Planungsprozesses für den Bereich der Beschaffung charakterisiert werden. Daneben können Beschaffungsstrategien auch noch Aussagen über die strategischen Beschaffungsziele und das Leitbild für die Beschaffung enthalten. In diesem Sinne sind Beschaffungsstrategien als **Funktionsbereichsstrategien der Beschaffung** zu verstehen.

3.3 Merkmale des strategischen Beschaffungsmanagements

Das Strategische der Beschaffung war wie bereits erwähnt in den vergangenen Jahren Gegenstand zahlreicher wissenschaftlicher Abhandlungen.[84] Vor allem in deutschen Dissertationen und in englischen Aufsätzen finden sich Umschreibungen für das strategische Beschaffungsmanagement bzw. für Teilbereiche oder Teilaspekte des strategischen Beschaffungsmanagements. Wichtige Definitionsansätze sind im folgenden zusammengestellt:

- „Strategische Beschaffungsentscheidungen dienen dazu, Wettbewerbsvorteile zu erzielen und abzusichern; sie sollen ganz allgemein die Erfolgspotentiale eines Unternehmens stärken."[85]

- „Die Aufgaben der strategischen Beschaffung bestehen darin, durch Analyse und Gestaltung der relevanten unternehmens- und umweltbezogenen Faktoren langfristige Beschaffungspotentiale zu entdecken, zu realisieren und zu sichern."[86]

- „Unter strategischer Einkaufsplanung ... verstehen wir hier Rahmenbedingungen sowie den Einsatz von Analyse- und Gestaltungsinstrumenten,

---

[82] Vgl. Porter (1985), S. XV.
[83] „Purchasing strategy relates to the specific actions the purchasing function may take to achieve its objectives", Carr/Smeltzer (1997), S. 200.
[84] Eine frühe Diskussion des Gegenstands der Strategischen Beschaffung findet sich in Brink (1983), S. 1093-1096.
[85] Arnold (1993), Sp. 326.
[86] Roland (1993), S. 13.

welche der Entdeckung, Realisierung und Sicherung von Einkaufspotentialen dienen."[87]

- „The process of planning, implementing, evaluating, and controlling strategic and operating purchasing decisions for directing all activities of purchasing function toward opportunities consistent with the firm's capabilities to achieve its long-term goals."[88]

Betrachtet man diese Definitionen, so können einige wichtige **Merkmale des strategischen Beschaffungsmanagements** identifiziert werden. Erstes wichtiges Element eines strategischen Beschaffungsmanagements scheint (1) die **Langfristigkeit** zu sein, denn betont werden die Erreichung von langfristigen Zielen und die Langfristigkeit von Beschaffungspotentialen. Weiterhin stehen (2) **Potentiale** - Erfolgspotentiale, Beschaffungspotentiale, Einkaufspotentiale, Fähigkeiten - an zentraler Stelle. Der Zielerreichungsaspekt findet sich allgemein im Hinweis auf die Erreichung langfristiger (3) **Ziele** und konkreter in der Ausrichtung auf den (4) **Erfolg** der Unternehmung. Damit ist auch die Forderung nach dem Aufbau von (5) **Wettbewerbsvorteilen** durch Beschaffungsmanagementhandlungen verbunden. Wesentliche Merkmale sind sicherlich auch die Einordnung von strategischen Beschaffungsentscheidungen auf der (6) **politischen Entscheidungsebene**[89] und die vergleichsweise (7) **hohe Unsicherheit**, mit der strategische Aufgaben der Beschaffung verbunden sind.[90]

Viele dieser Merkmale des strategischen Beschaffungsmanagements decken sich mit unseren bisherigen Überlegungen zum Aspekt des Strategischen. Es bleibt jedoch die Frage zu beantworten, ob das Beschaffungsmanagement tatsächlich über einen strategischen Aspekt verfügt. Deshalb ist nun zu zeigen, ob und ggf. wie das strategische Beschaffungsmanagement die Erfolgspotentiale einer Unternehmung beeinflussen kann.

Carter und **Narasimhan** konnten aufgrund einer Befragung von 302 Mitgliedern der National Association of Purchasing Management in USA einen statistischen Zusammenhang zwischen der Bedeutung der Beschaffung in der Unternehmung und dem Erfolg aufzeigen.[91] Durch eine andere Befragung von 739 dieser Mitglieder kann darüber hinaus vermutet werden, daß die Strategiebezogenheit des Beschaffungsmanagements von der Bedeutung der Beschaffung aus Sicht der obersten Führungskräfte abhängt.[92] Es kann also ein wesentlicher **Einfluß des Beschaffungsmanagements auf**

---

[87] Anders (1992), S. 30.
[88] Carr/Smeltzer (1997), S. 201.
[89] Vgl. Grochla/Schönbohm (1980), S. 38-39.
[90] Vgl. Large (1995), S. 50-61.
[91] Vgl. Carter/Narasimhan (1996a), S. 24-25.
[92] Vgl. Carr/Smeltzer (1997).

den Erfolg und somit zeitlich vorgelagert auf die Erfolgspotentiale der Unternehmung vermutet werden.

Am deutlichsten trat der Zusammenhang von Unternehmenserfolg und Maßnahmen des Beschaffungsmanagements in einer Untersuchung von **Choon Tan**, **Kannan** und **Handfield** hervor.[93] Sie konnten zeigen, daß zwischen verschiedenen Maßnahmen des strategischen Beschaffungsmanagements, wie z.B. der Implementierung von unternehmensübergreifenden Teams, dem regelmäßigen Besuch von Lieferbetrieben, der Durchführung der Lieferantenbewertung sowie dem Austausch von vertraulichen Informationen, und dem Erfolg der Käuferunternehmung ein deutlicher Zusammenhang besteht.

Der Beitrag der Beschaffung wird durch die Analyse der möglichen Erfolgsbeiträge deutlich sichtbar. Der Erfolg einer Unternehmung läßt sich allgemein als Differenz von erbrachter Leistung und Einsatz bestimmen. Mißt man den Einsatz durch die entstehenden Kosten und die Leistungen durch die Erlöse,[94] so können auf betrieblicher Ebene Erfolgspotentiale in **Kosten- und Erlöspotentiale** gegliedert werden.[95] Präziser müßte man von Potentialen sprechen, welche in der Zukunft hohe Erlöse und niedrige Kosten zur Folge haben werden. Die Kostenpotentiale oder genauer die Kostenvermeidungspotentiale der Beschaffung werden durch die Fähigkeit der Versorgung zu geringen Gesamtkosten bestimmt. Erlöspotentiale stellen sich durch die Fähigkeit der Differenzierung gegenüber Wettbewerbern am Absatzmarkt ein. Basis dieser Unterscheidung ist der Marktorientierte Ansatz des strategischen Managements von **Porter**.[96]

Das **Kostenpotential** setzt sich aus mehreren Komponenten zusammen. Zunächst wird es durch die Fähigkeit zur Reduktion der Stückkosten der beschafften Güter, d.h. im wesentlichen der **Einstandspreise**, bestimmt. Als Einflußgrößen der Beschaffungspreise nennt **Porter** das Einkaufsvolumen, die Verbindungen zu Lieferanten, die Zusammenfassung von Bedarfen verschiedener Organisationseinheiten, die Entscheidung über Eigenfertigung oder Fremdbezug, die Historie der Lieferanten-Abnehmer-Beziehungen, die Art und Weise der Beschaffungsabwicklung, die Standorte der Lieferanten und gesetzliche Rahmenbedingungen.[97] Neben den Kosten der beschafften Güter werden die Kosten der Beschaffung wesentlich durch die **Kosten zur Erfüllung der Beschaffungsfunktion** bestimmt. Primär fallen darunter die

---

[93] Vgl. Choon Tan/Kannan/Handfield (1998), S. 7-8.

[94] Siehe z.B. Schultz (1998), S. 6.

[95] Welters/Winand (1980), S. 587-589, sprechen etwas ungenau von Kosten- und Ertragspotentialen. Pfohl (1994), S. 50, trennt in Kosten- und Marktpotentiale. Eschenbach unterscheidet im Falle der Materialwirtschaft das Kostensenkungs- und Leistungssteigerungs-Potential, das Liquiditätsverbesserungs-Potential und das Imagesteigerungs-Potential. Vgl. Eschenbach (1990), S. 44.

[96] Vgl. Porter (1985), S. 11-22.

[97] Vgl. Porter (1985), S. 91-92.

Gemeinkosten der Einkaufsabteilung, wie z.B. die Personalkosten, die Reisekosten oder der Anteil an den EDV-Kosten. Damit hat auch die Fähigkeit zur Beeinflussung dieser Kosten wesentlichen Einfluß auf das Erfolgspotential der Unternehmung. Aufgrund der Servicefunktion der Beschaffung werden durch die Art und Weise der Erfüllung der Beschaffungsaufgabe auch Kosten bzw. **Kostenpotentiale anderer Unternehmungsbereiche** beeinflußt. Ein Beispiel dafür ist die Fähigkeit zur Vermeidung von Stillstandszeiten in der Produktion aufgrund hoher Teileverfügbarkeit.

Das **Erlöspotential** der Beschaffung ergibt sich aus deren Beitrag zur Leistungsfähigkeit der Unternehmung und insbesondere zur Differenzierung der Unternehmung auf den Endproduktmärkten. Wesentlich ist dabei, wodurch sich eine Unternehmung differenzieren möchte, mit anderen Worten, worauf sich deren Einzigartigkeit begründen soll. Die Einzigartigkeit einer Unternehmung kann neben vielen anderen Ursachen aus der Einzigartigkeit der Beschaffung oder der Einzigartigkeit beschaffter Güter resultieren.[98] Die **Qualität** und das **technologische Niveau** der beschafften Materialien und Investitionsgüter wird beispielsweise direkt die Qualität der Endprodukte beeinflussen. Voraussetzung ist jedoch dafür, daß der Endkunde die Qualität der Materialien als wesentliches Qualitätselement erkennt und schätzt. Die Zuverlässigkeit der Lieferanten und die Qualität der eigenen Beschaffungsprozesse bestimmt wesentlich die Durchlaufzeit der eigenen Produktion und damit den **Lieferservice** für den Kunden. Auch die intensive Zusammenarbeit mit den Lieferanten, z.B. bei der Produktentwicklung, kann eine Quelle der Einzigartigkeit für eine Unternehmung sein.[99]

Nach dieser eher allgemeinen Diskussion, ist die Frage noch nicht vollständig beantwortet, welche Fähigkeiten zu Erfolgspotentialen führen. Die Erfüllung der Beschaffungsfunktion erfordert eine marktorientierte und eine innenorientierte Betrachtung,[100] da das Beschaffungsmanagement durch die Überbrückung von Grenzstellen[101] nicht an der Grenze einer Unternehmung Halt macht. Deshalb liegt es nahe, **sowohl interne als auch externe Erfolgspotentiale des Beschaffungsmanagements** zu betrachten.

Interne Erfolgspotentiale des Beschaffungsmanagements können sich vor allem aus dem vorhandenen bzw. mittelfristig einbindbaren **Mitarbeiter-**

---

[98] Vgl. Porter (1985), S. 121.

[99] Vgl. Porter (1985), S. 125.

[100] Grochla und Schönbohm unterscheiden die Bereiche „Marktgerichtete Beschaffungspolitik" und „Betriebsgerichtete Beschaffungspolitik". Siehe dazu Grochla/Schönbohm (1980), S. 45-46. Arnold spricht von Maßnahmen zur strukturellen Verbesserung des Beschaffungssubsystems und von auf die Beschaffungsmärkte gerichteten Maßnahmen. Siehe Arnold (1982), S. 205.

[101] Vgl. Arnold (1982), S. 19.

stamm im Beschaffungsbereich ergeben.[102] Legt man die bereits angeführten Kriterien von **Barney** an, so stellen sich Erfolgspotentiale dann ein,
wenn das Wissen, Können und Wollen der Mitarbeiter eine Stärke im Vergleich zu Konkurrenzunternehmen darstellt und derart qualifizierte Mitarbeiter
auf dem Arbeitsmarkt knapp und kaum durch andere zu ersetzen sind. Damit
ist diese Stärke durch andere Unternehmungen nur schwer zu imitieren.
Voraussetzung ist allerdings, daß die Mitarbeiter fest in das eigene Unternehmen eingebunden sind und deshalb nur schwer zu einem Wechsel
bewegt werden können. Vorteilhaft ist es auch, wenn die eigentliche Ursache
eines personellen Erfolgspotentials nicht deutlich wird, da in diesem Fall ein
Wissenstransfer an die Konkurrenz durch die Abwerbung einzelner
Beschaffungsmanager erschwert wird.[103]

Bedeutsamer als die Qualifikation und Motivation einzelner Personen ist
deshalb deren Zusammenwirken innerhalb der bestehenden **Aufbauorganisation**. Sowohl die Art und Weise der Primärorganisation, d.h. vor allem die
organisatorische Eingliederung der Beschaffung, als auch die Sekundärorganisation können ein Erfolgspotential darstellen.[104] Beispielsweise kann ein
Konzernausschuß „Beschaffung" durch den Abbau von Informationsasymmetrien zwischen den einzelnen Einkaufsabteilungen die Bündelung von
Bedarfen ermöglichen und somit die Beschaffungsobjektkosten positiv
beeinflussen.

Als dritte Quelle interner Erfolgspotentiale können die Prozesse des
Beschaffungsmanagements angeführt werden. Neben der Gestaltung der
operativen Beschaffungsabläufe und deren Abbildung in Beschaffungs-EDV-
Systeme gehört dazu vor allem die **Ablauforganisation** der strategischen
Beschaffung. Erfolgspotentiale können sich beispielsweise aus den
Prozessen zur Zusammenarbeit mit dem Forschungs- und Entwicklungsbe-
reich oder aus der Gestaltung der Beschaffungsplanungssysteme[105] erge-
ben. Über die reine Kostenreduktion hinaus spielt das Potential zur
Differenzierung durch einzigartige Qualität der Abläufe eine besondere Rolle.

Externe Erfolgspotentiale resultieren aus der Zusammenarbeit mit Partnern
auf den Beschaffungsmärkten. Prinzipiell kann es sich bei diesen Partnern
um die Anbieter oder um andere Nachfrager handeln. **Arnold** unterscheidet
vier Vorgehensweisen, die als marktbezogene Strategien bezeichnet werden:
die langfristige Absicherung von bestehenden Beschaffungsquellen, die
Erschließung neuer Beschaffungsquellen, die Verstärkung eigener Trans-

---

[102] Bloech unterscheidet drei besonders wichtige Potentiale des Beschaffungssystems: die
Organisation der Beschaffung, die Informationssysteme und die Qualifikation der Personen
im Beschaffungsbereich. Vgl. Bloech (1992), S. 37.
[103] Vgl. Knyphausen (1993), S. 776.
[104] Vgl. Krüger (1994), S. 41.
[105] Vgl. Arnold (1982), S. 206.

34

aktionspotentiale und der Aufbau kollektiver Transaktionspotentiale.[106] Unter der Verstärkung eigener Transaktionspotentiale wird im wesentlichen die Verbesserung der eigenen Marktposition gegenüber den Lieferanten verstanden. Der Aufbau von kollektiven Transaktionspotentialen ist durch horizontale Kooperationen zwischen einkaufenden Unternehmungen möglich.[107] Letztlich geht es auch dabei um die Stärkung der eigenen Marktposition.

Ursprünglich verfügen **Anbieter als Ressourceneigner** über die gewünschten Beschaffungsobjekte. Das Beschaffungsobjekt ist eine potentielle Quelle eines Erfolgspotentials. Das externe Erfolgspotential kann beispielsweise darin bestehen, daß die beschaffende Unternehmung durch einen Lieferanten die Verfügung über qualitativ hochwertiges Produktionsmaterial, über eine leistungsstarke Werkzeugmaschine oder im Falle des Einkaufs einer Beratungsleistung über ein neues Marketingkonzept erhält.

Gerade bei physischen Beschaffungsobjekten, die erst nach der Bestellung produziert werden, sowie bei Dienstleistungen wird jedoch deutlich, daß der **Fähigkeit des Lieferanten** zur Erstellung qualitativ angemessener Leistungen besondere Bedeutung zukommt. Ebenso müssen Lieferanten, die zu einem Erfolgspotential des Beschaffungsmanagements beitragen sollen, über logistische und häufig auch konstruktive Fähigkeiten verfügen. Weiterhin können auch Fähigkeiten des Lieferanten bei der Vorproduktbeschaffung, z.B. von speziellen Elektronikbauteilen oder Sonderstählen, für ein Potential ausschlaggebend sein. Eine wesentliche Voraussetzung zur Entfaltung von externen Erfolgspotentialen ist darüber hinaus die **Bereitschaft eines Lieferanten,** seine firm resources zum gemeinsamen Aufbau von Erfolgspotentialen einzusetzen.

Damit sich externe Erfolgspotentiale einstellen können, müssen die Lieferanten erstens über **firm resources** verfügen, die sie in eine Abnehmerunternehmung einbringen möchten, und zweitens muß es gelingen, diese Ressourcen durch **Einbindung der Lieferanten** tatsächlich entsprechend der eigenen Ziele zu nutzen.[108] **Erfolgspotentiale des Beschaffungsmanagements** bilden sich auf Basis der Leistungsfähigkeit und Leistungsbereitschaft von Lieferanten, die durch Beziehungen zu diesen Lieferanten gesichert und entfaltet werden können. Eine Ausnahme bilden lediglich reine Spotgeschäfte, bei denen eine dauerhafte Einbindung weder erforderlich noch wünschenswert ist. Damit läßt sich die These formulieren, daß funktionierende Lieferanten-Abnehmer-Beziehungen Erfolgspotentiale eröffnen und sichern. Aus einem strategischen Blickwinkel betrachtet, bedeutet Beschaf-

---

[106] Vgl. Arnold (1982), S. 230-245, Arnold (1997a), S. 72-85.
[107] Siehe dazu vor allem Arnold/Essig (1997), Arnold (1998).
[108] Siehe dazu ausführlich Large (1995), S. 44-50, 101-104.

fungsmanagement deshalb vor allem „die Etablierung einer funktionierenden Zusammenarbeit mit Lieferanten."[109]

Solange Fähigkeiten bei Anbietern vorhanden sind, zu denen keine Geschäftsbeziehungen bestehen, sind diese für die beschaffende Unternehmung ohne Wert. Erst die **Einbindung eines Lieferanten** durch eine entsprechend gestaltete **Lieferanten-Abnehmer-Beziehung** macht seine Ressourcen verfügbar und eröffnet die Möglichkeit der Weiterentwicklung von Erfolgspotentialen. Damit wird die Art und Weise der Einbindung, oder neutraler gesprochen der Lieferanten-Abnehmer-Beziehung, zu einem zentralen Element des strategischen Beschaffungsmanagements. Durch eine **dauerhafte Einbindung** wird zudem die spezifische Gestaltung und Steuerung der externen Erfolgspotentiale möglich.

3.4 Arbeitsdefinition und Aufbau des Buches

Nachdem im vorangegangenen Abschnitt die Merkmale des strategischen Beschaffungsmanagements erarbeitet und systematisiert wurden, kann nun eine **Arbeitsdefinition des strategischen Beschaffungsmanagements** aufgestellt werden. Als wesentliches Merkmal eines strategischen Beschaffungsmanagements wurde die Orientierung an externen und internen Erfolgspotentialen erkannt. **Das strategische Beschaffungsmanagement ist deshalb jener Teil des Beschaffungsmanagements, der auf das Eröffnen und Sichern von internen und externen Erfolgspotentialen ausgerichtet ist.** Betrachtet man das Beschaffungsmanagement als speziellen auf die Beschaffung ausgerichteten Managementprozeß, der alle Handlungen der Informationsversorgung, Planung und Steuerung umfaßt, die darauf gerichtet sind, einer Unternehmung das benötigte Produktionsmaterial, das sonstige Material, die Investitionsgüter, die Dienstleistungen und die Handelswaren in geeigneter Form durch Transaktions- und Transferprozesse rechtlich und faktisch verfügbar zu machen,[110] so zählen zum strategischen Beschaffungsmanagement gerade jene Prozesse, die nicht unmittelbar die Versorgung im Blickfeld haben, sondern darauf zielen, die **Erfolgspotentiale dieser Versorgungsprozesse** zu erkennen. Wie bereits gezeigt, ergeben sich Erfolgspotentiale des Beschaffungsmanagements durch das Zusammenspiel externer und interner Potentiale.

Die Aufgabengebiete des strategischen Beschaffungsmanagements sind in der **Abbildung 5** zusammengefaßt. Den Kern des strategischen Beschaffungsmanagements bilden zunächst jene Handlungen, welche die externen Erfolgspotentiale durch ein **Management der Lieferanten-Abnehmer-Beziehungen** (Lieferantenmanagement) sichern und dauerhaft erhalten sollen.

---

[109] Fieten (1990), S. 376-377.
[110] Vgl. Lerneinheit 2.

36

Das Management von Lieferanten-Abnehmer-Beziehungen ist damit ein **Beziehungsmanagement** aus Sicht des Abnehmers, das nach **Diller** im weitesten Sinne als „aufeinander abgestimmte Gesamtheit der Grundsätze, Leitbilder und Einzelmaßnahmen zur langfristig zielgerichteten Selektion, Anbahnung, Steuerung und Kontrolle von Geschäftsbeziehungen"[111] definiert werden kann. Aus Sicht der Abnehmerunternehmung zählen dazu zunächst die Aufgaben der Suche nach Lieferanten mit strategischen Fähigkeiten, der Bewertung und Vorauswahl (Lerneinheit 11), des Aufbaus der Lieferanten-Abnehmer-Beziehung (Lerneinheit 12), sowie der Kontrolle (Lerneinheit 14) und Steuerung der Beziehung (Lerneinheit 15).[112]

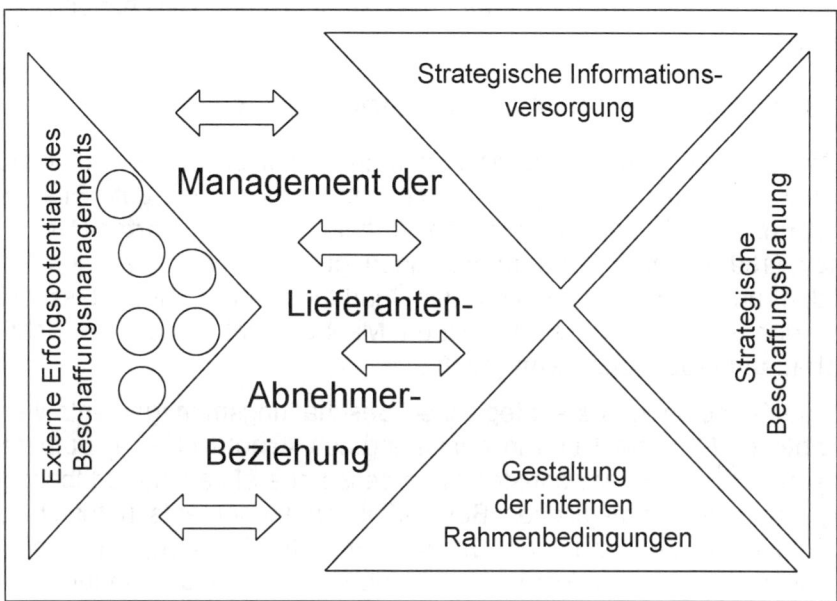

Abbildung 5: Aufgabengebiete des strategischen Beschaffungsmanagements.

Damit diese Aufgaben erfüllt werden können, sind angemessene **Basisinformationen** erforderlich, sowohl über die eigene Unternehmung als auch über die Beschaffungsmärkte und über Lieferanten. Die **strategische Informationsversorgung** im Rahmen des Beschaffungsmanagements hat deshalb insbesondere die Zielbildung (Lerneinheit 4), die Gewinnung und Aufbereitung von Informationen über die relevanten Beschaffungsmärkte (Lerneinheit 7) sowie über die Struktur der Beschaffungsobjekte (Lerneinheit 5) und des Lieferantenstamms (Lerneinheit 8) zum Gegenstand. Eng mit der Informationsversorgung verbunden ist die **strategische Beschaffungs-**

---

[111] Diller (1995), Sp. 286.
[112] Die 13. Lerneinheit hat den Charakter eines Exkurses.

planung, welche vor allem die Beschaffungsobjektstrukturplanung (Lerneinheit 6) und die Lieferantenstrukturplanung (Lerneinheit 9) umfaßt.

Ebenso müssen für das strategische Management von Lieferanten-Abnehmer-Beziehungen die internen Erfolgspotentiale des Beschaffungsmanagements angemessen entwickelt sein. Als weiterer Aufgabenkomplex des strategischen Beschaffungsmanagements tritt deshalb die **Gestaltung der internen Rahmenbedingungen** des Managements von Lieferanten-Abnehmer-Beziehungen hinzu. Entsprechend der aufgezeigten internen Erfolgspotentiale zählen dazu die Beschaffungsaufbauorganisation (Lerneinheit 16), die Beschaffungsablauforganisation (Lerneinheit 17) und das Personalmanagement (Lerneinheit 18) im Rahmen des strategischen Beschaffungsmanagements.

Empfohlene Literatur zur Lerneinheit 3

Die Literatur zum strategischen Management ist mittlerweile unüberschaubar und kann an dieser Stelle nicht kommentiert werden. Eine gute Einführung stellt **Kirsch** (1993) dar. Zur weiteren Vertiefung können **Porter** (1985) und **Barney** (1991) empfohlen werden. Einen guten Überblick zu den Unterschieden und Gemeinsamkeiten des Marktorientierten und Ressourcenorientierten Ansatzes im strategischen Management geben die Schriften **Knyphausen** (1993) und **Hahn** (1998).

Wichtige Grundlagen des strategischen Beschaffungsmanagements werden in **Arnold** (1982) gelegt und in dem Lehrbuch **Arnold** (1997a) aufbereitet. Insbesondere werden sowohl strukturverbessernde als auch marktbezogene Maßnahmen des strategischen Beschaffungsmanagements unterschieden. Ebenso ist das Lehrbuch von **Grochla** und **Schönbohm**, vor allem die Abschnitte über marktgerichtete und betriebsgerichtete Beschaffungspolitik, noch immer sehr zu empfehlen. Einen vertiefenden Einblick in Teilbereiche des strategischen Beschaffungsmanagements geben die insbesondere zu Beginn der 90er Jahre abgefaßten Dissertationen, beispielsweise **Lindner** (1982), **Anders** (1992), **Kligge** (1992), **Roland** (1993), **Menze** (1993), **Wietersheim** (1993) und **Kleinau** (1995).

In jüngster Zeit sind auch eine Reihe von englischsprachigen Aufsätzen erschienen, die sich mit strategischen Aspekten des Beschaffungsmanagements befassen. Besonders zu empfehlen sind **Carr/Smeltzer** (1997), **Carter/Narasimhan** (1996a), **Choon Tan/Kannan/Handfield** (1998). Die beiden letzten zeigen auf Basis empirischer Untersuchungen den Einfluß der Beschaffung auf den Unternehmenserfolg auf. Eine gute Übersicht der verschiedenen Fragestellungen und Ansätze zum strategischen Beschaffungsmanagement liefert **Ellram/ Carr** (1994).

2. Kapitel:

Strategische Informationsversorgung und Beschaffungsstrukturplanung

4. Lerneinheit:

Bildung strategischer Beschaffungsziele

Bereits in der zweiten Lerneinheit wurde die Bildung von Beschaffungszielen als Teilaufgabe der strategischen Informationsversorgung und Beschaffungsstrukturplanung eingeführt. Der Prozeß der Zielbildung kann im Sinne einer Versorgung mit **Informationen über das eigene Wollen** dem Bereich der strategischen Informationsversorgung zugerechnet werden.[113] Im folgenden werden wir untersuchen, welche Ziele für das strategische Beschaffungsmanagement relevant sind, und wie der Prozeß der Zielbildung erfolgt.

Lernziele

Nach dem Studium dieser Lerneinheit sollten Sie in der Lage sein,

- die Notwendigkeit von Beschaffungszielen zu beschreiben,
- eine strukturierte Übersicht von Zielen für das Beschaffungsmanagement zu geben,
- das strategische Element von Beschaffungszielen abzugrenzen,
- strategische Beschaffungsziele und deren Wirkungen geordnet nach den vier strategischen Zielkomplexen anzugeben,
- den Prozeß der Zielbildung in der Beschaffung zu beschreiben.

---

[113] Vgl. Large (1985), S. 85.

4.1 Bedeutung von Zielen für das Beschaffungsmanagement

Erinnern wir uns an den einführenden Fall in der ersten Lerneinheit. Verfolgt Klaus Michel bestimmte Beschaffungsziele? Möglicherweise liegen seinen Handlungen Zielvorstellungen zugrunde, aber offensichtlich lenken diese sein Handeln kaum. Es ist unstrukturiert und lediglich durch die aktuellen Anforderungen, die sich aus seiner Umwelt ergeben, gesteuert. Wesentliche Grundlage für ein „richtiges" Beschaffungsmanagement sind Vorstellungen darüber, welche Zustände erwünscht, welche unerwünscht sind und welche Zustände somit zukünftig erreicht werden sollen.

Ziele erfüllen im Beschaffungsmanagement eine Vielzahl von Funktionen.[114] Wie bereits angemerkt steht im Vordergrund der Aspekt der **Verhaltensorientierung**. Zunächst erhält das eigene Handeln eine Richtschnur. Durch Weitergabe von Zielen an Mitarbeiter bzw. durch gemeinsame Zielvereinbarung (Management by objectives) kann auch deren Verhalten gesteuert werden. Darüber hinaus kann auch das Verhalten von Mitarbeitern und Führungskräften anderer Unternehmungsbereiche, z.B. der Produktion oder der Konstruktion, durch Vereinbarung von gemeinsamen Zielen beeinflußt werden. Schließlich sollten Ziele auch mit Lieferanten vereinbart werden, um so deren Verhalten auf indirekte Art und Weise zu steuern. Beispiele dafür sind Qualitätssicherungsvereinbarungen, die gemeinsame Qualitätsziele festschreiben. Durch die Weitergabe von Zielvorstellungen, z.B. über Durchlaufzeiten, an den Lieferanten erlangt dieser wichtige Informationen für seine eigene Zielbildung.

Die eigene Zielbildung sollte bereits vor der **Planung** zukünftiger Handlungen abgeschlossen sein. Wie wir im weiteren Verlauf sehen werden, ist z.B. eine Lieferantenstrukturplanung ohne Zielsetzungen, zumindest hinsichtlich der Anzahl und Art der Lieferanten, nicht möglich. Das Vorhandensein von Zielen ist darüber hinaus eine Grundbedingung für die **Kontrolle**, denn Ziele können als Sollvorgaben für zu erreichende Zustände verstanden werden. Durch die Ableitung von Beschaffungszielen aus den allgemeinen Zielsetzungen erfolgt die Integration der Beschaffungsziele in das Zielsystem der Gesamtunternehmung. Damit wird die **Koordination der Beschaffungshandlungen** mit den Handlungen anderer Funktionsbereiche erreicht.

Weiterhin dienen Ziele der **Rechtfertigung von Handlungen** gegenüber Dritten. Bestehen z.B. eindeutige Zielvorgaben hinsichtlich der Leistungsfähigkeit eines Lieferanten, so ist eine Entscheidung, ob ein Lieferant weiterhin beauftragt werden kann oder nicht, in der Regel unstrittig. Konflikte der

---

[114] Siehe dazu beispielsweise Staehle (1994), S. 411-414.

Beschaffungsabteilung mit Bedarfsträgern anderer Unternehmensbereiche treten dagegen häufig dann auf, wenn Ziele nicht existieren oder nicht für alle Organisationsmitglieder verbindlich sind.

Damit wurden bereits auch einige **Voraussetzungen** für die Wirksamkeit von Zielen angesprochen.[115] Zunächst muß das **Zielobjekt,** d.h. der Gegenstand, an dem ein bestimmtes Ziel erreicht werden soll, genau spezifiziert werden. Beispiele dafür sind eine Gruppe von Lieferanten, die eigenen Mitarbeiter oder das gesamte Beschaffungssystem. Weiterhin müssen zur Formulierung von Zielen jene **Eigenschaften eines Zielobjektes** ausgewählt werden, die dessen Zustand beschreiben. Dabei ist darauf zu achten, daß einerseits eine hinreichende **Operationalität** vorliegt, die Merkmalsausprägungen also meßbar und für einen Handelnden verständlich sind.[116] Andererseits darf durch die Wahl zu einfacher Eigenschaften der Zielbezug nicht verloren gehen. Beispielsweise ist die Größe „Anzahl fehlerfreier Lieferungen" zwar einfach zu bestimmen. Sie erlaubt jedoch nur eine vergangenheitsbezogene Beurteilung der Leistungsfähigkeit eines Lieferanten.

Als weitere Voraussetzung sind Aussagen über das **gewünschte Zielausmaß** und ein **zeitlicher Bezug** notwendig. Beispielsweise sollte das Ziel „Reduktion der Beschaffungspreise" stets eine Erweiterung hinsichtlich der Höhe der Reduktion (z.B. 5%) sowie des Zeitraums, in welchem diese Reduktion erreicht werden soll (z.B. im laufenden Geschäftsjahr), enthalten. Da bei betriebswirtschaftlichen Fragestellungen immer mehrere Ziele verfolgt werden, muß innerhalb der Gesamtheit der Ziele Konsistenz vorliegen. Konsistenz der Ziele erfordert die genaue Beachtung der **Zielbeziehungen.**[117] Unproblematisch sind die Beziehungen „Zielkomplementarität" und „Zielindifferenz", da die gleichzeitige Erreichung komplementärer bzw. indifferenter Ziele gegeben bzw. möglich ist. Schwierig sind dagegen jene Zielbeziehungen zu handhaben, bei denen Zielkonflikte vorliegen, d.h. die Erreichung eines Ziels nur auf Kosten eines anderen möglich ist. Ein Beispiel dafür sind häufig die beiden Ziele „niedrige Einstandspreise" und „hohe Qualität der Beschaffungsobjekte". Gerade bei Zielkonflikten sind deshalb Aussagen über die **Wichtigkeit** der einzelnen Ziele bedeutsam. Diese führen zu einer Gewichtung oder zumindest Rangordnung der Ziele. Konsistenz setzt aber auch die **Homogenität der gewünschten Zielausmaße** voraus, vor allem bei solchen Zielen, die voneinander abhängig sind.

---

[115] Vgl. z.B. Staehle (1994), S. 414-415.
[116] Vgl. Staehle (1994), S. 415.
[117] Vgl. Staehle (1994), S. 417.

4.2 Übersicht von Zielen für das Beschaffungsmanagement

In der Literatur finden sich zahlreiche **Übersichten von möglichen Zielen** der Beschaffung. **Grochla** und **Schönbohm** führen bei „langfristigdynamischer Betrachtung" neben dem Sachziel der „Sicherstellung der Versorgung" drei Formalziele der Beschaffung an: das Kostenreduzierungsziel, das Leistungsverbesserungsziel (Qualität) und das Autonomieerhaltungsziel.[118] Bei **Meyer** finden sich die Zielfelder Beschaffungskostenziele, Beschaffungsrisikoziele, Beschaffungsflexibilitätsziele, Beschaffungsqualitätsziele und gemeinwohlorientierte Beschaffungsziele.[119] Diese grundsätzlichen Beschaffungsziele können dann durch Instrumentalziele konkretisiert werden. Beispielsweise nennt **Koppelmann** als Instrumentalziele des Entgeltziels: Einkaufspreise unter Marktentwicklung senken, Festpreisanteil steigern, Anteil der Konkurrenzpreise steigern, Zahlungstermine verlängern, etc.[120] Ähnliche Zielvorstellungen finden sich auch in angelsächsischen Lehrbüchern.[121]

Allerdings liegen nur wenige **empirische Untersuchungen** zu Zielen für den Beschaffungsbereich vor. Auf Basis einer Befragung von 2560 Industrieunternehmungen (Rücklauf 16,2%) hat **Schönenborn** Ende der 70er Jahre ermittelt, daß alle beteiligten Unternehmungen Beschaffungsziele setzen.[122] Die am häufigsten genannten Ziele waren mit Abstand „Bedarfsdeckung" und „Einkauf so kostengünstig wie möglich". Sicherlich trifft diese starke Preisorientierung heute nicht mehr zu.

Zahlreicher sind Untersuchungen hinsichtlich **der Ziele bei der Lieferantenauswahl**,[123] die, vorausgesetzt die Lieferantenwahl orientiert sich an den allgemeinen Beschaffungszielen, einen Rückschluß auf diese erlauben. **Glantschnig** hat beispielsweise bei einer Befragung von 120 BME-Mitgliedsunternehmungen ermittelt, daß 72% einem niedrigen Preis, 65% der Qualität und 35 % der Zuverlässigkeit die größte Bedeutung zumessen.[124] Bei einer empirischen Untersuchung von 236 Unternehmungen in USA, Schweden, Frankreich und verschiedenen asiatischen Ländern wurden die technologische Qualität und Zuverlässigkeit, die Lieferzuverlässigkeit, der Preis und die technischen Fähigkeiten der Mitarbeiter des Lieferanten als

---

[118] Vgl. Grochla/Schönbohm (1980), S. 34 -35.
[119] Vgl. Koppelmann (1995), S. 93, Koppelmann (1997), S. 38.
[120] Vgl. Vgl. Meyer (1986), S. 94-97.
[121] Siehe z.B. Dobler/Burt (1996), S. 41-44, Monczka/Trent/Handfield (1998), S. 18-19.
[122] Vgl. Schönenborn (1980), S. 19 und 51.
[123] Siehe dazu Lerneinheit 11.
[124] Vgl. Glantschnig (1995), S. 27-28.

wichtigste Kriterien eingestuft.[125] **Monczka, Nichols** und **Callahan** haben 1989 durch die Befragung von 103 amerikanischen Unternehmungen eine Studie von 1981 inhaltlich wiederholt. Als die wichtigsten Kriterien zur Beurteilung von Lieferanten wurden die „Beurteilung der qualitativen Leistungen durch Kunden", die „Beurteilung der Lieferleistung durch Kunden", die „gesamte Beschaffungszeit" und der „gezahlte Preis" ermittelt.[126] In der Untersuchung von 1981 hatten die beiden ersten Kriterien noch den Rang 13 bzw. 8 eingenommen.[127] Bei einer neueren Befragung von 783 Beschaffungsmanagern in den USA wurden als wichtigste Kriterien die Zuverlässigkeit des Produkts, die Fähigkeit Versprechen einzuhalten, das Preis-Leistungs-Verhältnis und die Gesamtkosten des Produkts ermittelt.[128]

Zusammenfassend läßt sich konstatieren, daß die drei Beschaffungsziele „angemessene Qualität", „hohe Versorgungssicherheit" und „niedrige Beschaffungskosten" wohl in dieser Reihenfolge das Wirken im strategischen Beschaffungsmanagement bestimmen. In den letzten Jahren scheint dabei die Bedeutung der Qualität zu- und die der Einkaufspreise als Bestandteil der Beschaffungskosten abgenommen zu haben.

Diese Schlußfolgerungen decken sich weitgehend mit den **Aussagen von Beschaffungsmanagern**, welche derzeit in Gesprächen ganz überwiegend die Zielkomplexe Kosten, Qualität und Versorgungssicherheit nahezu gleichberechtigt nebeneinander stellen. Allerdings läßt das tatsächliche Handeln vieler Beschaffungsmanager auch heute noch eine überwiegend am Preis orientierte Einstellung vermuten.

Sowohl in der Praxis als auch in Lehrbüchern und empirischen Untersuchungen dominieren Zielkataloge, die keine oder nur eine geringe **Struktur** aufweisen. Dabei finden sich Beschaffungsziele, die sich auf unterschiedliche **Zielobjekte** als Bezugsgrößen beziehen. Hinsichtlich der Zielobjekte von Beschaffungszielen können solche unterschieden werden, die sich auf das Gesamtunternehmen, auf den Funktionsbereich Beschaffung, auf die Gesamtheit der Lieferanten oder einzelne Lieferanten sowie auf alle oder auf einzelne Beschaffungsobjekte beziehen. In **Abbildung 6** sind für diese Zielobjekte gebräuchliche Ziele unterschiedlicher Operationalität angegeben. Das Ziel „hohe Versorgungssicherheit" bezieht sich beispielsweise auf die Gesamtunternehmung oder auf jene Teile der Unternehmung, die versorgt werden, das Ziel „hohe Qualität" auf einzelne Beschaffungsobjekte und „hohe Lieferfähigkeit" auf einen Lieferanten. Allerdings kann z.B. von der Qualität der gelieferten Produkte auf die Qualitätsfähigkeit eines Lieferanten geschlossen werden. Ein solcher Schluß, vom Zustand eines Zielobjektes

---

[125] Vgl. Mattson/Salehi-Sangari (1993), S. 27.
[126] Vgl. Monczka/Nichols/Callahan (1992), S. 23.
[127] Vgl. Monczka/Giunipero/Reck (1981), S. 22.
[128] Vgl. Swift Owens (1995), S. 108.

auf jenen eines anderen Zielobjektes, ist jedoch immer sorgfältig zu überprüfen.[129]

Zielobjekt	Beispiele
Gesamtunternehmen	• hohe Versorgungssicherheit • geringer Anteil von Fehlteilen
Funktionsbereich Beschaffung	• geringe Beschaffungsfunktionskosten • hohe Leistungsbereitschaft der Mitarbeiter
Gesamtheit der Lieferanten bzw. Lieferantenbeziehungen	• angemessene Anzahl der Lieferanten • ausreichender Anteil von Rahmenvertragslieferanten
einzelne Lieferanten bzw. Lieferantenbeziehung	• hohe Qualitätsfähigkeit • hohe Kapazität
Gesamtheit der Beschaffungsobjekte	• geringe Teilevielfalt • hoher Anteil von Standardteilen
einzelne Beschaffungsobjekte	• niedriger Preis • hohe Qualität

Abbildung 6:   Beispiele von Zielen für verschiedene Zielobjekte.

Eine **inhaltliche Gliederung** von Beschaffungszielen ist auf Basis der verwendeten **Merkmale der Zielobjekte** möglich. Eine einfache Form der Bildung von Zielen für komplexe Gebilde ist die Verwendung von **Strukturmerkmalen,** welche die Verhältnisse zwischen den Elementen der Gesamtheit beschreiben. Im Bereich der Beschaffung eignen sich Strukturziele vor allem zur Überwachung der Größe und Struktur des Lieferantenstamms und der Gesamtheit der Beschaffungsobjekte. Beispiele für Strukturziele sind der „angemessene Anteil von Auslandslieferanten" oder „geringe Teilevielfalt".

Qualitätsziele basieren dagegen auf **Qualitätsmerkmalen** der Zielobjekte. Qualitätsziele der Beschaffung beziehen sich vor allem auf die Beschaffungsobjekte. Ebenso können Merkmale von Lieferanten, welche im Sinne eines Potentials voraussichtlich zur Qualität der gelieferten Produkte beitragen werden, als Grundlage von Qualitätszielen dienen. In diesem Falle ist es sinnvoll, von der **Qualitätsfähigkeit** zu sprechen. Einen engen Bezug zu den Qualitätszielen haben die technologischen Ziele, die durch **technologische Merkmale** gebildet werden. Diese können sich wiederum primär auf ein Beschaffungsobjekt oder im Sinne einer Fähigkeit auf einen Lieferanten

---

[129] Siehe dazu Lerneinheit 14.

beziehen. Letzteres sollte mit dem Begriff der **Innovationsfähigkeit** beschrieben werden.

Betrachtet man die **Verfügbarkeit** eines Beschaffungsobjektes ebenfalls als Objektmerkmal, dann kann damit das Versorgungsziel konstituiert werden, welches sich auf eine Lieferung bezieht. Wichtige Teilziele davon sind die Lieferzuverlässigkeit, mit der die Lieferung erfolgt (Termineinhaltung), und die Lieferzeit. Wiederum kann das Merkmal jedoch auch auf das Zielobjekt „Lieferant" bezogen werden. In diesem Falle kann man vom Ziel einer **hohen Logistikfähigkeit** eines Lieferanten sprechen.

Die Ausprägung der Qualitätsziele, der technologischen Ziele und der Versorgungsserviceziele beeinflussen die Ausprägung des primären Leistungsziels des Funktionsbereichs Beschaffung: eine **hohe Versorgungssicherheit**. Eine hohe Versorgungssicherheit wird wiederum positiven Einfluß auf das **Erlösziel der Gesamtunternehmung** ausüben.[130] Dieser zweistufige Zusammenhang kann an einem Beispiel verdeutlicht werden. Wird beispielsweise das Ziel „Anteil fehlerhafter Lieferungen kleiner als 1%" nicht erreicht, sind einige Materialien, die benötigt werden, nicht vorhanden. Damit kann der Beschaffungsbereich sein Ziel der Versorgungssicherung nicht oder zumindest nicht in ausreichendem Maße erreichen. Erkennbar ist dies an Versorgungsengpässen in der Produktion, die Produktionsausfälle oder Verzögerungen zur Folge haben. Diese wiederum führen, sofern keine Pufferlager aufgebaut wurden, zu Verzögerungen in der Auslieferung (und damit Rechnungsstellung) oder sogar zum Verlust von Aufträgen.

Dem Erlösziel der Unternehmung steht das **Kostenziel** gegenüber. Beide lassen sich zu einem **Erfolgsziel** kombinieren. Betrachtet man Kosten als bewerteter Verzehr von Gütern zur Funktionserfüllung, so ergeben sich zunächst die Funktionskosten. In unserem Falle sind dies die **Beschaffungsfunktionskosten**, also die Kosten, die anfallen, um die Versorgungsfunktion in der Unternehmung zu erfüllen.[131] Hierzu zählen zunächst alle Kosten der Organisationseinheit „Einkauf" oder „Beschaffung". Bei einer ganzheitlichen Betrachtung gehören hierzu aber auch alle Kosten, die in anderen Organisationseinheiten zur Erfüllung der Versorgungsfunktion anfallen. Insgesamt handelt es sich also um die Kosten zur Durchführung der Beschaffungsprozesse. Man könnte deshalb auch von den **Beschaffungsprozeßkosten** sprechen.

Darüber hinaus können Kostenmerkmale auf weitere Zielobjekte bezogen werden. Betrachtet man das einzelne Beschaffungsobjekt, dann kann z.B. das Ziel „Senkung der **Beschaffungsobjektkosten** von Teil x um y% im

---

[130] Vgl. Lerneinheit 3.
[131] Vgl. Koppelmann (1995), S. 94

Geschäftsjahr z" formuliert werden. Primärer Bestandteil der Beschaffungs-objektkosten sind die Beschaffungspreise. Wesentliche Teilziele niedriger Beschaffungsobjektkosten sind, neben den niedrigen Einkaufspreisen, Ziele, die sich auf Nebenkosten beziehen, wie z.B. „niedrige Frachten", „niedrige Finanzierungskosten" (Skonto), „geringe Mindermengenzuschläge" usw. Niedrige Preise und geringe Nebenkosten werden zwar durch die Marktge-gebenheiten bestimmt, sie hängen jedoch letztlich im Sinne einer langfristi-gen Untergrenze von den Produktionskosten der Lieferanten und damit von deren Fähigkeiten ab (**Kostensenkungsfähigkeit**). Im Rahmen einer Preisstrukturanalyse können deshalb auch alle Kostenbestandteile von Lieferanten, z.B. die Lohnkosten, Energiekosten, Abschreibungen usw., Gegenstand der Betrachtung und somit Zielgröße sein. Nur ein Lieferant, der bei gegebenen Marktpreisen noch Gewinne erzielen kann wird langfristig ein geeigneter Partner sein.

Folgt man weiterhin der Gliederung in **Abbildung 6**, dann können auch die Kosten, die durch einzelne oder alle Lieferanten verursacht werden als Ziel-größe dienen. Diese Klasse von Kosten könnte man als Lieferantenkosten bezeichnen. Berücksichtigt man jedoch, daß diese Kosten in der beschaffen-den Unternehmung anfallen, also ein Teil der Beschaffungsprozeßkosten sind, und durch die Beziehung zu einem oder allen Lieferanten verursacht werden, so ist die Bezeichnung „**Beschaffungsbeziehungskosten**" treffen-der. Ein Beispiel für eine auf diesen Gedanken aufbauende Zielgröße ist „Kosten für die Beziehung zu Lieferant y im Geschäftsjahr z kleiner als 5000 DM". Zu dieser Größe, die in der betrieblichen Praxis in aller Regel nicht erfaßt wird, zählen beispielsweise Reisekosten für Lieferantenbesuche, die Kosten für die Durchführung eines Audits, Kosten für vom Lieferanten verschuldete Qualitätsmängel, Kommunikationskosten und die entstandenen Personalkosten des zuständigen Beschaffungsmanagers.

Ein aktuelles Konzept, das die Berücksichtigung der Gesamtkosten einer Lieferantenbeziehung anstrebt, ist das **total cost of ownership concept** (TCO-Konzept). Es wird z.B. folgendermaßen umschrieben: „Total cost of ownership is a concept which strives to analyze and understand the true cost of doing business with a supplier, going well beyond price"[132] Folgt man diesem Konzept, dann werden alle Kosten in der Vorkaufphase (Lieferanten-suche und -auswahlkosten), Kaufphase (Preis, Fracht, sonstige Neben-kosten) und in der Nachkaufphase (Lieferantenmanagement, Nacharbeit, Rücksendung) betrachtet.[133] Damit wird deutlich, daß das TCO-Konzept eher für einmalige Käufe mit hohem Einkaufswert geeignet ist (Investitionsgüter). In diesem Fall wird ein Objekt durch einen Akt bei einem Lieferanten gekauft bzw. in Auftrag gegeben. Beim Kauf von Material bestehen allerdings häufig

---

[132] Ellram (1993), S. 49.
[133] Vgl. Ellram/Perrott Siferd (1993), S. 164.

langfristige Lieferbeziehungen auf Basis derer wiederholt identische oder gleichartige Beschaffungsobjekte bestellt werden. Obwohl auch für die Beschaffung von Material Bestandteile der total cost genannt werden, wie z.B. Produktionsausfallkosten und Nacharbeitskosten,[134] sind die Aussagen des TCO-Konzeptes unklar, da das Zielobjekt (Lieferant oder einzelnes Beschaffungsobjekt) nicht eindeutig definiert ist. Insgesamt muß deshalb der praktische Nutzen des TCO-Konzeptes für die Beschaffung von Produktionsmaterial eher als gering bewertet werden, zumal auch Vertreter des TCO-Konzeptes den Aufwand als erheblich betrachten.[135] Sinnvoller wäre deshalb die Berechnung der **Beschaffungsbeziehungskosten**, da hier der klare Bezug auf eine Lieferanten-Abnehmer-Beziehung gegeben ist.

4.3 Wesen und Wirkungen strategischer Beschaffungsziele

Nachdem wir nun ausführlich die Ziele des Beschaffungsmanagements diskutiert haben, bleibt die Frage zu beantworten, wodurch sich strategische gegenüber anderen Beschaffungszielen auszeichnen. Wiederum können wir dazu auf die Merkmale des „Strategischen" zurückgreifen.[136] Strategisch sind Ziele dann, wenn sie das **Eröffnen und Sichern von Erfolgspotentialen** zum Gegenstand haben.[137] Oberstes Ziel des strategischen Beschaffungsmanagements ist das Vorhandensein von Erfolgspotentialen. Im Detail sind strategische Ziele Aussagen über das Wollen zukünftiger Fähigkeiten. Wie bereits gezeigt, können Erfolgspotentiale in Erlöspotentiale und Kostenpotentiale aufgespalten werden.[138] Ebenso konnten interne und externe Erfolgspotentiale unterschieden werden. Daraus ergeben sich **vier strategische Zielkomplexe** des Beschaffungsmanagements (**Abbildung 7**).

	intern	extern
Erlös	(1) Ziele für interne Erlöspotentiale	(3) Ziele für externe Erlöspotentiale
Kosten	(2) Ziele für interne Kostenpotentiale	(4) Ziele für externe Kostenpotentiale

Abbildung 7: Strategische Zielkomplexe.

---

[134] Vgl. Ellram (1993), S. 54.
[135] Vgl. Ellram (1993), S. 51.
[136] Vgl. Lerneinheit 3.
[137] Vgl. Kirsch (1993), Sp. 4097.
[138] Vgl. Lerneinheit 3.

Die jeweils für eine Unternehmung sinnvollen Ziele innerhalb dieser vier Komplexe können in einem Lehrbuch nicht allgemein dargestellt werden. Dazu sind Analysen der spezifischen Situation der Unternehmung und eine genaue Untersuchung der Wirkungszusammenhänge von Maßnahmen und Erfolgspotentialen im Einzelfall notwendig. Im folgenden sollen jedoch aus der praktischen Erfahrung heraus **beispielhaft einzelne Ziele** vorgestellt und deren Zusammenhang mit den Erfolgspotentialen einer Unternehmung aufgezeigt werden.

Zu (1) Als mögliche **interne Erfolgspotentiale** wurden in der 3. Lerneinheit die Beschaffungsmitarbeiter, die Aufbauorganisation und die Ablauforganisation identifiziert. Ziele für das Eröffnen und Sichern der **mitarbeiterbezogenen Erlöspotentiale** sind z.B. Weiterbildungsziele und Ziele, die der Steigerung der Leistungsbereitschaft dienen sollen. Wird beispielsweise das Ziel „alle Beschaffungsmitarbeiter verfügen über umfangreiches technologisches Wissen" erreicht, so sind diese in der Lage, innovative Materialien und Betriebsmittel einzukaufen, welche die Wettbewerbssituation am Absatzmarkt wesentlich verbessern können. Durch Zuordnung von geeigneten Mitarbeitern können die Erlöspotentiale der Mitarbeiter im Rahmen der **Aufbauorganisation** optimal entfaltet werden.[139]

Erlöspotentiale der Ablauforganisation können vor allem in der Schnelligkeit der Prozesse vermutet werden. Eine geordnete und damit schnelle Umsetzung neuer Bedarfe in funktionierende Lieferanten-Abnehmer-Beziehungen hilft mit, neue oder technisch modifizierte Endprodukte schnell auf den Markt zu bringen. Hierdurch kann eine Differenzierung gegenüber den Wettbewerbern erfolgen, die zu zukünftigen Erlösen beiträgt. Ein Beispiel für ein mögliches Ziel bei der Gestaltung der Ablauforganisation ist die „Reduzierung der Bemusterungszeiten", dessen Erreichung die frühere Bestellung der Neuteile und damit die frühere Aufnahme der Produktion ermöglicht.

Zu (2) Auch zur Ableitung von Zielen für **interne Kostenpotentiale** kann an den genannten drei Erfolgspotentialen angesetzt werden. Wird das Ziel „alle **Beschaffungsmitarbeiter** sprechen verhandlungssicheres Englisch" zumindest nahezu erreicht, dann eröffnen sich die Chancen des internationalen Einkaufs, ohne daß sprachliche Hemmnisse zu zusätzlichen Kosten führen. Auch andere Fähigkeiten können die Grundlage strategischer Ziele für den eigenen Mitarbeiterstamm darstellen. Beispiele sind „umfangreiches technologisches Wissen", „hohes Verhandlungsgeschick" und „umfangreiche Planungsfähigkeiten".

Interne Kostenpotentiale können auch aus der **Aufbauorganisation** erwachsen. Durch die Aufbauorganisation werden vor allem die Zuordnung

---

[139] Siehe Abschnitt 16.2.

von Aufgaben (Pflichten, etwas zu tun) zu Stelleninhabern, Zuordnung von Kompetenzen (Rechte, etwas zu tun) und die Zuordnung Stelleninhabern zu Abteilungen geregelt.[140] Kostenpotentiale können durch eine optimale Aufgabenzuordnung, Kompetenzzuordnung und Abteilungsbildung erschlossen werden.[141]

Durch die **Ablauforganisation** werden in erheblichen Maße die Beschaffungsfunktionskosten festgelegt. Dementsprechend können sich bei angemessener Gestaltung deutliche Kostenvermeidungspotentiale ergeben. Als Teilziele der Gestaltung der Beschaffungsablauforganisation können beispielsweise die hinreichende Vollständigkeit, die Einfachheit, der geringe Zeit- und Ressourcenbedarf und die geringe Fehleranfälligkeit der Abläufe angeführt werden, die allesamt positiven Einfluß auf das Oberziel „hohe Kostenvermeidungspotentiale" ausüben.[142] Durch den Vergleich der Kostenpotentiale verschiedener Ablaufalternativen, können jene ausgewählt werden, die das Erfolgspotential der Unternehmung stärken.

Zu (3) Die Gesamtheit der Lieferanten mit ihren jeweiligen Beziehungen zur beschaffenden Unternehmung stellt ein mehr oder weniger großes **externes Erlöspotential** dar. Dementsprechend könnte man als Oberziel formulieren: „Eröffnung und Sicherung der externen Erlöspotentiale". Dieses Ziel ist jedoch wenig operational. Es interessiert vielmehr, durch welche Teilziele dieses Globalziel erreicht werden kann. In der Lerneinheit 3 haben wir als wesentliche externe Erfolgspotentiale die Beschaffungsobjekte selbst sowie die Fähigkeit und die Bereitschaft der Lieferanten zum Aufbau von Lieferanten-Abnehmer-Beziehungen erarbeitet. Daraus lassen sich **Ziele für die externen Erlöspotentiale** ableiten.

Die **Beschaffungsobjekte** bestimmen als Material oder Betriebsmittel wesentlich die Stärken der beschaffenden Unternehmung und damit deren Erfolgspotential. Ziele für das Erlöspotential einzelner Objekte oder Objektgruppen können sich zunächst auf deren Merkmale beziehen. Wichtige Ziele sind beispielsweise „Erfüllung der Qualitätsanforderungen von x% der gelieferten Teile" oder „Anzahl der Montagebeanstandungen an Teil x in Periode z kleiner als y%". Betrachtet man die Gesamtheit der beschafften Objekte und damit das gesamte auf den Beschaffungsobjekten basierende Erlöspotential, dann gewinnen die Strukturziele an Bedeutung. Ein Beispiel dafür ist das Ziel „Anteil der Teile mit Lieferzeiten länger als x Wochen kleiner als y%". Ist der Anteil der Teile mit langen Lieferzeiten sehr hoch, wird die Unternehmung Probleme haben, sich durch hohe Flexibilität und kurze Lieferzeiten gegenüber den Wettbewerbern zu differenzieren.

---

[140] Siehe dazu Abschnitt 16.1.
[141] Siehe dazu Abschnitt 16.2.
[142] Siehe dazu Abschnitt 17.5.

Da Erlöspotentiale eine langfristige Betrachtung erfordern, sind Ziele, die sich auf die **Fähigkeiten von Lieferanten** beziehen, weitaus bedeutsamer. Als wichtige Ursachen eines hohen externen Erlöspotentials können deshalb die Qualitätsfähigkeit, Innovationsfähigkeit und Logistikfähigkeit betrachtet werden. Entsprechende Ziele für das Eröffnen und Sichern dieser Potentiale sind beispielsweise „alle Produktionsmateriallieferanten sind nach DIN ISO 9001 zertifiziert", „Zeichnungslieferanten unterbreiten mindestens x Verbesserungsvorschläge pro Jahr", „alle Produktionsmateriallieferanten beauftragen nur zertifizierte Transportdienstleister oder liefern selbst an".

Voraussetzung für das Eröffnen und Sichern eines externen Erlöspotentials ist ebenso die **Bereitschaft des Lieferanten** zur Zusammenarbeit, d.h. zur Aufnahme einer funktionierenden **Lieferanten-Abnehmer-Beziehung**. Mögliche Ziele hinsichtlich der Lieferantenbereitschaft wären z.B. „Akzeptanz der allgemeinen Einkaufsbedingungen" oder „große Bereitschaft zur Durchführung eines Lieferantenaudits". Einige Ziele sind in einer bestehenden Beziehung nur gemeinsam von Lieferant und Abnehmer zu erfüllen. Ein Beispiel dafür ist der „Anteil gemeinsam entwickelter Komponenten größer x%". Ist dieser Anteil hoch, kann von einem intensiven technologischen Austausch ausgegangen werden, durch den deutliche Wettbewerbsvorteile auf den Absatzmärkten erzeugt werden sollen.

Wiederum spielen bei einer Gesamtbetrachtung aller Lieferanten bzw. aller Lieferantenbeziehungen und damit des gesamten Erlöspotentials **Strukturziele** eine wichtige Rolle. Beispiele für Strukturziele sind „angemessener Anteil von Rahmenvertragslieferanten", „Anteil von bedingt qualitätsfähigen Lieferanten kleiner als x%" sowie das generelle Ziel „angemessene Anzahl von Lieferanten je Beschaffungsobjektgruppe".

Zu (4) Die Gesamtheit der Lieferanten-Abnehmer-Beziehungen kann neben einem externen Erlöspotential auch ein **externes Kostenpotential** oder genauer, ein externes Kostensenkungspotential, hervorbringen. Ähnlich wie bei den externen Erlöspotentialen wäre als Oberziel zu formulieren: „umfangreiche Eröffnung und Sicherung externer Kostenpotentiale". Auch dieses Ziel verfügt nicht über eine ausreichende Operationalität. Wir wollen wiederum die Beschaffungsobjekte, die Lieferanten und die Lieferanten-Abnehmer-Beziehungen als Zielobjekte unterscheiden.

Betrachtet man zunächst das **Beschaffungsobjekt**, so wird deutlich, daß unterschiedliche Kostenpotentiale möglich sind. Einfach zu nutzende Kostenpotentiale liegen dann vor, wenn noch **Verteilungsspielräume** vorhanden sind, d.h. die Beschaffungsobjektpreise über den Marktpreisen liegen und durch Verhandlungen gesenkt werden können. In der Regel sind diese Potentiale jedoch schnell ausgeschöpft. Wichtiger sind deshalb solche Kostenpotentiale, die durch eine **Änderung der Beschaffungsobjekte** zu eröffnen sind.

Wie in der 6. Lerneinheit gezeigt werden wird, ist eine gute Möglichkeit dazu die **Reduktion der Spezifität der Beschaffungsobjekte**. Legt man die Gesamtheit der Beschaffungsobjekte einer Betrachtung zugrunde, so wäre ein sinnvolles Strukturziel dafür z.B. „Erhöhung des Anteils der Normteile um x%". Ebenso ist in aller Regel eine Senkung der Beschaffungsobjektpreise durch eine Reduktion der Teilevielfalt und verbunden damit der Steigerung der Einkaufsvolumina bezogen auf die verbleibenden Teile möglich. Da die Beschaffungsobjektkosten neben dem Preis noch durch andere Komponenten bestimmt werden, wären weitere Ziele beispielsweise „Steigerung der frei Haus Lieferungen auf x%" oder „Erhöhung des Anteils von Mehrwegverpackungen auf x% der Anlieferungen".

Kostenpotentiale ergeben sich weiterhin aufgrund der **Fähigkeiten der Lieferanten**. Die **Fähigkeit** der Lieferanten **zur kostengünstiger Produktion** bestimmt deren Herstellungskosten und damit deren Preisuntergrenzen. Übliche Ziele sind deshalb beispielsweise „Erhöhung des Anteils der Lieferanten mit Betriebsmitteln, die nicht älter als x Jahre sind, auf y%" oder „Steigerung des Anteils der Lieferanten aus Mittel- und Osteuropa um x%". Beim ersten Ziel wird die Fähigkeit des Lieferanten in einem produktiven Maschinenpark gesehen, im zweiten Fall in der Fähigkeit, Mitarbeiter mit vergleichsweise geringen Löhnen einzusetzen.

Die Auswirkungen der **Logistikfähigkeit** auf die Kostenpotentiale sind ähnlicher Natur. Sie beeinflußt auf lange Sicht die Herstellkosten und die Distributionskosten des Lieferanten. Auch die **Innovationsfähigkeit** des Lieferanten kann Einfluß auf das Kostenpotential ausüben, wenn Innovationen auf die Veränderung der kostenverursachenden Objektmerkmale oder auf die Vereinfachung der Leistungserstellungsprozesse ausgerichtet sind. Wiederum können einige der angesprochenen Effekte nur durch eine Zusammenarbeit von Lieferant und beschaffender Unternehmung realisiert werden. Hierdurch gewinnen gerade hinsichtlich Innovation und Logistik die **Fähigkeiten der Beziehung** besondere Bedeutung. Als Beispiel sei das Ziel „Anteil standardisierter Behälter in der Beschaffungslogistik größer x%", dessen Erreichung die Reduktion von Entsorgungskosten und Umpackkosten zur Folge hat.

Ob nun in einer bestimmten Unternehmung den Kosten- oder den Erlöspotentialen eine größere Bedeutung zukommt, hängt von den Unternehmensgesamtzielen und damit von der zugrunde liegenden **Wettbewerbsstrategie** ab.[143] Wird eine Kostenführerschaft (cost leadership) angestrebt, so stehen eher die Kostenpotentiale, und damit die darauf bezogenen strategischen Ziele, im Mittelpunkt des Interesses. Verfolgt eine Unternehmung eine Differenzierungsstrategie (differentiation), steht das

---

[143] Vgl. Porter (1985), S. 11-22.

Erlöspotential mehr im Mittelpunkt, wobei die strategischen Beschaffungsziele wesentlich von der Art der Differenzierung bestimmt werden. Soll die Differenzierung durch eine im Vergleich zu den Konkurrenzangeboten höhere Eignung des Produkts für den Endkunden erreicht werden, sind vor allem Qualitäts- und Innovationsziele wichtig. Liegt das Differenzierungsmerkmal in der hohen faktischen Verfügbarkeit des Endprodukts, erlangen Ziele, die an den Logistikfähigkeiten der Lieferanten oder an der eigenen Ablauforganisation ansetzen, besondere Bedeutung.

4.4 Zielbildungsprozeß in der Beschaffung

Prinzipiell kann man hinsichtlich der Zielbildung zwei unterschiedliche Prozesse unterscheiden. Zum einen steht der Begriff für den **Entwurf von Zielsystemen**. Primäres Problem ist dabei, Zielobjekte und Merkmale zu entwerfen und in ein konsistentes Zielsystem zu integrieren. Im Anschluß daran wird das Zielausmaß für jedes Ziel festgelegt. Da diese Zielausmaße in aller Regel periodenbezogen definiert sind, wird zum anderen ein regelmäßig wiederkehrender Prozeß der Überprüfung und Änderung des Zielsystems sowie der **Festlegung der Zielausmaße** notwendig sein. Im folgenden wollen wir uns auf den ersten Prozeß konzentrieren.

Der **Zielbildungsprozeß** kann in die drei Teilprozesse Zielplanung, Entwicklung von Zielsystemen und Zieloperationalisierung aufgespalten werden.[144] Dabei wird von einer Ableitung der Beschaffungsziele aus den generellen Unternehmensgesamtzielen im Rahmen der Zielplanung ausgegangen. In der betrieblichen Praxis scheint allerdings für den Beschaffungsbereich eine **bottom-up Methode** erfolgversprechender zu sein, zumal gerade bei mittelständischen Unternehmungen oftmals kein hinreichend detailliertes System der Unternehmensgesamtziele vorliegt. Generell schlägt **Nagel** die folgende Vorgehensweise zur Zielformulierung vor,[145] die an die spezifischen Bedingungen der Beschaffung angepaßt werden kann:[146]

(1) **Sammeln von Zielen** unter Nutzung von Kreativitätstechniken.

Vorteilhaft ist dabei, daß alle am Beschaffungsprozeß beteiligten Personen befragt werden können. Im Rahmen eines Brainstorming können beispielsweise die Unternehmensleitung, die Beschaffungsmanager, die Produktionsleitung und der Controller ihre Vorstellungen hinsichtlich der notwendigen Beschaffungszielobjekte und deren relevante Eigenschaften einbringen.

(2) **Systematische Darstellung der Ziele** in einem Zielbaum.

---

[144] Vgl. Pfohl/Stölzle (1997), S. 88-89.
[145] Vgl. Nagel (1992), Sp. 2633-2634.
[146] Zum Zielbildungsprozeß in der Beschaffung siehe auch Meyer (1986), S. 251-296.

Bei dieser Methode hat man nun die nicht zu unterschätzende Aufgabe der Einordnung der gefundenen Teilziele unter die Oberziele. Wird kein Zielbaum gebildet, besteht die Gefahr, daß einzelne „übliche" Ziele ohne jede Systematik nebeneinander stehen.

(3) **Überarbeitung und Bereinigung** der gefundenen Lösung.

Als Grundlage der Überarbeitung können die Kriterien Operationalität,[147] Vollständigkeit, Überschaubarkeit und Widerspruchsfreiheit herangezogen werden. Bei der Bildung eines Systems strategischer Beschaffungsziele ist vor allem darauf zu achten, daß Ziele für alle vier strategischen Zielkomplexe (siehe **Abbildung 7**) formuliert werden. Darüber hinaus ist zu berücksichtigen, daß einzelne Lieferantenfähigkeiten, z.B. die Innovationsfähigkeit, sowohl Erlös- als auch Kostenpotentiale herausbilden können.

Allgemein ist von einer starken **Interdependenz der Ziele** auszugehen.[148] **Caddick** und **Dale** konstatieren, daß die Verfolgung des Qualitätssicherungszieles auch die Erreichung der Ziele „hoher Lagerumschlag", „geringe Anschaffungskosten", „kontinuierliche Versorgung", „vorteilhafte Lieferantenbeziehungen" und „niedrige Einkaufspreise" beeinflußt. Bei der Überprüfung der **Operationalität** sollte vor allem darauf geachtet werden, daß die gewählten Ziele in ihrer Ausprägung meßbar sind. Auch den häufig genannten Zielen, wie z.B. „Versorgungssicherung", „Qualitätssicherung" und „Sicherung der Beschaffungsmarktsituation",[149] mangelt es an Operationalität, weshalb sie sogar als strategische Ziele ungeeignet sind. Werden Beschaffungszielsysteme andererseits nur aus dem Blickwinkel der Meßbarkeit gestaltet, besteht die Gefahr, daß nur leicht meßbare Kennzahlen einbezogen werden, deren Aussagekraft jedoch gering ist.

Hinsichtlich der **Vollständigkeit** ist zu bemerken, daß es in aller Regel besser ist, ein kleines und überschaubares System von Zielen aufzustellen, als einen umfassenden Katalog von Zielen. Die Ausprägungen dieser Kataloge können oft nicht regelmäßig erfaßt werden. Außerdem ist fraglich, ob bei Abweichungen Taten folgen. Erweisen sich Zielsysteme als nicht ausreichend, dann können sie unter Beachtung der gewählten Struktur auch nachträglich sukzessiv erweitert und verfeinert werden. Finden sich konkurrierende Ziele in dem Zielsystem, so müssen Kompromisse gefunden oder zumindest Aussagen über die Wichtigkeit der Ziele (z.B. Gewichtungen) getroffen werden.

(4) **Verabschiedung** des formulierten Zielsystems.

---

[147] Siehe dazu Abschnitt 4.1.
[148] Vgl. Caddick/Dale (1987), S. 11-12.
[149] Vgl. Welters/Winand (1980), S. 598.

Ebenso wie bei der Suche nach Zielen sollten bei der Verabschiedung die verschiedenen Bereichsinteressen Berücksichtigung finden. Durch die gemeinsame Verabschiedung unter Mitwirkung strategischer Beschaffungs-manager und Führungskräfte anderer Bereiche steigt die Wahrscheinlichkeit gemeinsamer Anstrengungen zu deren Erreichung. Nur wenn die verab-schiedeten Ziele tatsächlich dem Wollen der Menschen, die am Beschaf-fungsprozeß beteiligt sind, entsprechen, wird sich deren Verhalten auch im Tagesgeschäft daran orientieren.

An die Verabschiedung des Zielsystems schließt sich die Bestimmung und Verabschiedung der ersten **Sollausprägungen (Zielvorgaben)** an. Zur Bestimmung eines Zielausmaßes sind verschiedene Vorgehensweisen möglich. Wir wollen diese am Beispiel des Ziels „Anteil von bedingt qualitätsfähigen Lieferanten kleiner als x%" diskutieren. Die einfachste Lösung ist die **Übernahme des Zielausmaßes der vergangenen Periode**, z.B. des letzten Geschäftsjahrs. Diese Möglichkeit kann nur dann zufrieden-stellen, wenn der Vorjahreswert solide bestimmt wurde und sich die Rahmenbedingungen nicht geändert haben. Noch unangemessener ist es, das Zielausmaß den **realen Ausprägungen der Vergangenheit** anzupas-sen. Bei dem genannten Beispiel würde das möglicherweise bedeuten, daß sich das Ziel stetig an ein schlechteres Qualitätsniveau der Lieferanten anlehnen würde.

Ein durchaus gangbarer Weg ist dagegen, das Zielausmaß an den **Sollwerten der Konkurrenten** oder von anderen vergleichbaren Unter-nehmungen auszurichten. Sinnvoll ist diese Vorgehensweise vor allem dann, wenn entsprechende Daten von einem anderen Unternehmen vorhanden sind, die erfolgreich strategisches Beschaffungsmanagement betreiben („best practice") oder ein Verband (z.B. der VDMA) Vergleichszahlen für seine Mitglieder erfaßt und zur Verfügung stellt. Der Königsweg ist allerdings, das zur Erreichung der übergeordneten Ziele **notwendige Zielausmaß** zu bestimmen. In unserem Beispiel würde das erfordern, jenen Anteil von nur bedingt qualitätsfähigen Lieferanten zu bestimmen, welcher das übergeord-nete Ziel „hohe Qualitätsfähigkeit der Lieferanten" nicht gefährden würde. Dessen Einhaltung ist wiederum für das Ziel „hohes externes Erlöspotential" Voraussetzung. Das Beispiel macht deutlich, daß die top-down Bestimmung von Zielausprägungen die Quantifizierbarkeit der Sollausprägungen der Oberziele und bekannte Beziehungen innerhalb der Zielhierarchie erfordert. In der Praxis sind diese Voraussetzungen in der Regel nicht erfüllt. Realistischer sind Zielausprägungen, die sich zwar an den Oberzielen orientieren, aber auf **Einschätzungen und Kompromißlösungen der beteiligten Manager** beruhen.

Sowohl die Ziele als auch die gefundenen Zielausmaße sollten im Rahmen dieses Gesamtprozesses zwei weiteren Prüfungen unterworfen werden. Zum einen ist zu überprüfen, ob die prinzipielle **Erreichbarkeit der festgelegten Zielausmaße** im vorgesehenen Zeitraum gegeben ist. Überzogene Ziele wirken demotivierend und sollten vermieden werden. Andererseits muß geklärt werden, welche Fähigkeiten und welches Können erlangt werden müssen, damit ein notwendiges Ziel zumindest mittelfristig erreicht werden kann.

Zum zweiten muß überprüft werden, ob die Ziele dem eigenen Dürfen widersprechen. Beispielsweise kann das Ziel „Reduktion der Einkaufspreise um x%" Zusagen, die in langfristigen Verträgen gegeben wurden, widersprechen. Es sind deshalb bei der Zielbildung die Beschränkungen **durch gesetzliche oder individuelle Verpflichtungen** zu beachten. An dem Ziel der Reduktion der Einkaufspreise wird auch eine zweite Grenze des Wollens, die durch das Dürfen bedingt ist, deutlich: die **Moral**. Nicht jedes erreichbare Ziel ist moralisch vertretbar. Bei der Durchsetzung der eigenen Ziele sollte deshalb zumindest ein „ethischer Mindeststandard" eingehalten werden. Der Bundesverband Materialwirtschaft, Einkauf und Logistik e.V. (BME) hat einige Regeln aufgestellt, die im Beschaffungsmanagement, und somit bereits bei der Zielbildung, beachtet werden sollen. Die Kernforderungen sind Loyalität, Fairneß, Vertragstreue, Vermeidung von Abhängigkeiten, Vertraulichkeit, Partnerschaftlichkeit und die Einhaltung von Gesetzen und Verordnungen. Offensichtlich besteht in der Wirtschaft die Notwendigkeit, diese eigentlich selbstverständlichen Grundsätze aufzuschreiben. Auch der Bundesverband der Deutschen Industrie (BDI) betont in seinen Leitsätzen für Lieferbeziehungen, daß auch unter Wettbewerbsdruck die „anerkannten Gepflogenheiten guter kaufmännischer Praxis" zu respektieren seien.

Empfohlene Literatur zur Lerneinheit 4

Die Zielbildung ist ein wichtiges Teilgebiet der Unternehmensführung und wurde deshalb in der Literatur umfänglich behandelt. Eine für unsere Zwecke ausreichende allgemeine Einführung findet sich in **Staehle** (1994), S. 411-418. Eine gute und knappe Übersicht über den Prozeß der Zielbildung gibt **Nagel** (1992).

Eine umfassende und sehr detaillierte Darstellung der Zielbildung in der Beschaffung ist die Dissertation von **Meyer** (1986). Aufbauend auf den Ausführungen von **Meyer** widmet sich den Beschaffungszielen auch das Lehrbuch **Koppelmann** (1995) sowie **Koppelmann** (1997).

Spezielle Aufsätze, die sich ausschließlich mit strategischen Beschaffungszielen nach unserem Verständnis beschäftigen, liegen nach Kenntnis des Autors nicht vor. Gute Ansätze sind in der Arbeit von **Caddick** und **Dale** (1987) vorhanden.

5. Lerneinheit:

Beschaffungsobjektstrukturanalyse

In den vorangegangenen Lerneinheiten haben wir die Bedeutung von Strukturzielen für das strategische Beschaffungsmanagement kennengelernt. Neben der Lieferantenstruktur stand dabei häufig die Beschaffungsobjektstruktur im Mittelpunkt. Obwohl bereits in der ersten Lerneinheit die Beschaffungsobjekte der Unternehmung entsprechend ihrer Funktion grob in die Hauptgruppen Produktionsmaterial, Sonstiges Material, Investitionsgüter, Dienstleistungen und Handelswaren gegliedert wurden, soll nun das Aufgabengebiet und die Methoden der Analyse der Beschaffungsobjektstruktur betrachtet werden.

Lernziele

Nach dem Studium dieser Lerneinheit sollten Sie in der Lage sein,

- den Gegenstand der Beschaffungsobjektstrukturanalyse und Beschaffungsobjektstrukturplanung zu erläutern,

- die Notwenigkeit der Klassifizierung zu begründen,

- die Auswahl geeigneter Objektmerkmale als Klassifikationsmerkmale zu beschreiben,

- die Bestimmung der Ausprägung der Klassifikationsmerkmale zu erläutern,

- die Methoden der Gruppenbildung zu beschreiben,

- eine ABC-Analyse durchzuführen.

5.1 Grundlagen der Beschaffungsobjektstruktur-analyse und -planung

Traditionell wird die Planung der Beschaffungsobjekte auf die Mengenplanung reduziert, bei der von einem gegeben Primärbedarf ausgegangen wird. Die Beschaffungsplanung ist in diesem Falle ein Teilbereich der mittelfristigen Materialbedarfsplanung. So kritisieren bereits **Grochla** und **Kubicek** „Der Bedarf ist aus der Absatz- und/oder Produktionsplanung zu entnehmen, und es verbleiben lediglich einige dispositive Probleme, ... Stets wird der Beschaffung das Ziel zugewiesen, aus anderen Plänen den Bedarf zu ermitteln und diesen Bedarf zu befriedigen, indem sie die richtigen Inputgüter in der richtigen Menge und der richtigen Qualität zum richtigen Zeitpunkt bei möglichst geringen Kosten für die Produktion bereitstellt"[150]

Im Rahmen eines strategischen Beschaffungsmanagements kann diese Sichtweise nicht befriedigen. Es interessieren vielmehr jene Aspekte der Beschaffungsobjekte, die einen Einfluß auf die Erfolgspotentiale, also auf die Kosten- und Erlöspotentiale, der Unternehmung haben. Die Gedanken zu den **Beschaffungszielen** haben gezeigt (Abbildung 6), daß neben den Zielen für einzelne Beschaffungsobjekte auch die Ziele für die Gesamtheit der Beschaffungsobjekte, die Strukturziele, eine hohe Bedeutung besitzen. Wir wollen uns deshalb im folgenden nicht nur mit den einzelnen Beschaffungsobjekten, sondern auch mit deren Verhältnis zueinander, der **Beschaffungsobjektstruktur**, beschäftigen.

Die Beschaffungsobjektstruktur beschreibt ganz allgemein gesprochen die Verteilung der zu beschaffenden Güter auf **homogene Gütergruppen** (Beschaffungsobjektklassen). Diese zeichnen sich dadurch aus, daß sich die Beschaffungsobjekte einer Gütergruppe (z.B. Gußteile) hinsichtlich ihrer Eigenschaftsausprägung ähneln (z.B. Werkstoff: Gußwerkstoff), während sie sich von Gütern außerhalb der Gruppe deutlich unterscheiden. Eine Gütergruppe wird somit durch die Art der darin enthaltenen Güter bestimmt, wobei sehr verschiedene Kriterien zur Abgrenzung der Gruppen verwendet werden können. Diese **Klassifikationsmerkmale** werden Gegenstand des Abschnitts 5.2 sein. Durch die Gruppenbildung werden somit auch die Anzahl der Objekte je Gruppe und damit die **Mengenverhältnisse** der Gruppen zueinander und zur Gesamtheit bestimmt.

Die **Gestaltung der Beschaffungsobjektstruktur** vollzieht sich in drei Stufen. Die erste Stufe umfaßt die (1) Beschaffungsobjektstrukturanalyse, deren primäre Aufgabe in dem Erkennen der Ist-Struktur der Beschaffungsobjekte durch Klassifikationshandlungen liegt. Die zweite Stufe kann als

---

[150] Grochla/Kubicek (1976), S. 263.

Phase der (2) **Beurteilung und Problemerkennung** bezeichnet werden. In dieser Phase werden die Ergebnisse der Analyse den strategischen Beschaffungszielen gegenübergestellt. Sind aktuelle und bei Untätigkeit zukünftig entstehende Probleme erkannt, so können (3) Maßnahmen durchdacht werden, die geeignet sind, die erkannten Probleme nachhaltig zu beseitigen. Diese Phase kann als **Beschaffungsobjektstrukturplanung** bezeichnet werden.[151]

Ohne eingehende Beschaffungsobjektstrukturanalyse ist keine Beschaffungsobjektstrukturplanung möglich. Die Analyse der Beschaffungsobjektstruktur ist darüber hinaus eine **Voraussetzung für andere Planungsaktivitäten** im strategischen Beschaffungsmanagement. Da eine Beurteilung der strategischen Bedeutung eines Lieferanten ohne die Betrachtung der gelieferten Beschaffungsobjekte nicht möglich ist, ist die Objektanalyse Grundlage für die Untersuchung der Lieferantenstruktur. Durch die Orientierung der internen Aufgabenverteilung an der Beschaffungsobjektstruktur kann ein Spezialisierungseffekt erreicht werden. Eine umfassende Beschaffungsobjektstrukturanalyse ist deshalb auch Ausgangspunkt der Personalplanung und Organisation des Beschaffungsmanagements. Sie bildet ebenso den Ausgangspunkt für die Beschaffungsmarktforschung, da die bedarfsgerechte Abgrenzung der Beschaffungsmärkte die notwendige Bedingung der Marktforschung darstellt. Schließlich beginnt auch die Vorbereitung einer Zusammenarbeit mit anderen beschaffenden Unternehmungen im Rahmen von horizontalen Einkaufskooperationen mit der Bestimmung jener Gütergruppen, die für ein gemeinsames Vorgehen am Markt geeignet sind.[152]

5.2 Kriterien zur Klassifikation der Beschaffungsobjekte

Die erste Stufe der Beschaffungsobjektstrukturanalyse und -planung umfaßt das Erkennen der Ist-Struktur der Gesamtheit aller Beschaffungsobjekte. Dies ist mit Hilfe einer **Klassifikation** der Beschaffungsobjekte möglich. Bei der Klassifikation werden Beschaffungsobjekte zu homogenen Gütergruppen zusammengefaßt und damit eine Struktur der Gesamtheit offengelegt. Eine Beschaffungsobjektstruktur darf **nicht als etwas Absolutes** mißverstanden werden. Es handelt sich vielmehr um die Betonung einer bestimmten Sicht, die von der Wahl der im Einzelfall zweckmäßigen Klassifikationsmerkmale abhängt. Die Klassifikationsmerkmale können mit Filtern verglichen werden, die bestimmte Strukturen der Gesamtheit in den Vordergrund treten lassen.

---

[151] Siehe dazu Lerneinheit 6.
[152] Siehe dazu Arnold/Essig (1997), Arnold (1998), Weber/Christe (1998).

Durch die Klassifizierung wird eine deutliche **Zunahme der Transparenz** erreicht. Statt der Gesamtheit von aktuellen Beschaffungsobjekten, die sich in Größenordnungen von 100.000 einzelnen Objekten bewegen kann, reicht es bei Entscheidungen oft aus, nur die Gütergruppe als Ganzes oder nur die Objekte einer Gütergruppe zu betrachten. Die **Komplexität** der Gestaltung und Kontrolle wird also wesentlich verringert. Klassifikationen helfen auch bei der Unterscheidung von Wesentlichem und Unwesentlichem und tragen so zur **Konzentration** des Beschaffungsmanagements auf strategische Frage-stellungen bei.[153]

Vor allem größere Unternehmungen können, wie bereits angesprochen, durch eine Arbeitsteilung zwischen den Beschaffungsmanagern, die sich an den Beschaffungsobjektklassen orientiert, zusätzlich einen **Spezialisie-rungsvorteil** erlangen. Weiterhin laufen viele Aktivitäten des Beschaffungs-managements für alle Beschaffungsobjekte einer Gütergruppe in ähnlicher Form ab, wodurch durch Vereinheitlichung eine Vereinfachung der Prozesse und somit eine spürbare Kostenersparnis erreicht werden kann. Umfang-reiches Wissen über die eigene Beschaffungsobjektstruktur ist darüber hinaus eine Voraussetzung für die Zuordnung von bestimmten Gütergruppen zu **Märkten**, die in der Lage sind, die Anforderungen dieser Klasse von Beschaffungsobjekten effizient zu erfüllen.[154] Faßt man diese einzelnen Effekte zusammen, so kann festgestellt werden, daß die Bildung von Beschaffungsobjektklassen als Prozeß der Informationsversorgung die **Unsicherheit** des operativen und vor allem des strategischen Beschaf-fungsmanagements über die Struktur der eigenen Nachfrage wesentlich reduziert.

Im Rahmen der Klassifizierung sind **drei Teilaufgaben** zu erfüllen, die im folgenden näher betrachtet werden:

- die Auswahl geeigneter Objekteigenschaften als Klassifikations-merkmale,
- die Bestimmung der Ausprägung der Klassifikationsmerkmale für jedes einbezogene Beschaffungsobjekt und
- die Gruppenbildung durch Zuordnung bestimmter Bereiche von Merkmalsausprägungen zu Beschaffungsobjektklassen.

Erster Schritt der Klassifizierung ist die **Auswahl geeigneter Objektmerk-male**. Die erste Klassifikation in fünf **Beschaffungsobjekthauptgruppen** haben wir bereits in der ersten Lerneinheit eingeführt, als zwischen den Sachleistungen Produktionsmaterial, sonstigem Material, Investitionsgütern und Handelswaren und Dienstleistungen unterschieden wurde. Dabei wurden

---

[153] Vgl. Wietersheim (1993), S. 88-89.
[154] Vgl. Large/Rückels (1997).

bereits zwei Merkmale, das Merkmal der Materialität und das des Verwendungszwecks, herangezogen. Für eine weitere Untergliederung bieten sich vor allem jene Beschaffungsobjekthauptgruppen an, die sich durch eine besonders hohe Objektvielfalt auszeichnen.[155] Neben den Handelswaren sind dies vor allem die beiden Materialhauptgruppen. Bei einer großen Anzahl unterschiedlicher Investitionsgüter kann aber auch deren Klassifikation sinnvoll sein.

Prinzipiell kann man hinsichtlich der Komplexität zwei **Arten von Klassifikationsmerkmalen** unterscheiden. Zur ersten gehören alle Klassifikationsmerkmale, die direkt aus einem einzelnen Merkmal des Beschaffungsobjekts abgeleitet werden können. Beispiele dafür sind der Preis, der Bedarf in der letzten Periode, die Häufigkeit des Bezugs, der Werkstoff oder der Verwendungszweck. Sie werden im folgenden als **einfache Klassifikationsmerkmale** bezeichnet. Für strategische Fragestellungen sind häufig Merkmale, wie z.B. das Versorgungsrisiko, die technische Komplexität[156] oder das Kostenpotential, von größerer Bedeutung. Diese **komplexen Klassifikationsmerkmale** sind aus mehreren einfachen Merkmalen zusammengesetzt, wobei die Wirkungszusammenhänge bekannt sein müssen. Mit anderen Worten heißt dies, daß bekannt sein muß, mit welchen Einzelmerkmalen beispielsweise die technische Komplexität beschrieben werden kann und wie stark deren Ausprägungen die Komplexität beeinflussen.

Zum zweiten unterscheiden sich Klassifikationsmerkmale hinsichtlich ihres **Skalenniveaus**. Das Skalenniveau ist für die nachfolgende Bestimmung von Ausprägungen und der Auswahl von Methoden der Gruppenbildung von Bedeutung. Man kann prinzipiell Nominalskalen, Ordinalskalen sowie die beiden metrischen Intervall- und Ratioskalen unterscheiden. Typische Klassifikationsmerkmale mit Ratioskalen sind der Preis und die Bedarfsmengen. Ratioskalen haben gleich große Abschnitte und einen natürlichen Nullpunkt. Mit Ratiodaten kann man alle Rechenoperationen durchführen. Ordinalskalierte Klassifikationsmerkmale erlauben nur die Abbildung einer Rangfolge. Ein Beispiel ist das Versorgungsrisiko. Es kann gering, normal oder hoch sein. Werden allerdings zur Beurteilung des Versorgungsrisikos Ratingskalen eingesetzt, z.B. Punktwerte zwischen 1 und 7, dann kann dieses ordinalskalierte Merkmal wie ein intervallskaliertes Merkmal verwendet werden. In diesem Fall ist die Addition und Subtraktion erlaubt, jedoch nicht die Multiplikation, da ein natürlicher Nullpunkt fehlt. Nominalskalen gestatten lediglich eine qualitative Klassifikation. Ein Beispiel für ein nominalskaliertes Klassifikationsmerkmal ist die Fertigungstechnologie,

---

[155] In der ersten Lerneinheit wurden bereits für alle Beschaffungsobjekthauptgruppen die gebräuchlichsten Klassifikationen eingeführt.

[156] Siehe z.B. Beßlich/Lumbe (1994b), S. 22, Kraljic (1983), S. 112.

selbst wenn statt der möglichen Ausprägungen, wie z.B. „Schmiedeteil" Kennziffern (Schmiedeteil = 4) verwendet werden.

Aus der Vielzahl von möglichen Klassifikationsmerkmalen muß eine Unternehmung die für sie relevanten Merkmale auswählen. Welche der einfachen und komplexen Merkmale im Einzelfall relevant sind, hängt von vielen Einflußfaktoren, aber vor allem vom **Zweck der Klassifikation** ab. Wir werden deshalb einige Klassifikationsmerkmale bei der Diskussion verschiedener Methoden kennenlernen. In vielen Industrieunternehmungen richtet sich die Klassifikation der Produktionsmaterialien nach den Ansprüchen der Konstruktion. Im Vordergrund stehen dann oft Merkmale, welche die Verwendung eines Teils oder einer Komponente beschreiben. Die Information, daß es sich bei einem Bauteil beispielsweise um eine Antriebsscheibe handelt, ist für einen Einkäufer vergleichsweise uninteressant. Wichtiger wäre für ihn beispielsweise die Einordnung in eine Klasse „bearbeitete Rotationsteile aus Grauguß, mittlere Größe", die eine Zuordnung des Teils zu potentiellen Lieferanten, z.B. Gießereien mit eigener Fertigbearbeitung, ermöglichen würde.

Zur **Bestimmung der Ausprägung der Klassifikationsmerkmale** von Beschaffungsobjekten stehen zwei verschiedene Vorgehensweisen zur Verfügung. Die einfachere Vorgehensweise ist die Nutzung von bereits in **operativen DV-Systemen** vorhandenen Daten einzelner Klassifikationsmerkmale. Der Weg kann häufig bei einfachen Klassifikationsmerkmalen beschritten werden. Beispiele dafür sind die metrischskalierten Klassifikationsmerkmale, wie der Preis, der Bedarf im vergangenen Geschäftsjahr, die Anzahl der Bestellungen im vergangenen Geschäftsjahr usw. Auch komplexe Klassifikationsmerkmale lassen sich auf diese Weise bestimmen, sofern für die einfachen Klassifikationsmerkmale, aus denen Sie sich zusammensetzen, Daten abgespeichert sind.

Oft erfordern Klassifikationsmerkmale jedoch eine **Einschätzung durch eine bewertende Person**. Diese Einschätzung kann sich zum einen auf objektive Informationen stützen. Beispielsweise ist ein mit der Fertigungstechnologie vertrauter Beschaffungsmanager in der Lage, die Qualitätsanforderungen eines mechanischen Teils mit Hilfe der Angaben zur Oberflächenrauhigkeit, der Maßtoleranzen und der Form- und Lagetoleranzen einer Zeichnung zu ermitteln und damit das Teil einer ordinalskalierten Qualitätsanforderungsstufe zuzuordnen. Dagegen erfordert beispielsweise die Bewertung des Merkmals „Ausweichmöglichkeiten auf Substitute" als Bestandteil des Versorgungsrisikos eine subjektive Einschätzung, die sich wesentlich auf Erfahrung und Marktkenntnis stützt.

Ein gutes Beispiel für ein komplexes Klassifikationsmerkmal, welches nur mittels Bewertung einzelner Faktoren durch eine Person bestimmt werden kann, ist das im Rahmen des SUCCESS-Programms von Siemens verwendete Merkmal **„technische Komplexität und Versorgungsrisiko"**.[157] Die einzelnen Faktoren sind in **Abbildung 8** zusammengestellt.[158] Dabei wird deutlich, daß es sich bei diesen Faktoren nicht nur um Merkmale des betrachteten Beschaffungsobjektes handelt, sondern auch um Merkmale des derzeitigen Lieferanten des Objektes und des gesamten Marktes. Die Beurteilung ist deshalb ohne entsprechende Beschaffungsmarktforschung und eine Lieferantenstrukturanalyse nicht möglich. Die zuständigen Beschaffungsmanager von Siemens konnten die einzelnen Faktoren mit Hilfe einer Intervallskala (1 bis 9) bewerten. Anschließend wurden die Werte gewichtet und zur Größe „technische Komplexität und Versorgungsrisiko" zusammengefaßt.

Marktbezogene Kriterien	**Unternehmensbezogene Kriterien**
Anforderungen an das technische Know-how des Lieferanten	Technische Anforderungen an das Teil
technische Komplexität des Fertigungsverfahrens	Standardisierungsgrad des Teiles
technologische Entwicklung	Kosten bei Lieferantenwechsel
Beschaffungsmarktstruktur	Ausweichmöglichkeit durch Substitution oder Eigenfertigung
Kapazitätsauslastung der Lieferanten	technisch bedingter Änderungsaufwand pro Jahr
voraussichtliche Marktpreisentwicklung	Anzahl der freigegebenen Lieferanten
Image als Abnehmer	Bedarfsentwicklung in der Zukunft
Beschaffungsmarktwachstum	Anforderungen an die Qualität
Zusatzinformationen	Aufwand bei der Prüfung
letzter Lieferantenwechsel	Ungenauigkeit der Bedarfsvorhersage
letzte Anfrageaktion	Bedarfsschwankung
Lieferstandort	
Betriebsgröße des Lieferanten	

Abbildung 8: Kriterien zur Bewertung des Versorgungsrisikos im Rahmen des SUCCESS-Programms.

Ein weiteres komplexes Klassifikationsmerkmal ist der **Gewinneinfluß**. **Kraljic** setzt diese Größe aus den Merkmalen Einkaufsvolumen, Anteil an den Gesamtbeschaffungskosten, Einfluß auf die Qualität des Endprodukts und aus dem Wachstum zusammen.[159] Den Gewinneinfluß eines beschafften Beschaffungsobjektes zu bestimmen, ist äußerst schwierig. Noch schwieriger ist jedoch die Abschätzung der Auswirkungen auf die Kosten- und Erlöspotentiale der Unternehmung. Sicherlich übt die Höhe des Einkaufs-

---

[157] Vgl. Beßlich/Lumbe (1994a), S. 22-23, Beßlich/Lumbe (1994b), S. 42-43. Als Grundlage dafür siehe Hubmann/Barth (1990).
[158] Weitere Faktoren des Versorgungsrisikos siehe Wietersheim (1993), S. 104-105. Siehe auch Kraljic (1983), S. 112.
[159] Vgl. Kraljic (1983), S. 112.

volumens dieses Teils, die Qualität des Teils und die Entwicklung bzw. Beeinflußbarkeit der Bezugskosten einen wesentlichen Einfluß aus.[160]

Stellt man beide Vorgehensweisen gegenüber, kann man den folgenden **Schluß** ziehen. Durch einen Rückgriff auf im DV-System vorhandene Daten ist eine Bestimmung von Klassifikationsmerkmalsausprägungen vergleichsweise einfach zu realisieren. Fraglich ist jedoch häufig, ob derart gewählte Klassifikationsmerkmale hinsichtlich strategischer Fragestellungen tatsächlich relevant sind. Viele auf die Kosten- und Erlöspotentiale ausgerichteten Analysen der Beschaffungsobjektstruktur können nur mit Hilfe manueller Bewertung von Klassifikationsmerkmalen durchgeführt werden. Der hohe Aufwand, der hierdurch entsteht, ist offensichtlich.

Die Phase der Bestimmung der Ausprägung der Klassifikationsmerkmale sollte durch die **DV-technische Abspeicherung** der gewonnenen Ausprägungen abgeschlossen werden, sofern diese Information noch nicht im operativen DV-System enthalten war. Für neue Klassifikationsmerkmale bietet sich dafür vor allem die Anlage von Schlüsselfeldern auf dem Materialstammsatz an. Hierdurch kann man bei der Durchführung der Gruppenbildung immer auf gespeicherte Daten zurückgreifen.

5.3 Methoden zur Bildung von Beschaffungsobjektgruppen

Sind die Klassifikationsmerkmale und deren Ausprägungen für jedes zu untersuchende Beschaffungsobjekt bestimmt und auf dem Materialstammsatz abgespeichert, dann kann mit **Methoden der Gruppenbildung** die Klassifizierung im engeren Sinn, d.h. die Zuordnung zu einer Beschaffungsobjektgruppe, vorgenommen werden. In den letzten Jahren haben einige Verbesserungsprogramme von Großunternehmungen, im Rahmen derer Beschaffungsobjektstrukturanalysen in Verbindung mit der Betrachtung der Lieferantenstruktur durchgeführt wurden, in der anwendungsorientierten Fachliteratur und auf Seminaren große Beachtung gefunden.[161] Es entsteht jedoch bei genauerem Hinsehen der Eindruck, daß sich die meisten Beschaffungsmanager noch immer auf wenige sehr einfache Methoden beschränken. Dieser Eindruck wird durch die bereits angeführte Untersuchung von **Glantschnig** bestätigt. Es wurde eine eher geringe Methodenorientierung festgestellt.[162] Am häufigsten (40%) nannten die beteiligten Beschaffungsmanager die ABC-Analyse als verwendete Methode.

---

[160] Vgl. Arnold (1982), S. 209.
[161] Als Beispiel wurde bereits das SUCCESS-Programm von Siemens genannt.
[162] Vgl. Glantschnig (1995), S. 27.

Dieses Verhalten ist unverständlich, denn es sind eine Vielzahl von hilfreichen Methoden verfügbar. Prinzipiell lassen sich **vier Methodengruppen** unterscheiden, die durch die Skalierung der Merkmalsdaten und die Anzahl der einbezogenen Klassifikationsmerkmale bestimmt werden:

(1) Gruppenbildung auf Basis eines ratioskalierten Klassifikationsmerkmals durch metrische Ober- und Untergrenzen je Klasse,

(2) Gruppenbildung mit Hilfe einzelner oder mehrerer nominalskalierter Klassifikationsmerkmale durch Zuordnung,

(3) Gruppenbildung mit Hilfe mehrerer ordinalskalierter oder metrischskalierter Klassifikationsmerkmale durch Rangwertsbereiche bzw. metrische Ober- und Untergrenzen je Klasse,

(4) Statistische Verfahren der Gruppenbildung aufgrund der Ähnlichkeit von Beschaffungsobjekten (Cluster-Analyse).

Statistische Verfahren scheitern in der Regel an der zu hohen Anzahl der zu gruppierenden Datensätze und an der inhaltlichen Interpretation der ermittelten Cluster. Im folgenden sollen nun einige wichtige Methoden der ersten drei Methodengruppen näher betrachtet werden.

Zu (1) Eine sehr einfache Methode der ersten Gruppe ist die **Wertstrukturanalyse**. Dabei werden die einbezogenen Beschaffungsobjekte, getrennt nach Beschaffungsobjekthauptgruppen, nach ihrem Preis (Durchschnittspreis oder letzter Einstandspreis) sortiert. Bei starken Schwankungen der Bestellmengen kann die Ermittlung der „richtigen" Preise schwierig sein, da die gezahlten Stückpreise häufig von der Bezugsmenge (Staffelpreise, Mindermengenzuschläge) abhängen. Es sollten deshalb vor allem Ausreißer ausgeschlossen werden. Die betrachteten Beschaffungsobjekte werden dann in einzelne durch Preisober- und Preisuntergrenzen gebildete Klassen eingeteilt. Hierdurch kann eine Konzentration auf die Objektgruppe, welche die teuren Beschaffungsobjekte enthält, erreicht werden. Es wird dabei implizit von der Vorstellung ausgegangen, daß teure Beschaffungsobjekte einen vergleichsweise hohen Einfluß auf den Erfolg ausüben.

Zur Erhöhung der Transparenz trägt auch die **Mengenstrukturanalyse** bei, die ebenfalls zur ersten Methodengruppe gehört. Dabei werden die Beschaffungsobjekte, vor allem Produktionsmaterial, nach den bezogenen Mengen einer Periode oder den geplanten Bezugsmengen sortiert und durch die Festlegung von Grenzen in Gruppen eingeteilt. Soll diese Analyse zukunftsorientiert erfolgen, ist eine **mittelfristige Materialbedarfsplanung** erforderlich, bei der entweder verbrauchsgebunden oder mit Hilfe eines prognostizierten Jahresproduktionsprogramms programmgebunden die Jahresmaterialbedarfe geplant werden.[163] Die Gruppe von Beschaffungsobjekten, die nur in kleinen Mengen gebraucht werden, sollte dahingehend überprüft werden, ob diese Materialien überhaupt notwendig bzw. durch andere mit hohem Bedarf ersetzbar sind. Der Gruppe mit hohem Bedarf wird dagegen wiederum ein hoher Einfluß auf den Erfolg zugemessen. Allerdings kann diese Einschätzung falsch sein, da gerade Kleinteile mit geringen Preisen, wie z.B. Schrauben, Muttern, Dichtungen, oft in großen Mengen benötigt werden.

Um diese Fehleinschätzung auszuschließen, kann eine Kombination der Wertstrukturanalyse und der Mengenstrukturanalyse angewendet werden: die bekannte **ABC-Analyse**. Bei der ABC-Analyse werden für jedes Beschaffungsobjekt die Ausprägungen der beiden ratioskalierten Merkmale „Preis" und „Periodenmenge" multiplikativ zum Klassifikationsmerkmal „Einkaufsvolumen je Beschaffungsobjekt" zusammengefaßt. Der im Beschaffungsmanagement übliche Begriff **Einkaufsvolumen** ist also eine Umsatzgröße und bezieht sich hier auf ein bestimmtes Beschaffungsobjekt.[164] Die ABC-Analyse kann nicht nur für Produktionsmaterial, sondern für alle regelmäßig beschafften Beschaffungsobjekte, wie z.B. Betriebsstoffe oder Dienstleistungen, angewendet werden, sofern die notwendigen Daten zur Verfügung stehen.

Mit steigendem Einkaufsvolumen, d.h. mit einem hohen Preis, einer großen Menge oder beidem, steigt die **Bedeutung eines Beschaffungsobjekts**. Der Begriff ABC-Analyse weist darauf hin, daß drei Klassen (A, B und C) gebildet werden. A enthält die Beschaffungsobjekte mit hohem, B mit mittlerem und C mit geringem Einkaufsvolumen. Für jede Klasse können dann spezielle Vorgehensweisen definiert werden. Zweck der ABC-Analyse in der Praxis ist es jedoch meistens, die A-Beschaffungsobjekte (A-Teile) zu identifizieren, um die Aktivitäten auf diese Objekte zu konzentrieren. Beispielsweise wurde die bereits vorgestellte aufwendige Bestimmung des Versorgungsrisikos und der technischen Komplexität im Rahmen des SUCCESS-Programms nur für A-Teile durchgeführt.[165] Hinsichtlich der Struktur gibt das Verhältnis von A- zu C-Teilen Hinweise auf die Notwendigkeit einer Reduktion der Teilevielfalt im C-Bereich.

Zur **Durchführung einer ABC-Analyse** werden zunächst alle Beschaffungsobjekte absteigend nach dem Einkaufsvolumen sortiert. Danach wird

---

[163] In der Literatur wird die Materialbedarfsplanung in der Regel auf die operative Planung beschränkt. Die beiden hier angeführten Methodengruppen können aber durchaus zur Jahresplanung eingesetzt werden. Zu den Methoden siehe grundlegend Grochla (1978), S. 40-69.

[164] Das Einkaufsvolumen bezieht sich häufig auch auf einen einzelnen Lieferanten oder die Gesamtunternehmung.

[165] Vgl. Beßlich/Lumbe (1994a), S. 42.

der Umsatz kumuliert. Es zeigt sich dann der typische Effekt, daß ein kleiner Teil der Beschaffungsobjekte einen großen Anteil am Einkaufsvolumen hat. Da häufig 20% der Beschaffungsobjekte 80% des Einkaufsvolumens ausmachen, wird dieser Effekt in der Praxis als 80-20-Regel bezeichnet. Der Zusammenhang von Einkaufsvolumen und Anzahl der Objekte wird nun genutzt, um Klassengrenzen zu bilden, wobei keineswegs die A-Teile immer 80% des Umsatzes umfassen müssen. Es handelt sich also um eine **indirekte Festlegung quantitativer Grenzen** für das Klassifikationsmerkmal „Einkaufsvolumen", da die Grenzen für den Anteil der Teile festgelegt werden. Welche Grenzen letztlich gewählt werden, ist eine Frage der Zweckmäßigkeit. Vor allem die Klasse A sollte nicht zu viele Teile umfassen, damit das Ziel der Konzentration auf wichtige Teile noch erreicht werden kann. Andererseits zeigt das Beispiel[166] in **Abbildung 9**, daß bei Zulieferung sehr teurer Produktkomponenten die Grenze von 80% schon mit einem Teil erreicht werden kann (**Abbildung 10**) und deshalb unzweckmäßig ist. Im Beispiel wurde deshalb festgelegt: bis 90% des Jahresumsatzes A-Teile, ab 90% bis 97,5% B-Teile, der Rest C-Teile.

Darüber hinaus sind eine Reihe weiterer einfacher Beschaffungsobjekt-strukturanalysen möglich. Wesentlich ist dabei stets, ob die benötigten Daten im DV-System vorhanden sind. Eine aufschlußreiche Auswertung ist die **Analyse der Qualitätserfüllung** je Beschaffungsobjekt, welche die Umsetzung der Ergebnisse der Wareneingangsprüfung in ein ratioskaliertes Klassifikationsmerkmal „Qualitätszahl je Teil" erfordert.[167] Entsprechend dieser Kennzahl können dann durch Festlegung von Ober- und Untergrenzen alle geprüften Materialien einer Klasse zugeteilt werden. Diese Klassen stellen Qualitätsstufen, z.B. „Teile ohne Qualitätsprobleme", „Teile mit gelegentlichen Qualitätsproblemen" und „Teile mit regelmäßigen Qualitätsproblemen", dar. Die Besetzung der einzelnen Klassen gibt Aufschluß darüber, welcher Bedarf an Maßnahmen der Qualitätsverbesserung besteht und welche Beschaffungsobjekte davon betroffen sind. Analog kann eine **Analyse der Lieferzeiteinhaltung** durchgeführt werden.

---

[166] Das Beispiel enthält Daten aus einem Maschinenbauunternehmen, wobei aus den etwa 1000 aktiven Produktionsmaterialsätzen für die Darstellung zufällig 28 ausgewählt wurden.
[167] Vgl. Abschnitt 14.3.

Sach-nummer	Jahres-verbrauch	Preis	Jahres-umsatz	Anzahl Positionen	kumulierter Umsatz	Klasse	Umsatzanteil
8548937	556	6.090,71	3.386.435	1	3.386.435	A	bis 90%
8151283	1000	2.827,78	2.827.780	2	6.214.215	A	bis 90%
9101165	1000	1.032,35	1.032.350	3	7.246.565	A	bis 90%
8312746	222	2.792,52	619.939	4	7.866.504	B	bis 97,5%
8360441	1000	448,00	448.000	5	8.314.504	B	bis 97,5%
8989160	222	289,00	64.158	6	8.378.662	B	bis 97,5%
9131504	556	97,86	54.410	7	8.433.072	B	bis 97,5%
8033737	222	153,90	34.166	8	8.467.238	C	bis 100%
8245141	222	144,64	32.110	9	8.499.348	C	bis 100%
8100479	1307	19,30	25.225	10	8.524.573	C	bis 100%
8573168	666	36,45	24.276	11	8.548.849	C	bis 100%
8704012	2000	11,80	23.600	12	8.572.449	C	bis 100%
9020943	4000	5,38	21.520	13	8.593.969	C	bis 100%
8308411	3552	5,89	20.921	14	8.614.890	C	bis 100%
8720551	316	49,39	15.606	15	8.630.496	C	bis 100%
8543800	1000	10,66	10.660	16	8.641.156	C	bis 100%
8563303	1000	5,31	5.310	17	8.646.466	C	bis 100%
8139583	1110	4,00	4.440	18	8.650.906	C	bis 100%
8773085	377	9,23	3.480	19	8.654.386	C	bis 100%
8544517	176	10,32	1.816	20	8.656.202	C	bis 100%
8531564	444	3,67	1.629	21	8.657.831	C	bis 100%
9092201	5560	0,26	1.446	22	8.659.277	C	bis 100%
8531518	2000	0,35	700	23	8.659.977	C	bis 100%
9018846	3	57,63	173	24	8.660.150	C	bis 100%
8192805	222	0,14	31	25	8.660.181	C	bis 100%
8036020	27	0,69	19	26	8.660.200	C	bis 100%
9045415	27	0,36	10	27	8.660.210	C	bis 100%
9158014	7	0,18	1	28	8.660.211	C	bis 100%

Abbildung 9:   ABC-Analyse am Beispiel von Daten aus dem Maschinenbau.

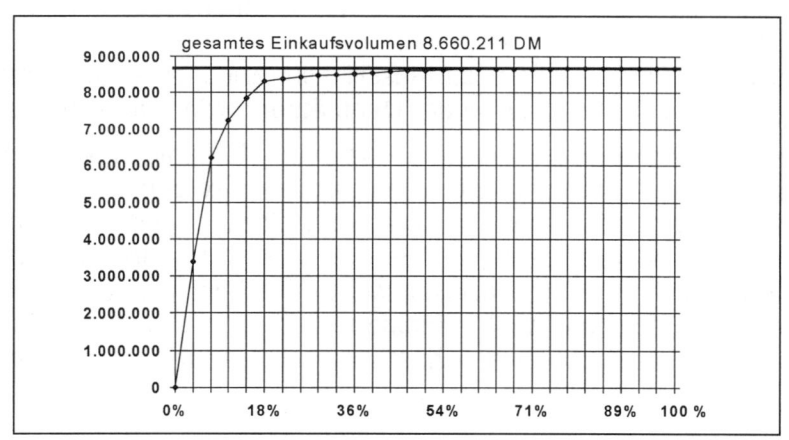

Abbildung 10: Verteilung des Einkaufsvolumens bei der ABC-Analyse

Bei der sogenannten **RSU-Analyse**[168] werden hinsichtlich des ordinalskalierten Klassifikationsmerkmals „Regelmäßigkeit" drei Klassen von Beschaffungsobjekten gebildet: R steht für regelmäßigen, S für schwankenden und U für unregelmäßigen Bedarfsverlauf. Durch die Klassenbildung können Aussagen über den Anteil regelmäßiger bzw. sporadischer Bezüge gewonnen werden. Die Zugehörigkeit zu einer Gruppe hängt wesentlich von der Art der Beschaffungsobjekte ab. Deshalb ist der Anteil regelmäßiger Bezüge bei Produktionsmaterial oft hoch, dagegen bei Ersatzteilen eher gering. Bei der heute stark verbreiteten Produktion von Produktvarianten (**Variantenproduktion**) können aber auch bei Produktionsmaterial schwankende und sogar unregelmäßige Bedarfe auftreten. Möchte man auf gespeicherte Daten zurückgreifen, dann ist dazu zunächst eine Zeitreihenanalyse der Bestellmengen für jedes Teil und darauf aufbauend die Bestimmung der Ausprägung - regelmäßig, schwankend, unregelmäßig - notwendig.

Zu (2) Eine der gebräuchlichsten Klassifikationen der zweiten Methodengruppe ist die Gruppenbildung, die durch mehrere nominalskalierte **technologische Merkmale**[169] erreicht wird. Die Merkmale, wie z.B. Material, Bauart, Funktion, Kraftübertragung usw., können in Form eines **Morphologischen Kastens** oder hierarchisch als **Merkmalsbaum** miteinander kombiniert werden. In einer Beschaffungsobjektgruppe werden dann beispielsweise alle Teile zusammengefaßt, die aus Gußwerkstoffen bestehen, die Funktion eines Lagers erfüllen und wartungsfrei sind.

Aus Sicht des strategischen Beschaffungsmanagements befriedigt eine solche konstruktionsorientierte Klassifikation häufig nicht, da der Einfluß der Gruppenzugehörigkeit auf das Erfolgspotential der Unternehmung, wenn überhaupt, nur mittelbar ersichtlich wird. Man kann jedoch eine technologische Klassifikation durchaus hinsichtlich der Belange des Beschaffungsmanagements modifizieren. Beispielsweise können im Rahmen einer technologischen Klassifikation auch Klassifikationsmerkmale eingeführt und bewertet werden, die eine **Analyse der Qualitätsanforderungen** zulassen.

Ebenso können sich Klassifikationsmerkmale auf die Fertigungstechnologie beziehen, mit der ein Teil vom Lieferanten produziert werden kann. Beispiele sind die Materialgruppen „Kubische Teile aus Halbzeug" und „Rotationsteile aus Schmiede- und Preßrohlingen". Bei der Festlegung der Technologiegruppen kann auch eine Rolle spielen, welche Technologien (im Notfall) in der eigenen Unternehmung zur Verfügung stehen. Sind alle aktiven Produktionsmaterialien derartig gekennzeichnet, kann eine **Analyse der notwendigen Fertigungsverfahren** durchgeführt werden.

---

[168] Teilweise wird diese auch als XYZ-Analyse bezeichnet.
[169] Bei Analyse der technologischen Struktur fließen oft jedoch auch metrische Merkmale, wie z.B. die Baugröße, ein.

Eine im Hinblick auf die spätere Unterscheidung von Märkten und Lieferanten-Abnehmer-Beziehungen besonders wertvolle Information wird durch die **Analyse der Spezifität** der Beschaffungsobjekte, vor allem von Produktionsmaterial, gewonnen. Verwendet wird dazu das nominalskalierte Klassifikationsmerkmal „Spezifität". Bereits in der ersten Lerneinheit hatten wir unspezifisches („Normteile"), abnehmerspezifisches („Zeichnungsteile"), anbieterspezifisches („Katalogteile") und beziehungsspezifisches Material („Gemeinschaftsentwicklungen") unterschieden. Die Klassengrenzen werden also durch ein sachliches Kriterium gebildet, nämlich die Aussage, ob und wodurch die Spezifität verursacht wird. Dies ist weitgehend identisch mit der Frage, wer die Initiative zur Gestaltung des Beschaffungsobjektes ergreift.[170]

Damit die Gesamtheit des Produktionsmaterials DV-gestützt in diese vier Gruppen aufgeteilt werden kann, muß entweder explizit ein abgespeichertes Klassifikationsmerkmal für die Spezifität eines Teils vorhanden sein, dessen Ausprägung bereits manuell bestimmt wurde, oder es müssen verschiedene Merkmale existieren, von denen auf eine Gruppenzugehörigkeit geschlossen werden kann. Beispielsweise können Normteile im Materialstammsatz eine DIN-Nummer, Zeichnungsteile eine Zeichnungsnummer und Katalogteile eine Bestellnummer des Festlieferanten enthalten. Schwierig ist meist die Identifikation von beziehungsspezifischem Produktionsmaterial.

Zu (3) Zur dritten Methodengruppe zählen die sogenannten Portfoliomethoden, bei denen in der Regel zwei ordinalskalierte oder metrischskalierte komplexe Klassifikationsmerkmale zur Bildung von Gruppen verwendet werden. Hauptzweck der Portfoliomethoden ist die Identifikation von **strategischen Beschaffungsobjekten**. Darüber hinaus stellen sie die Vorarbeit für die Zuordnung von Handlungsempfehlungen („Strategieempfehlungen") zu den einzelnen Beschaffungsobjektgruppen dar.

Bei der **Einkaufsportfolio-Analyse** werden mit Hilfe der beiden Klassifikationsmerkmale „Erfolgsbeitrag" und „Beschaffungsrisiko" vier Gruppen von Beschaffungsobjekten gebildet.[171] Als **strategische Beschaffungsobjekte** gelten solche, die einen hohen Erfolgsbeitrag aufweisen und gleichzeitig ein hohes Beschaffungsrisiko verursachen. Daneben identifiziert **Kraljic Engpaßobjekte** (niedriger Erfolgsbeitrag, hohes Beschaffungsrisiko), **Hebelobjekte** (hoher Erfolgsbeitrag, geringes Beschaffungsrisiko) und **unkritische Beschaffungsobjekte** (niedriger Erfolgsbeitrag, geringes Beschaffungsrisiko).[172]

In ähnlicher Weise werden im Rahmen des SUCCESS-Programms die beiden Klassifikationsmerkmale „Ergebniseinfluß" und „Versorgungsrisiko"

---

[170] Vgl. Asanuma (1989), S. 16.
[171] Vgl. Arnold (1982), S. 208-210, Kraljic (1983), S. 112.
[172] Vgl. Kraljic (1983), S. 112.

zur **Einkaufsmatrix** kombiniert.[173] Wie bereits gezeigt, bereitet insbesondere die Operationalisierung des erfolgsorientierten Klassifikationsmerkmals Probleme. Zum Aufbau der **Wertigkeits-Risiko-Matrix** wurde wohl deshalb vorgeschlagen, statt dessen die Wertigkeit, d.h. die Einteilung in A-Teile sowie in B- und C-Teile, zu verwenden.[174] Es ist allerdings fraglich, ob sich der Einfluß auf den Erfolgsbeitrag nur durch das relative Einkaufsvolumen abbilden läßt.[175]

Aus Sicht eines strategischen Beschaffungsmanagements, das auf das Eröffnen und Sichern von Erfolgspotentialen ausgerichtet ist, stellt der **Beitrag zum Erfolgspotential** das wichtigste komplexe Klassifikationsmerkmal dar. Da dieses in Kosten- und Erlöspotentiale gegliedert werden kann, soll im folgenden ein **Material-Erfolgspotential-Portfolio (MEP)** vorgestellt werden, dessen Dimensionen die Klassifikationsmerkmale „Kostenpotential" und „Erlöspotential" sein sollen. Beide Klassifikationsmerkmale können Werte zwischen -1 (maximale Schwächung des Erfolgspotentials) und +1 (maximale Stärkung des Erfolgspotentials) annehmen. Auf diese Weise können **Erfolgsmaterialien, Mißerfolgsmaterialien** und **Teilerfolgsmaterialien** unterschieden werden. **Abbildung 11** zeigt ein Beispiel eines MEP. Der Durchmesser der Kreise repräsentiert jeweils das Einkaufsvolumen der einzelnen Materialien und damit deren Bedeutung. Zur Identifikation sind die Materialnummern eingefügt.

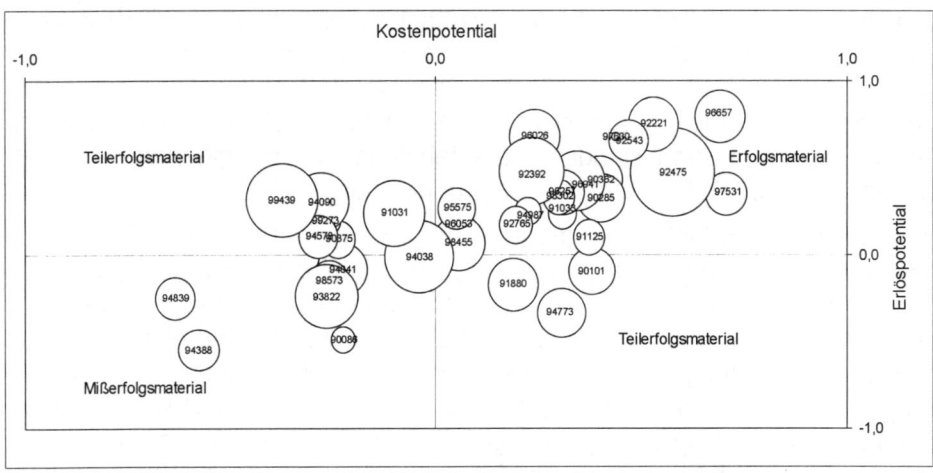

Abbildung 11: Beispiel für ein Material-Erfolgspotential-Portfolio (MEP).

Generell besteht die Aufgabe des Beschaffungsmanagements darin, Erfolgspotentiale zu eröffnen und zu sichern und Mißerfolgspotentiale zu ver-

[173] Vgl. Beßlich/Lumbe (1994b), S. 23.
[174] Vgl. Müller (1990), S. 52.
[175] Siehe dazu die kritischen Anmerkungen bei Wietersheim (1993), S. 104.

meiden. Bezogen auf die Beschaffungsobjektstruktur bedeutet dies, daß Erfolgsobjekte erhalten und Mißerfolgsobjekte und Teilerfolgsobjekte in Erfolgsobjekte überführt werden müssen. Ebenso muß geprüft werden, ob Mißerfolgsobjekte durch andere Objekte ersetzt werden können und ob die Anforderungen, z.B. Qualitätsanforderungen, an dieses Material durch konstruktive Änderungen reduziert werden können. Die einzelnen Maßnahmen werden wir in Lerneinheit 6 ausführlich diskutieren.

Wiederum besteht jedoch zunächst das Problem der Operationalisierung, wobei wir auf die Ausführungen der 3. Lerneinheit zurückgreifen können. Einflußgrößen des **Kostenpotentials,** genauer gesprochen des Kostensenkungspotentials, bezogen auf ein bestimmtes Teil sind die Entwicklung des Einstandspreises, die Möglichkeit zur Veränderung der Beschaffungsfunktionskosten für dieses Teil und die Möglichkeit zur Kostensenkung in anderen Unternehmungsbereichen. Die Entwicklung des Einstandspreises wird wiederum durch die Entwicklung des Einkaufsvolumens, durch die Lieferantenbeziehung, die Möglichkeit zur Vereinfachung des Beschaffungsobjektes, den Lieferantenstandort (Möglichkeit des Auslandsbezugs), die Entwicklung der Marktbedingungen und die Veränderung gesetzlicher Rahmenbedingungen beeinflußt. Das **Erlöspotential** kann mit Hilfe der Bedeutung des Teils für die Funktionserfüllung des Endprodukts, dem Beitrag zum Kundennutzen, den Qualitätsanforderungen, der Qualitätszahl (Qualitätserfüllung), dem technologischen Niveau und der Verfügbarkeit abgeschätzt werden.

Empfohlene Literatur zur Lerneinheit 5

Fundierte Literatur zur Beschaffungsobjektstrukturanalyse ist selten. Häufig enthalten die Veröffentlichungen nur Aneinanderreihungen „üblicher" Techniken, ohne deren Zweck und Anwendungsvoraussetzungen genauer zu bezeichnen.

Zu empfehlen ist der Grundlagenaufsatz **Kraljic** (1983) sowie der Überblick der Methoden der Materialanalyse in **Wietersheim** (1993), S. 88-121. Einen guten Einblick in aktuellere Vorgehensweisen in der Industrie geben die Arbeiten zum SUCCESS-Programm, z.B. **Beßlich/Lumbe** (1994b) und deren Vorläufer **Hubmann/Barth** (1990). Diese Arbeiten gehen jedoch über die Beschaffungsobjektstrukturanalyse hinaus und sprechen bereits Aspekte der Lieferantenstrukturplanung an.

6. Lerneinheit:

Beschaffungsobjektstrukturplanung

In der letzten Lerneinheit haben wir die Beschaffungsobjektstruktur der beschaffenden Unternehmung analysiert und damit die Transparenz der zu beschaffenden Güter erhöht. Dabei wurden bereits die ersten Schwachstellen deutlich. In dieser Lerneinheit wird die nun offengelegte Struktur beurteilt und Maßnahmen zur erfolgspotentialorientierten Veränderung der Beschaffungsobjektstruktur aufgezeigt.

Lernziele

Nach dem Studium dieser Lerneinheit sollten Sie in der Lage sein,

- häufige auftretende Probleme der Beschaffungsobjektstruktur zu nennen,

- Maßnahmen zur Gestaltung der Beschaffungsobjektstruktur abzuleiten,

- die Auswirkungen einer guten Zusammenarbeit mit der Forschung und Entwicklung sowie der Produktion aufzuzeigen.

6.1 Beurteilung der analysierten Beschaffungs-objektstruktur

Als Resultat der in der vorangegangenen Lerneinheit vorgestellten Analysen wird die Beschaffungsobjektstruktur sichtbar. In diesem Abschnitt soll nun eine Bewertung der analysierten Struktur vorgenommen werden. Es soll mit anderen Worten beurteilt werden, ob die vorliegende Ist-Struktur die Erreichung des grundlegenden strategischen Beschaffungsziels der Entfaltung und Sicherung von Erfolgspotentialen fördert. Insbesondere sollen **strukturelle Probleme** in der Gesamtheit der Beschaffungsobjekte oder in einzelnen Beschaffungsobjektgruppen erkannt werden. Im folgenden werden die einzelnen durchgeführten Analysen aufgegriffen und jeweils die erkennbaren Probleme diskutiert. Dabei wird auf typische Probleme eingegangen, die derzeit in vielen Industrieunternehmungen existieren.

Bei der Wertstrukturanalyse, Mengenstrukturanalsyse und der ABC-Analyse wird häufig sichtbar, daß **viele geringwertige Beschaffungsobjekte** in **kleinen Jahresmengen** eingekauft werden. Geringwertige Teile verursachen jedoch oft ähnliche Beschaffungsprozeßkosten wie teure Produktionsmaterialien, obwohl sie zu nur geringen Wertsteigerungen des Produkts beitragen. Trifft der Fall kleiner Mengen mit dem niedriger Preise zusammen (**kleines Einkaufsvolumen**) übersteigen oft die Bestellkosten als Bestandteil der Beschaffungsprozeßkosten den Bestellwert. Berechnungen der Gesamtkosten eines operativen Beschaffungsprozesses von der Bedarfsentstehung bis zur Verbuchung des Kaufes haben in der Praxis Prozeßkosten von 100 bis 200 DM pro Bestellung ergeben. Zudem verursachen kleine Mengen häufig hohe Beschaffungsobjektkosten pro Stück aufgrund von Mindermengenzuschlägen, Staffelpreisen und hohen Frachtanteilen. Außerdem wird durch diese Analysen häufig erst deutlich, daß insgesamt sehr viele Beschaffungsobjekte eingekauft werden, vor allem dann, wenn neben dem Produktionsmaterial auch das sonstige Material betrachtet wird.

Bei der RSU-Analyse kann **ein hoher Anteil von stark schwankenden oder sporadischen Bedarfen** auffallen. Dieses Problem betrifft weniger Produktionsmaterial als fremdbezogene Ersatzteile für eigene Anlagen oder von Ersatzteilen, die als Handelswaren an Endkunden weiterverkauft werden. Auch Dienstleistungen, vor allem Lohnfertigung, können sehr unregelmäßige Bedarfsverläufe aufweisen. Unregelmäßige und deshalb oft auch ungeplante Bedarfe führen in aller Regel zu vergleichsweise hohen Beschaffungsprozeßkosten und sollten deshalb auf ein unvermeidbares Maß reduziert werden.

Die Analysen der Qualitätserfüllung und der Lieferzeiteinhaltung zeigen bei vielen Unternehmen einen hohen Anteil von Beschaffungsobjekten, die mit

geringer Lieferzuverlässigkeit angeliefert werden bzw. regelmäßig zu **Qualitätsproblemen** führen. Folge davon können Störungen des Produktionsablaufs und damit erhöhte Produktionskosten sein. Oft werden in Unternehmungen jedoch Pufferlager angelegt, um diese Störungen trotz mangelhafter Qualität oder Lieferzuverlässigkeit zu vermeiden. Hierdurch entstehen zusätzliche Lagerkosten und Bestandskosten. Diese Probleme sind besonders kritisch, wenn sie Einfluß auf die Lieferzeit oder die Qualität der Endprodukte haben und damit die Erlöspotentiale der Unternehmung gefährden.

Andererseits zeigt die Analyse der Qualitätsanforderungen häufig auch auf, daß an viele Teile hohe, wahrscheinlich **zu hohe Qualitätsanforderungen** gestellt werden. Unnötig hohe Anforderungen führen zu unnötig hohen Preisen. Außerdem steigt bei überzogenen Anforderungen die Gefahr von Qualitätsmängeln mit den bereits aufgezeigten Konsequenzen, obwohl die vorliegende Qualität für die Funktionserfüllung durchaus ausreichend wäre.

Ähnliche Probleme können auch durch die Analyse der notwendigen Fertigungsverfahren aufgedeckt werden. Oft findet sich neben dem Problem sehr aufwendiger Technologien eine große **Vielfalt von erforderlichen Technologien** (z.B. verschiedene Härteverfahren), die jedoch zu vergleichbaren Ergebnissen führen. Aufgrund hoher und unterschiedlicher Anforderungen kommt es zu hohen Beschaffungsobjektkosten. Zusätzlich wird eine Konzentration auf wenige Lieferanten erschwert, wodurch ebenfalls negative Preiseffekte entstehen.

Die Analyse der Spezifität ergibt oft einen relativ hohen **Anteil von Zeichnungsteilen**, die sich kaum unterscheiden und zudem Normteilen oder Katalogteilen ähneln. Da abnehmerspezifisches Material beim Lieferanten höhere Produktionskosten verursacht als in großen Mengen hergestellte Norm- oder Katalogteile, sind vergleichsweise hohe Einstandspreise die Folge. Andererseits ist bei vielen mittelständischen Industrieunternehmungen der Anteil an Komponenten, die gemeinsam mit Lieferanten entwickelt wurden, noch gering. Die Folge kann das Ausbleiben eines sinnvollen Transfers von technologischem Wissen sein.

Während diese Analysemethoden gezielt auf einzelne Probleme hinweisen, läßt sich mit den Portfoliomethoden eher die Gesamtwirkung eines Beschaffungsobjekts und die Wirkung der Beschaffungsobjektstruktur in ihrer Gesamtheit erkennen. Die Einkaufsportfolio-Analyse zeigt häufig, daß ein hoher Anteil der Materialien nur einen **geringen Erfolgsbeitrag** leistet, andererseits die Beschaffung einiger Materialien (Engpaßmaterialien) mit einem hohem Versorgungsrisiko verbunden ist. Ebenso wird das Material-Erfolgspotential-Portfolio einen mehr oder weniger großen Anteil von „**Mißerfolgsobjekten**" aufzeigen. Wie bereits angeführt, sollten Erfolgsobjekte in ihrer Existenz erhalten und Mißerfolgsobjekte vermieden oder in Erfolgsobjekte überführt werden. Bei einem hohen Anteil von Mißerfolgsobjekten muß die Unternehmung damit rechnen, daß sich bei Untätigkeit der negative Einfluß auf die Potentiale in zukünftigen Erfolgseinbußen zeigt. Ohne ausreichende Maßnahmen zur **nachhaltigen Umgestaltung der Beschaffungsobjektstruktur** wird sich also eine strategische Lücke bilden. Bevor hinsichtlich einzelner Beschaffungsobjekte konkrete Maßnahmen ergriffen werden können, muß mit den bereits vorgestellten Detailanalysen die Ursache für diese schlechte strategische Positionierung ermittelt werden. Dazu sind in aller Regel noch zusätzliche Markt- und Lieferanteninformationen erforderlich.[176]

6.2 Maßnahmen zur Gestaltung der Beschaffungsobjektstruktur

Im vorangegangenen Abschnitt wurde die Notwendigkeit von Maßnahmen zur Umgestaltung einer vorhandenen Beschaffungsobjektstruktur dargelegt. Bevor einzelne Maßnahmen ergriffen werden, ist es erforderlich, deren Anwendbarkeit zu überprüfen und die wahrscheinlichen Wirkungen zu prognostizieren. Diese Managementaufgabe kann als Planung bezeichnet werden. **Beschaffungsobjektstrukturplanung** bedeutet somit das Durchdenken der Handlungen, die erforderlich sind, um eine den strategischen Beschaffungszielen entsprechende Beschaffungsobjektstruktur zu realisieren. Die ausgewählten Maßnahmen sollten dann in einem **Maßnahmenplan** zusammengefaßt werden, der als Strategie für die Gestaltung der Beschaffungsobjektstruktur verstanden werden kann.

Zur Beseitigung der im letzten Abschnitt aufgezeigten Probleme sind viele verschiedene Maßnahmen denkbar. Viele Probleme, z.B. Qualitätsprobleme oder zu hohe Preise, werden eine intensive Beschäftigung mit den aufgebauten Lieferanten-Abnehmer-Beziehungen erfordern. An dieser Stelle sollen zunächst nur Maßnahmen besprochen werden, die eine bewußte **Gestaltung der Beschaffungsobjektstruktur** zur Entfaltung und Sicherung der Erfolgspotentiale des Beschaffungsmanagements ermöglichen. Unter dem Stichwort Maßnahmen der Beschaffungsprogrammpolitik haben bereits **Grochla** und **Schönbohm** als Einzelmaßnahmen die Änderung der make-or-buy Entscheidung, die Revision bzw. Variation der Eigenschafts- und Qualitätsanforderungen und das Ausweichen auf Substitute angeführt.[177]

In **Abbildung 12** sind die im vorangegangenen Abschnitt identifizierten Probleme und die jeweils angemessenen Maßnahmen aufgeführt. Daraus wird deutlich, daß die vorgeschlagenen Maßnahmen zur Lösung beinahe aller Probleme einen Beitrag leisten können. Lediglich das Problem der

---

[176] Siehe dazu die nächsten Lerneinheiten.
[177] Vgl. Grochla/Schönbohm (1980), S. 67.

geringen Lieferzuverlässigkeit kann durch Maßnahmen der Beschaffungs-objektstrukturgestaltung nur indirekt angegangen werden. Erforderlich dafür ist die entsprechende Gestaltung der Lieferantenstruktur.

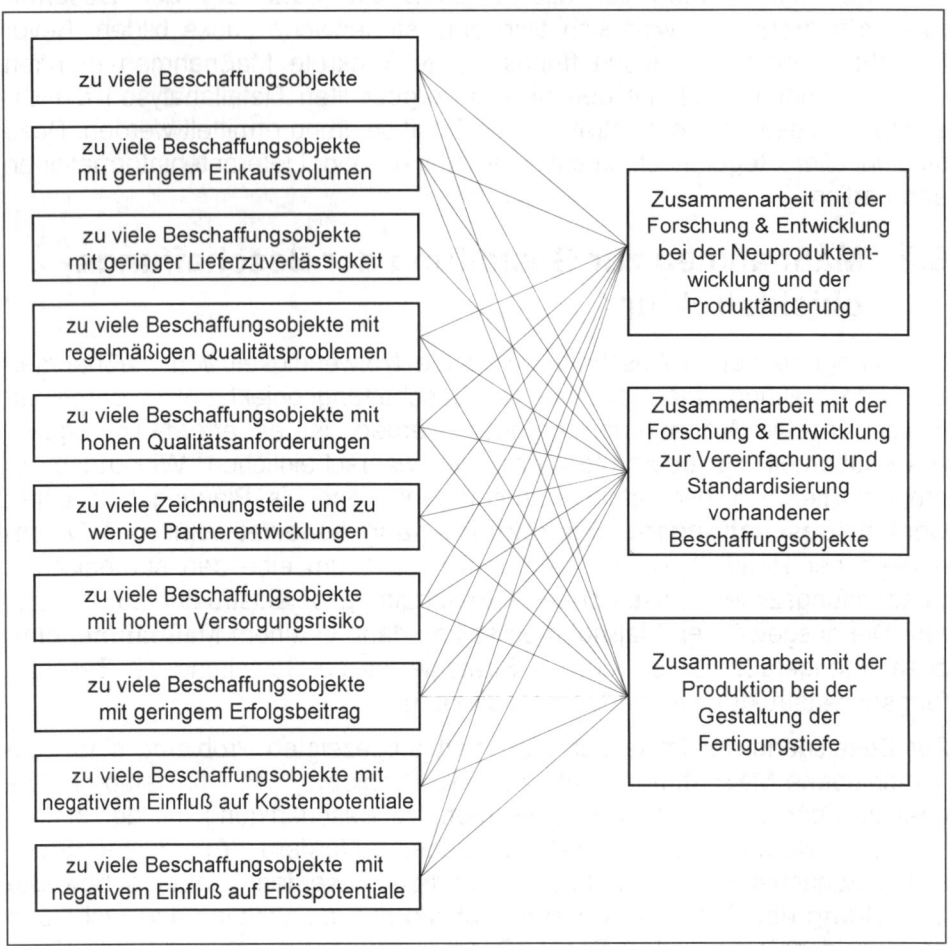

Abbildung 12: Typische Probleme der Beschaffungsobjektstruktur und Maßnahmen zu deren Beseitigung.

Der Unternehmungsbereich „Forschung und Entwicklung (F&E)" legt durch die **Neukonstruktion und konstruktive Änderung** von Endprodukten direkt die Art, Vielfalt und Menge der Produktionsmaterialien und indirekt durch Vorgabe von bestimmten Produktionsprozessen auch viele Betriebsstoffe sowie produktionsbezogene Investitionsgüter und Dienstleistungen fest. Um die angesprochenen Problemfelder der Beschaffungsobjektstruktur zu beseitigen und das Auftreten dieser Probleme dauerhaft zu vermeiden, ist eine **intensive Zusammenarbeit** der strategischen Beschaffungsmanager mit den Konstrukteuren erforderlich.[178] **Boutellier** und **Locker** nennen fünf Merkmale, die eine wirkungsvolle Zusammenarbeit auszeichnen: (1) eine frühe Zusammenarbeit bereits in der Konzeptphase, (2) offener Informationsaustausch und Vermeidung von Doppelarbeit, (3) Entwicklung eines Prozeßverständnisses, (4) Teamentscheidungen und (5) Aufbau von gegenseitiger Akzeptanz und von Vertrauen.[179] Diese Merkmale bedingen sich teilweise wechselseitig.

Eine **Voraussetzung für die erfolgreiche Zusammenarbeit** ist die organisatorische Verankerung von Entwicklungsteams unter Einschluß von Vertretern des Beschaffungsmanagements.[180] Zum anderen ist eine ausreichende Qualifikation und zeitliche Freistellung der im Team arbeitenden Beschaffungsmanager wichtig, damit sich gegenüber den in der Regel hochqualifizierten Konstrukteuren ein Verhältnis der gegenseitigen Akzeptanz einstellen kann.

Hinsichtlich der Gestaltung der Beschaffungsobjektstruktur hat das Beschaffungsmanagement die **Erwartung**, daß die Konstruktion zur Erreichung von **Kostenpotentialen** soweit wie möglich unter Verwendung von wenigen, einfachen Komponenten erfolgt. Um die Objektkosten gering zu halten, sollten möglichst viele Standard- und Katalogteile Verwendung finden. Zur Einhaltung der auf den Absatzmärkten zu realisierenden Produktpreise empfiehlt sich die Festlegung von Zielkosten für jede Produktkomponente.[181] Eine hilfreiche Methode der Kostensenkung bei gleichbleibender Funktionserfüllung eines Beschaffungsobjekts ist die Wertanalyse, die bereits bei der Konstruktion eingesetzt werden kann.[182] Beschaffungsobjekte, die aufgrund ihrer Qualität, ihres technologischen Niveaus oder ihres Produktimages einen positiven Einfluß auf den Kundennutzen haben könnten, sollten konstruktiv derart verwendet werden, daß sie vom Kunden als Qualitätsmerkmal erkennbar sind und so zur Schaffung von **Erlöspotentialen** beitragen.

Die Mitarbeiter der Forschung und Entwicklung erwarten im Gegenzug frühzeitige Hilfestellungen und Anregungen beim Auffinden einfacher Marktlösungen,[183] qualitativ hochwertiger und preisgünstiger Katalogteile und geeigneter Lieferanten für Gemeinschaftsentwicklungen.[184] Beide Seiten sollten dabei vermeiden, die Arbeit des Teampartners übernehmen zu

---

[178] Vgl. Wynstra (1998), S. 65-71.
[179] Vgl. Boutellier/Locker (1996), S. 265.
[180] Siehe dazu Abschnitt 16.5.
[181] Siehe dazu z.B. Horváth/Seidenschwarz (1992).
[182] Siehe dazu DIN 69910.
[183] Vgl. Ellram/Birou (1995), S. 76.
[184] Vgl. Cluss (1994), S. 144-146.

wollen. Ein Einkäufer sollte nicht Konstrukteur und ein Konstrukteur sollte nicht Einkäufer spielen. Dieses Verhalten führt zu Doppelarbeit, wobei in aller Regel doch das Wissen fehlt, um die Aufgabe des anderen umfassend zu erfüllen. Maxime der Zusammenarbeit sollte vielmehr die Partnerschaft sein. Aus Sicht des Beschaffungsmanagements muß allerdings eine bindende Vorentscheidung der Konstruktion für bestimmte Beschaffungsobjekte und Lieferanten ohne Berücksichtigung strategischer Beschaffungsziele unbedingt vermieden werden.

Die zweite wichtige Maßnahme zu Änderung der Beschaffungsobjektstruktur ist die **Vereinfachung und Standardisierung vorhandener Beschaffungsobjekte** in Zusammenarbeit mit dem Bereich Forschung und Entwicklung. Die Vereinfachung ergibt sich durch die Reduktion der Anforderungen an ein Beschaffungsobjekt, die eine Senkung der Herstellkosten beim Lieferanten zur Folge hat. Vereinfachungen sind oft ohne Einschränkung der Funktion eines Beschaffungsobjekts möglich. Wiederum kann dazu die Methode der Wertanalyse verwendet werden. Zusätzlich eröffnet eine Vereinfachung, z.B. die Reduktion der Anforderungen an Toleranzen oder Oberflächengüten, die Möglichkeit, auch von Märkten mit weniger leistungsfähigen aber günstigeren Lieferanten zu beziehen. Dabei ist darauf zu achten, daß die Vereinfachung keinen negativen Einfluß auf den Kundennutzen ausübt.

Standardisierung bedeutet zunächst den Ersatz einer Vielzahl von ähnlichen Beschaffungsobjekten durch einen Standard. Darüber hinaus führt die Standardisierung oft auch zur **Verringerung der Anwenderspezifität**, indem verschiedene Zeichnungsteile durch ein Normteil oder ein Katalogteil ersetzt werden. Standardisierung hat deshalb eine Konzentration auf weniger Beschaffungsobjekte zur Folge, deren **Bedarfsmenge** damit wesentlich steigt. Hierdurch sind in aller Regel Preisvorteile zu erzielen. Zusätzlich entstehen durch den Standardisierungs- und Mengeneffekt weitere positive Auswirkungen. So gehen die Bezugsnebenkosten (Fracht, Verpackung) zurück, die Beschaffungsprozeßkosten sinken und die Versorgungssicherheit steigt durch die Verwendung von am Markt stets erhältlichen Normteilen und Branchenstandards. Die Standardisierung empfiehlt sich vor allem für alle Beschaffungsobjekte, die keinen direkten Einfluß auf den Kundennutzen, und damit auf die Erlöspotentiale, ausüben. Dies sind häufig unwesentliche Produktionsmaterialien, Verpackungsmaterial, Büromaterial, nicht produktionsbezogene Investitionsgüter (z.B. Büromöbel) und Werkzeuge.

Ebenso wie die Neuentwicklung setzt auch die Vereinfachung und Standardisierung vorhandener Beschaffungsobjekte eine intensive **Zusammenarbeit** des strategischen Beschaffungsmanagements **mit der Konstruktion**, z.B. in Wertanalyse- oder sogenannten Kostensenkungsteams, voraus. Dem strategischen Beschaffungsmanager kommt vor allem die Aufgabe zu, aufgrund seiner Marktaktivitäten Möglichkeiten der Vereinfachung und Standardisierung zu entdecken und deren Umsetzung anzuregen. Die Umsetzung dieser Vorschläge fällt dagegen in den Aufgaben- und Verantwortungsbereich der Forschung und Entwicklung.

Als dritte Maßnahme kommt die **Gestaltung der Fertigungstiefe** in Betracht, die durch eine Zu- bzw. Abnahme der Fremdvergabe vollzogen wird. Bei synthetischer Produktion[185] kann eine deutliche Reduktion der Anzahl von Beschaffungsobjekten durch den Bezug von Beschaffungsobjekten einer höheren Fertigungsstufe (z.B. Baugruppen) statt einer Vielzahl von Einzelteilen, die bisher in Eigenfertigung zu dieser höheren Fertigungsstufe integriert wurden, erreicht werden. In den letzten Jahren ist diese Maßnahme unter dem Schlagwort **modular sourcing** bekannt geworden.[186]

Ein solcher Schritt geht weit über die Gestaltung der Beschaffungsobjektstruktur hinaus und stellt eine Entscheidung über den Grad der Eigenfertigung (**make-or-buy**) dar. Diese Entscheidung betrifft unmittelbar den Bereich der Produktion, da beim Bezug von Baugruppen statt Einzelteilen Arbeitsinhalte zu Lieferanten verlagert werden und damit die Fertigungstiefe der Unternehmung sinkt. Mit der Entscheidung für den Fremdbezug ist, abgesehen von kurzfristigen Verlagerungen aufgrund von Engpässen (Verlängerte Werkbank), der Verzicht auf eigene Produktionskapazitäten und der Abbau von Arbeitsplätzen verbunden. Deshalb sollte aus strategischer Sicht nie über die Fremdvergabe einzelner Beschaffungsobjekte, sondern immer über die Vergabe von kompletten Beschaffungsobjektgruppen, die mit bestimmten Technologien und Einrichtungen gefertigt werden, nachgedacht werden (**outsourcing**). Es handelt sich also um eine Entscheidung mit weitreichenden Konsequenzen, die von der Unternehmensleitung getroffen werden muß. Ein Beispiel dafür ist die Fremdvergabe sämtlicher Gießereitätigkeiten, die in vielen Maschinenbauunternehmungen in den letzten Jahren erfolgt ist. Prinzipiell geeignet für Fremdvergaben sind bisher eigengefertigtes Produktionsmaterial, Dienstleistungen, vor allem Logistikleistungen,[187] und selbsterstellte Anlagegüter.

Bei einer solchen umfassenden make-or-buy Entscheidung können **drei Situationen** auftreten. Handelt es sich bei der Tätigkeit oder Technologie um eine Kernkompetenz,[188] so darf keine Fremdvergabe erfolgen, wobei häufig sehr kontroverse Meinungen über die Kernkompetenz der Unternehmung bestehen. Verfügt die beschaffende Unternehmung über keine mit Lieferanten vergleichbare Fähigkeiten, so erfolgt eindeutig Fremdbezug. Schwierig ist die Entscheidung immer dann, wenn eine Leistung, z.B. die Montage von

---

[185] Bei synthetischer Produktion setzt sich das Produkt aus einer Vielzahl von Teilen zusammen. Ein typischer synthetischer Produktionsprozeß ist die Montage.

[186] Eicke/Femerling (1991).

[187] Siehe dazu Pfohl/Large (1992).

[188] Siehe dazu Prahalad/Hamel (1990).

Baugruppen, sowohl intern als auch extern erbracht werden kann. In der Literatur finden sich dazu eine Fülle von Entscheidungskriterien, die im Rahmen der Beschaffungsobjektstrukturplanung nicht ausführlich diskutiert werden können.[189] Dem strategischen Beschaffungsmanagement kommt dabei die **Aufgabe** zu, die Unternehmensleitung mit Informationen über die Konsequenzen einer Fremdvergabe hinsichtlich der Erlös- und Kostenpotentiale zu versorgen.

Empfohlene Literatur zur Lerneinheit 6

Literatur zur Bewertung und Gestaltung der Beschaffungsobjektstruktur ist selten. Hinsichtlich der zu planenden Maßnahmen geben **Dobler** und **Burt** (1996), S. 141-159, einen guten Überblick zur Zusammenarbeit zwischen F&E und Beschaffung. Ansätze finden sich auch bei **Boutellier/Locker** (1996). Eine umfangreiche, vor allem auf Fallstudien gestützte Betrachtung des Zusammenwirkens von Beschaffungsmanagement und F&E stellt die Dissertation **Wynstra** (1998) dar. Eine interessante Abhandlung zum Bezug von Beschaffungsobjekten höherer Fertigungsstufen ist der Aufsatz **Eicke/Femerling** (1991).

Zu Entscheidung über Eigenerstellung oder Fremdbezug gibt es umfangreiche Literatur, z.B. **Ihde** (1988), **Baur** (1990), **Picot** (1991), **Reichmann/Palloks** (1999). Im Mittelpunkt stehen dabei die Entscheidungskriterien, wobei zum Ende der 80er Jahre verstärkt Transaktionskostenbetrachtungen vorgenommen wurden (z.B. **Walker/Weber** (1984)). Eine gute Übersicht der Outsourcing-Problematik bieten **Bühner/Tuschke** (1997).

---

[189] Siehe stellvertretend für viele Picot (1991), Reichmann/Palloks (1999).

7. Lerneinheit:

Beschaffungsmarktforschung

Mit der Beschaffungsobjektstrukturanalyse und -planung haben wir in der letzten Lerneinheit unseren Blick auf das Innere der Unternehmung gerichtet. Die Beschaffungsobjektstrukturanalyse hat jedoch gezeigt, daß die Beurteilung der Beiträge der Beschaffungsobjekte zu den Kosten- und Erlöspotentialen ohne Informationen über die relevanten Beschaffungsmärkte und die eigenen Lieferanten kaum möglich ist. In der Lerneinheit 7 wird dieses Problem aufgegriffen und zunächst nach Möglichkeiten der Informationsversorgung über die Beschaffungsmärkte gesucht. Die Tätigkeit der Versorgung mit Marktdaten ist Gegenstand der Beschaffungsmarktforschung.

Lernziele

Nach dem Studium dieser Lerneinheit sollten Sie in der Lage sein,

- den Begriff der Beschaffungsmarktforschung zu erläutern und die Unterschiede gegenüber der Absatzmarktforschung zu erklären,

- die Möglichkeiten der Abgrenzung von Beschaffungsmärkten aufzuzeigen,

- die Untersuchungsobjekte der Beschaffungsmarktforschung, die Anbieter, die Nachfrager, die Wettbewerbssituation und das Marktumfeld, zu beschreiben,

- die Aufgaben der Beschaffungsmarktforschung zu erläutern,

- die prinzipiellen Erhebungsmethoden und Datenquellen zu nennen,

- die Bedeutung des World Wide Web für die Beschaffungsmarktforschung aufzuzeigen.

7.1 Grundlagen der Beschaffungsmarktforschung

In Marktwirtschaften werden die zur Beschaffung erforderlichen Transaktionen über **Märkte** abgewickelt. Wissen über die relevanten Beschaffungsmärkte ist deshalb eine unabdingbare Voraussetzung der Erfüllung der Beschaffungsfunktion. Wissen über Märkte kann durch **Marktforschung** erlangt werden. Da die Beschaffungsmarktsituation einen Einfluß auf die externen Erfolgspotentiale der beschaffenden Unternehmung ausübt,[190] handelt es sich sogar um eine strategische Beschaffungsmanagementaufgabe.

Durch eine Befragung von 2560 Industrieunternehmungen (Rücklauf 16,2%) hat **Schönenborn** bereits Ende der 70er Jahre einen hohen Anteil von Unternehmungen ermittelt, die kontinuierlich (43,7%) oder zumindest fallweise (49,5%) Beschaffungsmarktforschung betreiben.[191] In einer neueren Befragung von etwa 140 BME Mitgliederunternehmen gaben 53% an, über eine „eigenständige Beschaffungsmarktforschung" zu verfügen.[192] Dies ist zunächst ein positives Ergebnis. Nach aller Erfahrung haben Beschaffungsmanager jedoch sehr unterschiedliche Vorstellungen, wenn sie von Beschaffungsmarktforschung reden. Diese reichen von einer systematischen Erforschung der Beschaffungsmärkte bis zur Suche nach neuen Lieferanten mit Hilfe eines gedruckten Lieferantenverzeichnisses oder dem Versenden einer Anfrage, wobei in der Regel eine Tendenz zum letztgenannten besteht.

Allgemein kann der **Begriff der Markforschung** als die „systematische Gewinnung und Auswertung von Informationen über die Gegebenheiten und Beeinflussungsmöglichkeiten von Märkten"[193] definiert werden. Wesentliche Elemente sind dabei die Systematik und die spezielle Absicht der Beeinflussung. Der systematischen Marktforschung wird häufig die eher zufällige **Markterkundung** gegenüber gestellt. Zwischen beiden Formen der Informationsversorgung besteht jedoch eher ein gradueller als ein prinzipieller Unterschied. Obwohl Abhandlungen über Marktforschung sich traditionell auf die Absatzmärkte einer Unternehmung konzentrieren, wird häufig die Anwendbarkeit der Marktforschung auf Absatz- und Beschaffungsmärkte betont.[194] Dementsprechend existiert neben der Absatzmarktforschung auch eine **Beschaffungsmarktforschung**.

Allerdings müssen hinsichtlich der **Übertragbarkeit** von Gedanken der Absatzmarktforschung auf die Beschaffungsmarktforschung einige Ein-

---

[190] Vgl. Gälweiler (1976), S. 373.
[191] Vgl. Schönenborn (1980), S. 19 und 41-42.
[192] Vgl. Glantschnig (1995), S. 26.
[193] Köhler (1993), Sp. 2782.
[194] Siehe z.B. Böhler (1995), Sp. 1769.

schränkungen vorgenommen werden.[195] **Stangl** und **Koppelmann** nennen drei wesentliche Unterschiede der beiden Gebiete der Marktforschung: die Rationalität der Marktpartner sei bei der Beschaffung größer, die Zahl der Marktpartner geringer und die Anzahl unterschiedlicher Beschaffungsobjekte größer als die der Absatzobjekte.[196] Die ersten beiden Aspekte beruhen jedoch stärker auf der Unterscheidung von Konsumgüter- und Investitionsgütermarktforschung.[197] Am bedeutsamsten ist deshalb der letzte Punkt. Während eine Unternehmung ihre Produkte auf einer überschaubaren Anzahl von Märkten absetzt, sieht sich das Beschaffungsmanagement aufgrund der Vielzahl unterschiedlichster Beschaffungsobjekte mit sehr vielen und sehr unterschiedlichen Märkten konfrontiert, wodurch eine Auswahl der zu erforschenden Beschaffungsmärkte notwendig wird.[198]

Aufbauend auf diesen allgemeinen Gedanken kann eine **Arbeitsdefinition der Beschaffungsmarktforschung** aufgestellt werden. Dazu könnten wir die Definition von **Arnolds**, **Heege** und **Tussing** übernehmen. „Unter Beschaffungsmarktforschung müssen ... alle diejenigen betrieblichen Maßnahmen der Sammlung und Aufbereitung von Informationen verstanden werden, die dazu dienen, die Transparenz der Beschaffungsmärkte zu erhöhen und zu erhalten."[199] Hier wird vor allem jedoch der Aspekt der Systematik, der üblicherweise in der Marktforschung betont wird, vermißt. **Lohrberg** legt die folgende Definition der Beschaffungsmarktforschung vor: „BMF läßt sich charakterisieren als eine systematische und methodische Tätigkeit der Informationssuche, -gewinnung und -aufbereitung, die das Unternehmen mit bedarfsbezogenen Informationen über den Beschaffungsmarkt versorgt. Dies kann geschehen durch laufende bzw. fallweise durchgeführte Untersuchungen."[200]

Obwohl sich diese Definition bereits weitgehend mit unserem Verständnis der Beschaffungsmarktforschung deckt, sollte man statt der Bedarfsorientierung stärker die strategische Zielorientierung betonen. Es soll deshalb hier eine entsprechende Arbeitsdefinition vorgeschlagen werden: **Beschaffungsmarktforschung** ist die unternehmerische Tätigkeit der Informationsversorgung, die alle Handlungen der systematischen Gewinnung und Aufbereitung von relevanten Informationen über Beschaffungsmärkte und über deren Beeinflußbarkeit umfaßt, die für die Erreichung der strategischen Beschaffungsziele erforderlich sind.

---

[195] Vgl. Arnold (1997a), S. 258.
[196] Vgl. Stangl/Koppelmann (1984), S. 350.
[197] Vgl. Böhler (1995), Sp. 1779-1780.
[198] Vgl. Stangl/Koppelmann (1984), S. 350-351.
[199] Arnolds/Heege/Tussing (1998), S. 117.
[200] Lohrberg (1978), S. 37.

Primäres Ziel der Beschaffungsmarktforschung aus Sicht des **strategischen Beschaffungsmanagements** ist deshalb, die zukünftigen Auswirkungen der Beschaffungsmärkte auf die internen und externen Erfolgspotentiale rechtzeitig zu erkennen. Gleichzeitig sollen Möglichkeiten der direkten Einflußnahme auf die Beschaffungsmärkte und damit auf das Erfolgspotential erforscht werden.

7.2 Vorauswahl der zu erforschenden Beschaffungsmärkte

Wie bereits angesprochen, agiert das Beschaffungsmanagement auf im Vergleich zum Absatz sehr vielen Märkten. Die Marketingmitarbeiter eines Herstellers von Bearbeitungszentren müssen beispielsweise den Werkzeugmaschinenmarkt und auch in Ansätzen die Märkte ihrer Kunden kennen. Dessen Beschaffungsmanager bewegen sich dagegen auf sehr vielen unterschiedlichen Märkten. Sie beschaffen Gußrohlinge auf dem Markt für industrielle Gießereierzeugnisse, bestückte Leiterplatten auf dem Markt für elektronische Baugruppen, Kopierpapier auf dem Papiermarkt und Transportleistungen auf dem Güterverkehrsmarkt. Deswegen ist eine umfassende Beschaffungsmarktforschung auch für große Unternehmungen unmöglich. Die systematische Erforschung aller Beschaffungsmärkte würde die Beschaffungsfunktionskosten in die Höhe treiben. Hieraus ergibt sich die **Notwendigkeit einer Schwerpunktsetzung**, indem bestimmte Beschaffungsmärkte für eine Beschaffungsmarktforschung ausgewählt werden. Die **Möglichkeit der Vernachlässigung** von Märkten ergibt sich vor allem aus der vergleichsweise hohen Transparenz einzelner Industriegütermärkte[201] oder aus der geringen Bedeutung dieser Bezüge.

Bevor bestimmte Beschaffungsmärkte überhaupt selektiert werden können, muß eine **Marktabgrenzung** erfolgen. Prinzipiell sollte ein Beschaffungsmarkt so weit gefaßt sein, „daß er jeweils alle Anbieter und Konkurrenten, die einzeln oder in ihrer Gesamtheit einen merklichen Einfluß ausüben, mit umschließt".[202] Allerdings bewirkt eine zu weite Abgrenzung eine hohe Komplexität des Beschaffungsmarkts. Zwei für unsere Zwecke wichtige Kriterien zur Marktabgrenzung sind das Beschaffungsobjekt und die Region, aus der beschafft werden soll.

Das Kriterium „Beschaffungsobjekt" führt zu einer **sachlichen Abgrenzung** der Beschaffungsmärkte. Dabei lassen sich im Prinzip alle Klassifikationsmerkmale zur Bildung von Beschaffungsobjektgruppen verwenden, die in der Lerneinheit 5 erarbeitet wurden. Besonders wichtige Kriterien sind die verfügbaren Produkt- und Produktionstechnologien, die erreichbaren

---

[201] Vgl. Stangl/Koppelmann (1984), S. 350.
[202] Theisen (1970), S. 33.

Qualitäten und die Spezifität der lieferbaren Beschaffungsobjekte. Beispielsweise kann der Markt für Graugußrohlinge nach Zeichnung bis 20 kg betrachtet werden. Zusätzlich können, sofern dies konstruktiv möglich ist, auch Substitutionsgüter einbezogen werden. Ein Beispiel dafür ist die Erweiterung des Marktes für spanend bearbeitete Zeichnungteile um Anbieter, die diese Teile auch als Feinguß herstellen können. Ebenso kann es sinnvoll sein, insbesondere bei make-or-buy-Entscheidungen oder bei Entscheidungen über modular sourcing, vor- und nachgelagerte Märkte einzubeziehen. Auch bei der Abschätzung von zukünftigen Entwicklungen, z.B. der Preisentwicklung oder der technologischen Entwicklung, sind die Vorproduktmärkte von entscheidender Bedeutung. So werden z.B. die Preise und Qualitäten bestückter Leiterplatten wesentlich von denen der Bauteile bestimmt.

Obwohl heute vielfach von einem vernetzten Weltmarkt gesprochen wird, ist zum zweiten die **räumliche Abgrenzung** von Beschaffungsmärkten eine wichtige Vorgehensweise zur Reduktion von Komplexität. Neben dem Weltmarkt können nationale, regionale und sogar lokale Märkte betrachtet werden. Nationale Beschaffungsmärkte werden häufig abgegrenzt, um sich auf Länder, die bisher nicht systematisch erforscht wurden, zu konzentrieren. Ein Beispiel waren die Märkte Mittel- und Osteuropas in den 90er Jahren. Regionale Märkte umfassen die Anbieter einer Region, z.B. des Rhein-Neckar-Dreiecks. Regionen können auch grenzübergreifend sein. Sinnvoll ist eine regionale Marktabgrenzung, wenn eine bestimmte Region spezifische Merkmale aufweist oder wenn transportkostenintensive Beschaffungsobjekte eine Konzentration auf die Heimatregion verlangt. Bei Dienstleistungen oder Produktionsmaterialien, die eine enge Anbindung des Lieferanten erfordern, kann sogar eine Konzentration auf den lokalen Markt gerechtfertigt sein ("Schornsteinlieferanten").

Hand in Hand mit der Marktabgrenzung geht häufig schon eine **Vorauswahl der zu erforschenden Beschaffungsmärkte** einher. Wesentliches Kriterium dafür ist die strategische Bedeutung der Märkte, d.h. die vermutete Bedeutung der Beschaffungsobjekte, der Anbieter oder der Beschaffungskonkurrenten für das Eröffnen und Sichern von Erfolgspotentialen. Wichtigster Antrieb für die Erforschung der mittel- und osteuropäischen Märkte war die Erwartung deutlicher Kostensenkungspotentiale durch vergleichsweise niedrige Produktionskosten. Häufig ist auch das zunehmende Versorgungsrisiko bisheriger Lieferanten Auslöser einer intensiven Beschaffungsmarktforschung. Die Vorauswahl der zu erforschenden Beschaffungsmärkte erfolgt also auf Basis einer ersten Abschätzung der Beschaffungschancen und -risiken.

Anhaltspunkte für die Notwendigkeit der Beschaffungsmarktforschung geben **Marktsignale**, d.h. Informationen, die häufig in Verbindung mit der üblichen

Tagesarbeit oder, denkt man an politische Veränderungen, sogar im Privatleben empfangen werden. Eine besondere Rolle spielen dabei Gespräche mit Lieferantenvertretern, mit Kollegen aus anderen Unternehmungsbereichen und mit Einkäuferkollegen anderer Unternehmungen. Wichtige Anregungen können deshalb aus der Mitwirkung in unternehmensübergreifenden Arbeitskreisen resultieren. Neben der Tagespresse können auch Fachzeitschriften, insbesondere die Zeitschrift „Beschaffung aktuell", Impulse geben, welche Märkte genauer untersucht werden müssen. Daneben haben sich auch Veröffentlichungen mit speziellen Marktanalysen für Einkäufer, z.B. der „BME/Reuters Einkaufsmanager-Index" oder der „Einkäufer im Markt" (Gabler) etabliert.

7.3 Untersuchungsobjekte der Beschaffungsmarktforschung

Märkte sind Institutionen, auf denen sich **Anbieter** und **Nachfrager** mit der Absicht, bestimmte Güter zu tauschen, begegnen. Neben diesem prinzipiellen Marktverständnis können unter Märkten auch organisierte Marktveranstaltungen verstanden werden, auf denen spezielle Regeln herrschen und die von Marktveranstaltern betrieben werden. Die Regeln bestimmen den Zugang und die Art und Weise, wie die Marktteilnehmer interagieren. Beispiele dafür sind Messen, Börsen, Auktionen und neuerdings Virtuelle Marktplätze.

Wir wollen zunächst Märkte im ersten Sinne betrachten. Jeder Markt, bestehend aus Anbietern und Nachfragern, ist in eine spezifische Situation eingebettet, mit anderen Worten, er ist von einem bestimmten **Marktumfeld** umgeben. **Hammann** und **Lohrberg** führen deshalb die politische und soziale Umwelt, das Angebot und die Nachfrage als Untersuchungsgebiete der Beschaffungsmarktforschung an.[203] **Arnold** nennt als Untersuchungsobjekte die angebotenen und nachgefragten Güter, die Marktstruktur, die Lieferanten und die Preise[204] sowie an anderer Stelle die Anbieter, die um Einsatzgüter konkurrierenden Mitwettbewerber und die Beschaffungsmittler.[205] Wir wollen uns **Hammann** und **Lohrberg** anschließen und die Anbieter, die Nachfrager, das Marktumfeld und die sich daraus ergebende Wettbewerbssituation betrachten.

Die **Anbieterseite** kann aus Sicht einer beschaffenden Unternehmung sehr heterogen zusammengesetzt sein. Zunächst gehören dazu alle Anbieter dieser Beschaffungsobjektgruppe und gegebenenfalls von Substituten, zu denen bereits Geschäftsbeziehungen bestehen (**Lieferanten**). Das Wissen

---

[203] Vgl. Hammann/Lohrberg (1986), S. 82-83.
[204] Vgl. Arnold (1993), Sp. 333-337.
[205] Vgl. Arnold (1997a), S. 254-255.

über diese Lieferanten hängt wesentlich von der Dauer der Lieferanten-Abnehmer-Beziehung ab, ist jedoch vergleichsweise hoch. Die restlichen Anbieter gliedern sich in vier Gruppen. Zunächst gehören dazu frühere Lieferanten, von denen aus verschiedenen Gründen nicht mehr bezogen wird. Weiterhin gibt es eine Reihe von Anbietern, die bekannt sind, jedoch aufgrund uninteressanter Angebote nie als Lieferanten berücksichtigt wurden. Auch über diese Anbieter liegen also mehr oder weniger aktuelle Informationen vor. Die dritte Gruppe setzt sich aus bekannten Anbietern zusammen, die nie zur Abgabe eine Angebots aufgefordert wurden. Der Informationsstand ist deshalb i.d.R. sehr gering. Die letzte Gruppe umfaßt all jene Anbieter, die der beschaffenden Unternehmung nicht bekannt sind. Dabei kann es sich um Anbieter handeln, die bisher noch nicht aufgefallen sind, um solche, die auf bisher nicht erforschten Teilmärkten, z.B. bestimmten Auslandsmärkten, operieren oder um neue Anbieter.

Durch Neugründungen, Insolvenzen, Diversifikationen, Übernahmen oder Allianzen verändert sich die **Anzahl von Anbietern** permanent. Die Wahrscheinlichkeit für das Erscheinen neuer Anbieter hängt dabei wesentlich von den Markteintrittsbarrieren und der Attraktivität der Märkte für die Anbieter ab. Die Anzahl der Anbieter sowie das Wachstum einzelner Anbieter bestimmen die **Gesamtkapazität** der Anbieter. Diese Größe ist vor allem für die Abschätzung von Knappheiten von Bedeutung. Beispielsweise berichten derzeit viele Einkäufer über Knappheiten und somit lange Lieferzeiten auf dem Markt für industrielle Gießereiprodukte, die ihre Ursache in der Reduktion von Gießereikapazität in Deutschland bei gleichzeitiger Nachfragesteigerung haben.

Neben der Veränderung der Anzahl und der Kapazität ist die **Veränderung von Eigenschaften** der Anbieter, welche die Erlös- und Kostenpotentiale der beschaffenden Unternehmung beeinflussen, von besonderer Bedeutung. Auf den Gesamtmarkt bezogen ist dies vor allem die **marktübliche Leistungsfähigkeit** (Leistungsstandard) hinsichtlich Technologie, Produktivität, Qualität und Logistik. Hervorzuheben sind vor allem Diskontinuitäten, die mit der Einführung neuer Technologien entstehen. Ein Beispiel dafür sind die Entwicklungen bei aktiven elektronischen Bauelementen. Weiterhin sind die üblichen Bezugskonditionen und hiervon vor allem das **Preisniveau auf dem Markt** von Bedeutung. Die Veränderung von Eigenschaften kann auch durch eine Verschiebung der räumlichen Marktstruktur verursacht werden. Treten zum Beispiel heimische Anbieter aus dem Markt aus und Anbieter aus „Billiglohnländern" ein, so wird sich eine Preisreduktion, möglicherweise aber auch eine Senkung des Qualitätsniveaus, auf dem Markt einstellen.

Den Anbietern stehen die **Nachfrager**, zu denen auch das beschaffende Unternehmen gehört, gegenüber. Aus Sicht der beschaffenden Unternehmung können die Nachfrager drei unterschiedliche Positionen einnehmen. In der Regel besteht zwischen den Nachfragern auf Beschaffungsmärkten entwickelter Volkswirtschaften **kein ausgeprägtes Konkurrenzverhältnis**. Allerdings können Nachfrager in bestimmten Situationen auch als **Beschaffungskonkurrenten** auftreten. Der Fall der Konkurrenz kann insbesondere bei knappen Beschaffungsobjekten eintreten. Beispiele dafür sind bestimmte elektronische Bauteile sowie in Phasen des Konjunkturaufschwungs auch Rohmaterial oder anbieterspezifische Maschinenelemente. Konkurrenz tritt auch auf, wenn nur ein oder einige wenige Anbieter über einen technologischen Vorsprung verfügen, der jenen Nachfragern, denen es gelingt, mit diesen Anbietern eine Geschäfts-beziehung aufzubauen, ein einzigartiges Erfolgspotential beschert. Zum dritten können einzelne Nachfrager als Partner einer **Einkaufskooperation** durch ein gemeinsames Auftreten am Beschaffungsmarkt ihre Position verbessern.[206] Objekte der Beschaffungsmarktforschung sind in diesem Fall Beschaffungsobjektgruppen, die gemeinsam bezogen werden können, sowie potentielle Kooperationspartner.

Das **Marktumfeld** beschreibt die Rahmenbedingungen, welche das Gesche-hen auf den Beschaffungsmärkten beeinflussen können. Besonders großen Einfluß hat das Marktumfeld, wenn es, wie im Fall der **internationalen Beschaffung**, von dem bekannten Heimatumfeld abweicht. Ein anderer Schwerpunkt der Erforschung des Marktumfeldes sind neue Märkte mit spezifischen Rahmenbedingungen, z.B. Umweltschutzauflagen. Die Kenntnis des Marktumfeldes ermöglicht eine erste Beurteilung der Leistungsfähigkeit und der Leistungsbereitschaft der Anbieter sowie der Kosten der Leistungs-erstellung. Außerdem kann eine grobe Einschätzung der Versorgungsun-sicherheit vorgenommen werden.[207] Änderungen im Marktumfeld können, wie an den folgenden Beispielen ersichtlich, zu einer Verschiebung der Chancen und Risiken, die von einem Markt ausgehen, führen.

Das Marktumfeld setzt sich aus mehreren Schichten zusammen. Eine dieser Schichten, welche die Grundprinzipien einer Gesellschaft sowie spezielle rechtliche und moralische Normen beschreibt, ist der **institutionelle Rahmen** für die Institution „Markt". Beispielsweise kann erforscht werden, welche Rollen Bestechung und Vorteilnahme oder der Umweltschutz moralisch und rechtlich für einen Markt spielen. Eine enge Beziehung zum institutionellen Rahmen weisen die **kulturellen Rahmenbedingungen** auf. Dazu gehören die Sitten und Gebräuche, wobei aus Sicht des Beschaf-fungsmanagements insbesondere die Handelsbräuche auf bestimmten Märkten wichtig sind. Zu den kulturellen Rahmenbedingungen gehören auch die Muttersprache, die Kenntnis von Fremdsprachen in einem Land oder das

---

[206] Vgl. Arnold (1997a), S. 261.
[207] Siehe dazu am Beispiel Mittel- und Osteuropa Pfohl/Large (1993), S. 5-9.

Vorherrschen bestimmter Dialekte oder Fachsprachen. Als Teil der kulturellen Rahmenbedingungen kann auch das Ausbildungsniveau der Menschen, insbesondere der Mitarbeiter von Anbietern, angesehen werden.

Zu den **wirtschaftlichen Rahmenbedingungen** zählt die aktuelle konjunkturelle Lage und langfristige Wirtschaftsentwicklung. Zu den wirtschaftlichen Rahmenbedingungen zählt auch die kostengünstige Verfügbarkeit von Ressourcen, wie menschlicher Arbeitsleistung, Energie, Rohstoffen usw. Ebenso sind allgemeine volkswirtschaftliche Kenngrößen, wie z.B. Arbeitslosigkeit, Durchschnittslohn, Inflationsrate, Volkseinkommen, interessant, da sie ein erstes Bild der Produktionsbedingungen der Anbieter vermitteln. Eng verbunden damit sind die **technologischen Rahmenbedingungen**, zu denen beispielsweise die Ausstattung mit Fertigungs- und Kommunikationstechnologien sowie die dazugehörigen Infrastrukturen gehören. Ein besonderes Merkmal ist die Ausstattung mit Verkehrsinfrastruktur und den entsprechenden Verkehrsmitteln. Als letzte Gruppe können **natürliche Rahmenbedingungen** angeführt werden. Hierzu zählen beispielsweise klimatische Bedingungen, die Verfügbarkeit von natürlichen Rohstoffen und das Vorhandensein geographischer Hindernisse. Welche Rahmenbedingungen im einzelnen eine besondere Rolle spielen, hängt nicht zuletzt von dem betrachteten Markt und dem Zweck der Beschaffungsmarktforschung ab.

Bisher haben wir die drei großen Untersuchungsobjekte, die Anbieter, die Nachfrager und das Marktumfeld, isoliert betrachtet. Zur **Beurteilung eines Marktes** kommt es jedoch wesentlich darauf an, in welcher Art und Weise sich Nachfrager und Anbieter auf einem Markt gegenüberstehen und wie das Marktumfeld auf diese Beziehungen einwirkt. Aus Sicht der Anbieter geht es also vor allem um die **Wettbewerbssituation** in einer Branche.[208]

Ein wichtiges Merkmal zur Beschreibung der Marktverhältnisse ist die **Anzahl der Marktteilnehmer**. Daraus lassen sich Aussagen über Marktformen ableiten. Ein bekanntes Beispiel ist das **Marktformenschema der volkswirtschaftlichen Theorie**.[209] In der Regel werden auf Beschaffungsmärkten sehr viele Nachfrager vorzufinden sein. Stehen diese einem einzelnen Anbieter gegenüber, so entsteht ein Monopol. Häufiger ist der Fall des Oligopols, bei dem wenige Anbieter auftreten. Beispiele sind die Märkte für Kugellager oder Werkzeugmaschinen. Bilaterale Polypole, d.h. die Fälle vieler Anbieter und vieler Nachfrager, liegen bei Zeichnungsteilen, Lohnfertigung und bei vielen Normteilen vor.

Die Marktform hängt wesentlich von der **Weite der Marktabgrenzung** ab. Das wird am Beispiel des Marktes für spanend bearbeitete Teile nach Zeichnung deutlich. Bei lokaler Abgrenzung handelt es sich bei diesem Markt oft

---

[208] Siehe dazu Porter (1985), S. 4-8.
[209] Siehe z.B. Hilke (1993), Sp. 2775-2777.

um ein Monopson. Es gibt am Ort einen größeren Industrieabnehmer und mehrere kleine Teilefertiger. Bereits bei regionaler oder nationaler Abgrenzung liegt ein bilaterales Polypol vor. Das gleiche Problem tritt bei sachlicher Abgrenzung auf. Wird der Markt für ein bestimmtes Beschaffungsobjekt abgegrenzt, z.B. ein bestimmtes Zeichnungsteil, so liegt aufgrund der Abnehmerspezifität auch bei nationaler Abgrenzung ein Monopson vor. Im Falle eines bestimmten beziehungsspezifischen Beschaffungsobjektes, z.B. einer von einem Abnehmer und einem Lieferanten gemeinsam entwickelten Getriebekomponente, liegt sogar ein bilaterales Monopol vor.

Dies ist auch durch eine **dynamische Betrachtung** der Märkte zu erklären. Während sich auf dem Markt für beziehungsspezifische Beschaffungsobjekte, z.B. Getriebe, zunächst viele Anbieter und Nachfrager gegenüberstehen können, wird durch die Entscheidung von zwei Partnern zur gemeinsamen Entwicklung eines bestimmten Getriebes der Markt für dieses Getriebe in ein bilaterales Monopol überführt. **Williamson** hat dieses Phänomen als fundamentale Transformation bezeichnet.[210] Nach der Entwicklungsphase kann der Abnehmer dieses Getriebe nur bei diesem Lieferanten kaufen und der Lieferant hat dafür nur einen Abnehmer. Es liegt dann die Situation der „ex post small numbers" vor.[211] Eine weitere wettbewerbsrelevante dynamische Größe ist die voraussichtliche **Änderungsgeschwindigkeit der Anzahl** von Anbietern oder Nachfragern auf einem Markt. Ausschlaggebend dafür ist die Höhe der Markteintritts- und Marktaustrittsbarrieren sowie die Marktattraktivität.[212]

Eine weitere Möglichkeit zur Beschreibung der Marktverhältnisse ist der von **Theisen** vorgelegte Ansatz der Marktseitenverhältnisse. Dabei werden neben der Anzahl der Marktteilnehmer auch der Marktanteil betrachtet und drei Grundfälle von Marktseitenverhältnissen unterschieden.[213] Im ersten Fall ist der Marktanteil eines Nachfragers und somit auch des eigenen Unternehmens im Vergleich zu dem eines Anbieters unbedeutend. Ein Beispiel dafür ist der Markt für Wälzlager. Andererseits kann die Situation gerade umgekehrt sein, d.h. die Marktanteile der Anbieter sind relativ unbedeutend, wie dies z.B. bei vielen Zeichnungsteilen der Fall ist. Der dritte Fall zeichnet sich durch etwa gleiche Marktanteile der Anbieter und Nachfrager aus, wodurch die Bedeutung einzelner Anbieter für einzelne Nachfrager und umgekehrt groß ist.

Bei dieser grundlegenden Betrachtung wird von einer annähernd homogenen Verteilung der Marktanteile auf der Anbieter- und Abnehmerseite ausgegan-

---

[210] Vgl. Williamson (1985), S. 61-63, Williamson (1984), S. 207-208. Siehe dazu Large (1995), S. 157-158.
[211] Vgl. Williamson (1975), S. 29.
[212] Vgl. Porter (1985), S. 6.
[213] Vgl. Theisen (1970), S. 38-44.

gen. In der Realität liegt jedoch oft eine Ungleichverteilung vor, so daß die Bedeutung einzelner Nachfrager bzw. Anbieter von ihrem **relativen Marktanteil** gegenüber einem Wettbewerber abhängt. Ein großes Maschinenbauunternehmen mit Serienproduktion ist beispielsweise auf dem Wälzlagermarkt aufgrund des Beschaffungsmarktanteils im Vergleich zu PKW-Herstellern unbedeutend. Im Vergleich zu vielen Sondermaschinenbauern jedoch auch für Wälzlageranbieter von Bedeutung.

In Abschnitt 7.1 wurde als Ziel der Beschaffungsmarktforschung auch die Ermittlung der Möglichkeiten einer direkten Einflußnahme auf die Beschaffungsmärkte gefordert. Die **Möglichkeiten der Einflußnahme** auf den Markt bzw. auf das Marktumfeld hängen wesentlich von der eigenen Stellung ab. Große Unternehmungen können beispielsweise ihre Vorstellungen über gute Lieferanten mit Hilfe der Lieferantenwerbung vermitteln. Möglich ist auch die Beeinflussung der Anzahl der Anbieter durch eine gezielte Lieferantenentwicklung. Bei der Lieferantenentwicklung wird einem Lieferanten, der auf einem bestimmten Markt bisher nicht tätig war, durch eine entsprechende Förderung geholfen, auf diesem Markt tätig zu werden.[214]

Die **Beeinflussung der anderen Nachfrager** kann in vielfältiger Weise erfolgen. Das Spektrum reicht von Vorträgen auf Einkäufertagungen über die Mitwirkung in Arbeitskreisen bis hin zur Anregung von Einkaufskooperationen. Zur Beschaffungsmarktforschung gehört deshalb auch die gezielte Suche nach anderen Nachfragern und den Möglichkeiten zum Informationsaustausch. Die Möglichkeit der **Einflußnahme auf das Marktumfeld** sind sehr begrenzt und hängen wesentlich von der Stellung der Unternehmung ab. Ein gewisser Einfluß auf den institutionellen Rahmen ist jedoch durchaus gegeben. Dabei kann der Weg über einflußreiche Verbände hilfreich sein. Als Beispiel sei hier die Initiative „Ethikleitlinien" des Bundesverbands Materialwirtschaft, Einkauf und Logistik genannt.

7.4 Aufgaben und Methoden der Beschaffungsmarktforschung

Die Aufgaben der Beschaffungsmarktforschung sind sehr vielfältig und hängen vor allem von der Form der Marktforschung ab. Deshalb sollen zunächst die **Formen der Beschaffungsmarktforschung** diskutiert werden.

Bereits im vorangegangenen Abschnitt wurde deutlich, daß Beschaffungsmarktforschung mehr ist als die Suche nach neuen Lieferanten oder das Versenden von Anfragen. Beschaffungsmarktforschung darf deshalb nicht mit einer „Lieferantenforschung" gleichgesetzt werden, sondern steht im Sinne einer **umfassenden Beschaffungsmarktforschung** für die Erfor-

---

[214] Siehe dazu Abschnitt 15.3.

schung der Anbieter, der Nachfrager, des Marktumfeldes und der Wettbewerbssituation. Ebenso sollte eine möglichst **regelmäßige Beschaffungsmarktforschung** durchgeführt werden, damit Signale, die auf eine Änderung der Erfolgspotentiale hindeuten, rechtzeitig, d.h. vor allem auch vor den Wettbewerbern, aufgenommen und interpretiert werden. Aus Sicht des strategischen Beschaffungsmanagements interessiert deshalb primär die **strategische Beschaffungsmarktforschung**, wenngleich auch die operative Marktforschung wichtige Informationen liefert. Die strategische Komponente ist auf das Erkennen zukünftiger Auswirkungen der Beschaffungsmärkte auf die internen und externen Erfolgspotentiale ausgerichtet. Die operative Beschaffungsmarktforschung hat dagegen eher die gegenwärtigen Marktbedingungen und -entwicklungen zum Gegenstand.[215]

Entsprechend dem **zeitlichen Bezug** können Längs- und Querschnittanalysen unterschieden werden. **Längsschnittanalysen** erlauben eine dynamische Betrachtung von Märkten, da Informationen zu verschiedenen Zeitpunkten erfaßt werden. Ebenfalls hinsichtlich des zeitlichen Bezugs kann man vergangenheitsorientierte und **zukunftsgerichtete Beschaffungsmarktforschung** unterscheiden.[216] Für das strategische Beschaffungsmanagement sind Aussagen über die Zukunftsentwicklung von Beschaffungsmärkten bedeutsamer, allerdings ist dazu neben der reinen Informationsversorgung auch die nicht einfache Prognose notwendig.

Hinsichtlich der Forschungsziele und der angewandten Methoden lassen sich prinzipiell die explorative, die deskriptive und die experimentelle Marktforschung unterscheiden.[217] Für die praktische Beschaffungsmarktforschung sind insbesondere die beiden ersten Formen von Bedeutung. Im Rahmen der **explorativen Beschaffungsmarktforschung** wird ausgehend von einem geringen Kenntnisstand versucht, mit Hilfe von Sekundäranalysen und persönlichen Interviews erste Informationen zu gewinnen. Die **deskriptive Beschaffungsmarktforschung** umfaßt die Beschreibung von Märkten und die Prognose der zukünftigen Marktentwicklung. Neben einer systematischen Analyse von Sekundärmaterial ist dazu in der Regel die Informationsgewinnung durch standardisierte Befragung erforderlich.

Eine aus strategischer Sicht angemessene Beschaffungsmarktforschung sollte deshalb umfassend, zukunftsgerichtet und deskriptiv angelegt sein und sollte regelmäßig durchgeführt werden. Eine solche Marktforschung ist jedoch mit sehr hohem **Aufwand** verbunden. Beschaffungsmarktforschung bewegt sich deshalb im Spannungsfeld der Notwendigkeit und der Machbarkeit. Die Notwendigkeit wurde bereits aufgezeigt. Die Voraussetzungen für

---

[215] Vgl. Arnold (1997a), S. 262.
[216] Böhler (1995), Sp. 1770.
[217] Böhler (1995), Sp. 1773-1774.

eine aus strategischer Sicht zufriedenstellende Beschaffungsmarktforschung sind dagegen für die überwiegende Zahl von Einkaufsabteilungen vor allem kleiner und mittlerer Unternehmungen aufgrund der personellen und finanziellen Ausstattung nicht gegeben.

Der **Prozeß der Marktforschung** läßt sich generell in mehrere Phasen untergliedern.[218] **Stangl** und **Koppelmann** haben ein detailliertes „prozessuales Konzept" der Beschaffungsmarktforschung vorgeschlagen und die Phasen Auswahl der Beschaffungsobjekte, Bestimmung der notwendigen Informationen, Auswahl der Quellen und der Methoden und Festlegung der Darstellungs- und Auswertemöglichkeiten unterschieden.[219] Die Aufgabe der Auswahl der Beschaffungsobjekte oder genauer die Auswahl der zu erforschenden Beschaffungsmärkte wurde bereits in Abschnitt 7.2 diskutiert. Die Bestimmung der notwendigen Informationen wurde im Zusammenhang mit den Objekten der Beschaffungsmarktforschung (Abschnitt 7.3) vorgenommen.

Als weiteres Aufgabengebiet bleibt nun die **Datenerhebung** und verbunden damit die Auswahl geeigneter Erhebungsmethoden und Datenquellen. Da die Art der genutzten Datenquellen weitgehend von der Erhebungsmethode abhängt, können beide Aspekte gemeinsam behandelt werden.[220]

Bei der **Primärforschung** werden bisher nicht vorhandene Daten mit Hilfe der Befragung von Personen oder durch direkte Beobachtung der Realität gewonnen. Die einfachste Form ist die **Befragung eigener Mitarbeiter** des strategischen und operativen Beschaffungsmanagements, der Logistik, der Konstruktion und der Produktion, die in direktem Kontakt mit aktuellen Lieferanten stehen und deshalb über Detailwissen verfügen. Da Beschaffungsmarktforschung mehr sein soll als eine Sammlung von Informationen über die eigenen Lieferanten, wird diese Informationsquelle nicht ausreichen.

Bedeutsamer für die Erhebung umfassender Daten ist deshalb die **Befragung von Anbietern** bzw. von anderen Nachfragern. Die Befragung von Anbietern kann in Form von schriftlichen Befragungen, persönlichen Interviews oder Telefoninterviews durchgeführt werden. Da die zu untersuchenden Unternehmungen in aller Regel ein starkes Interesse an einer Kontaktaufnahme bzw. -intensivierung haben, ist die Bereitschaft zur Mitwirkung im Vergleich zur Absatzmarktforschung groß. Schwieriger ist die **Befragung von anderen Nachfragern**, vor allem wenn eine Konkurrenzbeziehung auf den Absatzmärkten besteht. Hier empfiehlt sich eher eine Kontaktaufnahme z.B. in Arbeitskreisen und ein informelles Gespräch.

---

[218] Siehe z.B. Böhler (1995), Sp. 1770.

[219] Vgl. Stangl/Koppelmann (1984). Siehe dazu auch Stangl (1988).

[220] Eine interessante, allerdings etwas ältere empirische Untersuchung zur Bedeutung einzelner Datenquellen findet sich in Dempsey (1978).

Die **direkte Beobachtung** ist insbesondere auf aktuelle oder potentielle Lieferanten anwendbar.[221] Im Rahmen von Besuchen vor Ort können Beschaffungsmanager wichtige Informationen über die Leistungsfähigkeit eines Lieferanten durch Beobachtung sammeln. Detaillierte und strukturierte Beobachtungen lassen sich mit Hilfe von **Lieferantenaudits** durchführen.[222] Allerdings steht bei Audits weniger die breite Erhebung von Daten zur Beschaffungsmarktanalyse als die Beurteilung der Qualitätsfähigkeit eines einzelnen Neulieferanten im Vordergrund.

Bei der **Sekundärforschung** wird auf bereits vorhandene Daten zurückgegriffen. Als wichtige Quellen sind hier **Veröffentlichungen von Marktteilnehmern** (Anbietern und anderen Nachfragern), wie z.B. Geschäftsberichte, Zeitschriftenartikel, Vorträge, Imagewerbung sowie Produktkataloge und andere Produktinformationen, zu nennen. Weitere Quellen, die sich für eine Auswertung hinsichtlich der Marktstrukturen und dem Marktumfeld eignen, sind **Daten von Dritten**. Hierzu gehören Zeitungen, Fachzeitschriften und Bücher, die sich vor allem für die explorative Beschaffungsmarktforschung eignen. Weiterhin können öffentliche Statistiken, z.B. die Datenreihen über die Entwicklung von Preis- oder Lohnindizes, Aufschluß über die Kostensituation bestimmter Lieferbranchen geben. Wichtig sind im Rahmen der Auslandsmarktforschung auch Statistiken anderer Länder und internationaler Institutionen (z.B. der OECD oder der Weltbank), die einen Einblick in das Marktumfeld eröffnen. Gute Brancheninformationen sind häufig von den Herstellerverbänden (z.B. dem VDMA) in gedruckter Form oder auch als direkte Auskunft zu erhalten. Daneben gibt es umfangreiche Lieferantenverzeichnisse, die von verschiedenen kommerziellen Anbietern veröffentlicht werden. Bekannte Beispiele dafür sind „Wer liefert was?", „Europages" und das „Thomas' Register of American Manufacturers". Diese Verzeichnisse helfen vor allem, bisher unbekannte Anbieter zu ermitteln. Schließlich bieten kommerzielle Marktforschungsinstitute und Beschaffungsdienstleister gezielt Informationen auf Anfrage an.

Für die Sekundäranalyse stehen Daten auf verschiedenen Datenträgern zur Verfügung. Neben Druckwerken und CD-ROM hat in jüngster Zeit die Informationsbereitstellung auf durch das **Internet** verbundenen Servern, die mit Hilfe des **World Wide Web** (WWW) erreicht werden können, an Bedeutung gewonnen. Die Nutzung des WWW im Rahmen der Beschaffungsmarktforschung ist vielfältig.[223]

Zunächst können mit Hilfe von **Suchmaschinen** weltweit Dokumente gefunden werden, die bestimmte Begriffe enthalten.[224] Auf diese Weise

---

[221] Siehe dazu Lerneinheit 11.
[222] Siehe dazu Lerneinheit 12.
[223] Vgl. Reinelt (1999).
[224] Vgl. Müller (1998), S. 112.

besteht die Chance, Hersteller eines gesuchten Beschaffungsobjekts (z.B. eines speziellen Rohstoffs)[225] zu entdecken oder zusätzliche Informationen über einen bekannten Anbieter zu erlangen. Wichtig ist dabei, daß der Suchbegriff möglichst eng gefaßt wird, da ansonsten zu viele Dokumente selektiert werden. Eine Suche beispielsweise nach „Werkzeugmaschinen" ist nicht sinnvoll. Beispiele für internationale Suchmaschinen sind Yahoo (http://www.yahoo.com), Lycos (http://www.lycos.com) und Alta Vista (http://www.altavista.com). Speziell für die Suche auf deutschen Servern eignet sich Web.de (http://www.web.de).

Informationen über Anbieter kann man auch mit Hilfe der im WWW verfügbaren **Lieferantendatenbanken** erhalten, die zum Teil bereits in gedruckter Form oder als CD-ROM im Einkauf weit verbreitet sind. Beispiele sind „Wer liefert was?" (http://www.wlw.de), Europages (http://www.europages.com), und IndustryNet (Nordamerika) (http://www. Industry.net).

Verfügt ein Anbieter oder ein anderer Nachfrager über eine eigene **homepage**, kann diese direkt durch Angabe der Adresse (URL) ausgewählt werden. Da oft die Adresse der Homepage mit Hilfe der Firma gebildet wird (z.B. http://www.siemens.de), kann auch bei unbekannter Adresse dieser direkte Weg nach dem Probieren verschiedener Schreibweisen gelingen. Die Eignung einer Homepage zur Informationsversorgung hängt von der Informationspolitik des Anbieters ab. Oft finden sich lediglich Auszüge aus dem Geschäftsbericht und allgemeine Produktinformationen. Eine relativ neue Entwicklung sind **Einkaufshomepages**.[226] Mit Hilfe einer eigenen Einkaufshomepage können potentielle Lieferanten angesprochen, über die eigene Einkaufspolitik informiert und zur Übersendung einer Lieferantenselbstauskunft oder sogar eines Angebots motiviert werden.[227] Verfügen andere Nachfrager über Einkaufshomepages, kann man zum Teil detaillierte Informationen über die Lieferantenpolitik und über nachgefragte Beschaffungsobjekte erlangen.

Vor allem Unternehmen mit einem sehr großen Einkaufsvolumen, das für Electronic Commerce geeignet ist, nutzen zur Zeit diese Ansätze zum Aufbau von Einkaufsplattformen, die nicht nur die Geschäftsanbahnung, sondern auch den tatsächlichen Einkauf über das Internet erlauben. Erwähnenswert ist dabei die Kooperation großer Nachfrager mit renommierten Softwarehäusern. Beispielsweise entwickeln DaimlerChrysler, General Motors und Ford eine solche Plattform in Zusammenarbeit mit Commerce-One und SAP.

---

[225] Vgl. Sipos (1997).
[226] Siehe dazu Mohr (1998).
[227] Gute Beispiele sind die Einkaufshomepages von VDO (http://www.vdo.com/purchase) und Sony (http://www.sony.co.jp/soj/BizPartners/Procurement).

Besonders hilfreich ist das WWW beim Auffinden von **Informationen über das Marktumfeld**. Auch hier können wiederum Suchmaschinen eingesetzt werden, die Informationen zu beliebigen Stichwörtern finden können. Empfehlenswert ist auch der direkte Besuch der Homepages von Verbänden (z.B. http://www.maschinenbau-info.de) und öffentlichen Institutionen. Werden gezielt Informationen über bestimmte Länder, Regionen oder Städte gesucht, kann der Weg über den Virtual Tourist (http://www.vtourist.com) gewählt werden, der mit Hilfe von Landkarten den Zugang zu entsprechenden Servern ermöglicht.

Die Faszination, die derzeit von dem Thema Internet ausgeht, liegt in der Erwartung eines schnellen, einfachen und freien Zugangs zu Informationen. Man sollte jedoch nicht vergessen, daß neben den relativ geringen Kosten für die Installation eines Internetzugangs nicht unerhebliche **laufende Kosten**, insbesondere Nutzungsentgelte und Personalkosten, anfallen. Auch Recherchen im Internet sind zeitaufwendig und verleiten in besonderem Maße zum Abschweifen. Ein weiteres Problem ist die Weiterbildung der Mitarbeiter, um eine effiziente Nutzung des neuen Mediums zu erreichen.

Eine generelle **Beurteilung der Eignung** verschiedener Informationsquellen ist schwierig, da diese stark von der Art des Informationsbedarfs,[228] dem Informationsangebot der einzelnen Quelle, z.B. eines bestimmten Verbandes, und von der Fähigkeit des Beschaffungsmanagers zu einer fruchtbaren Auswertung abhängt. **Koppelmann** hat eine Beurteilung hinsichtlich der Verläßlichkeit und Aktualität der Daten sowie der Kosten der Informationsversorgung vorgeschlagen.[229] Danach werden Fachzeitschriften, Angebotseinholungen und Betriebsbesichtigungen am besten beurteilt.

Häufig wird der **Sekundärforschung** im Rahmen der Beschaffungsmarktforschung eine **höhere Bedeutung** als der Primärforschung beigemessen und dies mit einem im Vergleich zur Absatzmarktforschung höheren Informationsangebot durch Kommunikationsmaßnahmen der Anbieter begründet.[230] Aufgrund der Eigenschaften der Beschaffungsobjekte, insbesondere von Produktionsmaterial und von Investitionsgütern, treffen auch für die Beschaffungsmarktforschung Einschätzungen der Investitionsgütermarktforschung zu. Danach ergeben sich Schwerpunkte aufgrund der Komplexität der Untersuchungsobjekte eher bei der explorativen Forschung und im Rahmen der deskriptiven Forschung eher bei der Sekundäranalyse.[231] Allerdings sollte man nicht so weit gehen, die Notwendigkeit von Methoden der empirischen Sozialforschung, die im Rahmen der Primärforschung zur Anwendung kommen, für Beschaffungsmärkte generell zu

---

[228] Siehe Stangl (1988), S. 220.
[229] Vgl. Koppelmann (1995), S. 349.
[230] Vgl. Arnold (1997a), S. 258.
[231] Vgl. Böhler (1995), Sp. 1779-1780.

bezweifeln, da sich „im wesentlichen rationale und ökonomisch begründete Verhaltensweisen unterstellen"[232] lassen. Betrachtet man die Realität des Beschaffungsmanagements, so ist die Vielfältigkeit der am Vertriebsprozeß beteiligten Personen und ihrer Verhaltensweisen offensichtlich. Es kann deshalb **Arnold** zugestimmt werden, der auch eine Analyse des Angebotsverhaltens fordert.[233]

An die Phase der Datenerhebung schließt sich die **Aufbereitung, Weitergabe und Dokumentation** der Daten an. Bei fallweiser und damit problembezogener Beschaffungsmarktforschung bietet sich die Erstellung eines Forschungsberichts an, der in schriftlicher Form oder als Vortrag den betroffenen Beschaffungsmanagern vorgestellt werden kann. Sinnvoller, gerade bei laufender Beschaffungsmarktforschung, ist die Übertragung der Ergebnisse in das Einkaufsinformationssystem der Unternehmung.

Empfohlene Literatur zur Lerneinheit 7

Zu Fragestellungen der Beschaffungsmarktforschung gab es schon vergleichsweise frühe Abhandlungen. Eine gute Übersicht, die zugleich empirisch fundiert ist, bietet deshalb noch immer **Lohrberg** (1978). Eine leichtverständliche - allerdings recht inhomogene - Zusammenfassung bisheriger Gedanken zur Beschaffungsmarktforschung stellt die Veröffentlichung **Blom** (1982) dar.

Grundlegende Aussagen zur Struktur von Beschaffungsmärkten finden sich bei **Theisen** (1970), S. 34-59. Der Abschnitt zur Beschaffungsmarktforschung in **Hammann/Lohrberg** (1986) ist noch immer lesenswert. Ein guter Überblick findet sich in **Arnold** (1997a). Empfehlenswert sind auch die Ausführungen zum prozessualen Konzept der Beschaffungsmarktforschung in **Stangl/Koppelmann** (1984) sowie dessen Grundlagen in **Stangl** (1988) und die Weiterentwicklungen dazu in **Koppelmann** (1995).

Veröffentlichungen zu Nutzung des WWW in der Beschaffungsmarktforschung sind derzeit noch selten. Ein fundierter Einstieg ist mit dem anwendungsorientierten Buch **Brenner/Lux** (2000) möglich, in dem verschiedene Formen elektronischer Märkte und auch Wege der Datengewinnung detailliert aufgezeigt und beurteilt werden. Eine guten Überblick aus Anwendungssicht bietet **Reinelt** (1999). Die verschiedenen Suchmöglichkeiten im Internet sind auch sehr detailliert in der „Suchfibel" beschrieben, die sowohl im Internet (http://www.suchfibel.de) als auch in Buchform (**Karzauninkat** (1998)) zur Verfügung steht.

---

[232] Stangl/Koppelmann (1984), S. 350.
[233] Vgl. Arnold (1997a), S. 259-260.

8. Lerneinheit:

Lieferantenstrukturanalyse

In den vorangegangenen Lerneinheiten haben wir die Beschaffungsobjekt-strukturanalyse und -planung durchgeführt und mit Hilfe der Beschaffungs-marktforschung Informationen über die Anbieter, Nachfrager, die Wettbe-werbssituation und das Marktumfeld ermittelt. Die bisherigen Analysen haben allerdings gezeigt, daß die Beurteilung der Erfolgspotentiale des Beschaffungsmanagements ohne ein fundiertes und strukturiertes Wissen über die eigenen Lieferanten nicht möglich ist. In dieser Lerneinheit wollen wir deshalb unser Wissen über die eigenen Lieferanten durch eine Lieferan-tenstrukturanalyse als dritten Bereich der strategischen Informationsver-sorgung verbessern.

Lernziele

Nach dem Studium dieser Lerneinheit sollten Sie in der Lage sein,

- die Notwendigkeit der Lieferantenstrukturanalyse zu begründen,
- Merkmale zur Klassifikation von Lieferanten zu nennen und zu erläutern,
- die Bestimmung der Ausprägung von Klassifikationsmerkmalen zu beschreiben,
- die Methoden der Gruppenbildung zu strukturieren und ausführ-lich zu beschreiben,
- eine Übersicht möglicher Lieferantenklassen zu geben.

8.1 Grundlagen der Lieferantenstrukturanalyse

Im Rahmen der Beschaffungsmarktforschung haben wir uns bereits mit den eigenen Lieferanten beschäftigt. Allerdings wurden sie dabei primär als Marktteilnehmer betrachtet.[234] Bei der Lieferantenstrukturanalyse steht dagegen die Beziehung zu den Lieferanten im Vordergrund und damit ihr **Beitrag zur Konstitution externer Erfolgspotentiale**. Die Lieferantenstruktur beschreibt ganz allgemein gesprochen die Verteilung der Gesamtheit aktueller Lieferanten auf **homogene Lieferantengruppen** (Lieferantenklassen). Betont man den Aspekt der Beziehung, so kann man auch von einer Verteilung auf Beziehungsgruppen, mit anderen Worten auf Klassen von **Lieferanten-Abnehmer-Beziehungen,** sprechen. Detailliertes Wissen über die eigene Lieferantenstruktur ist die unverzichtbare Voraussetzung für die Gestaltung der Gesamtheit der Lieferanten-Abnehmer-Beziehungen[235] als eine der wichtigsten Aufgaben des strategischen Beschaffungsmanagements.[236]

Wissen über die eigenen Lieferanten erwerben strategische Beschaffungsmanager natürlich bei der täglichen Arbeit. Die genaue Kenntnis der Lieferantenstruktur setzt jedoch eine genaue und systematische Analyse voraus. Die **Lieferantenstrukturanalyse** umfaßt alle Handlungen der Ausübung der Informationsversorgungsfunktion durch Gewinnung und Aufbereitung von Informationen über die vergangene, gegenwärtige und zukünftige Lieferantenstruktur.

Die **Notwendigkeit der Lieferantenstrukturanalyse** ergibt sich in erster Linie aus dem Problem der **Anzahl der Lieferanten**. Im Rahmen eines laufenden Forschungsprojektes des Autors zur Beschaffung von Logistikdienstleistungen konnten auch empirische Daten über die Anzahl der Produktionsmateriallieferanten der befragten Unternehmungen gewonnen werden. Im Zeitraum August bis Oktober 1998 wurden 1000 Mitglieder des Bundesverbands Materialwirtschaft, Einkauf und Logistik e.V. schriftlich befragt (Rücklaufquote 13,2%). Im Durchschnitt hatten die Unternehmungen unterschiedlicher Branchen 864 Lieferanten für Produktionsmaterial, allerdings schwankten die Werte zwischen 10 und 10000 Lieferanten. Die Hälfte der Unternehmungen hatten jedoch mehr als 300 Produktionsmateriallieferanten. Im Maschinenbau lag dieser Wert sogar bei 750. Dies deckt sich mit Erfahrungen aus der Praxis. Ein großes Unternehmen des Maschinenbaus hatte beispielsweise 1996 etwa 5000 Kreditoren, davon 850

---

[234] Vgl. Lerneinheit 7.
[235] Dies ist Gegenstand der Lieferantenstrukturplanung in Lerneinheit 9.
[236] Vgl. Monczka/Trent (1991a), S. 7, Gadde/Håkansson (1994), S. 29-30, Asmus/Griffin (1993), S. 70.

Produktionsmateriallieferanten. Die Gesamtheit der Lieferanten ist deshalb auch für die Beschaffungsmanager größerer Unternehmungen unübersichtlich, vor allem dann, wenn neben den Produktionsmateriallieferanten auch die Lieferanten für sonstiges Material, Dienstleistungen, Investitionsgüter und Handelswaren in die Betrachtung einbezogen werden. In kleinen Unternehmungen, mit oft nur einem Einkäufer, ist deshalb die Lieferantenstruktur in hohem Maße intransparent. Durch die Klassenbildung im Rahmen der Lieferantenstrukturanalyse wird eine deutliche Steigerung der Transparenz angestrebt.

Eine wichtige Voraussetzung für ein großes Erfolgspotential des Beschaffungsmanagements ist die **Stimmigkeit von Beschaffungsobjekt- und Lieferantenstruktur**. Nur wenn die richtigen Beschaffungsobjekte von den richtigen Lieferanten beschafft werden, können sich optimale Kosten- und Erlöspotentiale einstellen. Neben der Beschaffungsobjektstrukturanalyse und -planung ist die Lieferantenstrukturanalyse und -planung eine notwendige Bedingung zur Ermittlung der Stimmigkeit. Außerdem werden die Ausführungen des 3. Kapitels zeigen, daß für das Lieferantenmanagement die **Zuordnung von Lieferanten zu verantwortlichen strategischen Beschaffungsmanagern** erforderlich ist. Wissen über die eigenen Lieferanten ist auch notwendig, um die eigenen externen Erfolgspotentiale mit denen zu vergleichen, die auf dem Markt zur Verfügung stehen. Die Lieferantenstrukturanalyse ist somit Voraussetzung für die **Beurteilung der Vorteilhaftigkeit** der eigenen Lieferanten im Marktvergleich.

8.2 Kriterien zur Klassifikation der Lieferanten

Ebenso wie bei der Beschaffungsobjektstrukturanalyse[237] ist als erster Schritt der Lieferantenstrukturanalyse die Aufgabe der Klassifikation zu erfüllen. Bevor die Einteilung der Lieferanten in homogene Lieferantenklassen erfolgt, werden die **Klassifikationsmerkmale** definiert. Im Gegensatz zur Analyse von Anbietern im Rahmen der Beschaffungsmarktforschung müssen nicht nur **Merkmale des Lieferanten** beachtet werden, sondern auch **Merkmale der Geschäftsbeziehung**. Eine Richtschur bei der Auswahl der relevanten Merkmale sind die Beschaffungsziele, die eine Unternehmung für ihren Lieferantenstamm gebildet hat. In **Abbildung 13** sind wichtige Merkmale zur Klassifikation von Lieferanten zusammengestellt.[238]

---

[237] Siehe Lerneinheit 5.

[238] Häufig werden in der Literatur Merkmale von Lieferanten, die für die Klassifikation geeignet sind, im Zusammenhang mit der Lieferantenbewertung genannt. Siehe dazu beispielsweise Zäpfel (1973a), Dempsey (1978), Ellram (1990), Monczka/Nichols/Callahan (1992), Donaldson (1994).

```
┌─────────────────────────────────────────────────────────────────┐
│         ┌───────────────────────────────────────────┐            │
│         │   Merkmale zur Klassifikation von Lieferanten  │        │
│         └───────────────────────────────────────────┘            │
│                  ╱                        ╲                       │
│   ┌────────────────────────┐    ┌────────────────────────┐       │
│   │   Lieferantenmerkmale   │    │   Beziehungsmerkmale    │       │
│   └────────────────────────┘    └────────────────────────┘       │
└─────────────────────────────────────────────────────────────────┘
```

Lieferantenmerkmale:

● Unternehmensgröße nach Umsatz und Mitarbeiterzahl
● Kapazität und Kapazitätsauslastung
● angebotene Produkte und Zusatzleistungen
● Unternehmenssitz und Standort der Lieferwerke
● Stellung im Beschaffungskanal
● Leistungsfähigkeit
　♦ Qualitätsfähigkeit
　♦ logistische Leistungsfähigkeit
　♦ Innovationsfähigkeit
　♦ Fähigkeit zur Realisation niedriger Herstellkosten
● Flexibilität
● Zugehörigkeit zum eigenen Konzern

Beziehungsmerkmale:

● bezogenen Produkte
● aktuelles Einkaufsvolumen (Lieferantenumsatz)
● potentielles Einkaufsvolumen
● Regelmäßigkeit des Bezugs
● Status hinsichtlich Aufgabe, Entwicklungsstufe und Vertrag
● Preise der bezogenen Beschaffungs- objekte im Marktvergleich und Preis- änderungsrate
● Leistung und Leistungsänderung
　♦ Qualität der gelieferten Beschaffungsobjekte
　♦ Lieferservice für die gelieferten Beschaffungsobjekte
　♦ Innovationsleistung
● Kooperations- und Leistungsbereitschaft

Abbildung 13: Merkmale zur Klassifikation von Lieferanten.

Die meisten dieser **Klassifikationsmerkmale sind selbsterklärend**. Bei den Merkmalen des Lieferanten stehen allgemeine Kenngrößen, wie z.B. die Anzahl der Mitarbeiter, und Merkmale zur Beschreibung der Fähigkeiten eines Lieferanten, im Vordergrund. Die Merkmale der Beziehung umfassen primär seine Stellung zur beschaffenden Unternehmung, seine aktuelle Leistung in der Beziehung und seine Bereitschaft zur Zusammenarbeit in der Lieferanten-Abnehmer-Beziehung. Der Status eines Lieferanten wird durch seine spezielle Aufgabe (z.B. Teilefertiger), die Entwicklungsstufe (z.B. Lieferant auf Probe) oder die Art der vertraglichen Einbindung (z.B. Rahmen- vertragslieferant) bestimmt. Werden Fähigkeiten nicht nur von dem Lieferanten, sondern auch von der Beziehung bestimmt, z.B. die Innovations- fähigkeit bei gemeinsamen Entwicklungsprojekten, dann handelt es sich auch dabei um ein Beziehungsmerkmal.

Die hier aufgezeigte **Vielzahl von Klassifikationsmerkmalen** würde in der betrieblichen Praxis zu einer sehr starken Zergliederung der Gesamtheit der Lieferanten führen. In aller Regel werden mehrere Merkmale ausgewählt, kombiniert und differenziert verwendet. Verschiedene Lieferantengruppen, z.B. Produktionsmateriallieferanten oder Schmierstofflieferanten, werden nach unterschiedlichen Merkmalen, z.B. Qualitätsfähigkeit bzw. Preis auf der zweiten, dritten usw. Ebene, untergliedert.

Aus Sicht des strategischen Beschaffungsmanagements sind neben diesen überwiegend einfachen Merkmalen vor allem die **komplexen Klassifika-**

tionsmerkmale „Kostenpotential" und „Erlöspotential" von Bedeutung, um das externe Erfolgspotential der Lieferantengesamtheit bzw. einzelner Lieferantengruppen abschätzen zu können. Die komplexen Merkmale lassen sich aufgrund von Wirkungsbeziehungen ähnlich wie in Lerneinheit 5 aus einfachen Klassifikationsmerkmalen zusammensetzen. Einflußgrößen des **Kostenpotentials,** genauer gesprochen des Kostensenkungspotentials, bezogen auf einen bestimmten Lieferanten sind beispielsweise seine Kapazitätsauslastung, der Standort und damit die Faktorkosten, die sich in dessen Fähigkeit zur Realisation niedriger Herstellkosten niederschlagen, die daraus resultierenden Preise der bezogenen Beschaffungsobjekte im Marktvergleich und die Preisänderungsrate. Die Bedeutung eines Lieferanten für das Kostenpotential ist um so höher, je größer das auf ihn entfallende Einkaufsvolumen ist. Die Qualitätsfähigkeit und logistische Leistungsfähigkeit eines Lieferanten haben Einfluß auf die eigenen Qualitäts- und Logistikkosten und somit ebenfalls auf die internen Kostenpotentiale.

Das **Erlöspotential** kann mit Hilfe der Bedeutung des Lieferanten für die Funktionserfüllung des Endprodukts abgeschätzt werden. Wesentliche Merkmale sind die Flexibilität, die Qualitätsfähigkeit und die Qualität der gelieferten Beschaffungsobjekte, die logistische Leistungsfähigkeit und der Lieferservice für die gelieferten Beschaffungsobjekte, die Innovationsfähigkeit und innovatorische Leistung. Der positive Einfluß dieser Größen auf das Erfolgspotential erfährt dabei Verstärkung mit wachsender Kooperations- und Leistungsbereitschaft. **Stark** spricht deshalb vom Innovationspotential, Integrationspotential, Flexibilitätspotential und Verbundpotential von Lieferanten.[239]

Bevor die Gruppenbildung mit Hilfe dieser Kriterien gezeigt wird, müssen an dieser Stelle Aussagen zur **Bestimmung der Ausprägung** der Klassifikationsmerkmale eines Lieferanten gemacht werden. Neben der Neuerhebung von Daten im Rahmen einer Lieferantenstrukturanalyse können häufig auch Werte verwendet werden, die im Rahmen der laufenden Kontrolle bestehender Lieferanten-Abnehmer-Beziehungen[240] oder bei der Suche und Vorauswahl neuer Lieferanten ermittelt und dokumentiert wurden.[241] Ähnlich wie bei den Beschaffungsobjekten besteht bei vielen beziehungsbezogenen Klassifikationsmerkmalen die Möglichkeit der Auswertung von Daten der operativen DV-Systeme. Beispiele dafür sind die bezogenen Beschaffungsobjekte, das Einkaufsvolumen je Lieferant, die Regelmäßigkeit des Bezugs, die Preise der bezogenen Beschaffungsobjekte und Kennzahlen, welche die Qualität und den Lieferservice der von diesem Lieferanten bezogenen Beschaffungs-

---

[239] Vgl. Stark (1992), S. 30-31.
[240] Siehe Lerneinheit 14.
[241] Siehe Lerneinheit 11.

objekte beschreiben. Häufig findet dabei ein Schluß von objektbezogenen Daten auf Daten eines Lieferanten statt.

Andere Klassifikationsmerkmale müssen durch **Einschätzung einer bewertenden Person** quantifiziert werden. Neben der Einschätzung durch Beschaffungsmanager oder durch andere Mitarbeiter der Unternehmung kann auch die Selbsteinschätzung durch Mitarbeiter des Lieferanten zumindest im Sinne einer Ergänzung der eigenen Beurteilung hilfreich sein. Dies soll am Beispiel des Merkmals „**potentielles Einkaufsvolumen je Lieferant**" verdeutlicht werden. Das potentielle Einkaufsvolumen kann dem aktuellen Einkaufsvolumen gegenübergestellt werden und vermittelt so einen Eindruck von der möglichen Umsatzsteigerung bzw. notwendigen Umsatzreduktion. Die Ausprägung dieses Merkmals hängt von vielen Faktoren, wie z.B. der Unternehmensgröße, dem Lieferspektrum, der Leistungsfähigkeit, der Leistungsbereitschaft, den angebotenen Preisen usw., ab. Darüber hinaus gilt in vielen beschaffenden Unternehmungen zur Vermeidung von Abhängigkeiten die Regel, daß das Einkaufsvolumen maximal 25% des Gesamtumsatzes des Lieferanten betragen darf. Für die Bestimmung des potentiellen Einkaufsvolumens ist deshalb die Einschätzung von Experten des Beschaffungsmanagements notwendig. Erforderlich ist aber auch eine Einschätzung durch den Lieferanten, welcher Umsatz aus seiner Sicht erreicht werden kann bzw. erreicht werden soll.

8.3 Methoden zur Bildung von Lieferantengruppen

In Abschnitt 5.3 wurden entsprechend der Skalierung der Merkmalsdaten und der Anzahl der einbezogenen Klassifikationsmerkmale vier prinzipielle **Möglichkeiten der Gruppenbildung** für Beschaffungsobjekte eingeführt, wobei die Clusteranalyse als nur bedingt anwendbar eingestuft wurde. Diese können nun auch für die Bildung von Lieferantengruppen verwendet werden.

Zur ersten Gruppe gehört die **Lieferanten-ABC-Analyse**. Es handelt sich dabei um eine Modifikation der in Lerneinheit 5 vorgestellten ABC-Analyse, bei der nun als Klassifikationsmerkmal das Einkaufsvolumen je Lieferant (Lieferantenumsatz) dient. Zweck der Lieferanten-ABC-Analyse ist zum einen die Identifikation der in der Regel wenigen umsatzstarken Lieferanten (A-Lieferanten),[242] für die spezielle Maßnahmen geplant werden. Zuweilen interessiert aber auch ein Überblick über die vielen Lieferanten mit geringen Umsätzen (C-Lieferanten). Selbst die zuständigen Beschaffungsmanager haben oft ein sehr begrenztes Wissen über diese Lieferantengruppe und sind nicht selten über die hohe Zahl von C-Lieferanten überrascht.

---

[242] Der Begriff A-Lieferant bezieht sich nicht darauf, daß dieser Lieferant nur A-Teile liefert (A-Teilelieferant). Auch ein Großhändler, der nur C-Teile liefert, kann aufgrund seines Gesamtumsatzes ein A-Lieferant sein.

Bei der Durchführung der Lieferanten-ABC-Analyse werden für alle Beschaffungsobjekte, die von einem Lieferanten bezogen werden, die Ausprägungen der beiden ratioskalierten Merkmale „Preis" und „Periodenmenge" multipliziert. Anschließend werden die Einkaufsvolumina der Beschaffungsobjekte zur Größe „Einkaufsvolumen je Lieferant" addiert. Anschließend werden, wie bereits bekannt, alle Lieferanten absteigend nach dem Einkaufsvolumen sortiert. Danach wird der Umsatz kumuliert und Klassen durch die Einführung von Umsatzgrenzen gebildet. In **Abbildung 14** ist ein Beispiel aus der verarbeitenden Industrie angegeben. Wie bei der Beschaffungsobjektstrukturanalyse richtet sich die Festlegung der Klassengrenzen nach dem Zweck der Analyse. Im angeführten Beispiel sollten primär die umsatzstarken Lieferanten (A-Lieferanten) identifiziert werden, um für diese gezielt Kostensenkungsmaßnahmen einzuleiten. Deswegen wurde der Umsatzanteil mit 60% eher gering gewählt, um eine überschaubare Anzahl von Lieferanten (55) zu erhalten.

Umsatzanteil in %	Anzahl Lieferanten	Lieferantenanteil in %	Klasse
60%	55	7%	A
30%	157	19%	B
10%	609	74%	C
	821		

Abbildung 14: ABC-Klassifikation für Produktionsmateriallieferanten. Beispiel aus der verarbeitenden Industrie.

Die Lieferanten-ABC-Analyse gibt keine Auskunft über die **Häufigkeit der Beauftragung** in einem betrachteten Zeitraum. Ein B-Lieferant mit 100.000 DM Umsatz kann diesen beispielsweise durch die einmalige Lieferung von speziellen Variantenteilen für ein Auslandsgeschäft erreicht haben. Andererseits kann der Umsatz aus der regelmäßigen Abwicklung von Kleinaufträgen für verschiedene C-Teile resultieren. Eine einfache Analyse ist die **Auszählung der Lieferungen** oder der Lieferpositionen, die von einem Lieferanten in einem Zeitraum durchgeführt wurden. Durch Festlegung quantitativer Grenzen, die von der Gesamtzahl der Anlieferungen bei der beschaffenden Unternehmung abhängen, können Klassen gebildet werden. Hierdurch entstehen beispielsweise die Gruppe der **Stammlieferanten** (hoch) und der **Gelegenheitslieferanten** (niedrig). Eine geringe Anzahl von Lieferungen haben Lieferanten, mit denen gerade eine Beziehung aufgebaut wird (Musterlieferungen von **Aufbaulieferanten**) oder mit denen die Lieferbeziehung gerade abgebaut wird (**Abbruchkandidat**). Ob es sich bei einem Lieferanten mit zwei Lieferungen pro Monat um einen Gelegenheitslieferanten, einen Aufbaulieferanten oder einen Abbruchkandidaten handelt, kann nur der zuständige Beschaffungsmanager beurteilen.

Bei der **zweiten Gruppe von Verfahren** der Gruppenbildung dienen einzelne oder mehrere nominalskalierte Klassifikationsmerkmale zur Klassenbildung. Nach der Art der gelieferten Beschaffungsobjekte können **Produktionsmateriallieferanten, Betriebsstofflieferanten, Investitionsgüterlieferanten** und **Dienstleister** unterschieden werden. Jede Lieferantengruppe ist entsprechend einer gewählten Beschaffungsobjektklassifikation beliebig weiter zu untergliedern. Bei Produktionsmaterial findet sich in der Industrie häufig die Untergliederung in **Zeichnungslieferanten, Kataloglieferanten, Normteilelieferanten** und **Entwicklungspartner** entsprechend der Spezifität der gelieferten Materialien, die durch eine **Spezifitätsanalyse** ermittelt werden kann. Wichtige Einzelgruppen innerhalb der Dienstleister sind die Logistikdienstleister und die Lieferanten der „verlängerten Werkbank", d.h. jene, die Teile und Komponenten in Lohnfertigung erstellen. Letztere werden häufig, z.B. im Rahmen der Lieferkontrolle, aufgrund der Fertigungsverfahren ähnlich wie Produktionsmateriallieferanten behandelt.

Die Lieferobjektanalyse ist immer dann problematisch, wenn ein Lieferant **verschiedene Güter** liefert, z.B. Vorrichtungen und Produktionsmaterial oder Zeichnungs- und Katalogteile. Diese Konstellationen sind in der Industrie nicht unüblich. In diesen Fällen wird ein Lieferant entweder der Gruppe zugeordnet, in welcher der meiste Umsatz erzielt wird, oder der Lieferant wird einkäuferisch wie zwei getrennte Lieferanten behandelt. Letzteres bietet sich an, wenn der Lieferant selbst seine Aktivitäten in verschiedene Geschäftsbereiche gegliedert hat. Allerdings wird es dann schwierig, die Gesamtbedeutung eines Lieferanten zu würdigen.

Eine weitere mittelbare Lieferantenstrukturanalyse, die auf den gelieferten Beschaffungsobjekten beruht, ist die **Preisniveauanalyse**. Als Klassifikationsmerkmale können die Preise der bezogenen Beschaffungsobjekte im Marktvergleich oder als dynamische Größe die Preisänderungsraten im Zeitablauf betrachtet werden.[243] Werden von einem Lieferanten viele verschiedene Beschaffungsobjekte bezogen, bereitet der Schluß von den Preisen bzw. Preisänderungsraten der Güter auf das Preisniveau des Lieferanten Probleme. Wichtiger ist deshalb eine Preisniveauanalyse, die an der Kostenstruktur des Lieferanten, an dessen Preispolitik und seiner Mengenstruktur ansetzt.[244] Die Kostenstruktur eines Lieferanten wird vor allem durch dessen Kapazitätsauslastung, die Leistungsfähigkeit des

---

[243] Zur Bestimmung der Preisänderungsrate und der dabei entstehenden Probleme siehe Lerneinheit 14.
[244] Vgl. Monczka/Trent/Handfield (1998), S. 460-471.

Personals, die Angemessenheit von Fertigungsprozessen und -technologien sowie dessen Einkaufsfähigkeiten bestimmt.

Einfluß auf das Preisniveau eines Lieferanten hat auch dessen **Preispolitik**. Neben der kostenorientierten Preisbildung sind vor allem die nachfrage-orientierte Preispolitik und das Setzen von Einstiegspreisen von Bedeutung. Gerade das Setzen von Einstiegspreisen führt dazu, daß die aktuell ge-zahlten Preise keine reale Einschätzung des Preisniveaus eines Lieferanten und somit der Kostenpotentiale erlauben.[245] Weitere wichtige Hilfsgrößen zur Bestimmung des Preisniveaus eines Lieferanten sind neben der Preispolitik dessen Beschaffungs-, Produktions- und Absatzmengen im Marktvergleich, da hierdurch Größendegressions- und Erfahrungskurveneffekte abgeschätzt werden können. Für die Zwecke der Lieferantenstrukturanalyse reicht zunächst die grobe Unterscheidung in **Hochpreislieferanten, Normalpreis-lieferanten und Niedrigpreislieferanten** aus.

Wichtig ist auch die **Regionalanalyse**, welche die räumlichen Verteilung der Lieferanten zum Gegenstand hat. Dazu kann das Klassifikationsmerkmal der Nationalität oder die Postleitzahl verwendet werden. Beide Merkmale sind auf dem Lieferantenstammsatz gespeichert und erlauben somit eine maschinelle Auswertung. Da die Kosten vieler Einsatzgüter der Lieferanten standortabhängig sind (vor allem die Arbeitsleistungen) und der Standort die Transportkosten bestimmt, kann die räumliche Verteilung als Indikator des externen Kostenpotentials angesehen werden. Darüber hinaus können die spezifischen Standortbedingungen, z.B. die Technologieausstattung, das Erlöspotential beeinflussen. Wichtiger als der Sitz der Unternehmung ist dabei oft der Standort der Werke, der bei Mehrbetriebsunternehmungen gezielt ermittelt werden muß. Beispielsweise kann ein Lieferant in Nürnberg über Werke in Polen verfügen und damit die Faktorkostenvorteile der Auslandsproduktion realisieren. Andererseits besteht jedoch die Gefahr einer geringeren Qualitätsfähigkeit dieses Werkes. Durch eine Regionalanalyse können **lokale Lieferanten** (Schornsteinlieferanten), **regionale Lieferanten**, **inländische Lieferanten** und **ausländische Lieferanten** unterschieden werden. Bei genauerer Gliederung und Verwendung von Marktwissen können daraus speziellere Klassen, wie z.B. „Billiglohnlieferanten" oder „Hochlohnlieferanten" und deren Anteil an dem gesamten Lieferantenstamm abgeleitet werden.

Eine Klassifikation der Lieferanten nach ihren potentiellen Entwicklungsmög-lichkeiten stellt die **Einkaufsvolumenanalyse** dar. Übersteigt das potentielle Einkaufsvolumen das aktuelle Einkaufsvolumen, ist bei diesem Lieferanten eine Ausweitung des Geschäfts möglich. Ist umgekehrt das potentielle Einkaufsvolumen kleiner als das aktuelle, ist eine Reduktion der Bestellun-

---

[245] Vgl. Abschnitt 11.3.

gen bzw. der Anzahl der Teile zu überlegen. Als Maß für die Ausgewogenheit einer Lieferantenstruktur kann die Übereinstimmung von potentiellem und aktuellem Einkaufsvolumen je Lieferant angesehen werden.

Die **Statusanalyse** untersucht die Gesamtheit der Lieferanten hinsichtlich ihrer Stellung zur Unternehmung. Der Status wird wesentlich durch die Aufgabe, die dem Lieferanten zugedacht wurde, die Phase und die Intensität der Lieferanten-Abnehmer-Beziehung festgelegt. Die **Aufgabe des Lieferanten** resultiert aus den Bedarfen, d.h. aus der Art der eingekauften Güter. In Hinblick auf das Erlöspotential sollten die Lieferanten auch hinsichtlich ihrer zusätzlichen Aufgaben, vor allem der Forschungs- und Entwicklungsaufgaben, klassifiziert werden. Danach lassen sich **Eigenentwickler**, **Entwicklungspartner**, **Zeichnungslieferanten** und **Lohnfertiger** unterscheiden. Zeichnungslieferanten erhalten eine fertige Konstruktionszeichnung und können deshalb höchstens Verbesserungen in ihrem Produktionsprozeß durchführen (Prozeßinnovation). Lohnfertiger als reine Produktionsdienstleister erhalten zusätzlich Arbeitspläne und können deshalb selbst Prozeßinnovationen kaum einleiten. Allerdings sollten Beschaffungsmanager bereit sein, von beiden Gruppen Verbesserungsvorschläge anzunehmen und an die Konstruktion weiterzugeben.

Nach den **Phasen der Lieferanten-Abnehmer-Beziehung (Abbildung 19)** können in einer dynamischen Betrachtung **Anbieter**, **vorausgewählte Lieferanten**, **Aufbaulieferanten**, **freigegebene Lieferanten**, **Lieferanten auf Probe**, **Abbruchkandidaten** und **gesperrte Anbieter** unterschieden werden. Für die Lieferantenstruktur ist insbesondere das Verhältnis von freigegebenen Lieferanten zu Probelieferanten und Abbruchkandidaten wichtig. Das dritte Statusmerkmal ist die Art der vertraglichen Beziehung, die in der Regel auch ein Indikator für die **Bedeutung und Intensität der Geschäftsbeziehung** ist. Im Rahmen der Lieferantenstrukturanalyse interessiert vor allem, mit wie vielen Lieferanten ein langfristiger Vertrag (Rahmenvertrag) abgeschlossen wurde. In einer ersten Gliederung können deshalb **Rahmenvertragslieferanten** und Lieferanten ohne Rahmenverträge unterschieden werden.

Bei der **dritten Gruppe von Methoden**, den **Portfoliomethoden**,[246] erfolgt die Gruppenbildung mit Hilfe mehrerer ordinalskalierter oder metrischskalierter Klassifikationsmerkmale durch Rangwertsbereiche bzw. metrische Ober- und Untergrenzen je Klasse. Im Rahmen von Portfolioanalysen zur Klassifikation von Beschaffungsobjekten fließen auch häufig Lieferanteninformationen, insbesondere zur Bewertung des Versorgungsrisikos, ein.[247] Die hier interessierende Anwendung der Portfoliomethoden zur Klassifikation

---

[246] Vgl. Lerneinheit 5.
[247] Vgl. Wietersheim (1993), S. 102-121. Siehe auch Heege (1987), S. 62-66.

von Lieferanten ist eher selten in der Literatur beschrieben,[248] scheint jedoch geeignet, uns wichtige Einblicke in die Struktur der Lieferantengesamtheit zu eröffnen.

Eine dieser Methoden der Gruppenbildung ist das **Leistungsfähigkeit-Leistungsbereitschaft-Portfolio**, bei dem die Strukturierung der Gesamtheit der Lieferanten nach Leistung, Leistungsfähigkeit und Leistungsbereitschaft hinsichtlich Qualität und Lieferservice erfolgt. Wie bereits mehrfach gezeigt, bestimmen diese Größen wesentlich das externe Erlöspotential der Unternehmung. Da dabei drei Merkmale verwendet werden, handelt es sich um einen Würfel. **Hochleistungslieferanten** verfügen über eine hohe Leistungsfähigkeit und Leistungsbereitschaft und erbringen aktuell eine hohe Leistung, d.h. sie erfüllen hinsichtlich Qualität und Termintreue alle Anforderungen.

Problemlieferanten fehlt es an einer ausreichenden Leistungsbereitschaft, Leistungsfähigkeit oder sie sind gegenwärtig nicht in der Lage, die Qualitätsanforderungen oder den erwarteten Lieferservice zu erbringen. In jedem Fall liegt ein aktuelles bzw. ein sich abzeichnendes Problem vor. Selbst wenn ein Lieferant in der aktuellen Periode zuverlässig arbeitet, jedoch z.B. bei einem Lieferantenaudit eine niedrige Leistungsfähigkeit festgestellt wird, muß damit gerechnet werden, daß in späteren Perioden Qualitätsmängel oder Mängel bei der logistischen Leistungserstellung auftreten. Ebenso ist bei Lieferanten, die zwar leistungsfähig sind und zufriedenstellende Leistungen erbringen, denen es jedoch an Leistungsbereitschaft mangelt, damit zu rechnen, daß sie die Geschäftsbeziehung mittelfristig beenden möchten und damit Versorgungsengpässe auslösen könnten.

Ursachen für eine niedrige Leistungsbereitschaft können sehr vielfältig sein. In Frage kommen beispielsweise ein zu geringes Einkaufsvolumen, für den Lieferanten untragbare Preise, persönliche Probleme zwischen Mitarbeitern beider Unternehmungen oder eine generelle Leistungsunwilligkeit der Mitarbeiter des Lieferanten. Während Problemlieferanten nur hinsichtlich einer Komponente Probleme haben, zeigt sich bei **Mangellieferanten** die Problemlage deutlicher. Eine häufige Kombination sind leistungsbereite Lieferanten, die jedoch nicht leistungsfähig sind und dadurch auch aktuell Leistungsprobleme haben. **Unbrauchbare Lieferanten** verfügen über eine niedrige Leistungsfähigkeit und Leistungsbereitschaft und erfüllen zudem die aktuellen Anforderungen an ihre Lieferungen nicht.

Eine praktische Anwendung der Portfoliotechnik zur Klassifikation von Lieferanten stellt die **Lieferantenmatrix des SUCCESS-Programms** von Siemens dar.[249] Ziel der Lieferantenstrukturanalyse mit Hilfe der Liefe-

---

[248] Eine Übersicht findet sich bei Olsen/Ellram (1997), S. 103.
[249] Siehe zum folgenden Beßlich/Lumbe (1994a), S. 47-48, Beßlich/Lumbe (1994b), S. 23-24.

rantenmatrix ist das Erkennen der unterschiedlichen Bedeutung der Lieferanten und ein direkter Vergleich mit der Einkaufsmatrix[250] durch Zusammenführung in der Kombinationsmatrix Einkauf.[251] Als Klassifikationsmerkmale dienen das lieferantenbezogene Einkaufsvolumen (Wert) und die Unsicherheit, die aus dem Bezug bei einem Lieferanten resultiert (Versorgungsrisiko). Das Versorgungsrisiko, das von einem bestimmten Lieferanten ausgeht, wird durch die Gewichtung und Aggregation der Versorgungsunsicherheit der Beschaffungsobjekte ermittelt, die von diesem Lieferanten bezogen werden. Das Versorgungsrisiko pro Beschaffungsobjekt wird dabei mit Hilfe verschiedener marktbezogener und unternehmensbezogener Kriterien bestimmt.[252] Von besonderer Bedeutung ist dabei die aktuelle **Wettbewerbssituation** auf dem Beschaffungsmarkt.

Die Lieferantenmatrix umfaßt vier Gruppen von Lieferanten. **Schlüssellieferanten** liefern ein großes Einkaufsvolumen und verursachen ein hohes Versorgungsrisiko. Daneben werden **Hebellieferanten** (großes Einkaufsvolumen, geringes Versorgungsrisiko), **kritische Lieferanten** (geringes Einkaufsvolumen, hohes Versorgungsrisiko) und **Kleinlieferanten** (geringes Einkaufsvolumen, niedriges Versorgungsrisiko) als weitere Lieferantengruppen identifiziert. Wie aufgrund der üblichen ABC-Verteilung von Beschaffungsobjekten und Lieferanten nicht anders zu vermuten, gehören bei Siemens ca. 70% der Lieferanten zur Gruppe der Kleinlieferanten, von denen etwa 60% der Einkaufspositionen (Beschaffungsobjekte) mit 17% des Einkaufsvolumens bezogen werden. Das Konzept arbeitet damit eine einfache, übersichtliche und trotzdem aussagekräftige Lieferantenstruktur heraus. Kritisch muß jedoch die Gleichsetzung von Versorgungsunsicherheit hinsichtlich der Beschaffungsobjekte mit dem Versorgungsrisiko, das von einem Lieferanten ausgeht, gesehen werden. Sinnvoll wäre auf jeden Fall die Einbeziehung der Leistungsfähigkeit und Leistungsbereitschaft hinsichtlich Kosten, Qualität, Lieferservice und Innovation.

Diese Merkmale gehen in das komplexe **Lieferanten-Erfolgspotential-Portfolio (LEP)** ein. Ähnlich wie Beschaffungsobjekte[253] können auch Lieferanten bzw. Lieferantenbeziehungen nach ihrem **Beitrag zum Erfolgspotential der beschaffenden Unternehmung** gegliedert werden. Entsprechend der beiden Bestandteile des Erfolgspotentials basiert das LEP auf den Klassifikationsmerkmalen „Kostenpotential" und „Erlöspotential". Beide Klassifikationsmerkmale können Werte zwischen -1 (maximale Schwächung des Erfolgspotentials) und +1 (maximale Stärkung des Erfolgspotentials) annehmen. Auf diese Weise können **Erfolgslieferanten, Teilerfolgs-**

---

[250] Siehe dazu Lerneinheit 5.
[251] Siehe dazu Lerneinheit 9.
[252] Siehe dazu **Abbildung 8**.
[253] Vgl. Lerneinheit 5.

lieferanten und Mißerfolgslieferanten unterschieden werden. **Abbildung 15** zeigt als Praxisbeispiel ein LEP einer Maschinenbauunternehmung für Lieferanten von Produktionsmaterial nach Zeichnung (spanende Bearbeitung). Zur Identifikation sind die Lieferantennummern eingefügt. Der Durchmesser der Kreise repräsentiert jeweils das Einkaufsvolumen der einzelnen Lieferanten und damit deren Bedeutung.

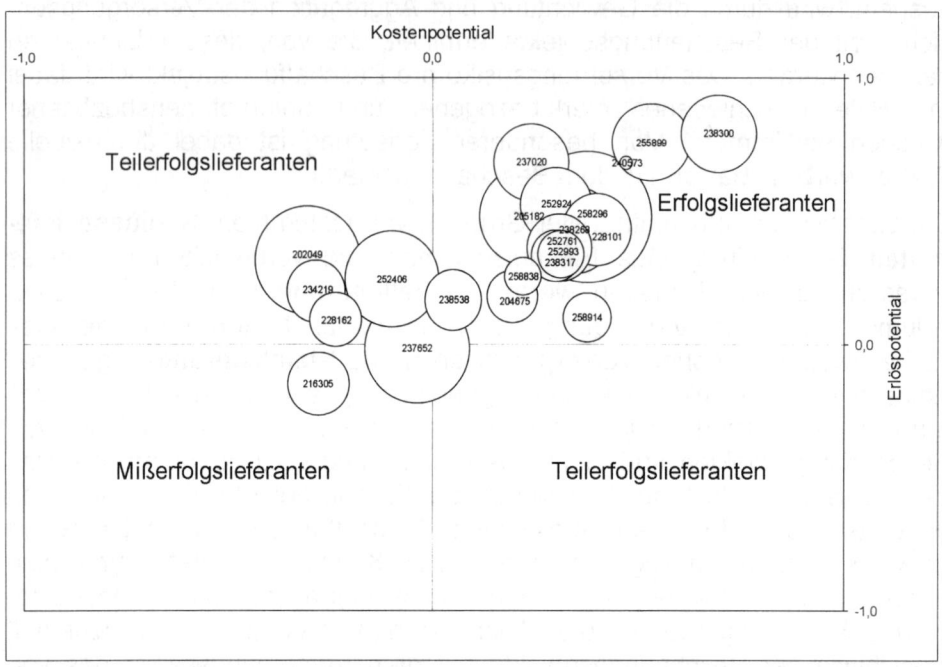

Abbildung 15: Lieferanten-Erfolgspotential-Portfolio (LEP) einer Maschinenbauunternehmung für Lieferanten von Produktionsmaterial nach Zeichnung (spanende Bearbeitung).

Zur **Anordnung der einzelnen Lieferanten** muß jeweils deren Beitrag zum Kosten- und Erlöspotential der Unternehmung bekannt sein. In Abschnitt 8.2 wurden bereits die Einflußgrößen der komplexen Klassifikationsmerkmale „Kostenpotential" und „Erlöspotential" abgeleitet. Zur Abschätzung der Beiträge zu den Erfolgspotentialen müssen diese Einflußgrößen, bei denen es sich um einfache Klassifikationsmerkmale des Lieferanten oder der Lieferanten-Abnehmer-Beziehung, wie z.B. dem Standort oder der Qualitätsfähigkeit, handelt, quantifiziert und z.B. mit Hilfe eines Punktbewertungsverfahrens gewichtet und aggregiert werden.[254] Dabei sollte versucht werden, möglichst auf verfügbare Datenbestände aus den operativen DV-Systemen bzw. aus der laufenden Lieferantenbewertung zurückzugreifen. Für das in

---

[254] Siehe dazu auch die dritte Fallübung.

Abbildung 15 dargestellte LEP wurde auf die Meßgrößen Mengentreue, Terminuntreue, Beanstandungsrate, Qualitätsaudit, ISO-Zertifikat, Angebotspreise im Marktvergleich, Preisänderung und Fähigkeit zu Prozeßinnovationen zurückgegriffen. Die Ausprägungen werden in diesem Unternehmen entweder quartalsweise automatisch berechnet und dann auf dem Lieferantenstammsatz gespeichert oder sie wurden speziell zur Erstellung des Portfolios durch eine subjektive Bewertung ermittelt. Zur ersten Gruppe gehört beispielsweise die Terminuntreue, zur zweiten die Größe Angebotspreise im Marktvergleich.

Aus der grundsätzlichen Aufgabe des Beschaffungsmanagements, der Eröffnung und Sicherung von Erfolgspotentialen bei gleichzeitiger Vermeidung von Mißerfolgspotentialen, kann bezogen auf die Beschaffungsobjektstruktur abgeleitet werden, daß **Erfolgslieferanten** gefunden, aufgebaut und erhalten und **Mißerfolgslieferanten** gemieden, aussortiert oder zu Erfolgslieferanten gewandelt werden müssen. **Teilerfolgslieferanten** haben keinen eindeutigen Einfluß auf das Erfolgspotential. Oft gleichen sich die positiven bzw. negativen Einflüsse auf das Erfolgspotential aus, weshalb im Einzelfall eine weitergehende Analyse der Ursachen einer bestimmten Einordnung erforderlich ist. Ebenso wie Mißerfolgslieferanten sind Teilerfolgslieferanten generell zu überprüfen, ob sie tatsächlich gebraucht werden und ob sie sich gegebenenfalls zu Erfolgslieferanten entwickeln können.

Zum Abschluß dieser Lerneinheit können alle erläuterten Lieferantenklassifikationen zusammengestellt werden (**Abbildung 16**). In der betrieblichen Praxis werden problembezogen verschiedene Klassifikationen parallel verwendet. Hilfreich ist dabei, wenn möglichst alle ermittelten Gruppenzuordnungen z.B. auf dem Lieferantenstammsatz oder einem speziellen Lieferantendatenblatt gespeichert werden. Nur dann kann die Lieferantenstruktur jederzeit maschinell ausgewertet werden. Zu beachten ist dabei jedoch, daß sich die Zuordnungen im Laufe der Zeit ändern können, bzw. oft sogar ändern müssen. Das einmalige Abspeichern ist deshalb kein Ersatz für die regelmäßige Lieferantenstrukturanalyse.

Merkmal	Analyse	Lieferantenklassen
Wertigkeit der Bezüge	Lieferanten-ABC-Analyse	A-Lieferanten, B-Lieferanten, C-Lieferanten
Häufigkeit der Bezüge	Häufigkeitsanalyse	Stammlieferanten, Gelegenheitslieferanten
Art der Beschaffungsobjekte	Lieferobjektanalyse	Produktionsmateriallieferanten, Betriebsstofflieferanten, Investitionsgüterlieferanten, Dienstleister, Lieferanten von Handelswaren
Spezifität des Produktionsmaterials	Spezifitätsanalyse	Entwicklungspartner, Zeichnungslieferanten, Kataloglieferanten, Normteilelieferanten
Preise oder Preisänderungsraten der gelieferten Güter, Kostenstruktur	Preisniveauanalyse	Hochpreislieferanten, Normalpreislieferanten und Niedrigpreislieferanten
Standort der Produktionsstätten	Regionalanalyse	lokale Lieferanten, regionale Lieferanten, inländische Lieferanten, ausländische Lieferanten
Forschungs- und Entwicklungsaufgaben	Statusanalyse	Eigenentwickler, Entwicklungspartner, Zeichnungslieferanten, Lohnfertiger
Phasen der Lieferanten-Abnehmer-Beziehung	Statusanalyse	Anbieter, vorausgewählte Lieferanten, Aufbaulieferanten, freigegebene Lieferanten, Lieferanten auf Probe, Abbruchkandidaten und gesperrte Anbieter
Art der vertraglichen Beziehung	Statusanalyse	Rahmenvertragslieferanten, Lieferanten ohne Rahmenvertrag
Leistung, Leistungsbereitschaft, Leistungsfähigkeit	Leistungsfähigkeit-Leistungsbereitschaft-Portfolio	Hochleistungslieferanten, Problemlieferanten, Mangellieferanten, unbrauchbare Lieferanten
Einkaufsvolumen, Versorgungsrisiko	Lieferantenmatrix	Schlüssellieferanten, Hebellieferanten, kritische Lieferanten, Kleinlieferanten
Kostenpotential, Erlöspotential	Lieferanten-Erfolgspotential-Portfolio (LEP)	Erfolgslieferanten, Teilerfolgslieferanten, Mißerfolgslieferanten

Abbildung 16: Übersicht der Analysemethoden und der Lieferantenklassen.

Empfohlene Literatur zur Lerneinheit 8

Spezifische Literatur zur Lieferantenstrukturanalyse ist sehr selten, obwohl häufiger die Notwendigkeit einer Gestaltung der Lieferantenstruktur betont wird. Ausführungen über Merkmale von Lieferanten, die sich auch für die Klassifikation eignen, finden sich vor allem in der Literatur zur Lieferantenauswahl, die wir in der Lerneinheit 11 behandeln werden.

Vorschläge für differenzierte Maßnahmen hinsichtlich verschiedener Lieferantenklassen finden sich vor allem in der anwendungsorientierten Literatur, z.B. **Stark** (1992) und **Schreiber** (1993). Allerdings fehlt dabei meist die Begründung für die gewählte Klassifikation.

Einen guten Einblick geben die Arbeiten zum SUCCESS-Programm, z.B. **Beßlich/Lumbe** (1994b). Insbesondere wird dabei auch die Verbindung von Lieferantenstrukturanalyse und Beschaffungsobjektstrukturanalyse deutlich.

9. Lerneinheit:

Lieferantenstrukturplanung

In der vorangegangenen Lerneinheit haben wir eine Strukturanalyse der Gesamtheit der Lieferanten durchgeführt. Dabei sind bereits einige Probleme angesprochen worden. Allerdings erfolgte die Bewertung eher sporadisch und unstrukturiert. In dieser Lerneinheit soll nun eine ausführliche Bewertung der Lieferantenstruktur vorgenommen werden, die Ausgangspunkt für die Planung der Lieferantenstrukturgestaltung sein wird.

Lernziele

Nach dem Studium dieser Lerneinheit sollten Sie in der Lage sein,

- die Notwendigkeit der Lieferantenstrukturplanung zu begründen,
- die vorliegende Lieferantenstruktur auf Basis der vorgestellten Analysemethoden zu bewerten,
- übliche Probleme von Lieferantenstrukturen zu identifizieren,
- die Maßnahmen der Lieferantenstrukturgestaltung zu beschreiben und ihre Wirkungen auf die identifizierten Probleme aufzuzeigen.

9.1 Grundlagen der Lieferantenstrukturplanung

Lieferantenstrukturplanung bedeutet das Durchdenken der Handlungen, die erforderlich sind, um eine den strategischen Beschaffungszielen entsprechende Lieferantenstruktur zu realisieren. In den vorangegangenen Lerneinheiten wurden dazu wichtige Vorarbeiten geleistet. Mit der Bildung **strategischer Ziele** wurde das eigene Wollen hinsichtlich der externen Kosten- und Erlöspotentiale konkretisiert. Außerdem wurde gezeigt, wie Sollausmaße für die einzelnen Ziele festgelegt werden können. Die gebildeten Ziele fanden ihren Niederschlag bei der Festlegung der relevanten **Klassifikationsmerkmale** zur Lieferantenstrukturanalyse. Die Analyse der Ist-Struktur der Gesamtheit der Lieferanten hat schließlich eine Vielzahl von Lieferantenklassen erbracht, die in **Abbildung 16** zusammengefaßt sind. Im Gesamtprozeß der Lieferantenstrukturanalyse und -planung verbleiben nun zwei weitere Aufgaben.

Zunächst muß eine **Beurteilung der analysierten Lieferantenstruktur** erfolgen. Durch Vergleich der vorgefundenen Strukturen mit den Strukturzielen können konkrete Vorstellungen über die erforderliche Lieferantenstruktur abgeleitet werden. Um die Sollstruktur zu realisieren, müssen Maßnahmen der **Lieferantenstrukturgestaltung** ergriffen werden, deren Inhalt zunächst durchdacht und auf Konsistenz überprüft werden sollte. Dieser gedankliche Prozeß kann als Lieferantenstrukturplanung im engeren Sinne verstanden werden.

Soll die **Notwendigkeit der Lieferantenstrukturgestaltung** erläutert werden, kann man direkt an die Überlegungen zur Begründung der Lieferantenstrukturanalyse anschließen.[255] Die Lieferantenstruktur ist eine **Folge von Einzelentscheidungen** (Lieferantenauswahl), die sich häufig kaum an der bereits vorhandenen Struktur, sondern lediglich an Kriterien des Einzelfalls, oft sogar nur am Preis des Beschaffungsobjekts orientieren, wodurch in aller Regel „fairly wild structures"[256] entstehen. Nicht selten erfolgt die Vergabe eines Auftrags insbesondere für neue Beschaffungsobjekte unter Zeitdruck, wodurch die Neulieferanten kein geordnetes Verfahren der strategischen Suche, Beurteilung und Vorauswahl durchlaufen.

Nicht zu unterschätzen sind zudem **Fremdeinflüsse** auf die Lieferantenwahl. Häufig werden beispielsweise schon in der Konstruktion durch Verwendung bestimmter Katalogteile Lieferanten festgelegt. Mitarbeiter der Forschung und Entwicklung sind jedoch keine Beschaffungsmanager und deshalb alleine aus Gründen unzureichender Informationsversorgung nicht in der

---

[255] Siehe Lerneinheit 8.
[256] Gadde/Håkansson (1994), S. 30.

Lage, Lieferanten gemäß strategischer Zielsetzungen auszuwählen. In ähnlicher Weise haben gerade bei Investitionsgütern Mitglieder des buying centers, die nicht dem Beschaffungsmanagement angehören, wesentlichen Einfluß auf die Lieferantenwahl und damit mittelfristig auf die Lieferantenstruktur.[257]

Selbst wenn die Auswahl nach strategischen Überlegungen erfolgt, bleibt das **Problem der Dynamik**. Zum einen verändern sich die Lieferanten. Zum Beispiel kann ein ehemals kostengünstiges und leistungsfähiges Kleinunternehmen wachsen, einen neuen Geschäftsführer bekommen, Vormaterial nun von kritischen Märkten beziehen, den zuverlässigen Qualitätsbeauftragten an einen Konkurrenten verlieren, einen neuen wichtigeren Kunden bekommen usw. Andererseits werden sich mit der Zeit auch die Ansprüche des beschaffenden Unternehmens ändern. Dies wurde bei der Diskussion der Beschaffungsziele deutlich. Eine früher passende Lieferantenstruktur kann im Laufe der Zeit zu strukturellen Problemen führen. Der mit der Zeit gewachsene Lieferantenstamm erfordert deshalb eine regelmäßige Überprüfung (Lieferantenstrukturanalyse) und laufende Neugestaltung.[258]

Da es sich bei der Neugestaltung der Lieferantenstruktur um eine sehr komplexe Aufgabe handelt, ist ein vorausschauendes Durchdenken der Einzelmaßnahmen und der daraus resultierenden Wirkungen und Nebenwirkungen unerläßlich. Darin liegt letztlich die **Notwendigkeit der Lieferantenstrukturplanung** begründet. Im Rahmen der Lieferantenstrukturplanung sollte ebenfalls überlegt werden, wie zukünftig Lieferantenstrukturen, die geringe oder keine Erfolgspotentiale, möglicherweise sogar Mißerfolgspotentiale zur Folge haben, vermieden werden können.

9.2 Beurteilung der analysierten Lieferantenstruktur

In Lerneinheit 8 wurde eine Vielzahl von Klassifikationsmerkmalen und Gruppierungsmethoden vorgestellt, die zu verschiedenen Lieferantenklassifikationen geführt haben. Ausgehend von diesen Ergebnissen kann nun eine **Bewertung der Lieferantenstruktur** vorgenommen werden. Grundlage dafür sind die strategischen Beschaffungsziele, insbesondere die Strukturziele.

Mit der **Lieferanten-ABC-Analyse** wurde entsprechend dem Einkaufsvolumen eine Gliederung in A-, B- und C-Lieferanten vorgenommen. Um eine Verzerrung durch die unterschiedliche Bedeutung einzelner Beschaffungsobjektgruppen zu vermeiden, sollte die ABC-Analyse auch getrennt für die

---

[257] Vgl. Webster/Wind (1972a), insbesondere S. 28-39, Webster/Wind (1972b). Siehe dazu ausführlich Lerneinheit 11.
[258] Vgl. Gadde/Håkansson (1994), S. 30, Monczka/Trent (1991a), S. 7, Asmus/Griffin (1993), S. 70.

Beschaffungsobjektgruppen, wie z.B. für Produktionsmateriallieferanten, Betriebsstofflieferanten und Dienstleister, vorgenommen werden.

Üblicherweise treten dabei zwei Probleme der Lieferantenstruktur zu Tage. Zum einen wird eine mehr oder weniger starke **Ungleichverteilung der Umsätze** auf die Lieferanten deutlich. Einer geringen Anzahl von A-Lieferanten steht eine große Anzahl von C-Lieferanten gegenüber, die alleine aufgrund ihres geringen Lieferanteils nur einen geringen Anteil zum Erfolgspotential der Unternehmung beitragen können.

Zum anderen wird bei der Analyse aller im Buchführungssystem enthaltenen Umsatzdaten die **gesamte Anzahl der Lieferanten** je Beschaffungsobjektgruppe und das kumulierte Einkaufsvolumen deutlich. Selbst wenn die ABC-Analyse nur auf das Produktionsmaterial beschränkt wird, sind Beschaffungsmanager häufig überrascht wie viele und welche Lieferanten Umsätze mit der eigenen Unternehmung erzielen. Daraus entsteht oft der erste Eindruck, daß die Unternehmung zu viele Lieferanten, vor allem im C-Bereich hat.

Die Frage nach der **richtigen Anzahl der Lieferanten** ist sehr schwer zu beantworten, denn die Soll-Ausprägung des Ziels „angemessene Anzahl von Lieferanten je Beschaffungsobjektgruppe" ist nicht einfach zu ermitteln. Die beiden wichtigsten **Argumente für eine geringe Anzahl von Lieferanten** ist die Konzentration des Einkaufsvolumens und die Möglichkeit eines intensiveren Lieferantenmanagements der verbleibenden Lieferanten. Durch die **Zersplitterung des Einkaufsvolumens** einer Beschaffungsobjektgruppe oder sogar eines Beschaffungsobjektes auf zahlreiche Lieferanten verliert die beschaffende Unternehmung an Einfluß auf dem Beschaffungsmarkt und wird gerade für leistungsfähige Lieferanten als Kunde uninteressant. Dies ist gerade für mittlere Unternehmungen ein wichtiges Argument, die durch Konzentration durchaus auch für renommierte Zulieferunternehmungen ein attraktives Einkaufsvolumen bieten können.

Zum zweiten spielt die Effizienz des Lieferantenmanagements eine wesentliche Rolle.[259] Ein Beschaffungsmanager kann kaum mehr als 50 Lieferanten ausreichend **überwachen und steuern**. Das Problem der optimalen Lieferantenzahl je Beschaffungsmanager ist somit vergleichbar mit dem aus der Organisationslehre bekannten Problem der optimalen Leitungsspanne.[260] Die optimale Zahl dürfte sogar eher bei 30 Lieferanten liegen. Diese Anzahl ergibt sich einerseits aus der Betrachtung der verfügbaren Arbeitszeit und dem Zeitaufwand für lieferantenbezogene Tätigkeiten, z.B. Besuche vor Ort, Verhandlungen und deren Vorbereitung, Lösung spezieller Probleme (z.B. Qualitätsprobleme), sowie aus der Belastung durch interne

---

[259] Vgl. Monczka/Trent (1991a), S. 7.
[260] Siehe z.B. Kosiol (1962), S. 108-109, Ouchi/Dowling (1974).

Managementaufgaben, wie z.B. die Mitwirkung in Entwicklungsprojekten. Dabei hängt die Anzahl der Lieferanten pro Beschaffungsmanager wesentlich von den gelieferten Beschaffungsobjekten, den Fähigkeiten und der Leistungsbereitschaft der Lieferanten ab. Oft besteht in der Praxis das Problem, daß gerade der Zustand zu vieler und zu schlechter Lieferanten eine eingehende Beschäftigung mit den „Problemfällen" verhindert.

Für mittelständische Unternehmungen mit mittlerem Einkaufsvolumen und nur wenigen Beschaffungsmanagern ist die Konzentration geradezu unabdingbare Voraussetzung für ein strategisches Beschaffungsmanagement. Die Konzentration kann bis zum **„single sourcing"** vorangetrieben werden. Der Begriff „single sourcing" wird in der Praxis sehr unscharf verwendet. Im eigentlichen Sinn bedeutet „single sourcing", daß ein bestimmtes Beschaffungsobjekt, z.B. ein Teil, das durch eine Sachnummer identifiziert werden kann, nur von einem Lieferanten bezogen wird. Aufgrund der geringen Beschaffungsmengen mittelständischer Unternehmungen, ist single sourcing in diesem Sinne eine Selbstverständlichkeit. Aus Sicht der Lieferantenstrukturplanung hat die Frage höhere Relevanz, wie viele Lieferanten für die Beschaffungsobjekte einer **Beschaffungsobjektgruppe** beauftragt werden sollen und nach welchen Quoten die Verteilung auf die Lieferanten erfolgt.

Obwohl die Vorteile einer geringen Anzahl von Lieferanten offensichtlich sind,[261] sollte man sich vor einer pauschalen Forderung nach Reduktion der Lieferantenzahl hüten und auch die **Gefahren** einer zu kleinen Zahl von Lieferanten beachten. So betont beispielsweise **Homburg** aufgrund von Kostenüberlegungen (Nichtverfügbarkeitskosten versus Transaktionskosten) die Vorzüge einer höheren Anzahl von Lieferanten bei niedriger Komplexität und hohem Wert eines Beschaffungsobjektes.[262] Kritisch muß dabei die Modellierung der Nichtverfügbarkeitskosten gesehen werden. **Homburg** geht offensichtlich von der Möglichkeit eines schnellen Lieferantenwechsels aus, der jedoch nur dann möglich ist, wenn mehrere Lieferanten auf Beschaffungsobjektebene zur Verfügung stehen. Auf Beschaffungsobjektgruppenebene ist dieser schnelle Wechsel bei spezifischen Gütern - gerade diese sind jedoch problematisch - nicht möglich. Darüber hinaus wird das Problem kleiner Einkaufsvolumina bei größerer Lieferantenzahl nicht angesprochen. Allerdings konnte bei Beschaffungsobjekten niedriger Komplexität und hohem Wert mit Hilfe einer empirischen Untersuchung von 370 Unternehmen, die Mitglied im Bundesverband Materialwirtschaft, Einkauf

---

[261] Siehe z.B. Ramsay/Wilson (1990).
[262] Vgl. Homburg (1995).

und Logistik waren, im Jahre 1993 gezeigt werden, daß die Anzahl der Lieferanten tatsächlich besonders hoch ist.[263]

Ebenso besteht bei einer zu starken Reduktion die Gefahr der Überlastung der verbliebenen Lieferanten, die sich häufig in mangelhaftem Lieferservice zeigt. Als Obergrenze der Beauftragung muß das potentielle Einkaufsvolumen[264] betrachtet werden. Durch eine **Einkaufsvolumenanalyse** kann das potentielle Einkaufsvolumen dem aktuellen Einkaufsvolumen gegenüber gestellt und so die Möglichkeit einer Umsatzverlagerung überprüft werden.

Wichtiger als die Angabe einer „optimalen Lieferantenzahl" ist die **Stimmigkeit von Objekt- und Lieferantenstruktur**. Die Anpassung der Lieferantenzahl geschieht deshalb in der Praxis eher dadurch, daß unnötige und unfähige Lieferanten identifiziert und aus dem Lieferantenstamm entfernt werden.[265] Unfähige Lieferanten werden beispielsweise durch die entsprechende Einordnung in das **Leistungsfähigkeit-Leistungsbereitschaft-Portfolio** erkannt. Unnötige Lieferanten können mit der **Häufigkeitsanalyse** identifiziert werden. Gelegenheitslieferanten, deren Umsatz auch zukünftig problemlos mit einem anderen, ebenso leistungsfähigen Stammlieferanten getätigt werden kann, sind überflüssig. Im Gegenzug werden bestehende oder durch die Bereinigung entstandene Engpässe durch neue Lieferanten beseitigt.

Die **Spezifitätsanalyse** ermittelt das quantitative Verhältnis von Entwicklungspartnern, Zeichnungslieferanten, Kataloglieferanten und Normteilelieferanten. Wiederum sind verallgemeinerte Aussagen unangemessen. Der **Anteil von Entwicklungspartnern** hängt beispielsweise wesentlich von der Komplexität der Endprodukte, den Kernkompetenzen und der eigenen Entwicklungskapazität ab. Oft findet sich beim Produktionsmaterial ein relativ hoher Anteil von Zeichnungslieferanten. Die Lieferantenstruktur sollte in diesem Fall überprüft werden, ob es darunter leistungsstarke Zeichnungslieferanten mit innovatorischem Potential gibt, das bisher nicht genutzt wurde. Vermeiden sollte man auf jeden Fall die Beauftragung von Zeichnungslieferanten, wenn der Bezug von Kataloggütern oder sogar Normteilen möglich ist. Normteile und Katalogteile branchenüblicher Ausführung sollten von möglichst wenigen Lieferanten, bevorzugt durch den **Technischen Handel**, bezogen werden, der ein breites und tiefes Sortiment anbieten kann.

Mit Hilfe der **Preisniveauanalyse** wurden Hochpreislieferanten, Normalpreislieferanten und Niedrigpreislieferanten unterschieden. Vor dem Hintergrund

---

[263] Vgl. Homburg (1994), S. 10-11. Allerdings ist unklar, ob es sich dabei um die Anzahl der Lieferanten für ein bestimmtes Beschaffungsobjekt oder für eine Gruppe ähnlicher Beschaffungsobjekte handelt.
[264] Siehe Lerneinheit 8.
[265] Vgl. Monczka/Trent (1991a), S. 7, Asmus/Griffin (1993), S. 70-71.

der strategischen Beschaffungsziele ist evident, daß der Anteil von Hoch-preislieferanten, d.h. solchen, deren Lieferobjekte teurer als jene vergleich-barer Wettbewerber sind, gering gehalten werden soll. Auch hinsichtlich der Preise muß man jedoch vor vorschnellen Verallgemeinerungen warnen. Prinzipiell sollte bei der Preisbewertung von Lieferanten auch die Leistungs-fähigkeit eine Rolle spielen. Zum anderen haben die Gedanken zum TCO-Konzept in Lerneinheit 4 gezeigt, daß alle Kosten in der Vorkaufphase (Lieferantensuche und -auswahlkosten), Kaufphase (Preis, Fracht, sonstige Nebenkosten) und in der Nachkaufphase (Nacharbeit, Rücksendung, Lieferantenmanagement) entscheidungsrelevant sind.[266] Bevor bei der Bereinigung des Lieferantenstamms ein Hochpreislieferant durch einen Niedrigpreislieferanten ersetzt wird, sollte stets eine Gesamtbetrachtung der Kosten und Leistungen vorgenommen werden.

Prinzipiell können **zwei Ursachen für zu hohe Preise** existieren. Zunächst gibt es Fälle, in denen der Lieferant aufgrund seiner Marktmacht oder seiner **Machtstellung** in der Lieferanten-Abnehmer-Beziehung hohe Preise durch-setzen kann.[267] Es handelt sich also um ein reines Verteilungsproblem. Die beschaffende Unternehmung läßt beispielsweise Preissteigerungen zu, da der Lieferant eine Monopolstellung einnimmt, über beziehungsspezifisches Wissen (z.B. undokumentiertes Fertigungswissen) verfügt oder beziehungs-spezifische Investitionen in logistische Einrichtungen (Vorrichtungen, Behälter, EDI-Systeme) getätigt wurden. Ein Lieferantenwechsel ist in solchen Situationen nur auf längere Sicht möglich.[268] Bei der anderen Gruppe von Hochpreislieferanten liegt die Ursache nicht in einem Ver-teilungsproblem, sondern in den **zu hohen Herstellkosten** des Lieferanten. Zwischen diesen beiden Fällen muß scharf getrennt werden, da sie, wie im folgenden Abschnitt zu zeigen sein wird, unterschiedliche Maßnahmen erfordern.

Die **Regionalanalyse** zeigt vor allem eine Verteilung der Lieferanten nach Ländern. Damit kann der Anteil der Auslandslieferanten, aber auch der Anteil bestimmter Lieferländer bestimmt werden. Bestimmte Auslandsanteile können für einige Beschaffungsobjektgruppen wünschenswert sein, da im Rahmen der Beschaffungsmarktforschung festgestellt wurde, daß auf diesen Märkten **gute Angebote** hinsichtlich Preis oder Leistung vorzufinden sind. Wurde z.B. ermittelt, daß sich der polnische Markt besonders gut für die Beschaffung von Zeichnungsteilen eignet, die durch spanende Bearbeitung von Guß- oder Schmiederohlingen bzw. von Halbzeug hergestellt werden können, sollte sich dies in einem entsprechenden Anteil polnischer Lieferanten für diese Beschaffungsobjektgruppe niederschlagen.

---

[266] Vgl. Ellram/Perrott Siferd (1993), S. 164, Ellram (1993), S. 49.
[267] Zum Machtbegriff siehe Abschnitt 15.1.
[268] Siehe dazu ausführlich Large (1999).

Ein weiterer Grund für eine bestimmte Länderverteilung ist der **Ausgleich von Währungsrisiken**. Vertreibt die beschaffende Unternehmung einen Großteil der Produkte in bestimmten Fremdwährungen, sollte als günstige Form der Kurssicherung auch in diesen Währungen eingekauft werden. Dies setzt jedoch in aller Regel Lieferanten in dem entsprechenden Währungsraum voraus. Vor allem der Mangel an ausländischen Lieferanten im Dollarraum stellt häufig ein Problem dar. Andererseits kann für Unternehmungen, die **intensive Lieferanten-Abnehmer-Beziehungen**, z.B. zur Realisation einer JIT-Fertigung oder zur gemeinschaftlichen Entwicklung, anstreben, ein zu geringer Anteil leistungsfähiger Regionallieferanten zum Problem werden.

Hilfreich bei der Bewertung der Lieferantenstruktur kann auch die **Statusanalyse** sein. Ein häufiges Problem, das dabei offensichtlich wird, ist der bereits angesprochene zu **geringe Anteil von Entwicklungspartnern** und Eigenentwicklern. Versäumnisse im strategischen Management der Lieferanten-Abnehmer-Beziehungen sind oft auch in einem sehr kleinen Anteil von vertraglich langfristig eingebundenen exzellenten Produktionsmateriallieferanten (**Rahmenvertragslieferanten**) zu erkennen. Mängel in der Leistungsfähigkeit der Lieferanten zeigen sich – vor allem wenn ein tatkräftiges Qualitätswesen existiert – in einem hohen Anteil von Lieferanten auf Probe, Abbruchkandidaten und gesperrten Anbietern, d.h. von **nicht freigegebenen Lieferanten**.

Aus der **Lieferantenmatrix** des SUCCESS-Programms ist die Verteilung der Lieferanten auf die vier abgegrenzten Klassen ersichtlich. Problematisch ist ein **hoher Anteil von Schlüssellieferanten** und vor allem **von kritischen Lieferanten**, da diese zu einem hohen Versorgungsrisiko beitragen. Zur detaillierteren Auswertung der Ergebnisse der Lieferantenmatrix wird diese mit der in Lerneinheit 6 beschriebenen Einkaufsmatrix zur Kombinationsmatrix Einkauf zusammengefaßt. Durch diesen Schritt wird sichtbar, wie viele Beschaffungsobjekte in jeder Klasse von wie vielen Lieferanten aus welchen Klassen beschafft werden.[269] Hierdurch werden Unstimmigkeiten, z.B. der Bezug von Teilen mit hohem Versorgungsrisiko und hohem Ergebniseinfluß bei kritischen Lieferanten, deutlich.

Erfolgslieferanten, Teilerfolgslieferanten und Mißerfolgslieferanten werden in dem **Lieferanten-Erfolgspotential-Portfolio** (LEP) sichtbar. **Abbildung 17** zeigt die Einordnung von Lieferanten in das bereits aus der vorausgegangenen Lerneinheit bekannte Lieferanten-Erfolgspotential-Portfolio eines Maschinenbauunternehmens.[270]

---

[269] Vgl. Beßlich/Lumbe (1994b), S. 24-25.
[270] Vgl. Abbildung 15.

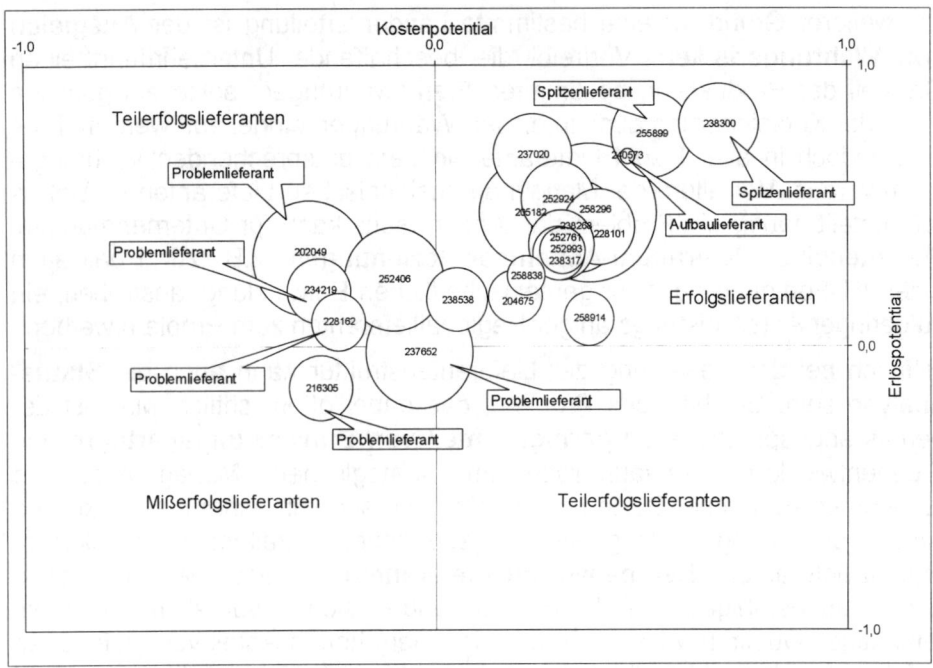

Abbildung 17: Beurteilung der Lieferantenstruktur einer Maschinenbauunternehmung auf Basis eines Lieferanten-Erfolgspotential-Portfolios (LEP).

Der Anteil von Lieferanten mit positivem Einfluß auf das Kosten- und Erlöspotential ist in diesem Beispiel sehr hoch. Dies ist nicht verwunderlich, da das LEP den Zustand nach einer ersten Bereinigung der Lieferantenstruktur darstellt. Trotzdem finden sich noch einige Problemlieferanten vor allem im Bereich der negativen Beiträge zum Kostenpotential mit teilweise beängstigend hohem Einkaufsvolumen. Diese müssen einer weiteren Ursachenanalyse unterzogen und durch entsprechende Maßnahmen auf ein besseres Niveau angehoben oder ggf. abgebaut werden. Sichtbar sind auch einige Lieferanten in Spitzenpositionen mit zum Teil (noch) geringem Einkaufsvolumen. Solche typischen Aufbaulieferanten eignen sich für die Übernahme von Einkaufsvolumen, das bisher mit Mißerfolgs- oder Teilerfolgslieferanten abgewickelt wurde.

9.3 Maßnahmen zur Gestaltung der Lieferantenstruktur

Im vorangegangenen Abschnitt wurden übliche Probleme der Lieferantenstruktur herausgearbeitet. In der betrieblichen Praxis werden nur selten alle diese Probleme gleichzeitig auftreten. Trotzdem bleibt ein komplexes Geflecht verschiedener Problemfälle, die gelöst werden müssen, um die vorgefundene Lieferantenstruktur in eine **Sollstruktur** zu überführen. Die

Sollstruktur ergibt sich aus den Ausprägungen der festgelegten Strukturziele. Wie bereits in Lerneinheit 4 ausgeführt, werden diese durch das notwendige Zielausmaß einerseits und andererseits durch die prinzipielle Erreichbarkeit der Ziele bestimmt. Dies kann mit dem Lieferanten-Erfolgspotential-Portfolio verdeutlicht werden. Bei der Festlegung der Sollstruktur, die innerhalb eines bestimmten Zeitraumes erreicht sein soll, wird man unter Berücksichtigung der verfügbaren Ressourcen jene Probleme angehen, die den negativsten Einfluß auf das Erfolgspotential der beschaffenden Unternehmung ausüben. Für die in **Abbildung 17** dargestellte Lieferantenstruktur würde eine brauchbare Sollstruktur vor allem die Verschiebung bzw. Entfernung von Mißerfolgslieferanten bedeuten. Gleichzeitig müßten Lieferanten mit nur geringen positiven Potentialen auf bessere Positionen gebracht werden.

Eine der wichtigsten Maßnahmen zur Lieferantenstrukturgestaltung ist der **Lieferantenwechsel**. Lieferantenwechsel bedeutet die Einstellung des Bezugs bestimmter Beschaffungsobjekte und Vergabe an einen anderen Lieferanten. Er ist gleichbedeutend mit der Neuverteilung von Einkaufsvolumen zwischen den Lieferanten. Der Lieferantenwechsel dient einerseits der bewußten **Konzentration** von Beschaffungsobjekten auf Erfolgslieferanten. Die Konzentration kann bis zum „single sourcing" oder zumindest „**double sourcing**" (z.B. 30% / 70%) für eine Beschaffungsobjektgruppe vorangetrieben werden. Bei ausreichend hohem Einkaufsvolumen ist aber auch ein **definiertes multiple sourcing**, d.h. die Beauftragung einer festgelegten Anzahl von Parallellieferanten je Beschaffungsobjektgruppe, sinnvoll.

Der Lieferantenwechsel dient andererseits auch der **gezielten Verlagerung** von Problemobjekten, wie beispielsweise schwierig herzustellenden Teilen, bisher zu teuer eingekauften Komponenten oder bisher eigenentwickelten Zeichnungsteilen, zu Lieferanten, die dieser Aufgabe besser gewachsen sind. Wichtig ist dabei, daß für jeden der Lieferanten ein **Zieleinkaufsvolumen** festgelegt und mit dem potentiellen Einkaufsvolumen abgeglichen wird.

Wie **Abbildung 18** zeigt, kann mit einem Lieferantenwechsel **jedes der angeführten Probleme** angegangen werden. Verfügt die beschaffende Unternehmung über adäquate Möglichkeiten zur Eigenfertigung, kann die Verlagerung auch in das eigene Haus erfolgen. Der **Aufwand** für den Lieferantenwechsel zahlreicher Beschaffungsobjekte, wie ihn die Neugestaltung der Lieferantenstruktur erfordert, sollte nicht unterschätzt werden. Beispielsweise müssen Angebote eingeholt, Preisverhandlungen geführt, Muster bestellt, ggf. vorhandene Vorrichtungen und Modelle verlagert und sofern vorhanden die Rahmenverträge angepaßt werden.

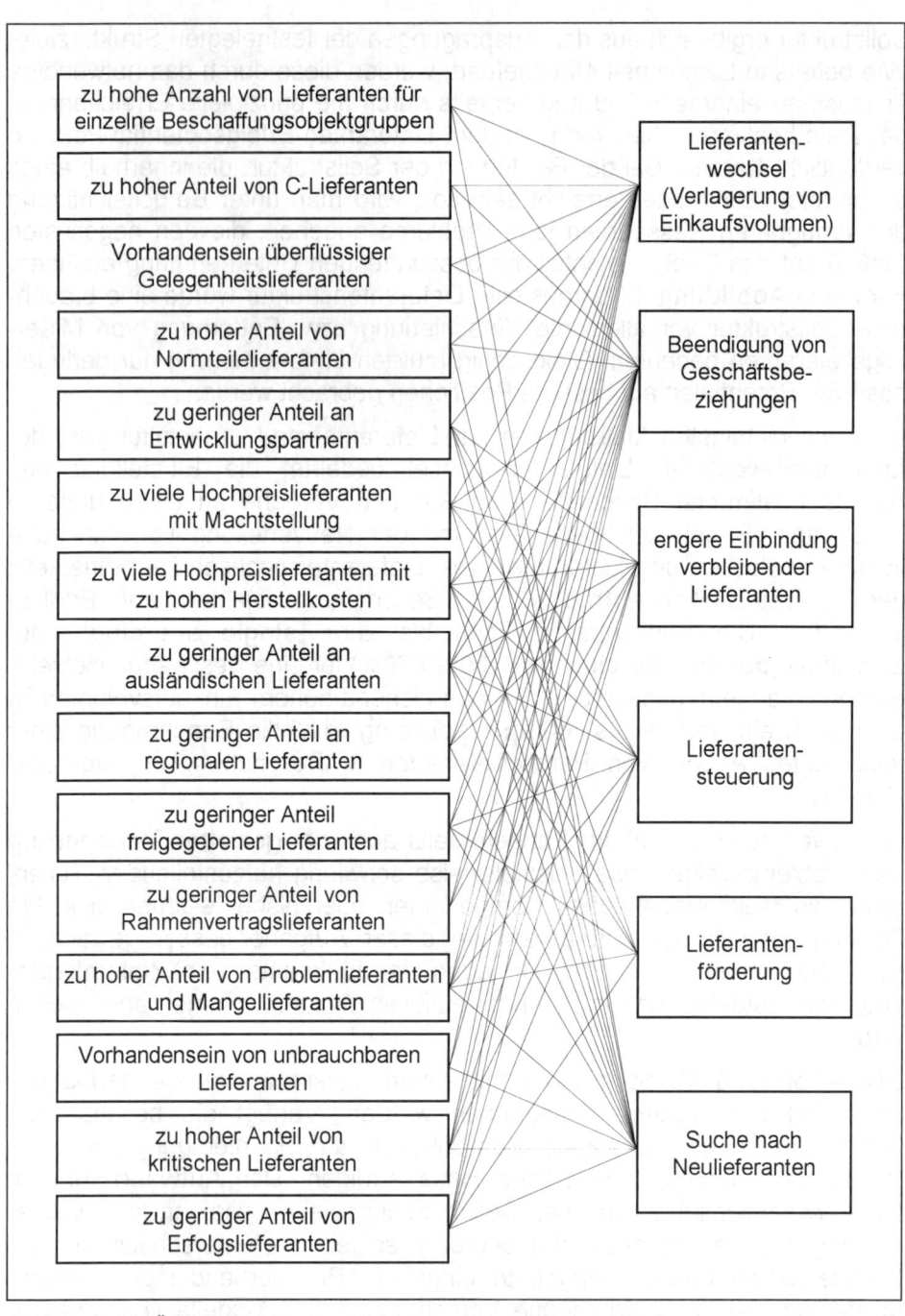

Abbildung 18: Übliche Probleme der Lieferantenstruktur und Maßnahmen zu ihrer
Behebung.

Die **Beendigung einer Lieferantenbeziehung** erfordert, daß keine neuen Bestellungen erfolgen, langfristige Verträge gekündigt werden und der Lieferant im operativen Bestellsystem für Bestellungen und Anfragen gesperrt wird.[271] Durch die Beendigung von Geschäftsbeziehungen mit ungeeigneten, unnötigen oder zu unsicheren Lieferanten können beinahe alle aufgezeigten Strukturprobleme angegangen werden. Bevor eine Lieferantenbeziehung beendet werden kann, muß für alle bisher bei diesem Lieferanten bezogenen Beschaffungsobjekte, auch für Ersatzteile oder nur selten benötigte Güter, ein neuer Lieferant gefunden sein. In der Praxis wird diese Aufgabe oft nicht vollständig erfüllt und dadurch der Abruch der Beziehung unmöglich oder zumindest verschleppt. Als Konsequenz entstehen verärgerte, wenig betreute aber noch für einzelne Objekte, z.B. Ersatzteile, erforderliche Gelegenheitslieferanten, die somit ein erhebliches Potential für hold-ups darstellen.[272]

Damit die Reduktion der Lieferantenzahl und damit der Möglichkeit schneller Bezugswechsel zwischen Parallellieferanten nicht zum Anstieg der Versorgungsunsicherheit führt, ist eine **engere Einbindung** der verbleiben-den Lieferanten notwendig.[273] Dies ist vor allem beim „single sourcing" und „double sourcing" wichtig. Durch eine engere Einbindung können vor allem die Probleme eines zu geringen Anteils an Rahmenvertragslieferanten, von zu vielen Hochpreislieferanten mit Machtstellung, eines zu geringen Anteils an Entwicklungspartnern und eines zu hohen Anteils von kritischen Lieferanten angegangen werden. Sieht man die engere Einbindung primär als Begleitmaßnahme bei der Reduktion der Lieferantenzahl und als **Voraussetzung der Lieferantensteuerung**, so ergibt sich indirekt auch ein positiver Einfluß auf weitere Strukturprobleme.

Lieferantensteuerung bedeutet vereinfacht gesprochen die Einflußnahme auf den Lieferanten.[274] Diese Einflußnahme kann sich auf alle Gegenstände der Lieferanten-Abnehmer-Beziehung sowie die Handlungen und Eigen-schaften des Lieferanten beziehen, wie z.B. die Preise, die Herstellkosten, die Qualitätsfähigkeit usw. Dementsprechend kann von der Maßnahme der Lieferantensteuerung ein positiver Einfluß auf den Anteil freigegebener Lieferanten, den Anteil von Hochpreis-, Problem-, Mangel- und Erfolgslie-ranten sowie auf den Anteil kritischer Lieferanten erwartet werden. Durch Nachverhandlungen kann sogar versucht werden, Hochpreislieferanten mit Machtstellung niedrigere Preise abzuringen. Daneben leistet die Lieferanten-steuerung im Sinne einer Informationsweitergabe wichtige Beiträge zum Funktionieren intensiver Beziehungen.

---

[271] Siehe dazu Lerneinheit 13.
[272] Vgl. Abschnitt 2.3.
[273] Siehe dazu Lerneinheit 12 sowie Large (1999).
[274] Mit der Lieferantensteuerung wird sich die Lerneinheit 15 ausführlich befassen.

Als eines der Teilgebiete der Lieferantensteuerung kann die **Lieferanten-förderung** verstanden werden.[275] Lieferantenförderung ist die Unterstützung eines Lieferanten bei der Lösung seiner Probleme, insbesondere bei der Verbesserung der Leistungsfähigkeit hinsichtlich Qualität, Lieferservice und Produktinnovation. Wesentliche Beiträge kann die Lieferantenförderung bei der Reduktion der Herstellkosten des Lieferanten leisten und somit die Voraussetzungen für ein niedriges Preisniveau schaffen. Lieferantenförde-rung ist vor allem dann ein effizientes Instrument, wenn der Lieferant zwar Schwachstellen zeigt, jedoch auch über interessante Potentiale verfügt. **Typische Einzelmaßnahmen** der Lieferantenförderung sind beispielsweise die Überlassung von Fertigungseinrichtungen und Material, die Unter-stützung bei der Schwachstellenanalyse, Entsendung von Personal oder Weiterbildungsmaßnahmen.[276] Wichtige Voraussetzungen für die Lieferan-tenförderung sind die Fähigkeit und Bereitschaft des Abnehmers zur Förderung und die Bereitschaft des Lieferanten zur Annahme der Förderung.

Obwohl als typisches Problem die zu hohe Anzahl von Lieferanten für einzelne Beschaffungsobjektgruppen erkannt wurde, ist die **Suche nach Neulieferanten** eine wichtige Maßnahme der Lieferantenstrukturverbesse-rung.[277] Dies klingt zunächst wie ein Widerspruch. Berücksichtigt man jedoch, daß sich der Lieferantenstamm häufig nicht nur aus zu vielen, sondern auch aus den falschen Lieferanten zusammensetzt, löst sich dieser scheinbare Widerspruch auf. So können neue Lieferanten mit besseren Leistungen und günstigeren Preisen gesucht werden. Auch der Anteil regionaler oder ausländischer Lieferanten kann nur durch Suche entsprechender Neulieferanten verändert werden. Wichtig ist dabei, daß durch Neulieferanten überflüssig gewordene Altlieferanten tatsächlich abgebaut werden. Ansonsten führt z.B. eine zunehmende **Internationali-sierung** aus falschem Sicherheitsdenken zu steigenden Lieferanten-zahlen.[278]

Es ist allerdings auch möglich, durch einen Neulieferanten ein Vielzahl von Altlieferanten zu ersetzen. Wird beispielsweise ein leistungsfähiges und gut sortiertes Unternehmen des **Produktionszwischenhandels** (Schrauben-händler, Technischer Handel, Vollsortimenter, C-Teile-Dienstleister)[279] eingebunden, dann kann auf eine Vielzahl verschiedener C-Teile-Lieferanten verzichtet und zusätzlich eine Preisreduktion und die Verbesserung des Lieferservice erreicht werden. Besonders für den Bezug von sonstigem Material kann die Bindung an einen sogenannten Vollsortimenter vorteilhaft

---

[275] Siehe Abschnitt 15.3.
[276] Vgl. Pfohl/Large (1997), S. 185-186.
[277] Siehe Lerneinheit 11.
[278] Vgl. Homburg (1994), S. 12.
[279] Siehe z.B. Dolz (1996).

sein, zumal sich in diesem Fall durch die Nutzung von Datenbanken und Bestellsoftware des Händlers eine Vereinfachung der operativen Beschaffungsprozesse erreichen läßt.

Ebenso kann durch die Einbindung eines **Modullieferanten**[280] auf die direkte Steuerung der Teilelieferanten verzichtet werden. Durch die Beauftragung von Modullieferanten, welche die Zulieferungen der Teilelieferanten zu Modulen (Baugruppen, Funktionsgruppen) integrieren, ergeben sich mehrstufige Lieferanten-Abnehmer-Beziehungen, die jedoch bei bestimmten Anlässen, z.B. der Lieferantenfreigabe, einen Durchgriff auf die unteren Ebenen ermöglichen. Zur Realisation der Modularisierung ist immer eine make-or-buy Entscheidung erforderlich, da der bisher selbst erstellte Montageanteil zusätzlich an einen Modullieferanten vergeben wird.

Die geplanten Maßnahmen der Lieferantenstrukturgestaltung sollten bezogen auf Lieferanten in einem Maßnahmenplan, der **Funktionsbereichsstrategie „Beschaffung"**, zusammengefaßt werden. Weitere Bestandteile der Strategie sollten die Maßnahmen zur Neugestaltung der Beschaffungsobjektstruktur (Lerneinheit 6) und die Beschaffungsziele (Lerneinheit 4) sein.

Neben den Maßnahmen der Gestaltung der Lieferanten-Abnehmer-Beziehungen, die Gegenstand des nächsten Kapitels sein werden, sollten auch im Rahmen der Lieferantenstrukturplanung Maßnahmen durchdacht werden, die zukünftig ineffiziente Strukturen durch sinnvolle Beschaffungsmanagementprozesse (Ablauforganisation) und eine angemessene Aufbauorganisation vorbeugend verhindern können. [281]

Empfohlene Literatur zur Lerneinheit 9

In der Literatur wird das Thema Lieferantenstrukturplanung sehr stark auf die Reduktion der Anzahl von Lieferanten reduziert. Lesenswert sind trotzdem die entsprechenden Ausführungen in **Gadde** und **Håkansson** (1994), **Monczka** und **Trent** (1991), **Asmus** und **Griffin** (1993), **Ramsay** und **Wilson** (1990). Ein sehr kritischer Beitrag zur gängigen These von der Notwendigkeit einer Reduktion der Lieferantenzahl stellt **Homburg** (1995) dar. Allerdings sollte auch dieser Aufsatz vor allem hinsichtlich der Modellierung der Nichtverfügbarkeitskosten kritisch gelesen werden.

Ein gutes Beispiel der Umsetzung der Lieferantenstrukturplanung in der Praxis stellen **Beßlich** und **Lumbe** (1994a),(1994b) dar. Zum Einstieg in die Idee des modular sourcing sei die kurze Abhandlung von **Eicke** und **Femerling** (1991) empfohlen.

---

[280] Siehe Eicke/Femerling (1991).
[281] Vgl. Lerneinheit 16 und 17.

3. Kapitel:

Management von Lieferanten-Abnehmer-Beziehungen

10. Lerneinheit:

Wesen von Lieferanten-Abnehmer-Beziehungen

In den vorangegangenen Lerneinheiten haben wir ausführlich den Aufgabenbereich der strategischen Beschaffungsinformationsversorgung und -planung behandelt. Mit dieser Lerneinheit beginnen wir ein neues Kapitel des Beschaffungsmanagements und beschäftigen uns näher mit dem Management von Lieferanten-Abnehmer-Beziehungen. Diese komplexe Aufgabe wurde in Lerneinheit 3 als Kern des strategischen Beschaffungsmanagements bezeichnet (**Abbildung 5**) und stellt deshalb auch den Schwerpunkt des Buches dar.

Grundlage des Managements von Lieferanten-Abnehmer-Beziehungen ist ein umfangreiches Wissen über deren Wesen. Man kann strategisches Beschaffungsmanagement nicht erlernen, ohne daß zumindest Grundlagen des Wesens von Lieferanten-Abnehmer-Beziehungen verstanden wurden. Im Rahmen dieses Lehrbuches kann dies jedoch nur in Ansätzen vermittelt werden. Diese Grundlagen bilden den Gegenstand dieser Lerneinheit.

Lernziele

Nach dem Studium dieser Lerneinheit sollten Sie in der Lage sein,

- das eigentümliche Spannungsverhältnis in Lieferanten-Abnehmer-Beziehungen zu beschreiben und zu begründen,
- die Phasen von Lieferanten-Abnehmer-Beziehungen und die zugehörigen Lieferantengruppen zu beschreiben,
- die vier Betrachtungsebenen abzugrenzen und zu beschreiben,
- das Wesen von partnerschaftlichen Lieferanten-Abnehmer-Beziehungen zu beschreiben.

10.1 Vorbemerkungen zur Beziehung von Lieferant und Abnehmer

Bereits in der dritten Lerneinheit wurde die These aufgestellt und begründet, daß funktionierende Lieferanten-Abnehmer-Beziehungen **Erfolgspotentiale** für eine beschaffende Unternehmung eröffnen und sichern. Aus einem strategischen Blickwinkel betrachtet, bedeutet Beschaffungsmanagement deshalb vor allem Aufbau und Management von funktionierenden Lieferanten-Abnehmer-Beziehungen. Jede Lieferanten-Abnehmer-Beziehung in kapitalistischen Marktwirtschaften ist von einem eigentümlichen **Spannungsverhältnis** geprägt, das bei allen Managementaktivitäten zu beachten ist. Grund dafür liegt in dem doppelten Sinn von Lieferanten-Abnehmer-Beziehungen.

Zunächst sind Lieferanten-Abnehmer-Beziehungen Lieferbeziehungen. Deshalb werden diese durch ein **gegenseitiges Brauchen** bestimmt.[282] Der **Abnehmer braucht den Lieferanten**, um die Verfügung über benötigte, aber nicht selbst erstellte Einsatzgüter (Ressourcen) zu erlangen.[283] Er deckt seinen Bedarf an Vorleistungen. Seine Abhängigkeit ist besonders hoch, wenn die Wertschöpfungsprozesse ohne dieses Beschaffungsobjekt nicht oder zumindest nur mit geringerer Effizienz durchführbar sind. Es handelt sich dann bei dem Beschaffungsobjekt um eine einzigartige Ressource.[284] Ebenso **braucht der Lieferant den Abnehmer**, um durch Verkauf seine Produkte zu verwerten. Der Lieferant bringt seine Ressource, das Beschaffungsobjekt, in eine Abnehmerunternehmung ein, um einen Tauschwert zu erhalten. Gelingt dies nicht, bleibt das hergestellte Gut wertlos. **Alchian** und **Woodward** sprechen in diesem Fall von abhängigen Ressourcen.[285] Das **gegenseitige Brauchen** ist bei beziehungsspezifischen Beschaffungsobjekten am größten. Aber auch bei anderen Gütern braucht jeder Abnehmer und jeder Lieferant (irgend) einen geeigneten Geschäftspartner, um den eigenen Unternehmungszweck zu erfüllen.

Lieferanten-Abnehmer-Beziehungen sind zum zweiten aber auch Geschäftsbeziehungen, die in einem dem Wettbewerb unterliegenden Marktkapitalismus geknüpft werden. Sowohl der Lieferant als auch der Abnehmer streben die Maximierung ihres eigenen Erfolgs an. Die Beziehung ist deshalb vom **zweckrationalen Interessenausgleich** geprägt. Im Sinne **Max Webers** handelt es sich um Vergesellschaftungen.[286] Das zweite grundlegende Merkmal von Lieferanten-Abnehmer-Beziehungen ist somit das diesem

---

[282] Vgl. Large (1995), S. 155-156.
[283] Vgl. Large (1995), S. 44-50.
[284] Vgl. Alchian/Woodward (1987), S. 113.
[285] Vgl. Alchian/Woodward (1987), S. 113.
[286] Vgl. Weber (1972), S. 21.

innewohnende **Verteilungsproblem**. Der Nutzen der Zusammenarbeit muß zwischen dem Lieferanten und dem Abnehmer verteilt werden. Dazu dient der Preis der Beschaffungsobjekte sowie der Umfang der Leistung. Eine Preisreduktion bedeutet für den Lieferanten ein Umsatzrückgang und für den Abnehmer eingesparte Kosten. Umgekehrt führen Einschränkungen der Leistung, z.B. mangelhafte Qualität, zu Kosteneinsparungen des Lieferanten und zur Schädigung des Abnehmers. Grundprobleme sind deshalb die Definition der „richtigen" Leistung und des dafür „gerechten" Preises.

Beide Partner können durch geschickte Verhandlung, durch das Ausnutzen der jeweiligen Marktsituation, aber auch durch **arglistiges Verhalten**, ihren Anteil am Nutzen der Beziehung vergrößern. Arglistiges Verhalten entspricht dem „opportunism" der Neuen Institutionenökonomik und steht für „self-interest seeking with guile"[287], wobei auch Täuschung, Lüge und Betrug eingeschlossen sein kann.[288]

Das dritte Charakteristikum von Lieferanten-Abnehmer-Beziehungen ist die **Unsicherheit**.[289] Schon in Lerneinheit 2 wurde das Phänomen der Unsicherheit besprochen und die beiden Grundformen - Umweltunsicherheit und Verhaltensunsicherheit - eingeführt. Obwohl auch die Umweltunsicherheit bei Lieferanten-Abnehmer-Beziehungen eine bedeutsame Rolle spielt, sind diese vor allem durch das Problem der Verhaltensunsicherheit geprägt. Verhaltensunsicherheit bezeichnet einen Zustand eines Menschen, der von mangelndem Wissen über das vergangene, aktuelle, oder zukünftige Verhalten eines anderen Menschen bestimmt ist. Wesentliche Ursache von Verhaltensunsicherheit sind die in Abschnitt 2.3 ausführlich besprochenen Informationsasymmetrien.

10.2 Phasen und Betrachtungsebenen von Lieferanten-Abnehmer-Beziehungen

Lieferanten-Abnehmer-Beziehungen sind komplexe Gebilde. Sie sind vielschichtig und verändern sich zudem mit der Zeit. Beziehungen werden zu **Lieferanten aller Beschaffungsobjektgruppen** aufgebaut, wenngleich die Häufigkeit der Bezüge sehr unterschiedlich ist. Alte und gewachsene Lieferanten-Abnehmer-Beziehungen gibt es nicht nur bei Produktionsmaterial, sondern auch bei Investitionsgütern, Betriebsstoffen und Dienstleistungen. Daneben gibt es sehr kurze und flüchtige Lieferanten-Abnehmer-Beziehungen, z.B. solche zum einmaligen Kauf eines speziellen anbieterspezifischen Guts und solche, die bereits nach kurzer Zeit abgebrochen werden.

---

[287] Williamson (1985), S. 47.
[288] Siehe dazu Large (1995), S. 55-56. Zur Unterscheidung von Arglist (opportunism) und schlichter Verfolgung von Eigeninteresse siehe Williamson (1984), S. 198-200.
[289] Siehe dazu Large (1995), S. 50-57, Large (1999).

Prinzipiell wird ein Anbieter durch die Übernahme von Aufträgen zum Lieferanten. Dieser Übergang findet jedoch nicht abrupt statt. Während der Vorbereitung und über die Lebensdauer hinweg werden verschiedene **Phasen
einer Lieferanten-Abnehmer-Beziehung** durchlaufen (**Abbildung 19**).[290] In
Lerneinheit 8 hatten wir hinsichtlich der Phasen einer Lieferanten-Abnehmer-
Beziehung sieben verschiedene Lieferanten- bzw. Anbietergruppen unterschieden. **Vorausgewählte Lieferanten** sind solche **Anbieter**, die in einem
Prozeß der Vorauswahl als potentiell geeignet eingestuft werden. In einer
zweiten Phase entwickelt sich die Lieferanten-Abnehmer-Beziehung. Der
vorausgewählte Lieferant wird zum **Aufbaulieferanten,** der, falls erforderlich,
durch Maßnahmen der Lieferantenförderung unterstützt wird.[291] Am Ende der
Aufbauphase steht die Entscheidung, ob ein Aufbaulieferant durch einen
Vertragsabschluß eingebunden wird. Im Normalfall wird der Aufbaulieferant
dabei zu einem für die regelmäßige Lieferung **freigegebenen Lieferanten**.
Die Lieferanten-Abnehmer-Beziehung hat somit die Gestalt einer regulären
Lieferbeziehung angenommen. Erfüllt der Lieferant noch nicht alle Voraussetzungen, kann er auf Probe freigegeben werden (**Lieferanten auf Probe**),
wobei die Probezeit befristet sein soll. Während der Probezeit unterliegt der
Lieferant einer intensiven Kontrolle, Steuerung und ggf. einer weiteren Förderung.

Auch ein freigegebener Lieferant kann im Laufe einer Lieferanten-Abnehmer-
Beziehung zum Probelieferanten werden, wenn die Leistung, Leistungsfähigkeit oder Leistungsbereitschaft nicht mehr vorhanden ist (Mangellieferanten).[292] Ist eine Entscheidung gefallen, die Geschäftsbeziehung zu
einem Lieferanten zu beenden, wird er bis zur endgültigen Trennung zum
Abbruchkandidaten. Die Lieferanten-Abnehmer-Beziehung wird danach
aufgelöst. Um eine erneute Aufnahme einer Geschäftsbeziehung zu verhindern, wird dieser ehemalige Lieferant für Anfragen und Bestellungen gesperrt (**gesperrter Anbieter**). Bei einmaligen Bezügen entfallen die meisten
der aufgezeigten Phasen. Es reicht dann häufig, Anbieter, Lieferanten und
falls ein längerer Auswahlprozeß durchgeführt wird (Investitionen), vorausgewählte Lieferanten zu unterscheiden.

Der exakte **Anfangspunkt einer Lieferanten-Abnehmer-Beziehung** ist
schwierig zu fixieren. Im allgemeinen werden Lieferanten-Abnehmer-Beziehungen beginnend mit dem Status des vorausgewählten Lieferanten oder mit
dem ersten Geschäftsabschluß angenommen.[293] Allerdings werden Beziehungen bereits in der Phase der Vorauswahl aufgebaut. Um diese frühen

---

[290] Siehe dazu auch Ellram (1991a), Ellram/Edis (1996).
[291] Siehe dazu Abschnitt 15.3.
[292] Siehe dazu das Leistungsfähigkeit-Leistungsbereitschafts-Portfolio in Lerneinheit 8.
[293] Diller/Kusterer (1988), S. 211-212.

Beziehungen zu erkennen und einzuordnen, ist es erforderlich, verschiedene Ebenen der Lieferanten-Abnehmer-Beziehung genauer zu untersuchen.

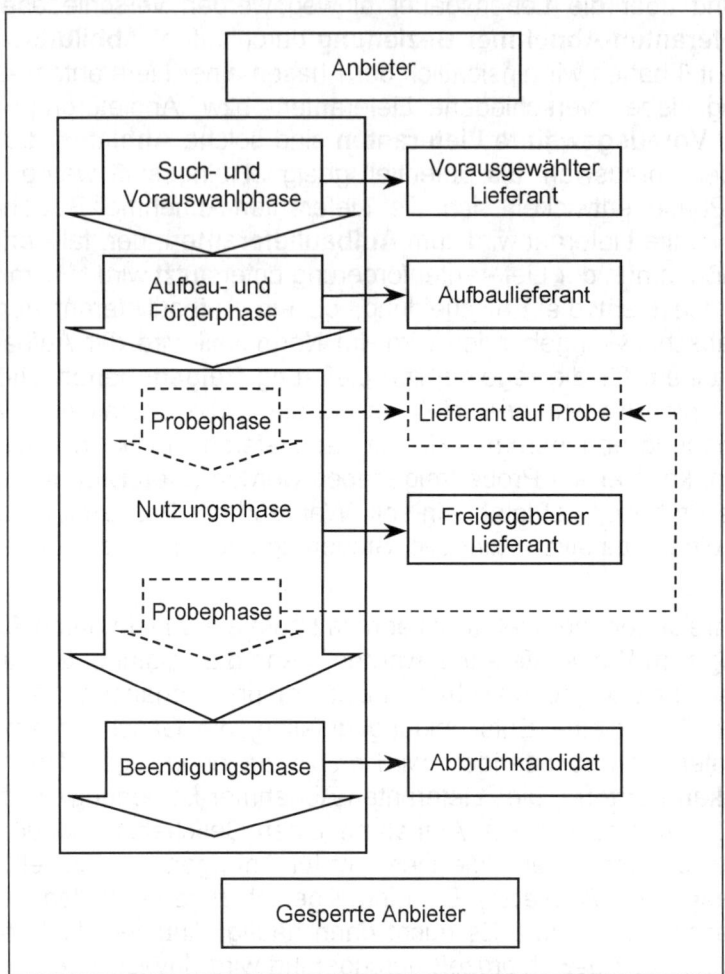

Abbildung 19: Phasen einer Lieferanten-Abnehmer-Beziehung und Lieferanten- bzw. Anbietergruppen.

Auch in den späteren Phasen sind Lieferanten-Abnehmer-Beziehungen sehr kompliziert und undurchsichtig. Um das vielschichtige Wesen dieser Geschäftsbeziehungen zu erkennen, sollten diese aus unterschiedlichen Blickwinkeln untersucht werden. Hierdurch erhält man verschiedene **Betrachtungsebenen von Lieferanten-Abnehmer-Beziehungen**. Neben einer deutlichen Komplexitätsreduktion ist ein weiterer Vorteil der Identifikation von Betrachtungsebenen die Nutzung von vorhandenem theoretischem Wissen. Ebenso fällt es dem Praktiker leichter, die seiner Erfahrungswelt nähere Ebene zu betrachten, als die gesamte Beziehung. Es gibt eine Vielzahl von

Möglichkeiten, Ebenen von Lieferanten-Abnehmer-Beziehungen zu identifizieren. Für unsere Zwecke sei an dieser Stelle eine **Gliederung in vier Betrachtungsebenen** vorgeschlagen.

Mit dem Aufbau einer Lieferanten-Abnehmer-Beziehung verfolgt ein Abnehmer ganz allgemein gesprochen den Zweck, die Integration der benötigten Beschaffungsobjekte in die eigenen Wertschöpfungsprozesse vorzunehmen.[294] Auf dieser Basis kann die objektbezogene oder, da es sich um die Integration in die Wertschöpfungsprozesse handelt, die **wertbezogene Ebene** abgegrenzt werden. Zum zweiten wird das Wesen einer Lieferanten-Abnehmer-Beziehung wesentlich dadurch bestimmt, daß sie dem Austausch zwischen zwei Organisationen dient. Hierdurch kann die **flußbezogene Ebene** gebildet werden. Häufig findet man in der Literatur eine Gleichsetzung von Lieferanten-Abnehmer-Beziehung und Vertragsbeziehung. Obwohl dies eine unzulässige Vereinfachung darstellt, ist doch die Vertragsbeziehung ein wesentliches Element der Lieferanten-Abnehmer-Beziehung. Deshalb kann als dritte Ebene die **rechtliche Ebene** unterschieden werden. Zuletzt sollte man nicht vergessen, daß Organisationen aus Menschen bestehen. Beziehungen zwischen Organisationen sind immer Beziehungen zwischen Menschen. Damit ergibt sich als vierte die **soziale Ebene**. Aus dieser Phasengliederung wird schon an dieser Stelle deutlich, daß in der Phase der Vorauswahl durchaus soziale Beziehungen zwischen Mitarbeitern des Anbieters und des Nachfragers entstehen können, ohne daß bereits eine rechtliche Bindung vorliegt.

Im folgenden werden wir die verschiedenen Ebenen näher untersuchen. Dabei darf nicht vergessen werden, daß die Herausbildung einzelner Phasen lediglich eine wissenschaftliche Methode ist, um ein besseres Verständnis der Lieferanten-Abnehmer-Beziehungen zu erreichen. Keinesfalls sollen die in der Realität vorhandenen Interdependenzen zwischen den Ebenen vernachlässigt werden.

10.3 Wert- und flußbezogene Ebene von Lieferanten-Abnehmer-Beziehungen

Auf der **wertbezogenen Ebene** entsteht eine Beziehung zwischen Lieferant und Abnehmer durch die Integration der Leistung des Lieferanten in die Leistung des Abnehmers. Die sachliche **Relation zwischen Vorleistung und Endprodukt** wird somit auf die beiden Geschäftspartner übertragen. Die Integration kann in Abhängigkeit von der Art des Produktes auf unterschiedliche Weise geschehen. Die einfachste Form ist die Verwendung von **Produktionsmaterial** als Komponente oder Vorstufe (Rohstoff, Rohling). In

---

[294] Vgl. Arnold (1997a), S. 65-66.

diesem Fall wird der Gebrauchswert und damit auch der erzielbare Tausch-wert (Preis) des Endprodukts von der **Eignung** des Materials bestimmt, soweit diese für den Endkunden erkennbar und relevant ist. Bei **Handelswaren** tritt dieser Zusammenhang unmittelbar in Erscheinung, da keine Veränderung des Gutes vor dem Weiterverkauf erfolgt. Im Falle von **Betriebsstoffen**, **Investitionsgütern** und **Dienstleistungen** wird die Wert-beziehung über den Produktionsprozeß hergestellt. Die Eignung dieser Beschaffungsobjekte beeinflußt mittelbar die Eignung der Endprodukte der beschaffenden Unternehmung.

Die wertbezogene Ebene ist für das strategische Beschaffungsmanagement von Interesse, weil deren Gestalt wesentlich das **Erfolgspotential**, insbe-sondere das Erlöspotential der beschaffenden Unternehmung beeinflußt. Die wertbezogene Ebene der Lieferantenbeziehungen eines Abnehmers bestimmt so dessen eigene Innovations- und Qualitätsfähigkeit.[295] Gestal-tungsfragen der wertbezogenen Ebene sind deshalb vor allem die Verteilung von Entwicklungstätigkeiten zwischen den beiden Geschäftspartnern, die Definition der Anforderungen an die Eignung des Beschaffungsobjekts, z.B. in Form eines Pflichtenhefts, einer Zeichnung oder eines Musters, sowie die Fähigkeit und Bereitschaft des Lieferanten zur Erfüllung dieser Anforderun-gen.

Um den Transfer geeigneter Beschaffungsobjekte zu bewerkstelligen, muß ein Fluß zwischen den beiden Unternehmungen in Gang gesetzt werden. Damit ist der Zusammenhang von wertbezogener und **flußbezogener Ebene** offensichtlich. Die flußbezogene Ebene läßt sich wiederum in drei einzelne Schichten aufteilen: den Beschaffungsobjektfluß, den Finanzfluß und den Informationsfluß.

Durch den **Beschaffungsobjektfluß** erhält der Abnehmer die **faktische Ver-fügbarkeit** über die Beschaffungsobjekte. Damit ist also die logistische Dimension der Lieferanten-Abnehmer-Beziehungen angesprochen. Die **Logistik** umfaßt alle Handlungen der Planung, Steuerung und Ausführung sowie der Vorbereitung des **Gütertransfers**.[296] Aus Sicht der Logistik wird durch die Lieferanten-Abnehmer-Beziehung in Abhängigkeit von der Intensi-tät der logistischen Zusammenarbeit ein mehr oder weniger detailliert gestaltetes interorganisatorisches Logistiksystem geschaffen.[297] Der Grad der Arbeitsteilung zwischen Lieferant, Abnehmer und speziellen Logistik-unternehmungen zur Abwicklung der anfallenden Logistikprozesse kann unterschiedlich festgelegt werden. Weitere logistische Gestaltungsfragen der Lieferanten-Abnehmer-Beziehung sind die zu transferierenden Gesamtmen-

---

[295] Siehe dazu Lerneinheit 4.
[296] Zur Einordnung von Transferprozessen siehe Abschnitt 2.2.
[297] Vgl. Pfohl (2000), S. 312-314.

gen und Transportlose, die Häufigkeit der Belieferung, die verwendeten Logistikeinheiten, die notwendige Lieferzeit, Lieferzuverlässigkeit und Flexibilität sowie die Technologie der Transport-, Umschlag- und Lagerprozesse. Neben dem Hauptfluß vom Lieferanten zum Abnehmer treten üblicherweise auch Objektflüsse in umgekehrter Richtung auf. Beispiele dafür sind Retouren, Mehrwegbehälter und andere Transportvorrichtungen sowie beigestelltes Material.

Als Gegenleistung bezahlt der Abnehmer dem Lieferanten den vereinbarten Preis, wodurch ein **Finanzfluß** ausgelöst wird. Zur Zahlung kommen alle üblichen Instrumente in Betracht. In jüngster Zeit werden auch Kreditkarten, sogenannte „purchasing cards", zur Zahlungsabwicklung verwendet. Neben der Entscheidung über eingesetzte Zahlungsinstrumente sind weitere Gestaltungsfelder die verwendeten Währungen, Kurssicherungen, die Inanspruchnahme von Lieferantenkrediten, die Häufigkeit und Regelmäßigkeit von Zahlungen (Einzelrechnung versus Sammelrechnung) und der Prozeß der Rechnungsprüfung. Durch Retouren, Fehler bei der Zahlungsabwicklung oder Vertragsstrafen kann es auch zu Zahlungen des Lieferanten an den Abnehmer kommen.

Als dritter Bereich der flußbezogenen Ebene kann der **Datenfluß** betrachtet werden, wenngleich es sich hierbei streng genommen nicht um einen zusätzlichen Fluß handelt. Selbstverständlich werden im Zusammenhang mit dem Beschaffungsobjektfluß und vor allem dem Zahlungsfluß Daten ausgetauscht. Auch jede Verhandlung und jedes Telefongespräch kann als Datenfluß aufgefaßt werden. Wichtige Gestaltungsfragen sind deshalb die Menge, Qualität und Vertrauenswürdigkeit der Daten, die Häufigkeit und Regelmäßigkeit des Datenaustausches und vor allem die Technologie der Datenübertragung.

10.4 Rechtliche und soziale Ebene von Lieferanten-Abnehmer-Beziehungen

Häufig findet sich in der Literatur und auch im Gespräch mit Beschaffungsmanagern die Sichtweise der Lieferanten-Abnehmer-Beziehung als **rechtliche Beziehung**. Wenngleich es sich dabei nur um eine der vier Ebenen handelt, kann eine beschaffende Unternehmung mit ihren Beziehungen zu Lieferanten als ein verfügungsrechtliches Beziehungsgeflecht verstanden werden.[298]

Betrachtet man die rechtliche Ebene, so stehen sich **zwei Rechtssubjekte** gegenüber. Der Lieferant und der Abnehmer sind potentielle bzw. aktuelle Vertragspartner. Die rechtliche Ebene der Lieferanten-Abnehmer-Beziehung

---

[298] Zu den folgenden Ausführungen siehe ausführlich Large (1995), S. 145-162.

wird also zwischen dem Lieferanten und dem Abnehmer als Rechtssubjekt aufgebaut. Beide können jeweils eine natürliche oder juristische Person sein. Im industriellen Beschaffungsmanagement haben wir es vor allem mit juristischen Personen zu tun. Da im Beschaffungsmanagement eine Vielzahl von Personen gegenüber einem Lieferanten handeln müssen, spielt die Vertretung durch Einzelpersonen (Geschäftsführer, Prokuristen, Handlungsbevollmächtigte) eine besondere Rolle.[299]

Die Rechtsbeziehung wird durch einen oder mehrere **Verträge** zwischen den Rechtssubjekten aufgebaut. Wesentliche Verträge der Beschaffung sind konkrete Beschaffungsvereinbarungen, wie Kaufverträge (§433 BGB), Werklieferungsverträge (§651 BGB), Werkverträge (§631 BGB) und Dienstverträge (§611 BGB), sowie langfristige Basis- und Rahmenverträge und sonstige Verträge, wie z.B. Qualitätssicherungsvereinbarungen.[300]

Bezogen auf die rechtliche Ebene können **zwei Phasen** der Lieferanten-Abnehmer-Beziehungen unterschieden werden. Die Trennung der beiden Phasen erfolgt durch den Vertragsabschluß. Der Vertragsabschluß verändert das Verhältnis von Lieferant und Abnehmer grundsätzlich, weshalb **Williamson** darin den Zeitpunkt der fundamentalen Transformation der Beziehung erkennt.[301] Ex ante werden die Aufgaben der Lieferantensuche, der Vorauswahl und der Verhandlung erfüllt. Nach Vertragsabschluß (ex post) beginnt die Phase der Erfüllung, die in Abhängigkeit von der Art des Vertrages kurzfristig (Kaufvertrag), mittelfristig (Werkvertrag) oder langfristig (Rahmenvertrag) angelegt sein kann. Bei mittel- und langfristigen Verträgen tritt die Aufgabe der Steuerung und Vertragsanpassung hinzu. Außerdem werden zusätzliche Verträge, insbesondere Kaufverträge, auf Basis des bestehenden Rahmenvertrags abgeschlossen.

Verträge enthalten **glaubhafte Zusicherungen** über zukünftiges Verhalten. Vor allem handelt es sich dabei um Leistungsverpflichtungen, z.B. die Verpflichtung, das Beschaffungsobjekt an den Abnehmer zu übergeben (Kaufvertrag), und allgemeine Verhaltensverpflichtungen, z.B. Vertraulichkeit. Durch die Vereinbarung werden Verfügungsrechte übertragen und somit Ansprüche des jeweils anderen Partners begründet. Vor allem erhält der Abnehmer das **Verfügungsrecht am Beschaffungsobjekt**. Es wird somit für diesen rechtlich verfügbar. Wir erinnern uns: durch den Beschaffungsobjektfluß wird die faktische Verfügbarkeit hergestellt; die Sicherung der Eignung wird durch die wertbezogene Ebene erreicht. Damit ist gezeigt, daß mit der Lieferanten-Abnehmer-Beziehung der Gebrauchswert des Beschaffungsobjektes übertragen wird.

---

[299] Siehe dazu Lerneinheit 13.
[300] Siehe dazu Lerneinheit 12.
[301] Vgl. Williamson (1985), S. 61-63, Williamson (1984). Siehe auch Lerneinheit 7.

Daneben wird mit dem Vertrag das Verfügungsrecht an der Gegenleistung übertragen. **Langfristige Verträge** (Basisvertrag, Rahmenvertrag) übertragen in der Regel keine Verfügungsrechte an einer Leistung und Gegenleistung, sondern Verfügungsrechte, die vor allem der Sicherung der Eignung und der Reduktion von Verhaltensunsicherheit dienen. Beispiele dafür sind Anhörungsrechte, Zustimmungsrechte, Widerspruchsrechte, Vorschlagsrechte und Weisungsrechte.

Die rechtliche Ebene begründet durch die Übertragung von Verfügungsrechten Ansprüche an das **Verhalten von Menschen** in beiden Unternehmungen. Ein Mensch muß den Transportauftrag für das Beschaffungsobjekt geben, ein anderer die Zahlung veranlassen, ein dritter die Qualität kontrollieren usw. Ein Verständnis der Lieferanten-Abnehmer-Beziehung ist deshalb ohne Betrachtung der sozialen Ebene nicht zu erreichen. Eine soziale Beziehung ist immer eine Beziehung zwischen Menschen, in unserem Falle zwischen Menschen aus zwei getrennten Organisationen. **Weber** hat eine noch heute grundlegende Definition sozialer Beziehungen vorgelegt, die dies unterstreicht: „Soziale Beziehung soll ein seinem Sinngehalt nach aufeinander gegenseitig eingestelltes und dadurch orientiertes Sichverhalten mehrerer heißen."[302]

Bisher haben wir oft von dem Lieferanten und dem Abnehmer gesprochen. In Wirklichkeit wirken bereits **vor Vertragsabschluß** (ex ante) eine **Vielzahl unterschiedlicher Personen** am Aufbau der Lieferanten-Abnehmer-Beziehung mit. Im Industriegütermarketing sind deshalb die sogenannten „Theorien des organisationalen Beschaffungsverhaltens" entstanden,[303] die vor allem den multipersonalen Prozeß der Lieferantenauswahl bei Investitionsentscheidungen beschreiben. Bei **Sheth** finden sich Mitarbeiter der Beschaffungsabteilung, der Qualitätssicherung und der Produktion sowie andere Personen als Teilnehmer an der Beschaffungsentscheidung.[304] **Webster** und **Wind** unterscheiden verschiedene Rollen, die von den Mitwirkenden am Entscheidungsprozeß wahrgenommen werden: users, influencers, buyers, deciders, gatekeepers.[305] Ohne an dieser Stelle genauer auf diese Rollen einzugehen, wird die Multipersonalität der Entscheidung deutlich. Diesen verschiedenen Personen der Abnehmerunternehmung stehen die entsprechenden Führungskräfte und Mitarbeiter des Lieferanten gegenüber, wie z.B. Geschäftsführer, Verkäufer, Verkaufsingenieure, Logistiker usw. Zwischen diesen Personen entsteht untereinander und organisa-

---

[302] Weber (1972), S. 13.
[303] Siehe z.B. Webster/Wind (1972a), Webster/Wind (1972b), Sheth (1973), Choffray/Lilien (1978), Campbell (1985) sowie die Übersicht von Johnston/Lewin (1996) und die umfangreiche Systematisierung in Backhaus (1997), S. 54-133. Siehe auch Lerneinheit 11.
[304] Vgl. Sheth (1973), S. 52.
[305] Vgl. Webster/Wind (1972a), S. 77-80.

tionsübergreifend ein mehr oder weniger intensives soziales Beziehungs-geflecht.

Bei langfristigen Beziehungen treten **ex post weitere Akteure** hinzu. Die Abwicklung der Bestellungen und Lieferungen erfordert die Einbeziehung weiterer Personen. Beispiele dafür sind der Fertigungsleiter des Lieferanten und der Montageleiter des Abnehmers bei Produktionsmaterial, LKW-Fahrer, Disponenten, Mitarbeiter der Qualitätssicherung.

Das von **Weber** zur Definition einer sozialen Beziehung zugrunde gelegte „seinem Sinngehalt nach aufeinander gegenseitig eingestellte und dadurch orientierte Sichverhalten" kann sehr unterschiedlich sein. Prinzipiell ist das Verhalten von Menschen von einem subjektiven Sinn geprägt, der für einen Beobachter nur schwer zu ergründen ist. Die Vorstellung, daß sich ein Mensch in einer Organisation, so auch ein Mitarbeiter im Vertrieb bzw. in der Beschaffung, wie ein homo oeconomicus verhält, wird jeder, der die Realität kennt, schnell ablegen. **Max Weber** hat hinsichtlich der **Sinnbezogenheit sozialer Handlungen** affektuelles, traditionales, wertrationales und zweck-rationales Verhalten unterschieden.[306] Die am Beschaffungsprozeß beteilig-ten Menschen können sich so verhalten, wie sie es schon immer getan haben (traditional), oder sie können vernunftbezogen (rational) auf Grundlage bestimmter Werte (z.B. Gerechtigkeit) oder auf bestimmte Zwecke und Ziele (z.B. Kostensenkung) orientiert handeln. Stets muß jedoch mit einem unbestimmten Anteil affektueller Handlungen gerechnet werden. Hierdurch wird die bereits in der 2. Lerneinheit besprochene **Verhaltens-unsicherheit** verstärkt.

Damit soziale Beziehungen entstehen, müssen die Handlungen aufeinander orientiert sein. In der Regel entspricht in der Beschaffung die **Orientierung der Akteure** zueinander inhaltlich der Vergesellschaftung, also dem zweck-rationalen Interessenausgleich. Das zu Beginn dieser Lerneinheit angeführte Verteilungsproblem kann jedoch auch dazu führen, daß, insbesondere bei Preisverhandlungen, die Grenzen des „friedlichen Kampfs" (Konkurrenz)[307] überschritten werden. Andererseits können partnerschaftliche Lieferanten-Abnehmer-Beziehungen Züge von Vergemeinschaftungen annehmen, also von Beziehungen, die auf gefühlter Zusammengehörigkeit beruhen.[308] In diesem Fall wird sich eine vertrauensvolle Zusammenarbeit einstellen.

Hinsichtlich der **Intensität der Beziehungen** zwischen Mitarbeitern des Lieferanten und des Abnehmers können sich alle denkbaren Zustände einstellen. Die Intensität der sozialen Beziehungen ist nicht nur von der Intensität der Zusammenarbeit der beiden Organisationen und damit von den

---

[306] Vgl. Weber (1972), S. 12-13.
[307] Vgl. Weber (1972), S. 20.
[308] Vgl. Weber (1972), S. 21.

entstehenden Aufgaben abhängig, sondern vor allem von den beteiligten Mitarbeitern. Die Erfahrung zeigt, daß persönliche Vorlieben oder Abneigungen die Intensität, mit der sich z.B. die Qualitätsmanager aus beiden Unternehmungen abstimmen, stärker beeinflussen, als eine Kooperationsvereinbarung der beiden Geschäftsführer.

Offen sind soziale Beziehungen in der Beschaffung dann, wenn auch andere Mitarbeiter sich daran beteiligen können.[309] Ein Problem stellt die **Offenheit** häufig gegenüber Kollegen der Forschung und Entwicklung dar. Einerseits müssen diese vor allem zur Realisation von beziehungsspezifischen Beschaffungsobjekten in das Beziehungsgeflecht eingebunden werden. Andererseits befürchten viele Beschaffungsmanager oft nicht zu Unrecht, daß diese Kollegen von den Vertriebsmitarbeitern der Lieferanten als influencers oder sogar deciders erkannt werden und damit zum Zielobjekt der Marketingaktivitäten der Lieferanten werden. Es werden dann möglicherweise am Beschaffungsmanagement vorbei suboptimale Entscheidungen getroffen.

Obwohl sich die rechtliche Ebene auch die beteiligten Unternehmungen und die soziale Ebene auf die beteiligten Personen bezieht, ist der **Zusammenhang beider Ebenen** offensichtlich. Die Mitarbeiter des Lieferanten und des Abnehmers sind durch Arbeitsverträge an die Verpflichtungen ihrer Unternehmungen gebunden. Es liegt also eine **zweistufige Rechtsbeziehung** vor. Die Verfügungsrechte als Verhaltensanforderungen an die Unternehmen binden somit auch die Mitarbeiter der Unternehmungen. Den Rechten entsprechen soziologisch die Erwartungen an das Verhalten der Mitarbeiter.[310]

Allerdings sind eine Reihe von **Abweichungen** von den aufgrund von Verfügungsrechten zu erwarteten Handlungen und den tatsächlichen Handlungen möglich.[311] Denkbar sind **unerlaubte Handlungen**, also solche, die ein Verfügungsrecht der anderen Unternehmung verletzen. Beispiele sind die zu späte Ablieferung der bestellten Beschaffungsobjekte oder das Vorenthalten einer zugesagten Information. Andererseits sind **freiwillige Handlungen** möglich, z.B. die kostenlose Nachbesserung eines Teils, obwohl der Fehler durch falsche Bestellunterlagen des Auftraggebers verursacht wurde.

10.5 Partnerschaftliche Lieferanten-Abnehmer-Beziehungen und Supply Chains

Partnerschaft ist Mode. Zumindest ist es Mode, über Partnerschaften zu reden und zu schreiben. Die Zahl der Arbeiten zu **partnerschaftlichen**

---

[309] Vgl. Weber (1972), S. 23.
[310] Vgl. Weber (1972), S. 398.
[311] Vgl. Large (1995), S. 176-181.

Lieferanten-Abnehmer-Beziehungen steigt vor allem in der englischen Literatur an.[312] Häufig wird das Spektrum partnerschaftlicher oder kooperativer Beziehungen den „herkömmlichen", „traditionellen" Beziehungen gegenübergestellt, die als widerstreitend und nicht kooperativ charakterisiert werden.[313] Dabei wird in der Regel vorausgesetzt, daß es sich bei Partnerschaften um besonders enge und langfristige Beziehungen handelt.

Ebenso wird generell, also für alle Formen von Beziehungen zu Lieferanten, ein **partnerschaftlicher und fairer Umgang** gefordert. Gründe dafür sind zum einen moralische Bedenken hinsichtlich der herrschenden Praxis in der Beschaffung, vor allem in der Automobilindustrie. Zum anderen liegt der Grund mit Blick auf fernöstliche Vorbilder in der Erwartung einer höheren Leistungsfähigkeit partnerschaftlicher Lieferanten-Abnehmer-Beziehungen. Der Bundesverband der Deutschen Industrie gibt beispielsweise in der Präambel zu seinen „Leitsätzen für Zulieferbeziehungen" an, durch die Vorgabe von „gemeinsamen Fairneßregeln in Form von Leitsätzen ... die Leistungsfähigkeit der deutschen Industrie durch partnerschaftlich gestaltete Abnehmer-Zulieferer-Beziehungen bzw. fairen Wettbewerb" [314] stärken zu wollen.

Es kann jedoch **keine Dichotomie** von Partnerschaften und „herkömmlichen" Formen von Lieferanten-Abnehmer-Beziehungen geben. Vielmehr ist die Abgrenzung von Partnerschaften und anderen Formen von Lieferanten-Abnehmer-Beziehungen fließend.[315] Die Unterscheidung von langfristigen und kurzfristigen Vertragsbeziehungen, die wiederholt abgeschlossen werden, ist keineswegs ausreichend, um das Wesen von Partnerschaften zu charakterisieren. In der Literatur werden deshalb häufig **mehrere Merkmale für den Grad der Partnerschaft** angeführt, die nicht nur auf der sozialen Ebene der Lieferanten-Abnehmer-Beziehung, sondern oft auch auf der rechtlichen, flußbezogenen oder wertorientierten Ebene einzuordnen sind.

Ellram bezeichnet allgemein eine Partnerschaft als „an ongoing relationship between two organisations which involves a commitment over an extended time period, and a mutual sharing of the risks and rewards of the relationship."[316] **Landeros** und **Monczka** haben bereits früh auf Basis von 50 Interviews mit Einkaufsmanagern fünf Merkmale partnerschaftlicher Lieferanten-Abnehmer-Beziehungen abgegrenzt: (1) die Konzentration auf präferierte Lieferanten, (2) eine glaubwürdige Verpflichtung der beiden Partner hinsichtlich ihres zukünftigen Verhaltens (credible commitment), (3) die gemeinsame Problemlösung, (4) der Austausch von Informationen und (5)

---

[312] Siehe zum folgenden Abschnitt Large (1999).
[313] Siehe beispielsweise Matthyssens/Van den Bulte (1994), Spekman (1988).
[314] Bundesverband der Deutschen Industrie (1994), S. 5.
[315] Vgl. Lambert/Emmelhainz/Gardner (1996), S. 2-3.
[316] Ellram (1995), S. 37.

die gemeinsame Anpassung an geänderte Marktbedingungen.[317] **Homburg** betont die Bedeutung der Interaktion zwischen den Mitgliedern der Partnerunternehmen und führt deshalb neben dem EDV-gestützten Datenaustausch die gemeinsame Produktentwicklung, die gemeinsame Durchführung von Wertanalysen sowie den Kontakt zum Management, zur Fertigungsabteilung und zur Entwicklungsabteilung des Lieferanten als Kriterien zur Beurteilung der Intensität einer Lieferanten-Abnehmer-Beziehung an.[318] In einer jüngsten Untersuchung verwenden **Mudambi** und **Schründer** die Häufigkeit von Betriebsbesuchen beim Lieferanten, die gemeinsame Produktentwicklung, den Informationsaustausch durch EDI, die Langfristigkeit der Vertragsbeziehung und den Aufbau von fertigungs-synchroner Anlieferung (JIT) als Indikatoren von Partnerschaften.[319]

Notwendige Bedingung von Partnerschaften ist das Vorhandensein **partner-schaftlicher Beziehungen** zwischen Mitarbeitern des Abnehmers und des Lieferanten auf der sozialen Ebene der Lieferanten-Abnehmer-Beziehung. Wesentlich ist das partnerschaftliche Verhältnis, welches die **Art und Weise des Miteinander-Umgehens** vor allem in Konfliktfällen bestimmt. Grund-legend für eine Partnerschaft ist deshalb der **Geist**, der in einer Lieferanten-Abnehmer-Beziehung herrscht. Im folgenden soll unter einer **partner-schaftlichen Lieferanten-Abnehmer-Beziehung** ein langfristig angelegtes rechtlich-soziales Beziehungsnetz verstanden werden, welches auf glaub-würdigen Verpflichtungen von Vertretern beider Partnerunternehmen hinsichtlich ihres zukünftigen Verhaltens und des Verhaltens ihrer Mitarbeiter beruht. Diese Vereinbarungen sind vom Geist des gegenseitigen Vertrauens getragen. Es handelt sich somit um einen bestimmten, nämlich den partnerschaftlichen Typus der Lieferanten-Abnehmer-Beziehung.

Ellram hat die **Gründe für die Aufnahme** einer partnerschaftlichen Be-ziehung durch eine Befragung von Abnehmern und von deren Partnern erhoben. Insgesamt konnten 80 Lieferanten-Abnehmer-Beziehungen ausge-wertet werden, die sowohl von dem Lieferanten als auch von dem Abnehmer als „partnerschaftlich" im Sinne der obigen Definition von **Ellram** bezeichnet wurden.[320] Die vier wichtigsten **Gründe der Abnehmer** waren in dieser Reihenfolge der Preis der beschafften Güter, die Sicherung von zuverlässi-gen Lieferquellen, der Wunsch, auf die Qualität des Lieferanten Einfluß nehmen zu können, sowie der Wunsch, die Lieferplanung des Lieferanten zu verbessern. Für Industrieunternehmungen war sogar die Sicherung zuverläs-siger Lieferquellen der wichtigste Grund.[321] Die **Lieferanten** nannten als

---

[317] Vgl. Landeros/Monczka (1989).
[318] Vgl. Homburg (1994), S. 12-13.
[319] Vgl. Mudambi/Schründer (1996), S. 122.
[320] Vgl. Ellram (1995).
[321] Vgl. Ellram/Krause (1994), S. 48.

wichtigste Gründe die Sicherung von Absatzmärkten, den Wunsch, die Qualität der Endprodukte zu beeinflussen, die Unterstützung der JIT-Aktivitäten des Abnehmers und den Wunsch, die eigene Bedarfsprognose zu verbessern.

Partnerschaften sind ein wesentliches Element eines neuen Management-konzepts,[322] welches die integrative Betrachtung der Geschäftsprozesse von den Vormateriallieferanten bis zu den Endkunden fordert und deshalb auch die Lieferanten-Abnehmer-Beziehungen einschließt: **Supply Chain Management (SCM)**.[323] Bisher hat sich noch keine Definition des SCM durchgesetzt. **Cooper** und **Ellram** geben beispielsweise die folgende Umschreibung, die sehr stark an gängige Logistikdefinitionen erinnert: „Supply chain management is defined as an integrative philosophy to manage the total flow of a distribution channel from the supplier to the ultimate user."[324] Bereits 1997 wurde der Supply Chain Council (SCC) von Herstellern und Beratern gegründet. Der SCC hat als Hilfe zur Einführung von Supply Chain Management in Unternehmen das sogenannte Supply Chain Operations Reference Model (SCOR) entwickelt.[325] Da das Supply Chain Management Konzept sehr viele Managementideen der letzten Jahre und Jahrzehnte aufgenommen hat,[326] kann es an dieser Stelle nur angerissen werden. Gefordert werden z.B. Kundenorientierung, unternehmensübergreifende Abstimmung von Logistik- und Produktionsprozessen, durchgängige Planung, gemeinsames Bestandsmanagement, Verwirklichung des JIT-Prinzips, dauerhafte Verträge, gemeinsame Unternehmenskultur und gemeinsame Risikoübernahme. Besondere Bedeutung für das Supply Chain Management hat aus Sicht des Supply Chain Council die Definition von umfassenden Leistungskennzahlen für eine gesamte Supply Chain, z.B. Cash-to-Cash Cycle time, Source/Make Cycle time, und der Vergleich der Kennzahlenwerte mit anderen Supply Chains (Benchmarking).[327]

Obwohl das Konzept des SCM vor allem in der USA intensiv aufgenommen und diskutiert wird, was sich z.B. in einer Vielzahl von Aufsätzen, der Aufnahme in Lehrbüchern, in der Umbenennung von Logistiklehrstühlen, der Abhaltung von Seminaren, der Gründung eines Supply Chain Council und dem wachsenden Angebot an Supply Chain Software zeigt, bleibt m.E. abzuwarten, ob das SCM die Erwartungen einer „Globalsteuerung" aller am Wertschöpfungsprozeß beteiligten Unternehmen erfüllen kann.

---

[322] Vgl. Giunipero/Brand (1996), S. 33.
[323] Siehe z.B. Ellram (1991b), Cooper/Ellram (1993), Cooper/Lambert/Pagh (1997).
[324] Cooper/Ellram (1993), S. 13.
[325] Siehe dazu http://www.supply-chain.org.
[326] Siehe dazu Stölzle (1999), S. 162-178.
[327] Vgl. Wondergem/Hakanson (2000).

Empfohlene Literatur zur Lerneinheit 10

Über Lieferanten-Abnehmer-Beziehungen liegt eine Vielzahl von Literatur aus den Bereichen Marketing und Beschaffungsmanagement vor, die an dieser Stelle nicht umfassend gewürdigt werden kann. Eine sehr gute Übersicht der Forschungsansätze zu Lieferanten-Abnehmer-Beziehungen geben **Olsen** und **Ellram** (1997).

Zur Sichtweise der Lieferanten-Abnehmer-Beziehungen als Teil des verfügungsrechtlichen Beziehungsgeflechts der beschaffenden Unternehmung sei dem Leser das Studium der Ausführungen in **Large** (1995), S. 44-57 und S. 145-162, empfohlen.

Zu den nur kurz angesprochenen Theorien des organisationalen Beschaffungsverhaltens kann die umfangreiche Übersicht in **Backhaus** (1997), S. 54-133, sowie konzentrierter bei **Arnold** (1997a), S. 27-41, angeraten werden. Natürlich vermittelt vor allem ein Blick in die Originale, z.B. **Webster** und **Wind** (1972a), **Sheth** (1973), **Choffray** und **Lilien** (1978), einen vertiefendes Verständnis der industriellen Beschaffung vor allem von Investitionsgütern.

Zu den soziologischen Grundlagen kann man noch immer das fundamentale Werk von **Max Weber** (1972), hier vor allem die Einführung Seite 1-30, empfehlen.

Zu Partnerschaften im Beschaffungsbereich sei mein Aufsatz **Large** (1999) empfohlen. Wichtige Einblicke in das Wesen von partnerschaftlichen Lieferanten-Abnehmer-Beziehungen liefern darüber hinaus **Ellram** (1995), **Landeros/Monczka** (1989), **Mudambi/Schründer** (1996). Eine gute Übersicht und Bewertung des Supply-Chain-Management-Konzepts gibt **Stölzle** (1999), S. 162-178.

11. Lerneinheit:

Suche und Vorauswahl von Neulieferanten

Das Lieferantenmanagement als Management der Lieferanten-Abnehmer-Beziehungen baut auf der gelungenen Auswahl von Neulieferanten auf. Fehlentscheidungen bei der Lieferantenauswahl können im nachhinein nur schwer durch Managementaktivitäten gelöst werden. Nach mehr oder weniger aufwendigen Versuchen, eine funktionierende Lieferanten-Abnehmer-Beziehung aufzubauen, enden sie häufig mit dem Abruch oder, noch viel schlimmer, mit einem schleichenden Ausstieg aus der Geschäftsbeziehung. Gegenstand dieser Lerneinheit ist deshalb die Suche, Bewertung und Vorauswahl von potentiellen Neulieferanten.

Lernziele

Nach dem Studium dieser Lerneinheit sollten Sie in der Lage sein,

- die zwei Stufen der Lieferantenauswahl zu unterscheiden,
- die Phasen der strategischen Lieferantenauswahl zu nennen,
- die Aufgaben der Anforderungsdefinition in Abhängigkeit von den Anlässen der Lieferantenauswahl zu beschreiben
- die Chancen und Risiken der internationalen und der lokalen Lieferantenauswahl zu erläutern,
- die Möglichkeiten der Identifikation von Anbietern zu nennen,
- die Bewertungskriterien und Methoden der Lieferantenbewertung im Rahmen der Vorauswahl zu beschreiben,
- die Phase der Vorauswahl vor dem Hintergrund des organisationalen Beschaffungsverhaltens zu beschreiben.

11.1 Strategische versus operative Lieferantenauswahl

Die Suche nach Neulieferanten wurde in Lerneinheit 9 als eine wichtige Maßnahme der Lieferantenstrukturgestaltung erkannt. Durch die Lieferantenauswahl werden die Lieferantenstruktur, die Gesamtheit der Lieferanten-Abnehmer-Beziehungen und damit die **externen Erfolgspotentiale** bestimmt. Nur
wenn das Beschaffungsmanagement bei der Lieferantenauswahl die besten
der am jeweiligen Beschaffungsmarkt tätigen Lieferanten identifiziert und
daraus die „richtigen", d.h. die für die beschaffende Unternehmung geeigneten Neulieferanten ermittelt, können funktionierende Lieferanten-
Abnehmer-Beziehungen aufgebaut werden, die zu einem Maximum der
externen Erfolgspotentiale führen. Die nachträgliche Verbesserung der
Leistungsfähigkeit eines Mißerfolgslieferanten ist meistens nicht oder nur mit
hohem Aufwand durch Lieferantensteuerung und Lieferantenförderung
möglich.

In der **Vergangenheit gab es oft Fehleinschätzungen** über die Bedeutung
der Lieferantenwahl, die mit der Bestimmung einer Bezugsquelle für ein
gerade benötigtes Beschaffungsobjekt gleichgesetzt wurde. So findet sich
beispielsweise bei **Theisen** die Aussage: „Die Lieferantenbestimmung gehört
also auch zum Gegenstand kurzfristiger Beschaffungspolitik."[328] Das Denken
über den Sachverhalt der Lieferantenauswahl war und ist auch heute noch in
vielen Unternehmungen geprägt von der Vorstellung der Vergabe von
Aufträgen für einzelne Beschaffungsobjekte, der beliebigen Austauschbarkeit
von Lieferanten und somit der Möglichkeit des schnellen Lieferantenwechsels. Der Prozeß der Lieferantenauswahl wird bei diesem operativen
Denken durch die kurzfristig notwendige Auftragsvergabe angestoßen.[329]

Die Ausführungen der letzten Lerneinheit haben die Komplexität und den
Phasenaufbau von Lieferanten-Abnehmer-Beziehungen gezeigt. Bei vielen
Lieferanten ist ein **kurzfristiger Wechsel nicht möglich**.[330] Zunächst sind
dies alle Lieferanten von anbieterspezifischen Beschaffungsobjekten, die
nicht dem Branchenstandard entsprechen und auf die die Konstruktion des
Endprodukts (z.B. Aggregate) oder der Betriebsablauf (Betriebsmittel) abgestimmt ist. Darüber hinaus gehören dazu jene Lieferanten, deren Lieferungen
aus abnehmerspezifischen Teilen bestehen, zu deren Produktion die Konstruktionszeichnung nicht ausreicht, sondern spezifisches Erfahrungswissen
oder kundenspezifische Betriebsmittel (Vorrichtungen, Modelle) vorhanden
sein müssen. Ähnliche Abhängigkeiten bestehen gegenüber Lieferanten von
Produktionsmaterial, für welches spezifisches oder nur mit langer Wieder-

---

[328] Theisen (1970), S. 334.
[329] Anders sehen dies bereits Grochla/Schönbohm (1980), S. 159-160.
[330] Vgl. Large (1999).

beschaffungszeit beschaffbares Vormaterial (Rohlinge, Sonderabmessungen) notwendig ist, sowie bei allen Lieferanten von beziehungsspezifischen Beschaffungsobjekten (Entwicklungspartner).

Aus strategischer Sicht müssen deshalb **zwei Stufen der Lieferantenauswahl** deutlich unterschieden werden, die in der Regel zeitlich aufeinander folgen sollten. Lediglich bei Lieferanten, die mit Sicherheit nur einmal ein bestimmtes Beschaffungsobjekt liefern werden, wie dies bei langlebigen, beziehungsspezifischen Investitionsgütern der Fall ist, fallen beide Phasen auch aus strategischer Sicht zusammen.

Die **strategische Lieferantenauswahl** kennzeichnet den Entscheidungsprozeß über die Aufnahme eines Neulieferanten in den Lieferantenstamm als Lieferant einer definierten Beschaffungsobjektgruppe. Streng betrachtet ist das alleinige Entscheidungskriterium das Erfolgspotential eines Neulieferanten und seine Einordnung in das Lieferanten-Erfolgspotential-Portfolio.[331] Ausgangspunkte der Verhandlungen sind das Zieleinkaufsvolumen und die Anforderungen repräsentativer Beschaffungsobjekte aus dieser Gruppe. Dabei kann es sich auch um eine Gruppe neuer Beschaffungsobjekte handeln, deren Anforderungen gerade von einem Entwicklungsteam definiert wurden („Neuteilebeschaffung"), sowie um Materialgruppen, für die Erwartungen zusätzlicher Bedarfe bestehen. In beiden Fällen nimmt der Beschaffungsmanager die tatsächliche Bedarfsentstehung vorweg.[332]

Die zweite Ebene der Lieferantenauswahl ist die **operative Lieferantenauswahl**, die erst nach der strategischen Lieferantenauswahl erfolgen sollte.[333] Bei der operativen Lieferantenauswahl wird eine Entscheidung über die Vergabe eines bestimmten Beschaffungsobjektes getroffen. Der genaue Unterschied besteht also darin, daß bei der strategischen Auswahl ein Lieferant für die beschaffende Unternehmung und bei der operativen Auswahl aus diesem Lieferantenkreis für ein bestimmtes Beschaffungsobjekt ausgewählt wird.

Häufig wird von Beschaffungsmanagern **diese Trennung mit dem Argument kritisiert**, in der Praxis könne man eine Lieferantenauswahl erst dann vornehmen, wenn die Beschaffungsobjekte, die bezogen werden sollen, genau feststehen. Nur so könne ein Angebotsvergleich für alle Teile durchgeführt und der potentielle Lieferant über die genauen Kaufabsichten informiert werden. Dem kann aus Sicht eines strategischen Beschaffungsmanagement keinesfalls zugestimmt werden, denn in der Praxis reicht in aller Regel beim Entstehen eines konkreten Bedarfs, z.B. an einem neuen

---

[331] Siehe dazu Abschnitt 8.3.

[332] Vgl. Monczka/Trent/Handfield (1998), S. 239.

[333] Siehe dazu Lerneinheit 13, insbesondere die vier möglichen Ausgangssituationen der operativen Lieferantenauswahl.

Zeichnungsteil, einer Vorrichtung, einem bisher nicht bezogenen Reparatur- material usw., die Zeit nicht aus, um einen neuen Erfolgslieferanten zu finden, aus strategischer Sicht zu beurteilen und einzubinden **(Zeitproblem)**. Kein Produktionsplaner wird beispielsweise bereit sein, auf ein neu benötig- tes Zeichnungsteil 3 Monate zu warten, weil neben der Lieferzeit von 6 Wochen und der Zeit für Angebotseinholung, Preisverhandlung und Bemusterung mindestens weitere 3 Wochen für strategische Maßnahmen und Verhandlungen erforderlich sind.

In der Praxis gibt es für dieses Problem zwei gängige Lösungen. Entweder kann ein neues Beschaffungsobjekt bei einem für die entsprechende Beschaffungsobjektgruppe freigegebenen Lieferanten, der sein potentielles Einkaufsvolumen noch nicht erreicht hat, beschafft werden. Wurde dieser Lieferant zu einem früheren Zeitpunkt nach strategischen Kriterien ausge- wählt, so ist die sachgemäße strategische und die operative Lieferantenaus- wahl gewährleistet. Ist diese Möglichkeit nicht gegeben, greift man i.d.R. unter Zeitdruck auf einen Anbieter zurück, der lediglich für dieses Beschaf- fungsobjekt ein gutes Angebot mit ausreichend kurzer Lieferzeit vorlegt. Der Verzicht auf die vorab durchgeführte strategische Lieferantenauswahl bedeutet deshalb all zu oft einen **generellen Verzicht auf strategische Überlegungen** bei der Lieferantenauswahl. Das Ergebnis davon sind genau jene „wilden Lieferantenstrukturen", die wir als wesentlichen Grund für die Notwendigkeit der Lieferantenstrukturgestaltung erkannt haben.[334] Muß dennoch in Ausnahmefällen kurzfristig ein neuer Lieferant gefunden werden, so sollte darauf geachtet werden, daß die strategische und operative Liefe- rantenauswahl simultan ablaufen. Im folgenden werden wir uns jedoch zunächst auf die strategische Lieferantenauswahl konzentrieren.

Der **Prozeß der strategischen Lieferantenauswahl** kann durch ein Phasenschema abgebildet werden.[335] **Webster** und **Wind** unterscheiden bei- spielsweise fünf Phasen: Bedarfsfeststellung, Definition von Zielen und Spe- zifikationen, Identifikation von Kaufalternativen, Bewertung der Alternativen, Lieferantenauswahl.[336] **Choffray** und **Lilien** betonen bei der Phasenab- grenzung den Unterschied zwischen persönlicher Entscheidung jedes einzelnen Mitglieds im buying center und der Gruppenentscheidung. Dementsprechend finden sich die Phasen Alternativenfindung, die Bildung persönlicher Präferenzen und die Bildung der Präferenzen der gesamten Gruppe.[337] Im allgemeinen werden die Phasen Definition der Anforderungen

---

[334] Siehe Lerneinheit 9.
[335] Siehe z.B. Koppelmann (1997), S. 69, Monczka/Trent/Handfield (1998), S. 240, Glantschnig (1994), S. 15, für Investitionsgüter siehe Backhaus (1997), S. 55-59, sowie speziell für Partnerschaften Ellram (1991a), S. 4.
[336] Vgl. Webster/Wind (1972a), S. 29-32, Webster/Wind (1972b), S. 16.
[337] Vgl. Choffray/Lilien (1978), S. 21.

an einen Lieferanten, Suche nach geeigneten Anbietern, Bewertung, Vorauswahl, weitere Bewertung und Beziehungsaufbau sowie als letzte Phase die Finalentscheidung durchlaufen. In dieser Lerneinheit werden wir uns mit den Phasen des Lieferantenauswahlprozesses bis zur Vorauswahl beschäftigen. Ziel ist es, diejenigen Lieferanten zu selektieren, mit denen weitere Verhandlungen mit dem Ziel eines Vertragsabschlusses aufgenommen werden.

11.2 Anforderungsdefinition und Suche nach Neulieferanten

Der Umfang der Aufgaben in der Phase der Anforderungsdefinition hängt wesentlich von dem **Anlaß der Lieferantenauswahl** ab. Wird regelmäßig eine **Lieferantenstrukturanalyse und -planung** durchgeführt, so wird der Bedarf an Neulieferanten rechtzeitig erkannt. Außerdem sind dann die Anforderungen an Neulieferanten weitgehend definiert. Man weiß beispielsweise bereits, daß ein preisgünstiger Lieferant für Zeichnungsteile aus Gußmaterialien mittlerer Größe und geringen Qualitätsanforderungen benötigt wird.

Da der Prozeß der Lieferantenstrukturanalyse und -planung aufwendig ist und deshalb nur in größeren Abständen durchgeführt werden kann (i.d.R. Jahresplanung), werden in der Zwischenzeit auch **aktuelle Anlässe** eintreten, die davon unabhängig eine Suche nach Neulieferanten notwendig erscheinen lassen. Ein wichtiger Anlaß sind **Entwicklungsprojekte**. Wurden diese bei der letzten Lieferantenstrukturplanung nicht beachtet, bzw. waren diese noch nicht bekannt, kann z.B. ein Bedarf an einem neuen Entwicklungspartner entstehen. Ebenso kann ein neues **Investitionsprojekt** die Notwendigkeit eines neuen Lieferanten, z.B. von Bauleistungen, verursachen. Dieser Fall läßt sich jedoch einfach vermeiden, wenn die Investitionsplanung, die in der Regel mit großem zeitlichem Vorlauf erfolgt, bei der Lieferantenstrukturplanung berücksichtigt wird.

Ein weiterer Anlaß kann ein **plötzlicher Anstieg der Verkaufszahlen** sein, der eine quantitative Ausweitung des Lieferantenstamms notwendig erscheinen läßt. Auch **strukturelle Veränderungen der Beschaffungsmärkte**, beispielsweise ein Unternehmenszusammenschluß von außerordentlicher Bedeutung oder neu zugängliche Märkte, können Anlaß zur Suche nach Neulieferanten sein. Allerdings sollten solche grundlegenden Veränderungen, wie z.B. die Öffnung der mittel- und osteuropäischen Märkte, mit einer außerordentlichen Lieferantenstrukturplanung verbunden sein. Weitere aktuelle Anlässe sind der nicht vorhergesehene Ausfall eines bisherigen Lieferanten und Planungsfehler bei der Lieferantenstrukturplanung, wie beispielsweise Fehleinschätzungen der Leistungsfähigkeit oder des potentiellen Einkaufsvolumens vorhandener Lieferanten, die aufgrund der Unsicherheit auch bei sorgfältiger Durchführung auftreten werden.

Generell muß kritisch geprüft werden, ob diese aktuellen Bedarfe nicht mit dem vorhandenen Lieferantenstamm effizient gedeckt werden können. Dazu wird entsprechend dem gewünschten Anforderungsprofil eine **Einordnung** der noch zu suchenden Neulieferanten **in die Lieferantenstruktur** vorgenommen und diese den bisher vorhandenen Lieferanten gegenübergestellt. Voraussetzung dafür ist in der Regel eine Verfeinerung des Anforderungskatalogs. Wichtig ist dabei die Festlegung des Zieleinkaufsvolumen. Erst wenn die Notwendigkeit neuer Lieferanten damit bestätigt wird, sollte die **Suche nach geeigneten Anbietern** beginnen.

Der Aufwand bei der Suche nach Neulieferanten hängt weiterhin vom Umfang der Vorarbeiten im Rahmen der **Beschaffungsmarktforschung** ab.[338] Wesentlich ist dabei die Anzahl der erforschten Beschaffungsmärkte sowie die Intensität der Erforschung der Anbieterseite und des Marktumfeldes. Erster Schritt ist dabei, das gesuchte Anforderungsprofil einem **relevanten Beschaffungsmarkt** zuzuordnen. Schwierig gestaltet sich die Suche immer dann, wenn der zu suchende Neulieferant über ein bisher nicht bekanntes Anforderungsprofil verfügt und deshalb neue Märkte untersucht werden müssen.

Eine grundlegende Entscheidung ist dabei die Festlegung der räumlichen Ausdehnung der Beschaffungsmärkte. Prinzipiell kann die Lieferantensuche auf die Heimatregion, auf das Heimatland oder auf bestimmte fremde Länder beschränkt werden. Für eine **Beschränkung auf lokale Märkte (local sourcing)**[339] sprechen vor allem kurze Transportwege (Transportkosten, Lieferzeit, Lieferzuverlässigkeit, ökologische Ziele), die einfache Realisierung interorganisatorischer Teamarbeit und Abstimmung sowie im Hinblick auf die soziale Ebene der Lieferanten-Abnehmer-Beziehung die lokale Verbundenheit, deren Ursache vor allem in einer gemeinsamen Regionalsprache, Mentalität und der Kenntnis lokaler Begebenheiten zu suchen ist. Gerade die beiden letzten Argumente lassen aus strategischer Sicht das local sourcing als besonders interessant erscheinen.

Risiken der lokalen Beschaffung entspringen vor allem der möglicherweise nicht gerechtfertigten Verengung des Beschaffungsmarktes, die zum Ausschluß wertvoller Potentiale und einer zu engen Bindung an lokale Lieferanten führt. Aus dieser häufig über lange Zeit gewachsenen Bindung können sich auch bei geringen Erfolgspotentialen und besseren Alternativen zumindest moralische Verpflichtungen zur weiteren Zusammenarbeit ergeben. Ein weiteres von Beschaffungsmanagern oft angeführtes Problem

---

[338] Siehe Lerneinheit 7.
[339] Siehe dazu auch Arnolds/Heege/Tussing (1998), S. 269-270.

sind „Einkaufsfahrten" von Mitarbeitern der Bedarfsbereiche, die bei räumlicher Nähe einfach zu bewerkstelligen sind. Gewichtiger dürfte das Argument der zu engen persönlichen Verbindungen (Freundschaft, Verwandtschaft) sein, welche die Gefahr der Voreingenommenheit und Vorteilnahme verstärken. Eine Entscheidung für local sourcing sollte deshalb stets bewußt und keineswegs aus Bequemlichkeit oder traditionalem Verhalten heraus gefällt werden. Außerdem sollten diese Beziehungen aufgrund der genannten Risiken einer besonders intensiven Kontrolle unterliegen.

Neben der Beschaffung bei ortsansässigen Lieferanten kann man auch das sogenannte **Insourcing** zur lokalen Beschaffung zählen.[340] Darunter wird vereinfacht gesprochen die in der Automobilindustrie übliche Verlagerung von Aktivitäten des Lieferanten in die Nähe des Abnehmerstandortes oder sogar die Tätigkeit im Werk des Abnehmers verstanden. Ein Beispiel dafür sind die Unternehmen Benteler, Lear und P&O, die als Zulieferer bzw. Logistikunternehmen mit Niederlassungen direkt am Produktionsstandort von Opel in Eisenach tätig sind. Da man diesen Lieferanten zur Absicherung der notwendigen beziehungsspezifischen Investitionen einen entsprechend hohen Umsatz zusichern muß, eignet sich diese Form der „künstlichen" lokalen Beschaffung nur für Abnehmer mit einem sehr hohen Einkaufsvolumen in der jeweiligen Beschaffungsobjektgruppe.

Häufiger als die lokale Beschaffung werden in der Literatur die verschiedenen Formen der **Internationalen Beschaffung**[341] und die damit verbunden **Chancen und Risiken** diskutiert.[342] Zunächst erhöht sich durch die räumliche Ausweitung der Beschaffungsmärkte die Anzahl von Anbietern, wodurch inländische Monopol- oder Oligopolstellungen ausgeglichen werden können. Hierdurch, aber vor allem durch Faktorkostenvorteile aufgrund anderer Rahmenbedingungen, läßt sich im Ausland häufig ein niedriges Preisniveau realisieren.[343] Genannt werden als Vorteile auch der Bezug von Gütern, die im Inland nicht verfügbar sind, und eine bessere Qualität.[344] Weitere Gründe sind der Ausgleich von Währungsrisiken und die Erfüllung von Local-Content-Vorschriften. In Abhängigkeit von der betrachteten Weltregion häufig genannte Risiken, die oft als Hindernisse der Internationalen Beschaffung betrachtet werden, sind die politisch-gesellschaftliche Instabilität, die unsichere wirtschaftliche Entwicklung, insbesondere Währungsentwicklung, mangelnde Rechtssicherheit, Qualitäts- und Logistikrisiken sowie die Fehleinschätzung der kulturellen Gegebenheiten. Weitere Probleme

---

[340] Vgl. Wildemann (1994).

[341] Vgl. Giunipero/Monczka (1990), S. 3-4, Pfohl/Large (1991), S. 23.

[342] Siehe beispielsweise Monczka/Giunipero (1984), Monczka/Trent (1991b), Pfohl/Large (1991), Min/Galle (1991), Ellram (1992), Pfohl/Large (1993), Rückels (1994), Pfohl/Large (1997).

[343] Vgl. Monczka/Giunipero (1984), S. 3, Frear/Metcalf/Alguire (1992), S. 5.

[344] Vgl. Birou/Fawcett (1993), S. 34, Min/Galle (1991), S. 14.

können durch die hohen Reisekosten und durch mangelnde Sprachkenntnisse entstehen.[345] So konnte im Rahmen der BME-Gehaltsanalyse 1996 ermittelt werden, daß lediglich 55% der Beschaffungsmanager über verhandlungssichere Fremdsprachenkenntnisse verfügen und nur 59% regelmäßig das Ausland bereisen.[346]

Besteht noch keine detaillierte Vorstellung von der Anbieterseite, so können zur **Identifikation von Anbietern** die bereits im Rahmen der Beschaffungsmarktforschung beschriebenen Methoden der Datenerhebung und die entsprechenden Datenquellen und Datenträger verwendet werden. Bei einer Befragung von 141 Mitgliedern der National Association of Purchasing Management konnten **Min** und **Galle** als wichtigste Quellen zur Identifikation ausländischer Lieferanten persönliche Kontakte, Fachzeitschriften und Handelsverzeichnisse ermitteln.[347] Besonders wichtig ist deshalb für jeden Beschaffungsmanager auch die Auswertung eigener Aufzeichnungen, die aus der Tagesarbeit heraus gewonnen wurden, wie z.B. über zurückliegende Aktivitäten der Anbieter (Vertreterbesuche, Telefonmarketing, Direktwerbung per Post) oder über Besuche auf Messen und die Teilnahme an Arbeitskreisen und Konferenzen.

Eine weitere Möglichkeit ist die **Ausschreibung** des vorgesehenen Beschaffungsobjektepakets oder repräsentativer Beschaffungsobjekte unter Angabe der Lieferantenanforderungen und des gesamten Zieleinkaufsvolumens. Neben den traditionellen Medien bieten sich hierfür eigene Einkaufshomepages,[348] unternehmenseigene Internet-Einkaufsplattformen oder Virtuelle Marktplätze an.[349] Mit einer Ausschreibung wird die Chance eröffnet, auch Anbieter, die selbst nach einer aktiven Suche unbekannt geblieben sind, zu entdecken. Aus Sicht des Strategischen Beschaffungsmanagements ist es bei Ausschreibungen im Internet erforderlich, daß ein direkter Kontakt und damit Einstieg in eine Lieferanten-Abnehmer-Beziehung möglich wird. Anonyme Verfahren, wie beispielsweise bei FastParts.com,[350] sind deshalb für Testausschreibungen ungeeignet.

Eine oft gegen die systematische Lieferantenauswahl angeführte Kritik ist der Erfolg von Beziehungen mit, z.B. auf Messen, in Fachzeitschrift oder durch Anbieterwerbung, zufällig entdeckten Lieferanten. Deshalb ist die **Behandlung von Zufallsfunden** auch für uns ein wichtiges Thema. Prinzipiell sollte eine positive Einstellung gegenüber zufällig gefundenen Anbietern mit vermutetem Erfolgspotential gelten. Mit der Einordnung des Anbieters in die

---

[345] Vgl. Min/Galle (1991), S. 14.
[346] Vgl. o.V. (1996b), S. 14. Zur Konzeption der Studie siehe auch Abschnitt 18.3.
[347] Vgl. Min/Galle (1991), S. 11.
[348] Vgl. Mohr (1998), S. 50-51, Brenner/Lux (2000), 121-133.
[349] Vgl. Brenner/Zarnekow (2000).
[350] Vgl. Brenner/Lux (2000), S. 215.

Lieferantenstruktur werden dann die Einsatzmöglichkeiten des Lieferanten und vor allem sein Zieleinkaufsvolumen geplant. Durch die Gegenüberstellung mit vorhandenen Lieferanten im Lieferanten-Erfolgspotential-Portfolio (**Abbildung 15**) wird eine kritische Prüfung des **strategischen Vorteils** durchgeführt und dabei die Konsequenzen einer Einbindung, vor allem die Beendigung der Beziehung mit anderer Lieferanten, geprüft. Ein neuer Lieferant sollte nur dann eingebunden werden, wenn ein zusätzlicher Bedarf mit den vorhandenen Lieferanten nicht gedeckt werden kann oder wenn deutliche strategische Vorteile gegenüber bisherigen Lieferanten bestehen und keine negativen Konsequenzen des Lieferantenwechsels zu erwarten sind. Ansonsten besteht die Gefahr, daß durch Neulieferanten die Lieferantenstruktur ausgeweitet wird, ohne hierdurch eine Verbesserung des Erfolgspotentials zu erreichen.

11.3 Bewertung und Vorauswahl von Neulieferanten

Der Begriff „**Lieferantenbewertung**" wird in drei unterschiedlichen Zusammenhängen gebraucht.[351] Zum einen werden die Leistungen der aktuellen Lieferanten regelmäßig im Rahmen der **Kontrolle der laufenden Lieferanten-Abnehmer-Beziehungen** bewertet und damit jeder einzelne Lieferant beurteilt.[352] In diesem Zusammenhang wäre es besser, von der Lieferanten- und Lieferkontrolle als von Lieferantenbewertung zu sprechen, obwohl dieser Begriff in der Praxis üblich ist. Im Rahmen der **Lieferantenstrukturanalyse** wurden alle Lieferanten hinsichtlich ihrer aktuellen Leistung und vor allem ihres Beitrags zum externen Erfolgspotentials der Unternehmung einer intensiven Bewertung unterzogen.[353] Zum dritten steht die Bewertung von potentiellen Lieferanten im Rahmen der **Lieferantenauswahl** an. Während die operative Lieferantenauswahl die angebotene Leistung im Fokus hat, wird bei der uns interessierenden strategischen Lieferantenauswahl der Erfolgspotentialbeitrag eines Anbieters und die erwartete Leistung betrachtet. Deshalb wäre die Bezeichnung **Anbieterbewertung** aussagekräftiger. Im folgenden werden wir uns mit dieser letzten Sichtweise der Lieferantenbewertung beschäftigen.

Die Phase der Bewertung und Vorauswahl läuft wiederum in mehreren Stufen ab, die als **Teilphasen eines Entscheidungsprozesses** beschrieben werden können. Am Beginn der Anbieterbewertung steht die Definition der **relevanten Bewertungskriterien**. Viele dieser Bewertungskriterien haben wir als Klassifikationsmerkmale im Rahmen der Lieferantenstrukturanalyse bereits kennengelernt.[354] Letztlich lassen sich diese aus den strategischen

---

[351] Siehe auch Zäpfel (1973b), S. 82, Hartmann (1997a), S. 17.
[352] Siehe dazu Lerneinheit 14.
[353] Siehe dazu Lerneinheit 8.
[354] Siehe **Abbildung 13**.

Beschaffungszielen ableiten. Da es sich jedoch um neue Lieferanten (Anbieter) handelt, die in der Regel noch nicht an die beschaffende Unternehmung geliefert haben, können einige Kriterien, z.B. die Qualität der bisherigen Lieferungen, nicht verwendet werden. Wichtig sind neben den allgemeinen Anbietermerkmalen (Produktionsprogramm, Umsatz, Kapazität, Auslastung usw.) vor allem jene, die sich auf die Leistungsfähigkeit (Qualitätsfähigkeit, logistische Leistungsfähigkeit, Innovationsfähigkeit, Fähigkeit zur Realisation niedriger Herstellkosten) beziehen. Daneben sind Merkmale der Lieferanten-Abnehmer-Beziehung relevant, deren zukünftige Ausprägungen schon vor Aufnahme einer Lieferbeziehung abgeschätzt werden können.

Welche Bewertungskriterien für eine Entscheidungssituation relevant sind, hängt sehr stark von der **Art der angestrebten Lieferanten-Abnehmer-Beziehung** und damit von der Art der zu beziehenden Beschaffungsobjekte ab.[355] Werden Beziehungen zu Lieferanten von abnehmerspezifischem Produktionsmaterial angestrebt, dann dominieren die Bewertungskriterien Qualitätsfähigkeit, Wettbewerbsfähigkeit hinsichtlich der Beschaffungsobjektkosten, logistische Leistungsfähigkeit und Kooperationsfähigkeit. Bei Beziehungen zu Entwicklungspartnern steht die Innovationsfähigkeit und Kooperationsfähigkeit im Vordergrund. Anbieter von unspezifischem Produktionsmaterial oder von sonstigen Verbrauchsgütern werden dagegen primär nach den langfristig zu erwartenden Beschaffungsobjektkosten und der logistischen Leistungsfähigkeit beurteilt. Bei Investitionsgüterlieferanten spielen je nach Art der Investitionen verschiedene Kriterien eine Rolle. Wichtig ist jedoch in aller Regel die Servicefähigkeit, z.B. hinsichtlich der Schulung und Ersatzteilversorgung.

Empirische Untersuchungen zu den als wichtig eingeschätzten bzw. tatsächlichen Kriterien der Lieferantenauswahl bestätigen in der Regel die Bedeutung dieser Merkmale.[356] In neueren Untersuchungen findet sich an erster Stelle das Kriterium **Qualität vor dem Logistikservice, dem Preis, und den technologischen Fähigkeiten**. In älteren Untersuchungen dominiert eher der Preis. Bei der empirischen Erforschung von Lieferantenauswahlkriterien treten jedoch einige **Probleme** auf. Zunächst unterscheiden die Untersuchungen in der Regel nicht zwischen verschiedenen Gruppen von Lieferanten. Bei der Auswahl eines Lieferanten von Zeichnungsteilen und einem Entwicklungspartner müssen unterschiedliche Maßstäbe angelegt werden.[357] Außerdem werden die beiden Stufen der Lieferantenauswahl und die aufgezeigten Sichtweisen der Lieferantenbewertung nicht deutlich genug

---

[355] Vgl. Fröhlich-Glantschnig (1997), Muschinski (1998), S. 48.

[356] Siehe beispielsweise Dempsey (1978), S. 259, Zäpfel (1973a), S. 28, Monczka/Nichols/ Callahan (1992), S. 23, Birou/Fawcett (1993), S. 34, Mattson/Salehi-Sangari (1993), S. 27, Donaldson (1994), S. 213, Muschinski (1998), S. 46-49.

[357] Vgl. Fröhlich-Glantschnig (1997), Muschinski (1998), S. 49.

unterschieden. Zuweilen bleibt auch unklar, ob die Befragten die angegebenen Kriterien nur für wichtig halten oder ob sie diese tatsächlich bei der Lieferantenauswahl verwenden.[358] So ist trotz der Lippenbekenntnisse zur Qualitätsfähigkeit bei vielen Beschaffungsmanagern noch immer eine sehr starke Preisorientierung zu beobachten.

Zur **Messung der Ausprägung** der verschiedenen Bewertungskriterien von Anbietern kann im Vergleich zur Bewertung aktueller Lieferanten nicht auf Daten der operativen Beschaffungssysteme zurückgegriffen werden, da noch keine Lieferungen erfolgt sind. Deshalb kommt einer vernünftigen **Operationalisierung der Merkmale** besondere Bedeutung zu. Dabei ist vor allem darauf zu achten, daß die Aussagekraft der Meßgrößen, d.h. aus strategischer Sicht der Zusammenhang von Meßgröße und externem Erfolgspotential, erhalten bleibt. Die **Meßbarkeit** hat zwei Dimensionen. Zum einen muß die Ausprägung prinzipiell meßbar oder zumindest abschätzbar sein und zum anderen muß der Aufwand der Messung in einem vertretbaren Verhältnis zum Nutzen der Bewertung stehen. Beispielsweise könnte man die Kooperationsbereitschaft der Mitarbeiter eines Lieferanten von abnehmerspezifischem Produktionsmaterial sehr gut durch strukturierte Interviews erfassen. Allerdings ist diese Vorgehensweise aus Kostensicht nicht zu vertreten.

Als **Beispiel** soll eine mögliche Operationalisierung des Bewertungskriteriums „Innovationsfähigkeit und Innovationsbereitschaft" aufgezeigt werden. Indikatoren für die Innovationsfähigkeit sind beispielsweise der Anteil der Entwicklungsmitarbeiter an der Gesamtmitarbeiterzahl, das Vorhandensein einer Ablauforganisation für den F&E-Bereich oder der Anteil des Umsatzes, den ein Anbieter mit Eigenentwicklungen erzielt. In bestimmten Branchen kann auch die Anzahl der gehaltenen Patente ein Indikator darstellen. Die direkte Messung der Mitarbeiterqualifikation ist dagegen problematisch. Schwierig ist auch die Operationalisierung der Innovationsbereitschaft. Helfen kann hier eine subjektive Einschätzung der Mitarbeiter (Beschaffungsmanager, Entwickler) des Abnehmers, die bereits Kontakt mit der Entwicklungsabteilung des Anbieters hatten.

Sind die Lieferantenauswahlkriterien festgelegt und hinreichend operationalisiert, kann die eigentliche **Messung** beginnen und damit die **Ausprägung dieser Merkmale** erfaßt werden. Dazu müssen über die identifizierten Anbieter **weitere Informationen** eingeholt und dokumentiert werden. In dieser Phase wird in aller Regel eine **erste Selektion** durchgeführt. Kriterien, die als Mußkriterien eingestuft werden, müssen zu einem Mindestmaß erfüllt sein, damit ein Anbieter weiterhin in Betracht gezogen wird. Wurde beispielsweise das Zieleinkaufsvolumen mit 500 TDM angesetzt, können alle zu kleinen Anbieter aussortiert werden.

---

[358] Ein Beispiel ist die Studie von Dempsey. Vgl. Dempsey (1978), S. 258.

Wiederum kommen verschiedene **Methoden** der Gewinnung von Informationen über identifizierte Anbieter in Betracht. Zunächst können alle aus der Beschaffungsmarktforschung bekannten Methoden der Primär- und Sekundärforschung verwendet werden. Im Mittelpunkt stehen die direkte, die telefonische und die schriftliche **Befragung**. Die Fragen können sich dabei unmittelbar auf die interessierenden Auswahlkriterien beziehen oder eher indirekt formuliert und z.B. in eine Vorverhandlung eingebunden sein.

Eine einfache Methode der Informationsgewinnung ist die schriftliche Befragung in Form einer sogenannten **Lieferantenselbstauskunft**.[359] Die Lieferantenselbstauskunft enthält üblicherweise Fragen zur Leistungsfähigkeit und Leistungsbereitschaft, insbesondere hinsichtlich Qualität und Innovation, sowie zur allgemeinen Geschäftstätigkeit, z.B. zum Produktionsprogramm, Umsatz, dem Marktanteil, Kapazitäten. Häufig sind Fragebögen zur Lieferantenselbstauskunft stark auf Produktionsmateriallieferanten (Zeichnungsteile) zugeschnitten, wobei Fragen zur Qualitätsfähigkeit, wie z.B. zum Vorhandensein von Zertifikaten, Qualitätssicherungssystemen usw., dominieren. Neben dem Inhalt der Antworten ist auch die Sorgfalt und Genauigkeit, mit der die Fragen beantwortet werden, ein wichtiger Indikator, denn daraus kann ein Eindruck vom tatsächlichen Interesse eines Lieferanten gewonnen werden.[360]

Ein deutliches Signal für die Qualitätsfähigkeit eines Lieferanten ist das **Vorliegen eines Zertifikats**, mit dem durch eine akkreditierte Zertifizierungsinstitution nach einem umfassenden Qualitätsaudit bestätigt wird, daß der Anbieter ein Qualitätsmanagementsystem eingeführt hat, anwendet und daß dieses den Forderungen der Normenreihe DIN ISO 9000ff. („ISO-Zertifikat") oder vergleichbaren branchenspezifischen Regelwerken entspricht.[361] Zukünftig werden vor allem Zertifizierungen nach der neuen ISO 9001:2000 bedeutsam sein, die auf den bisherigen Regelwerken ISO 9001 bis 9003 von 1994 aufbaut. Vor allem in der Automobilindustrie finden sich nach wie vor die mittlerweile sehr ähnlichen Regelwerke VDA 6.1 und QS-9000[362] sowie der daraus hervorgegangene internationale Standard ISO/TS 16949.

Durch die **Einholung von Angeboten** für repräsentative Beschaffungsobjekte können vor allem Preise und Lieferzeiten ermittelt werden.[363] Dabei ist es keineswegs notwendig, für alle Beschaffungsobjekte, die möglicherweise bei diesem Anbieter bezogen werden, Anfragen zu versenden. Da vor

---

[359] Vgl. Glantschnig (1994), S. 127-136, Koppelmann (1997), S. 70-73.

[360] Vgl. Koppelmann (1997), S. 73.

[361] Zweck des Zertifikates ist nicht die Bestätigung einer hohen Produktqualität. Dieses wäre auch bei strategischer Lieferantenauswahl nicht sinnvoll. Zu diesem Mißverständnis siehe Weisenfeld-Schenk (1997).

[362] Siehe dazu Töpfer (1999), 358-361.

[363] Zu Anfragen und Angeboten siehe Lerneinheit 13.

allem Produktionsmaterial einer permanenten technischen Änderung unterliegt, werden bereits nach relativ kurzer Zeit einige dieser Beschaffungsobjekte durch neue oder modifizierte Teile ersetzt. „Bei der Beurteilung eines Lieferanten und bei der Lieferantenauswahl unter langfristig-dynamischem Aspekt kommt es nicht in erster Linie auf das einzelne Angebot des Lieferanten, sondern auf das gesamte Marktleistungsangebot und die Mittel und Möglichkeiten des Lieferanten, dieses Marktleistungsangebot zu realisieren, an.“[364] Zweck der Angebotseinholung im Rahmen der strategischen Lieferantenauswahl ist es deshalb nicht, den Preis und die Lieferzeit für ein konkretes Beschaffungsobjekt zu ermitteln, sondern ein Bild des Preisniveaus und der logistischen Leistungsfähigkeit eines Anbieters zu gewinnen. Die Angebotseinholung in der Vorauswahlphase sollte deshalb durch die Analyse des Preisniveaus potentieller Lieferanten ergänzt werden.[365] Besondere Bedeutung kommt dabei der Abschätzung der Preispolitik des Lieferanten zu.

Das Hauptproblem der Lieferantenselbstauskunft und der Angebotseinholung ist die **Glaubwürdigkeit der Informationen**. Setzt man voraus, daß ein Anbieter Interesse am Zustandekommen eines Geschäfts hat, so besteht die Gefahr **absichtlicher Fehlinformation**. So können bei der Lieferantenselbstauskunft z.B. die Angaben über den Umfang von Qualitätskontrollen oder zum Vorhandensein von Planungssystemen unwahr sein. Ebenso können Angebote für repräsentative Teile in der Absicht „ins Geschäft zu kommen" politisch erfolgen. Das bedeutet, Preise für diese Beschaffungsobjekte werden in der Hoffnung auf die zukünftige Geschäftsbeziehung zu niedrig angesetzt, um dann bei laufender Beziehung bei den anderen Teilen bzw. den Nachfolgeteilen hohe Preise zu verlangen (Einstiegspreise).

Ebenso besteht die Gefahr **unabsichtlicher Fehlinformation**. Häufig eröffnen Fragebögen zur Lieferantenselbstauskunft aufgrund unklarer Begriffe und Fragestellungen Interpretationsspielräume. Ein Fragebogen eines bekannten Maschinenbauunternehmens enthält z.B. die beiden Fragen: „Werden Fertigungseinrichtungen periodisch gewartet?" und „Werden Prüfaufzeichnungen geführt?" Das Verständnis von periodischer Wartung und von Prüfaufzeichnungen wird in aller Regel sehr unterschiedlich sein. Auch bei Angeboten kann man nicht sicher sein, daß der Lieferant tatsächlich eine fundierte Kalkulation durchgeführt hat bzw. in der Lage dazu war. Viele Einkäufer haben z.B. in den ersten Jahren nach der Öffnung Mittel- und Osteuropas über unbrauchbare Angebote geklagt, da die angefragten Unternehmungen nicht in der Lage waren, einen kostenorientierten Angebotspreis zu ermitteln. Eine der wichtigsten Aufgaben der Beschaffungsmanager ist es deshalb herauszufinden, ob ein Anbieter aufgrund seiner Produktionsbe-

---

[364] Grochla/Schönbohm (1980), S. 107.
[365] Vgl. Abschnitt 8.3.

dingungen überhaupt fähig ist, dauerhaft die angebotenen Teile zum Angebotspreis zu liefern.

Bereits in der Phase der Lieferantensuche kann deshalb ein **Besuch der Fertigungsstätte** eines Lieferanten sinnvoll sein. Zweck eines solchen Besuchs sind einerseits Gespräche auch mit Mitarbeitern, z.B. der Qualitätssicherung oder der Fertigung, die üblicherweise nicht zu Verhandlungen zum Kunden mitgenommen werden. Dabei besteht die Möglichkeit der Erfassung der notwendigen Daten durch **direkte Befragung**. Wichtiger sind jedoch die **Beobachtungen**, die vor Ort möglich sind. Beispielsweise reicht oft ein Blick auf die LKW an der Laderampe oder auf Mehrwegbehälter, um etwas über andere Kunden des Lieferanten zu erfahren. Ebenso lassen sich bereits bei einem Rundgang durch die Produktion wichtige Hinweise auf die Leistungsfähigkeit eines Lieferanten ermitteln. Beispiele dafür sind die Höhe von Beständen in der Produktion, der Zustand und die Auslastung der Produktionsmittel, die Behandlung von Meßzeugen, das Verhalten der Produktionsmitarbeiter, der Zustand von Begleitdokumenten usw.

Die gesamte Phase der Datenerhebung sollte in geeigneter Weise dokumentiert werden. Die **Dokumentation** ist eine wichtige Voraussetzung, um die Lieferantenauswahl nach einer gewissen Zeit noch nachvollziehen und diese auch anderen Beschaffungsmanagern (Vorgesetzten, Kollegen, Nachfolger) offenlegen zu können.

Im Anschluß an die Erhebung der erforderlichen Daten folgt als Kern der **Bewertung** die Würdigung der erfaßten Informationen. Bei der strategischen Lieferantenauswahl werden wir zwei grundsätzliche Typen von Auswahlkriterien zur Verfügung haben. Die erste Gruppe ist gut operationalisierbar und einfach zu quantifizieren. Hier bietet sich als Vorgehensweise zur Bewertung eine Kombination von **quantitativen Methoden der Gewichtung, der Nutzenzuordnung und der Bewertungsstabilisierung** an.[366] Eine zweite Gruppe von Auswahlkriterien ist sehr schwer zu operationalisieren und ihre Ausprägung ist häufig nur aufgrund von Einschätzungen und Vermutungen zu bestimmen. Ein Beispiel dafür ist die Kooperationsbereitschaft eines Lieferanten. Gerade für die Auswahl von Lieferanten, mit denen längere und intensivere Beziehungen angestrebt werden, sind diese Kriterien von Bedeutung. Um „weiche" Kriterien bei der Lieferantenvorauswahl nicht zu vergessen, empfehlen sich z.B. **Fragenkataloge** (Checklisten), die der Beschaffungsmanager bei der Bewertung durchgehen muß. **Spekman** hat einen umfangreichen Katalog solcher Fragen aufgestellt.[367] Beispiele dafür sind:

---

[366] Vgl. Pfohl/Stölzle (1997), S. 174.
[367] Vgl. Spekman (1988), S. 80-81.

- Welche einzigartige Ressource bringt der Lieferant in die Beziehung ein?

- Stellt der Lieferant Ressourcen bereit, die nicht in anderen Beziehungen genutzt werden können?

- Ist sich der Lieferanten bewußt, daß beide Unternehmungen zur Schaffung von Wettbewerbsvorteilen beitragen müssen?

- Ist der Lieferant in der Lage, mit uns zu wachsen?

Wir wollen uns nun genauer der **quantitativen Bewertung** zuwenden. Da bei der Lieferantenvorauswahl eine Vielzahl von Kriterien berücksichtigt werden, muß zur Entscheidungsfindung eine **Gewichtung** vorgenommen werden. Durch die Gewichtung kann den unterschiedlichen Anforderungen an einzelne Lieferantengruppen Rechnung getragen werden. Wird beispielsweise ein Entwicklungspartner gesucht, erhalten die Kriterien der Innovationsfähigkeit großes Gewicht. Zur Definition der Gewichte kann z.B. die Methode des singulären Vergleichs eingesetzt werden.[368] Bei dieser Methode wird das Gewicht jedes Kriteriums durch einen Vergleich mit einem festgelegten, zum Beispiel dem wichtigsten Kriterium, bestimmt.

Obwohl im Rahmen der Vorauswahl noch keine endgültige Entscheidung für einen bestimmten Lieferanten gefällt werden kann, ist doch die Ermittlung einer **vorläufigen Rangfolge der Lieferanten** wichtig, um jene auszuwählen, mit denen intensivere Verhandlungen aufgenommen werden sollen. Dazu ist neben der Berücksichtigung „weicher" Faktoren die Orientierung an **einer** eindeutigen Entscheidungsgröße vorteilhaft. Im Prozeß der **Nutzenzuordnung** wird entsprechend der Ausprägung der einzelnen Kriterien und der Gewichtungen durch Aggregation für jeden Lieferanten ein Nutzenwert berechnet. Bei der Lieferantenvorauswahl ist die Ermittlung einer erfolgsorientierten Nutzengröße, wie beispielsweise dem Beitrag zu den Erfolgspotentialen oder der Gewinnbeitrag eines Lieferanten, schwierig. Deshalb kann statt dessen auf dimensionslose Werte (Noten, Punktwerte) zurückgegriffen werden. Ein bekanntes Verfahren ist das Punktwertverfahren (Scoring-Verfahren), das im folgenden Beispiel mit Hilfe eines gebräuchlichen Tabellenkalkulationsprogramms umgesetzt wurde (**Abbildung 20**).

Zur Festlegung der Gewichte der einzelnen Kriterien wird in **Abbildung 20** eine indirekte Methode gewählt, bei der zunächst die Kriteriengruppen und dann die einzelnen Kriterien einer Gruppe durch singulären Vergleich gewichtet wurden. Im Beispiel wird ein Lieferant von Produktionsmaterial nach Zeichnung gesucht und deshalb die Qualität und die Beschaffungsobjektkosten besonders stark gewichtet. Die Gewichte ergeben sich durch

---

[368] Zu dieser und den im folgenden genannten Methoden siehe Pfohl/Stölzle (1997), S. 174-177.

die Normierung der Faktorensumme auf 1. Für jedes Kriterium sind mögliche Ausprägungen festgelegt, denen ein Punktwert zwischen 0 und 100 zugeordnet ist. In der Spalte „Wert" ist das Produkt des jeweiligen Punktwertes und dem Gewicht angegeben. Im optimalen Fall kann somit ein Gesamtwert von 100 erreicht werden.

Lieferantenbewertung zur Lieferantenvorauswahl			302245	Müller & Schmidt OHG		
	Faktor	Gewicht		67,8	nicht erfüllt	Wert
Innovation	**0,5**	**0,037**				
Anteil Entwicklungsmitarbeiter an der Gesamtmitarbeiterzahl	1	0,0049	gering	normal	hoch	
			x			0
Anteil des Umsatzes mit Eigenentwicklungen	0,5	0,0025	gering	normal	hoch	
			x			0
Anzahl von Patenten	1	0,0049	keine	wenige	viele	
			x			0
Kundenorientierung der Forschung und Entwicklung	2	0,0099	gering	normal	hoch	
				x		0,00494
Vorhandensein einer Werkzeug- und Vorrichtungsentwicklung	3	0,0148	nicht vorh.		vorhanden	
					x	0,01481
Kooperation	**1**	**0,0741**				
Mitarbeiterzahl im Verhältnis zur eigenen Mitarbeiterzahl	2	0,0059	höher	gleich	geringer	
					x	0,00593
Anteil des geplanten Umsatzes am Umsatz des Lieferanten	5	0,0148	>30%	<5%	>5, <30%	
				x		0,00741
Abhängigkeit von einer Konzernzentrale	2	0,0059	ja		nein	
					x	0,00593
Zeitdauer für Beantwortung von Anfragen	3	0,0089	lang	normal	kurz	
					x	0,00889
Gesprächsbereitschaft der Vertriebsmitarbeiter	3	0,0089	gering	normal	hoch	
					x	0,00889
Gesprächsbereitschaft anderer Mitarbeiter	2	0,0059	gering	normal	hoch	
			x			0
Bereitschaft zur Durchführung von Audits	5	0,0148	nein		ja	
			x			0
Bereitschaft zur Durchführung von Kostenstrukturanalysen	3	0,0089	nein		ja	
			x			0
Qualität	**5**	**0,3704**				
Ergebnisse der Bewertung durch andere Abnehmer	7	0,1525	schlecht	ausr.	sehr gut	
				x		0,07625
DIN ISO-Zertifikat	5	0,1089	nicht vorh.		vorhanden	
					x	0,10893
Durchschnittsalter der eingesetzten Produktionsmittel	3	0,0654	>7 Jahre	2-7 Jahre	<2 Jahre	
				x		0,03268
Umfang des PPS-Systems	2	0,0436	kein PPS	Teile	umfassend	
				x		0,02179

Kriterium	Gewicht	Wert	Bewertung 1	Bewertung 2	Bewertung 3	Ergebnis
Logistik	**2**	**0,1481**				
Ergebnisse der Bewertung durch andere Abnehmer	7	0,0741	schlecht	ausr. x	sehr gut	0,03704
durchschnittliche Lieferzeiten	3	0,0317	lang	normal	kurz x	0,03175
Umfang logistischer Steuerungssysteme	2	0,0212	keine x	Teile	umfassend	0
organisatorische Eingliederung der Logistik	2	0,0212	keine x	dezentral	zentral	0
Beschaffungsobjektkosten	**5**	**0,3704**				
Preisniveau der abgegebenen Vergleichsangebote	10	0,0882	hoch	normal	niedrig x	0,08818
Lohnniveau und Höhe der Lohnzusatzkosten	4	0,0353	hoch	normal	niedrig x	0,01764
Vorhandensein unnötiger Mitarbeiter oder Abteilungen	7	0,0617	viele	einige	keine x	0,06173
Umsatz pro Mitarbeiter zum Branchendurchschnitt	3	0,0265	niedrig	normal x	hoch	0,01323
Leistungsfähigkeit der eingesetzten Produktionsmittel	3	0,0265	niedrig	normal	hoch x	0,02646
Kapazitätsauslastung nach Einbindung	7	0,0617	<70%	70-90%	>90% x	0,06173
Entfernung des Produktionsstandortes vom Anlieferort	4	0,0353	>600 km	75-600	<75 km x	0,03527
Einkaufsvolumen des Lieferanten	2	0,0176	<1 Mio. x	1-20 Mio.	>20 Mio.	0
Anteil der Bestände am Umsatz	1	0,0088	>12,5%	7,5-12,5% x	<7,5%	0,00441
Eigenkapitalquote	1	0,0088	<10 %	10-20%	>20% x	0,00441

Abbildung 20: Lieferantenbewertung mit Hilfe eines Tabellenkalkulationsprogramms (Lieferant von Produktionsmaterial nach Zeichnung).

Im Rahmen der **Vorauswahl** können die Anbieter, mit denen im nächsten Schritt intensivere Verhandlungen geführt werden sollen, nach zwei **verschieden Regeln** ausgewählt werden. Entweder werden die n besten Lieferanten ausgewählt oder man selektiert jene, die einen Mindestwert W_{min} erreicht haben. Die Schwierigkeit besteht darin, eine sinnvolle Grenze für W_{min} festzulegen. Einfacher ist die Festlegung von n aufgrund von Aufwandsüberlegungen, wobei die Gefahr besteht, daß n schlechte Lieferanten in die engere Auswahl kommen. Zur Festlegung von W_{min} sind **Vergleichswerte** notwendig, die z.B. durch eine ex post Bewertung der vorhandenen Lieferanten und durch den Erfahrungsaustausch mit anderen Einkäufern gewonnen werden können. Allerdings muß im letzten Fall das gleiche oder zumindest ein sehr ähnliches Bewertungssystem verwendet werden. Werden

160

Mußkriterien definiert, dann scheiden auch insgesamt gute Lieferanten aus, die jedoch diese einzelnen Kriterien nicht erfüllen. Im Beispiel erreicht der Lieferant zwar einen vergleichsweise hohen Punktwert, wird jedoch trotzdem aus dem weiteren Verfahren ausgeschlossen, da er das Mußkriterium „Bereitschaft zur Durchführung von Audits" nicht erfüllt.

Im Anschluß an die Vorauswahl mit Hilfe eines solchen quantitativen Modells sollte als Methode der Bewertungsstabilisierung eine **Sensitivitätsanalyse** vorgenommen werden.[369] Dabei wird z.B. geprüft, ob und wie sich die Rangfolge der Anbieter ändert, wenn die Gewichte oder die Ausprägungen der Kriterien im Rahmen der möglichen Schwankungsbreiten variiert werden.

In der Praxis werden Entscheidungen der Lieferantenvorauswahl selten alleine auf formale Entscheidungsmodelle gestützt. Auf die Notwendigkeit der Berücksichtigung von „weichen" Kriterien bei der Lieferantenauswahl wurde bereits hingewiesen. Darüber hinaus ist das **organisationale Beschaffungsverhalten**, genauer das Verhalten beteiligter Personen bei der Lieferantenauswahl, zu berücksichtigen.[370]

Sheth weist darauf hin, daß in dem multipersonalen Entscheidungsprozeß zur Auswahl von Lieferanten neben den Eigenschaften des Produkts und unternehmensspezifischen Faktoren vor allem die unterschiedlichen **Erwartungen der Beteiligten** von Bedeutung sind.[371] Die Erwartungen werden dabei von dem persönlichen Hintergrund der Beteiligten (z.B. Ausbildung, Lebensstil), den verwendeten Informationsquellen, der Art der Information, den unterschiedlichen Wahrnehmungen und ggf. der Zufriedenheit mit den bisherigen Leistungen der Anbieter geprägt. Hierdurch können zwischen den Beteiligten Meinungsverschiedenheiten über die „richtigen" Lieferanten entstehen, die nicht alleine durch ein rationales Entscheidungsmodell gelöst werden können.

In der Praxis zeigen sich diese **Konflikte** z.B. bei der Diskussion um die Wichtigkeit einzelner Entscheidungskriterien (Preis oder Qualität) oder bei Fragen der Bewertung bestimmter weicher Faktoren. Mögliche Maßnahmen zur Austragung und Lösung dieser Konflikte sind die weitere Informationssammlung, Überzeugung, Verhandlung und schließlich auch taktisches Verhalten unter Einschluß von List.[372] Dabei ist zu beachten, daß auch zwischen den Mitgliedern des buying centers Informationsasymmetrien vorliegen und im Entscheidungsprozeß genutzt werden.[373] Der gesamte Pro-

---

[369] Vgl. Pfohl/Stölzle (1997), S. 176.
[370] Siehe dazu auch Lerneinheit 10.
[371] Vgl. Sheth (1973), S. 52-54.
[372] Vgl. Sheth (1973), S. 52.
[373] Siehe Abschnitt 2.3 sowie Large (1999).

zeß der Lieferantenauswahl kann deshalb als mikropolitisches Spiel verstanden werden.[374]

Auch bei **Webster** und **Wind** werden neben Umweltfaktoren und Faktoren der formalen Organisation, welche die Lieferantenentscheidung beeinflussen, auch **interpersonelle** und **individuelle Faktoren** beschrieben.[375] Interpersonelle Faktoren, die das Kaufverhalten beeinflussen, sind die eingenommenen Rollen, die Erfahrungen aus früherer Zusammenarbeit, Form der Zusammenarbeit im **buying center** und gemeinsame Wertprämissen. Daneben existieren individuelle Faktoren, z.B. bisherige Erfahrungen, Einstellungen und persönliche Präferenzen, welche die Lieferantenauswahlentscheidung jeder einzelnen beteiligten Person bestimmen. Besondere Bedeutung haben die Motive (Beweggründe), die **Webster** und **Wind** in aufgabenbezogene und nicht-aufgabenbezogene Motive unterteilen. Zu den aufgabenbezogenen Motiven für eine bestimmte Lieferantenauswahl gehören die bereits behandelten objektiven Auswahlkriterien, die in quantitative Entscheidungsmodelle und Checklisten eingehen. Die nicht-aufgabenbezogenen Motive umfassen nach **Webster** und **Wind** zum einen Motive des persönlichen Erfolgs und Fortkommens und zum anderen Motive der Reduktion von Unsicherheit. Letztere sind jedoch abgesehen von der Reduktion von Unsicherheit über persönliche Konsequenzen so eng mit der Sachentscheidung verknüpft, daß sie zu den aufgabenbezogenen Motiven gezählt werden sollten. Schließlich ist die Reduktion von Unsicherheit eine wichtige Voraussetzung wirtschaftlicher Tätigkeit.[376]

11.4 Praxisbeispiel zur Lieferantenvorauswahl

In **Abbildung 21** ist der Ablauf der Vorauswahl von Lieferanten von Produktionsmaterial für die Serienfertigung eines Unternehmens des Maschinenbaus dargestellt. Das Ablaufdiagramm ist einer Verfahrensanweisung des Qualitätsmanagementsystems entnommen. Darin sind zwei Anlässe der Lieferantenauswahl berücksichtigt: der Bedarf an neuen Lieferanten und die Behandlung von Zufallsfunden. In dem vorliegenden Fall handelt es sich also um die strategische Lieferantenvorauswahl, die der operativen vorangeht. Bemerkenswert ist auch der Schritt „Abstimmung mit anderen Bereichen", der die Möglichkeit einer multipersonalen Vorentscheidung eröffnet. Die Lieferantenselbstauskunft erfolgt in diesem Unternehmen erst nach der Vorauswahl. Nicht zuletzt deshalb bleibt die Art und Weise der Vorauswahl und der dabei verwendeten Daten offen. Die Auswahl kann sich höchstens auf Informationen stützen, die bei den „ersten Verhandlungen" erfragt wurden

---

[374] Siehe dazu ausführlich Large (1995), S. 168-169.

[375] Die folgenden Ausführungen vgl. Webster/Wind (1972b), S. 17-19, Webster/Wind (1972a), S. 35-37, 75-107.

[376] Siehe dazu Large (1995), S. 50-61.

oder die aus den repräsentativen Anfragen hervorgehen. Der Verfahrensschritt der Dokumentation, auf dessen Wichtigkeit bereits hingewiesen wurde, ist explizit aufgeführt.

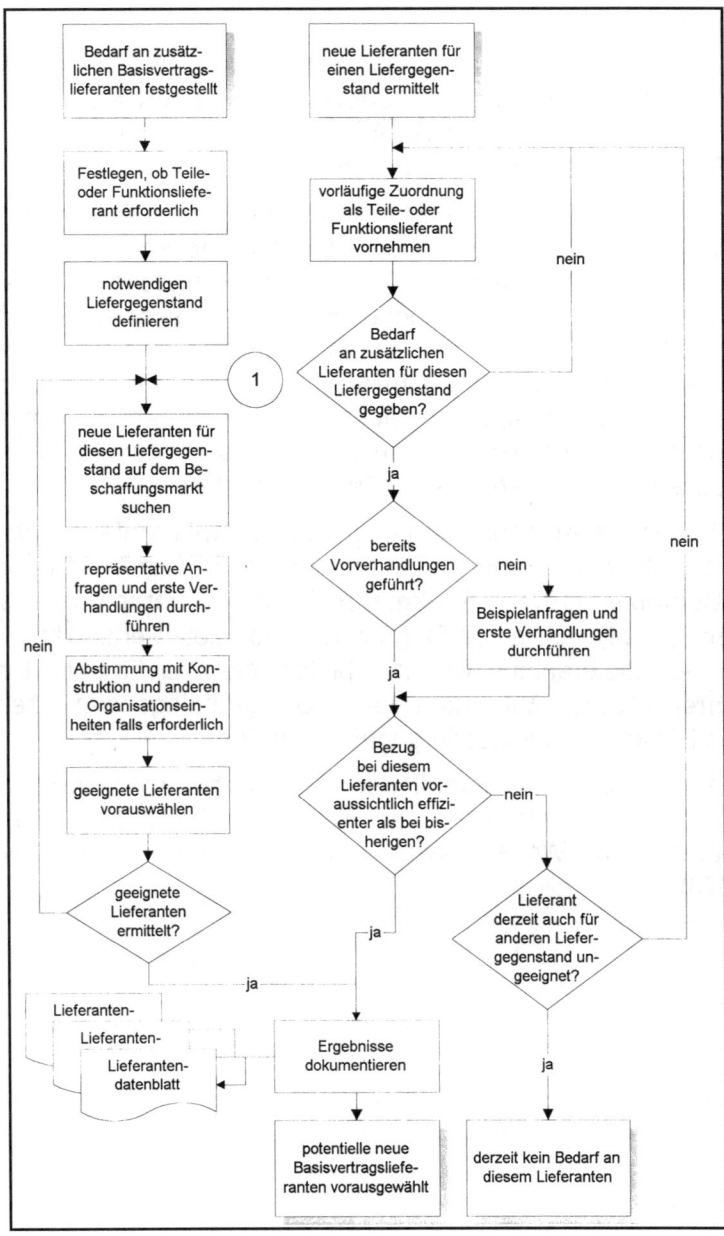

Abbildung 21:   Ablauf der Lieferantenvorauswahl in einem Unternehmen des Maschinenbaus.

Empfohlene Literatur zur Lerneinheit 11

Zur Lieferantenauswahl liegt umfangreiches Material im Schrifttum vor. Es können an dieser Stelle deshalb nur einige Hinweise auf ausgewählte Arbeiten gegeben werden.

Das Phasenkonzept der Lieferantenauswahl findet sich in zahlreichen Lehrbüchern. Zur Vertiefung kann **Monczka/Trent/Handfield** (1998) sowie speziell für Investitionsgüter **Backhaus** (1997), S. 55-59, und für Partnerschaften **Ellram** (1991a) empfohlen werden.

Ausführungen zur Lieferantenidentifikation finden sich in allen beschaffungswirtschaftlichen Lehrbüchern. Zu den Besonderheiten der Einbeziehung ausländischer Beschaffungsmärkte finden sich vertiefende Aussagen und Ergebnisse empirischer Untersuchungen zum Beispiel in **Monczka/Giunipero** (1984), **Monczka/Trent** (1991b), **Min/Galle** (1991), **Pfohl/Large** (1991), **Ellram** (1992), **Frear/Metcalf/Alguire** (1992), **Birou/Fawcett** (1993). Speziell mit der Beschaffung in Mittel- und Osteuropa befassen sich **Pfohl/Large** (1993) und **Pfohl/Large** (1997). Als praxisnahe Übersicht für den asiatischen Raum sei **Rückels** (1994) empfohlen.

Ebenfalls haben die Kriterien der Lieferantenauswahl umfangreiche Beachtung in der Literatur erfahren. Zu empfehlen sind insbesondere **Zäpfel** (1973a), **Dempsey** (1978), **Spekmann** (1988), **Glantschnig** (1994) und **Donaldson** (1994). Eine umfangreiche und detaillierte Übersicht der Methoden der Lieferantenbewertung bieten die Aufsätze in **Hartmann/Pahl/Spohrer** (1997). Außerdem kann zur grundlegenden Literatur der normativen Entscheidungstheorie gegriffen werden.

Einen guten Einblick in die verhaltenswissenschaftlichen Aspekte der Lieferantenauswahl geben wiederum die „Klassiker" des organisationalen Beschaffungsverhaltens **Webster/Wind** (1972a), **Webster/Wind** (1972b) und **Sheth** (1973).

12. Lerneinheit:

Aufbau von Lieferanten-Abnehmer-Beziehungen

Die Notwendigkeit guter Lieferanten-Abnehmer-Beziehungen wurde bereits in der Lerneinheit 10 betont. Nachdem wir in der vorangegangenen Lerneinheit die strategische Lieferantenvorauswahl diskutiert haben, folgt nun entsprechend der **Abbildung 19** die Aufbau- und Förderphase, die mit einer Finalentscheidung über die Einbeziehung des bzw. der benötigten Neulieferanten endet. Gegenstand der folgenden Lerneinheit ist somit der Wandel der vorausgewählten Lieferanten zu Aufbaulieferanten, aus denen schließlich ein Lieferant oder falls erforderlich mehrere Lieferanten ausgewählt und für die Belieferung freigegeben werden.

Lernziele

Nach dem Studium dieser Lerneinheit sollten Sie in der Lage sein,

- die vier möglichen Ausgangssituationen zu Beginn der Aufbauphase abzugrenzen,
- den Ablauf der Aufbauphase zu beschreiben,
- die Gestaltungsaufgaben der wert- und flußbezogenen Ebene zu nennen und im Detail zu erläutern,
- die Gestaltungsaufgaben der sozialen und rechtlichen Ebene zu nennen und im Detail zu erläutern,
- die Finalentscheidung und die rechtliche Einbindung zu beschreiben.

12.1 Aufgaben der Aufbau- und Förderphase

Die vorangegangene Phase der strategischen Lieferantenvorauswahl hatte mit der Selektion von vorausgewählten Lieferanten aus der Masse der Anbieter auf einem Beschaffungsmarkt geendet. Diese werden auf Basis der bisher vorliegenden Informationen im Lieferanten-Erfolgspotential-Portfolio (**Abbildung 15**) angeordnet. Damit können zu Beginn der Aufbau- und Förderphase **vier mögliche Ausgangssituationen** bestehen, die in **Abbildung 22** dargestellt sind. Im ersten Fall gibt es mehrere vorausgewählte Lieferanten, die auf den ersten Blick den Anforderungen entsprechen und einen ähnlichen Beitrag zum externen Erfolgspotential leisten (1). Ebenso kann die Situation eintreten, daß mehrere Anbieter mit ähnlichem Potential vorausgewählt werden konnten, die jedoch allesamt den Anforderungen nicht völlig entsprechen (2). Im dritten Fall ist die Vorentscheidung für einen Anbieter bereits gefallen, der über ein außerordentliches Potential verfügt (3). Auch im vierten Fall hat man sich bereits für einen Anbieter als Lieferant entschieden, da die anderen Alternativen indiskutabel erschienen. Trotzdem erfüllt auch dieser noch nicht alle Anforderungen (4).

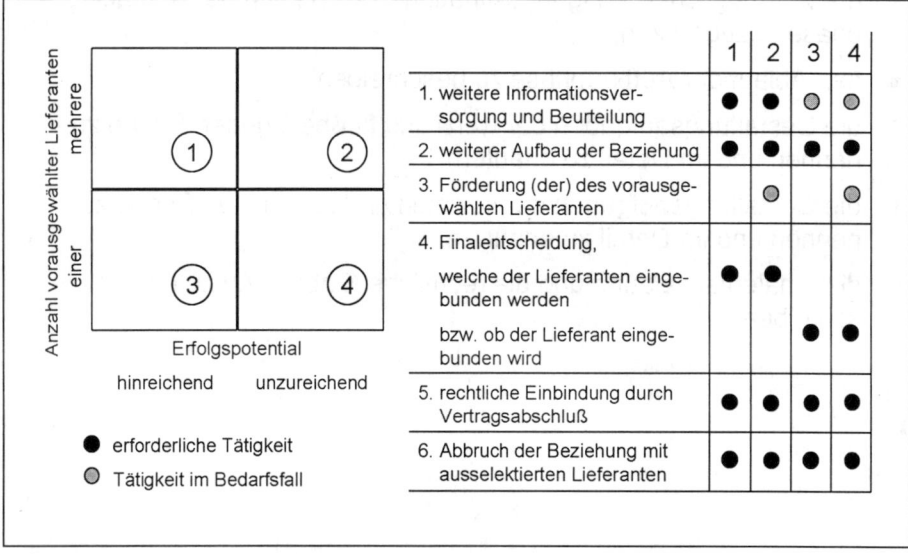

Abbildung 22: Situationen nach Abschluß der Phase der Lieferantenvorauswahl und durchzuführende Tätigkeiten in der Aufbauphase.

Diesen vier Ausgangssituationen können nun die in der Aufbauphase durchzuführenden Tätigkeiten zugeordnet werden (**Abbildung 22**). Der Umfang der **weiteren Informationsversorgung** und Beurteilung hängt wesentlich vom Wissensstand nach der Phase der Vorauswahl ab. Empfinden die Beschaffungsmanager weiterhin hohe Unsicherheit über die Beschaffungssituation oder das Verhalten der bzw. des vorausgewählten Lieferanten, dann sind weitere Schritte der Informationsversorgung zur Reduktion dieser Unsicherheit notwendig.[377] Häufig liegt die Ursache weiterhin bestehender Unsicherheit auch in einer mangelhaften Nutzung vorliegender Informationen und in einer Flut von (unbrauchbaren) Informationen. Die Ursachen für solche **Informationspathologien** können z.B. unzureichende Grundkenntnisse, Betriebsblindheit, Informationsüberlastung oder die Überbewertung eigener Erfahrungen sein.[378] Nicht zuletzt deshalb muß die Effizienz weiterer Informationsversorgung geprüft werden. Beispielsweise sollte ein Beschaffungsmanager kritisch hinterfragen, ob der **Aufwand** für ein weiteres Gespräch, einen weiteren Besuch vor Ort etc. in angemessenem Verhältnis zu dem zusätzlich zu erlangenden Wissen steht.

Als zweiter wichtiger Aufgabenblock ist der **weitere Aufbau der Beziehung** zu bewerkstelligen, der Hand in Hand mit der weiteren Informationsversorgung und Beurteilung geht. Diese zentralen Aufgaben werden wir in den nächsten beiden Abschnitten geordnet nach den Ebenen der Lieferanten-Abnehmer-Beziehungen[379] diskutieren. Daran schließen sich in Abschnitt 12.4 Überlegungen zur **Finalentscheidung** und zum Vertragsabschluß an. Da Lieferantenförderung eine generelle Maßnahme der Beeinflussung und Unterstützung entwicklungsfähiger Lieferanten darstellt, wird dieser wichtige Bereich des Beschaffungsmanagements im Zusammenhang der Lieferantensteuerung im Abschnitt 15.3 behandelt.

12.2 Aufbau der wert- und flußbezogenen Ebene

In Abschnitt 10.3 hatten wir als wichtige Fragen der **wertbezogenen Ebene** einer Lieferanten-Abnehmer-Beziehung die Verteilung von Entwicklungstätigkeiten zwischen den beiden Geschäftspartnern, die Anforderungen an die Eignung des Beschaffungsobjekts und die Fähigkeit und Bereitschaft des Lieferanten zur Erfüllung dieser Anforderungen eingeführt.

Im Rahmen von objektbezogenen **Verhandlungen** ist deshalb die Eignung und damit die Eigenschaften der Beschaffungsobjekte bzw. der zu liefernden Beschaffungsobjektgruppen zu klären.[380] Als Verhandlungsgrundlage dienen dazu von seiten des Abnehmers Beschaffungsunterlagen, wie **Pflichtenhefte** (beziehungsspezifische Beschaffungsobjekte) oder **technische Zeichnungen** (abnehmerspezifische Beschaffungsobjekte). Ein Pflichtenheft stellt eine Beschreibung der Anforderungen an das noch zu erstellende Beschaf-

---

[377] Zur Bedeutung des subjektiven Unsicherheitsempfindens siehe Large (1995), S. 52-53, Wittmann (1959), S. 28-31, Wittmann (1980), Sp. 898.
[378] Vgl. Scholl (1992).
[379] Vgl. Lerneinheit 10.
[380] Zur Vorbereitung und Durchführung von Verhandlungen siehe ausführlich Abschnitt 15.2.

fungsobjekt in Textform dar und bildet den Ausgangspunkt für die Konstruktion. Dagegen liefern Zeichnungen neben der Gestalt des herzustellenden Objekts auch genaue Informationen über das Material und die Herstellung (z.B. Bearbeitungsverfahren, Oberflächenbehandlung und Korrosionsschutz). Daneben können weitere Anforderungen gestellt werden, wie das Bestehen spezieller Prüfungen (z.B. Röntgen der Schweißnähte) oder die Ausstellung bestimmter Materialzeugnisse.

Die Vertreter der vorausgewählten Lieferanten können anhand dieser Unterlagen prüfen, ob sie **technologisch in der Lage** sind, diese Anforderungen zu erfüllen. Es geschieht in der Praxis nicht selten, daß auch Zeichnungslieferanten Verbesserungsvorschläge hinsichtlich der Gestaltung eines Beschaffungsobjekts oder der vorgeschriebenen Herstellungsverfahren machen, die sich zum Nutzen beider Geschäftspartner erweisen. Auf der anderen Seite kann ein Abnehmer von anbieterspezifischen und unspezifischen Beschaffungsobjekten anhand der Anbieterunterlagen, wie z.B. Kataloge, Produktbeschreibungen, Datenblätter, Zeichnungen (Einbaumaße) usw., prüfen, ob diese **Objekte geeignet** sind, d.h. in seinen Produkten bzw. Prozessen Verwendung finden können. Dabei sind Anpassungen der Anforderungen bzw. der Ausführung möglich, jedoch in der Regel aufgrund der notwendigen Anpassungskonstruktion und Sonderfertigung sehr aufwendig.

Die Abstimmungsprozesse sind bei beziehungsspezifischen Beschaffungsobjekten am umfangreichsten, da diese Beschaffungssituation aufgrund der nur groben Definition der Objektgestalt von einer hohen Unsicherheit geprägt ist und zur Sicherung der Eignung ein **abgestimmter Entwicklungsprozeß** ablaufen muß. Auch ein sehr gut ausgearbeitetes Pflichtenheft macht den direkten Kontakt der Entwicklungsingenieure nicht überflüssig. Damit kommen wir zur zweiten Fragestellung, nämlich der Verteilung der Entwicklungsaufgaben zwischen Lieferant und Abnehmer. Bereits die Erstellung des Pflichtenhefts kann gemeinsam mit einem oder mehreren vorausgewählten Lieferanten erfolgen. Grundformen der weiteren Zusammenarbeit sind die beinahe selbständige Entwicklung durch den Lieferanten nach Pflichtenheft und zum anderen die gemeinsame Entwicklung in sogenannten **Entwicklungsteams**,[381] die sich aus Mitarbeitern beider Unternehmungen zusammensetzten.

In beiden Fällen ist eine **angemessene vertragliche Absicherung** erforderlich, die eine Verbindung zur rechtlichen Ebene herstellt. Dazu bieten sich zwei prinzipielle Möglichkeiten und eine Fülle von Zwischenformen an. Ist die Vorauswahl bereits auf einen Lieferanten gefallen (Fall 3 in **Abbildung 22**),

---

[381] Die Arbeit in Entwicklungsteams betrifft darüber hinaus die soziale Ebene. Siehe dazu den folgenden Abschnitt.

bietet sich an, die Entwicklung als Teil der späteren Lieferung zu betrachten und in einem Vertrag zu fassen. Der Lieferant erhält dann als Gegenleistung für seinen Entwicklungsaufwand Exklusivlieferrechte für einen bestimmten Zeitraum und entsprechende Zugeständnisse bei der Preisfestlegung. Die andere Möglichkeit ist ein separater Entwicklungsvertrag, der Vereinbarungen über eine Entwicklungsvergütung, die zugesicherten Eigenschaften, die Zielkosten der Beschaffungsobjekte, die Rechte an der Entwicklung usw. enthält.

Als dritten Themenbereich hatten wir die Fähigkeit und Bereitschaft des Lieferanten zur **Erfüllung der Anforderungen** angesprochen. Die Fähigkeit und Bereitschaft des Lieferanten war bereits Gegenstand der Lieferantenvorauswahl.[382] Nach der Vorauswahl, die den Kreis der potentiellen Lieferanten sehr eingeengt hat, kann nun eine sehr aufschlußreiche, jedoch auch aufwendige Methode der Lieferantenbefragung und -beobachtung durchgeführt werden: das **Lieferantenaudit**.[383]

Das Lieferantenaudit kann im Prinzip als Verfahrensaudit oder als Systemaudit durchgeführt werden.[384] Mit dem **Prozeßaudit** überprüfen Mitarbeiter des Abnehmers, ob die Prozesse des Lieferanten die Voraussetzungen für die Herstellung von Beschaffungsobjekten mit hoher Produktqualität bieten. Gegenstand eines Prozeßaudits sind die Ressourcen des Lieferanten, z.B. die Produktionsmittel, Prüfmittel, Verfahren und Mitarbeiter. Als Bewertungskriterien dienen beispielsweise das Vorhandensein von Qualitätsverbesserungsprogrammen, das Vorhandensein von Sperrlagern, die Güte der Dokumentation von Qualitätsprüfungen, die Übereinstimmung der tatsächlichen Handlungen mit den Regeln usw. Das **Systemaudit** geht darüber hinaus und überprüft die Angemessenheit aller Maßnahmen des Lieferanten.[385] In der betrieblichen Praxis der Lieferantenauditierung dominieren Mischformen von Prozeß- und Systemaudits. Die genaue Ausgestaltung des Lieferantenaudits hängt ganz wesentlich von der Art der Lieferanten-Abnehmer-Beziehung und der Beschaffungsobjektgruppe ab. Anwendung findet es vor allem bei Lieferanten von Produktionsmaterial. Es kann jedoch bei allen Lieferanten durchgeführt werden, mit denen eine dauerhafte Beziehung angestrebt wird. Ein Beispiel dafür ist das Audit von Logistikdienstleistern.

---

[382] Vgl. Lerneinheit 11.

[383] Eine speziell auf die Qualitätsfähigkeit des Lieferanten ausgerichtete Form des Audits ist in DIN ISO 8402, S. 12, genormt. Danach ist ein Qualitätsaudit eine „systematische und unabhängige Untersuchung, um festzustellen, ob die qualitätsbezogenen Tätigkeiten und die damit zusammenhängenden Ereignisse den geplanten Vorgaben entsprechen und ob diese Vorgaben wirkungsvoll verwirklicht und geeignet sind, die Ziele zu erreichen."

[384] Vgl. Kirstein/Fernholz/Zenz (1996), Sp. 1724-1729.

[385] Zu den Einzeltätigkeiten zur Vorbereitung und Durchführung eines Systemaudits siehe z.B. Kastreuz (1994), S. 82-86.

Ein erfolgreiches und effizientes Audit setzt ein **Zusammenwirken** von Beschaffungsmanagement, Qualitätswesen und Produktionsmanagement bei der Auditplanung, den Vorbereitungsgesprächen mit dem Lieferantenvertretern, der Durchführung, der Dokumentation und der anschließenden Maßnahmenplanung voraus. Durch den Umfang der Tätigkeiten, die mit einem Lieferantenaudit verbunden sind, und durch die Anzahl der beteiligten Personen, werden dessen **Kosten** bestimmt. Aus Erfahrung kann man sagen, daß diese selten einen Wert von 5000,- DM unterschreiten, bei ausländischen Lieferanten (Reisekosten) auch erheblich größer sein können. Deshalb sollte das Audit erst nach der Lieferantenvorauswahl bei einem kleineren Kreis potentieller Lieferanten durchgeführt werden. Außerdem erfordert ein Audit auch die Mitwirkung der Lieferanten, die dazu in der Regel nur bereit sein werden, wenn sie eine begründete Aussicht auf eine Auftragsvergabe haben.

Ein gutes Mittel zur ex ante Beurteilung der **Funktionsfähigkeit der wertbezogenen Ebene** einer zukünftigen Lieferbeziehung sind **Muster,**[386] die von einem vorausgewählten Lieferanten erstellt und vom Abnehmer einer intensiven Prüfung unterzogen werden. Durch die Erstellung von Mustern können sowohl der Abnehmer als auch der Lieferant nachprüfen, ob die Fähigkeiten zur Erstellung repräsentativer Beschaffungsobjekte ausreichen. Muster können als **Angebotsmuster** oder Vormuster bereits sehr früh angefordert werden, um zu sehen, ob der Anbieter überhaupt in der Lage ist, Beschaffungsobjekte der gesuchten Beschaffungsobjektgruppe, z.B. Zeichnungteile mit anspruchsvollen Lagetoleranzen, zu fertigen. Mit einem **Erstmuster** kann der Lieferant beweisen, daß er dieses Objekt mit den für die spätere „Serienfertigung vorgesehenen Einrichtungen und Verfahren unter den zugehörigen Randbedingungen"[387] herstellen kann. Die Erstellung von Erstmustern wird deshalb bereits erhebliche Kosten verursachen und kann aus diesem Grund in der Regel erst nach der strategischen Lieferantenauswahl erfolgen. In vielen Unternehmungen ist jedoch die Vorlage eines geeigneten Erstmusters die Voraussetzung einer erstmaligen Beauftragung für dieses bestimmte Beschaffungsobjekt.

Damit sind bereits Aspekte des Leistungsaustauschs und damit der **flußorientierten Ebene** der Lieferanten-Abnehmer-Beziehungen angesprochen. Auch auf dieser Ebene sind eine Reihe von Fragen in der Aufbauphase zu klären. Wir wollen uns zunächst der physischen Ebene (**Beschaffungslogistik**) zuwenden. In der Aufbauphase muß zunächst auf Basis des Zieleinkaufsvolumens vereinbart werden, welche **Mengen**, in welchen Losen und damit in welcher **Häufigkeit,** angeliefert werden müssen und wie die

---

[386] Zum Begriff „Muster" und den verschiedenen Arten von Mustern siehe DIN 55350, Teil 15.
[387] DIN 55350, Teil 15, S. 2.

Anforderungen an die **Lieferzeit und Lieferzuverlässigkeit** sind. Damit werden bereits Festlegungen hinsichtlich des gewählten Prinzips der Bereitstellung getroffen. Nach **Grochla** können die **Bereitstellungsprinzipien** Vorratshaltung, Einzelbeschaffung im Bedarfsfall und Einsatzsynchrone Anlieferung unterschieden werden.[388]

Bei **Vorratshaltung** beliefert der Lieferant ein Lager, in dem die Produktionsmaterialien, Verpackungsmaterialien, Büromaterialien, Betriebsstoffe usw. bevorratet werden. Nachbestellungen erfolgen, wenn ein Bestellbestand unterschritten wird oder wenn eine Bestellperiode abgelaufen ist.[389] Mit dem Lieferant ist insbesondere zu klären, in welchen Bestellmengen, Jahresmengen und Verpackungen, zu welchen Preisen und mit welchen Wiederbeschaffungszeiten angeliefert wird. Die Jahresmengen können aus den Vergangenheitswerten prognostiziert (verbrauchsorientierte Materialbedarfsplanung) oder aus einem mittelfristigen Produktionsprogramm mit Hilfe von Stücklisten abgeleitet werden (programmorientierte Materialbedarfsplanung). Die „optimalen Bestellmengen" lassen sich daraus beispielsweise unter Berücksichtigung von Behältergrößen mit der bekannten Bestellmengenformel berechnen.

Breite Anwendung findet auch das **Prinzip der Einzelbeschaffung im Bedarfsfall**, sowohl bei programmorientiert geplantem Produktionsmaterial als auch bei allen nicht lagergeführten sonstigen Materialien und Investitionsgütern, die erst bei Vorliegen eines konkreten Bedarfs bestellt werden. Soweit möglich sollten mittelfristige Materialbedarfs- bzw. Investitionsplanungen durchgeführt werden,[390] die einen Überblick über die Jahresbedarfsmengen erlauben. Auf dieser Basis sind Vereinbarungen über voraussichtliche Jahresbezugsmengen, Preise, Rabatte, Behältergrößen, Verpackungsarten, Behandlung von Retouren usw. und bei **regelmäßigem Bedarf** auch von voraussichtlichen Bestellmengen möglich.

Schwierig ist die logistische Gestaltung beim Bezug von **sporadisch benötigten Gütern**, wie z.B. speziellen Werkzeugen, seltenen Ersatzteilen und einzelnen Fachbüchern. Aber selbst hier können entsprechende Vereinbarungen, z.B. mit einem Buchhändler, einem Büromateriallieferanten oder einem Vollsortimenter für Werkzeuge, getroffen werden. Mittlerweile stellen solche Lieferanten Datenbanken und Bestellprogramme auf CD-ROM oder als Internet- bzw. Extranet-Lösungen zur Verfügung, die eine einfache Bestellung aus einem großen Sortiment erlauben und bei einer entsprechenden Vereinbarung über das gesamte Einkaufsvolumen kundenspezifische Preise bzw. Rabatte enthalten.

---

[388] Vgl. Grochla (1978), S. 24-29.
[389] Siehe z.B. Pfohl (2000), S. 106-108.
[390] Siehe Lerneinheit 5.

Die **Einsatzsynchrone Anlieferung** stellt eine Sonderform der Einzelbe-schaffung im Bedarfsfall dar, bei der die regelmäßige Wiederholung der Bedarfsfälle zu einer feineren Planung und effizienten Gestaltung des Logistiksystems genutzt wird. Bei diesem Bereitstellungsprinzip müssen in der Aufbauphase zusätzlich die Lieferzeit, die Zeitfenster der Anlieferung, die Lieferzuverlässigkeit und Lieferungsbeschaffenheit sowie Fragen der Versorgungssicherung, wie z.B. Sicherheitsbestände beim Lieferanten, geklärt werden. Für den Lieferanten stellen Abnahmegarantien sowie die Übernahme der zusätzlichen Logistikkosten wesentliche Verhandlungs-gegenstände dar. Eine besondere Querverbindung besteht zur wertorien-tierten Ebene, da bei einsatzsynchroner Anlieferung zur weiteren Beschleu-nigung der Materialflüsse in der Regel auf die Wareneingangsprüfung verzichtet wird. Die produktionssynchrone Beschaffung von Produktions-material ist wesentlicher Baustein der Just-in-time-Produktion.[391] Allerdings weisen **Homburg** und **Werner** nach Auswertung vorliegender empirischer Untersuchungen darauf hin, daß die JIT-Beschaffung keineswegs zum Normalfall der Beschaffungslogistik geworden ist und mit einer Fülle von Risiken verbunden sein kann.[392]

Bei allen Bereitstellungsprinzipien, jedoch vor allem bei einsatzsynchroner Anlieferung, ist die Möglichkeit der **Einbeziehung von Logistikdienst-leistern** ein weiteres Gestaltungsfeld auf der logistischen Ebene einer Lieferanten-Abnehmer-Beziehung. Genauer betrachtet handelt es sich dabei um drei eng verwobene Teilfragen. Zum einen muß festgelegt werden, wer die **Kosten der Anlieferung** und die **Verantwortung** für die sachgerechte Anlieferung trägt. Im Beschaffungsbereich dominiert „frei Haus" Lieferung, d.h. die Fracht und die Transportversicherung werden vom Lieferanten getragen und sind somit im Einkaufspreis enthalten. Die zweite Frage ist, ob der Lieferant bzw. der Abnehmer selbst die Anlieferung durchführt oder ob diese Aufgabe von einem Logistikdienstleister, z.B. einem Spediteur, übernommen wird. Es handelt sich also um die Frage nach **der Eigenferti-gung oder dem Fremdbezug von Logistikleistungen**.[393]

Bei der Entscheidung für Fremdbezug bleibt als letzte Gestaltungsaufgabe die **Auswahl des Logistikdienstleisters**.[394] Häufig kommt dafür zum einen der „Hausspediteur" des Abnehmers oder des Lieferanten in Betracht. Auch für Logistikdienstleister gelten die gleichen Überlegungen wie für andere Lieferanten. Es sollte auch bei diesen auf eine weitestgehende Konzentration und gründliche Lieferantenauswahl geachtet werden. Dies trifft vor allem dann zu, wenn die Lieferungen nicht frei Haus erfolgen, d.h. die

---

[391] Siehe z.B. Wildemann (1990), S. 311-312, Wildemann (1991), S. 150-151.
[392] Vgl. Homburg/Werner (1994).
[393] Siehe dazu ausführlich Pfohl/Large (1992), insbesondere S. 33-39.
[394] Siehe dazu Large/Lichtenberger/Kovács (2000).

beschaffende Unternehmung für die Steuerung der Logistikunternehmen verantwortlich ist.

Da ein Lieferant verschiedene Güter, sogar verschiedene Gütergruppen beliefern kann, ist die Wahrscheinlichkeit groß, daß dieser sowohl auf Vorrat als auch im Bedarfsfall und einsatzsynchron anliefert, wodurch komplexe interorganisatorische Logistiksysteme entstehen. Von besonderer Bedeutung für das Beschaffungsmanagement ist dabei die **Spezifität der interorgani-satorischen Logistiksysteme**, also die Frage inwieweit ein Logistiksystem auf eine bestimmte Lieferanten-Abnehmer-Beziehung zugeschnitten ist. Einerseits lassen sich, z.B. durch die Verwendung von Spezialbehältern, speziellen Transportvorrichtungen, speziellen Formularen oder Wegen der Datenübertragung, Rationalisierungspotentiale erschließen. Andererseits wächst damit die Bindung zu einem bestimmten Lieferanten, der dement-sprechend sorgfältig ausgewählt sein muß.

Damit ist bereits der zweite Aspekt der flußorientierten Ebene angesprochen: der **Datenfluß**. Wie bereits in Abschnitt 10.3 betont, handelt es sich im eigentlichen Sinne nicht um einen eigenständigen Fluß, sondern eher um eine Abbildung der Finanzflüsse und der physischen Flüsse. In der Aufbau-phase muß vor allem bei geplanter intensiverer Zusammenarbeit die Struktur der auszutauschenden Daten und die Technologie der Datenübertragung diskutiert werden.

Neben den klassischen **Kommunikationstechnologien**, wie Post, Telefon und Fax können zur Übertragung von Zahlungs- und Logistikdaten auch EDI-Systeme (Electronic Data Interchange) eingesetzt werden.[395] Obwohl EDI-Systeme nicht notwendigerweise zu kleineren Bestellmengen und damit zu einer größeren Häufigkeit der Bestellungen führen, scheint deren Einsatz die Intensität von Lieferanten-Abnehmer-Beziehungen zu stärken.[396] Insbeson-dere zur informatorischen Verknüpfung bei einsatzsynchroner Beschaffung wird deshalb ein überbetrieblicher Informationsverbund zwischen Lieferant, Abnehmer und Logistikdienstleister angestrebt.[397]

Wichtige **Gestaltungsfragen** in der Aufbauphase sind die Festlegung der genutzten Datenformate (z.B. EDIFACT oder ODETTE) und die technischen und personellen Voraussetzungen in beiden Unternehmungen. Die Nutzung dieser Systeme für eine neue Lieferanten-Abnehmer-Beziehung wird wesentlich davon abhängen, über welche Erfahrungen die beiden Unterneh-men mit diesen Technologien verfügen. Die neuste Entwicklung auf dem Gebiet der Telekommunikation ist die Verwendung der **Internet-Technologie** zum Aufbau von datenflußorientierten Beziehungen. Dabei

---

[395] Vgl. Wald (1996a), (1996b), (1997). Siehe dazu auch Ellram/Birou (1995), S. 136-143.
[396] Vgl. Marcussen (1996), S. 25.
[397] Vgl. Kubicek (1992).

reicht das Spektrum von unstrukturierten E-Mails bis hin zur Sendungs-verfolgung im World Wide Web und der vollständigen elektronischen Bestell- und Zahlungsabwicklung über das Internet oder Extranets.[398] Die beiden großen Vorteile dieser Technologien sind der einfache Zugang zum Internet und die Verwendung von allgemein verbreiteter, einfacher und kostenloser E-Mail- und Browser-Software.

Werden umfangreiche Sortimente unspezifischer Beschaffungsobjekte be-schafft, kann die Anlage von **elektronischen Produktdatenkatalogen** vor-teilhaft sein. Elektronische Produktdatenkataloge sind Voraussetzung für die Anwendung von internetbasierten Direct Purchasing Lösungen für das operative Beschaffungsmanagement, wie z.B. Business-to-Business-Procurement von SAP. Einkäufer und sogar Bedarfsträger können direkt durch Auswahl aus einem Katalog, z.B. für Büro- oder Instandhaltungs-material, Bestellungen beim Lieferanten vornehmen.

Produktkataloge können von einem Abnehmer, seinen Lieferanten oder von Dienstleistern aufgebaut und gepflegt werden.[399] Der Zugriff auf die Kata-logdaten erfolgt dementsprechend über das Intranet des Abnehmers oder über das Internet. Neben klassischen Daten, wie Artikelbeschreibung, Preisen und Verpackungsangaben, können diese Kataloge auch Bilder, Zeichnungen und weitere technische Informationen enthalten. Ein Problem stellen derzeit die unterschiedlichen Strukturen dieser Kataloge dar. Für ein Abnehmerunternehmen kann dies bedeuten, daß jeder Lieferant die Datenbanken in seinen Formaten zur Verfügung stellen möchte. Sinnvoll ist deshalb für Lieferanten und Abnehmer die Verwendung eines Katalog-standards, um die Daten möglichst aller in Frage kommenden Lieferanten bzw. Kunden in einfacher Weise zusammenzuführen. Mit dem Katalog-standard **BMEcat** hat der Bundesverband Materialwirtschaft, Einkauf und Logistik in Zusammenarbeit mit führenden Unternehmen eine gute Voraus-setzung dafür geschaffen.[400]

Neben der Übertragung von Bestelldaten können diese Internet-Technologien auch für die **Abwicklung von Finanzflüssen** verwendet werden. Allerdings dominieren noch immer die traditionellen **Formen des Zahlungsverkehrs.** Auch die Entwicklung beim Einsatz von sogenannten **purchasing cards** für geringwertige Beschaffungsobjekte, wie z.B. Büromaterial oder Instandhaltungsmaterial, erscheint derzeit noch offen, obwohl dieses Thema intensiv diskutiert wird und die Anbieter dieser Kredit-kartensysteme für den geschäftlichen Einkauf rege Marketingaktivitäten entfalten. Darüber hinaus liegen sehr positive Anwenderberichte vor.[401]

---

[398] Vgl. Brenner/Wilking (1998), Hoppe/Kracke (1998), Brenner/Zarnekow (2000).
[399] Vgl. Brenner/Lux (2000), S. 160-165.
[400] Vgl. Bundesverband Materialwirtschaft, Einkauf und Logistik (Hrsg.) (2000).
[401] Vgl. Orths (1997).

Allerdings ist fraglich, ob sich die stets angeführten Zeiteinsparungen tatsächlich dauerhaft einstellen, da eine Reihe administrativer Tätigkeiten, wie Bestellung, Bestellverfolgung, Klärung von Fehlern etc. vom Einkauf auf den Karteninhaber verlagert werden. Purchasing cards eröffnen jedoch eine interessante Kombination mit der Bestellung über das World Wide Web, da bei Nutzung der Kartennummer die Bezahlung des Lieferanten über das Kreditkartensystem erfolgen kann.

Neben technologischen Fragestellungen sind auf der monetären Ebene **kaufmännische Aspekte**, wie Zahlungsziele, Skonti usw. zu klären. Im Mittelpunkt werden allerdings die **Preise** stehen. Deshalb müssen nun Anfragen versendet[402] und auf Basis der daraufhin erstellten Angebote **Preisverhandlungen** geführt werden. Hilfreich ist dabei eine **Preisstrukturanalyse**. Dabei versucht der zuständige Beschaffungsmanager die Bestandteile des Stückpreises, wie beispielsweise die Vormaterialkosten, Fertigungskosten, Logistikkosten und den Gewinnanteil, durch eine eigene Kalkulation abzuschätzen, um hierdurch die Verhandlungsspielräume des Lieferanten und Möglichkeiten der Kostenreduktion zu ermitteln.[403]

Neben den Preisen der Beschaffungsobjekte im engeren Sinne können Staffelpreise oder Mindermengenzuschläge, zur Abbildung der Mengenabhängigkeit der Preise, sonstige Nebenkosten (z.B. Verpackung), Vertragsstrafen (Pönale) und **Preisgleitklauseln** vereinbart werden. Beispielsweise können die Preise für Zeichnungsteile derart festgeschrieben werden, daß sie aus einem festem Anteil und Anteilen, die sich proportional zu dem zugehörigen Materialpreisindex und Lohnindex des Statistischen Bundesamtes verhalten, bestehen. Weiterhin sollte die Gestaltung der **Rechnungsstellung** und die Art und Weise der **Bezahlung** besprochen werden. Gerade bei Lieferanten-Abnehmer-Beziehungen, über die der häufige Bezug von verschiedenen Gütern mit geringem Wert realisiert werden soll, wie z.B. bei Büromaterial oder bei C-Teilen, bieten sich strukturierte **Sammelrechnungen** für einen Zeitraum statt Einzelrechnungen je Bestellung an.

12.3 Aufbau der sozialen und rechtlichen Ebene

Betrachtet man die **soziale Ebene** der Lieferanten-Abnehmer-Beziehung, dann wird deutlich, daß in der Aufbauphase durch **Verhandlungs- und Gestaltungsprozesse** soziale Beziehungen zwischen Mitarbeitern eines vorausgewählten Lieferanten und solchen der Abnehmerunternehmung entstehen. In **organisationsübergreifenden** Entwicklungsteams, in **Teams**, die informatorische oder logistische Beziehungen aufbauen, und in gemeinsamen Qualitätssicherungsteams werden die Mitarbeiter miteinander

---

[402] Siehe dazu Lerneinheit 13.
[403] Vgl. Arnold (1997), S. 186-189.

persönlich bekannt, sie lernen die formellen und informellen Regeln der anderen Organisation kennen und erfahren mehr über die Leistungsfähigkeit und Leistungsbereitschaft der Teammitglieder. Auf diese Weise kann sich **Vertrauen** in der neuen Beziehung entwickeln oder im anderen Fall die Gewißheit entstehen,[404] daß die bisherigen Einschätzungen hinsichtlich der Leistungsbereitschaft zu positiv waren. Ebenso wie die im folgenden zu besprechenden Verhandlungen dient die Zusammenarbeit in Teams also auch der Bestätigung oder Korrektur der eigenen **Erwartungen**. Die Signale der anderen externen und internen Teilnehmer werden sorgsam aufgenommen und bei der Finalentscheidung berücksichtigt.

In **Verhandlungen** werden die Leistungen und Gegenleistungen der beteiligten Unternehmen geklärt. Wiederum kommt es zu direkten Kontakten zwischen Mitarbeitern beider Unternehmen, die den Aufbau sozialer Beziehungen ermöglichen. Verhandlungen dienen dem Informationsaustausch und vor allem der **Konflikthandhabung**.[405] Konflikte beim Aufbau von Lieferanten-Abnehmer-Beziehungen sind unvermeidbar und haben ihre Ursache in dem immanenten **Verteilungsproblem** der Lieferanten-Abnehmer-Beziehung.[406] Die Frage ist deshalb nicht, ob Konflikte entstehen, sondern wie die beteiligten Personen, welche die Interessen ihrer Unternehmungen vertreten müssen, diese Konflikte handhaben.

Die Verhandlung ist dabei jene Möglichkeit, die für die Handhabung von Verteilungskonflikten zwischen unabhängigen Organisationen besonders geeignet ist.[407] In Abhängigkeit von der Art und Weise der Verhandlungsführung, dem **Verhandlungsstil**,[408] werden sich unterschiedliche soziale Beziehungen einstellen. Ist beispielsweise die Verhandlungsführung eines Beschaffungsmanagers von einem starken Preisdruck geprägt oder nutzt ein Verkäufer die Monopolstellung seines Unternehmens zu überzogenen Preisforderungen aus (**kompetitiver Stil**), kann sich dies negativ auf das zukünftige Verhalten der Vertreter der anderen Seite auswirken. Vor allem, wenn sich nach Vertragsabschluß die Machtverhältnisse ändern oder sogar umkehren, können latente Konflikte unter Ausnutzung von Informationsasymmetrien zu arglistigem Verhalten führen.[409]

Ein **ausweichender Verhandlungsstil**,[410] bei dem das Ansprechen von potentiellen Konfliktthemen (z.B. Produkthaftung) vermieden, verschoben

---

[404] Vgl. Smeltzer (1997), Hedaa (1993).

[405] Vgl. Hill (1995), Sp. 2140.

[406] Vgl. Abschnitt 10.1.

[407] Übersichten von Maßnahmen der Konflikthandhabung finden sich beispielsweise bei Titscher (1995), Sp.1338, Staehle (1994), S. 373.

[408] Vgl. Hill (1995), Sp. 2142, Dommann (1993), S. 44-50.

[409] Vgl. Abschnitt 2.3.

[410] Vgl. Titscher (1995), Sp. 1339-1341.

oder sogar die Existenz von unterschiedlichen Interessen geleugnet wird, führen in aller Regel zu Problemen während der Laufzeit einer Lieferanten-Abnehmer-Beziehung und sind deshalb ebenfalls ungeeignet. Geeignet ist letztlich deshalb nur ein Verhandlungsstil, der auf die **Verständigung** in Form von Konsens- oder zumindest Kompromißfindung abzielt.[411]

Da Rechtsbeziehungen Verhaltensanforderungen begründen, besteht ein enger Zusammenhang zwischen der sozialen und **rechtlichen Ebene** einer Lieferanten-Abnehmer-Beziehung.[412] Es wurde auch bereits gezeigt, daß die Rechtsbeziehung durch einen oder mehrere **Verträge** zwischen dem Lieferanten und dem Abnehmer aufgebaut wird. Wir wollen nun die Ausführungen in Abschnitt 10.4 konkretisieren. Die rechtliche Ebene einer Lieferanten-Abnehmer-Beziehung kann aus **mehreren Schichten** oder Bausteinen bestehen, die in **Abbildung 23** dargestellt sind.

Lediglich die vierte Schicht, bestehend aus den **einzelnen Beschaffungs-verträgen**, stellt ein Muß dar, da mit diesen Verträgen die Transaktion der Verfügungsrechte[413] an dem Beschaffungsobjekt durchgeführt wird. Aus Sicht des strategischen Beschaffungsmanagements sind vor allem jene Geschäftsbeziehungen von Interesse, im Rahmen derer im Zeitablauf mehrere Beschaffungsverträge abgeschlossen werden.

Kaufverträge (§433 BGB) werden verwendet, um Verfügungsrechte an Sachen zu übertragen. Sie eignen sich z.B. für die Beschaffung von Katalogteilen, Normteilen oder Maschinen, die bereits hergestellt sind. Von besonderer Bedeutung sind **Werkverträge** (§ 631 BGB) und **Werkliefe-rungsverträge** (§ 651 BGB), mit denen ein Abnehmer bei einem Lieferanten die Herstellung eines „versprochenen Werkes" bestellt. Der Werklieferungs-vertrag, bei dem im Gegensatz zum Werkvertrag der Lieferant das Vormaterial selbst beschafft, ist somit der Standardvertrag für die Beschaffung von Zeichnungsteilen sowie für abnehmerspezifische und beziehungsspezifische Investitionsgüter. Dienstleistungen können mit Werkverträgen oder mit **Dienstverträgen** (§ 611 BGB) beschafft werden. Wird ein bestimmtes Ergebnis vereinbart, z.B. Lohnfertigung eines bestimmten Zeichnungsteils, dann liegt ein Werkvertrag vor. Ist dagegen die Dienstleistung nur als Prozeß gefordert, dann eher ein Dienstvertrag. Die Abgrenzung beider Vertragsformen ist jedoch in der Praxis schwierig.[414] Weiterhin gibt es noch eine Reihe **spezieller Verträge**, z.B. nach BGB für Miete und Pacht, und nach HGB für das Kommissionsgeschäft (§ 383ff. HGB), das Speditionsgeschäft (§453ff. HGB) oder das Frachtgeschäft (§407ff. HGB).

---

[411] Vgl. Hill (1995), Sp. 2142.
[412] Vgl. Lerneinheit 10.
[413] Zum Begriff der Transaktion siehe Abschnitt 2.2.
[414] Siehe zu diesem Problem Zwilling-Pinna (1996).

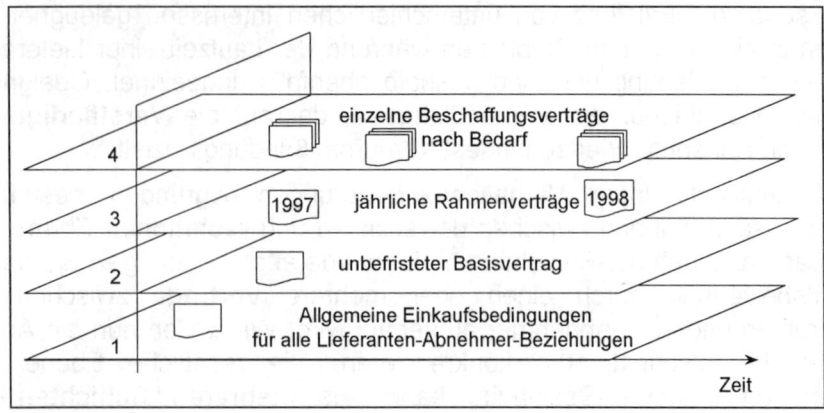

Abbildung 23: Schichten der rechtlichen Beziehung.

Daneben sind in der industriellen Beschaffung von Material zwei Sonder-
formen von Bedeutung, die beide eine **Mehrfachbelieferung** aufgrund eines
einzelnen Vertrages vorsehen (Sukzessivlieferungsverträge).[415] Bei der **Sukzessivlieferung** im engeren Sinne (Ratenlieferungsvertrag) wird in einem
Vertrag (z.B. einem Werklieferungsvertrag) die Lieferung einer bestimmten
Menge eines Beschaffungsobjektes in einem Zeitraum fest vereinbart und für
die Lieferung der Teilmengen (Lieferlose) bestimmte Termine festgelegt
(Lieferplan).[416] Eine Spielart der Sukzessivlieferung, die vor allem bei der
einsatzsynchronen Anlieferung von Varianten zur Anwendung kommen kann,
sind **Abrufverträge**. Diese enthalten ebenfalls eine verbindliche Vereinbarung der Gesamtmengen verschiedener Varianten für einen Zeitraum,
wobei die Termine und die genaue Zusammensetzung der einzelnen
Lieferungen in kurzfristigen Abrufen dem Lieferanten übermittelt werden.

Die anderen Schichten der rechtlichen Ebene sind für die eigentliche Transaktion nicht erforderlich, vereinfachen jedoch die Vereinbarung und Abwicklung der Einzeltransaktionen und die Steuerung in der Lieferanten-
Abnehmer-Beziehung. Deshalb sind gerade diese Schichten aus strategischer Sicht besonders interessant. In der Industrie finden sich häufig **drei
weitere Schichten** der rechtlichen Ebene: die allgemeinen Einkaufsbedingungen, der unbefristete Basisvertrag und der befristete Rahmenvertrag.

Die unterste Schicht bilden die **Allgemeinen Einkaufsbedingungen**, die
rechtlich Allgemeine Geschäftsbedingungen des Abnehmers darstellen
(AGB).[417] Sie enthalten beispielsweise Aussagen über die Notwendigkeit der
Schriftform, Kosten für Versicherungen, Überlassung von Unterlagen,

---

[415] Vgl. Grochla (1978), S. 24.
[416] Vgl. Schmid (1996), S. 25.
[417] Zur Definition von Allgemeinen Geschäftsbedingungen siehe §1 AGB-Gesetz.

Zurücknahme von Verpackungen, Abtretung von Forderungen, Geheimhaltung, das geltende Recht, den Gerichtsstand und den üblichen Erfüllungsort. Alle Regeln der AGB haben Gültigkeit, sofern in übergeordneten Schichten keine spezifischen Vereinbarungen getroffen werden. Dazu muß jedoch die Gültigkeit der Allgemeinen Einkaufsbedingungen mit einem Lieferanten, der häufig auch (in der Regel widersprechende) Allgemeine Geschäftsbedingungen formuliert hat, **individuell vereinbart** werden.

Eine Möglichkeit dazu bietet der **Basisvertrag**, der die zweite Schicht bildet und zuweilen auch als Rahmenvereinbarung oder Rahmenvertrag bezeichnet wird.[418] Ein Basisvertrag regelt die Grundsätze der rechtlichen Beziehung zu einem Lieferanten und sollte **mit allen Erfolgslieferanten** und entwicklungsfähigen Teilerfolgslieferanten des Lieferanten-Erfolgspotential-Portfolios (**Abbildung 15**) abgeschlossen werden. Der Basisvertrag ist somit das rechtliche **Instrument der langfristigen Einbindung** eines Erfolgslieferanten. Neben einer Vereinbarung über die Gültigkeit der Allgemeinen Einkaufsbedingungen des Abnehmers können Basisverträge in allgemeiner Form die Festlegung des Liefergegenstandes (Beschaffungsobjektgruppe) sowie besondere Maßnahmen der Qualitätssicherung und der Logistik enthalten. Da Basisverträge in der Regel unbefristet sind, muß auch die Kündigung geregelt werden.

Auch die Freistellung von der Untersuchungs- und Rügepflicht (§§377, 338 HGB), welche den Abnehmer von der Pflicht einer Wareneingangsprüfung entbindet, kann **Gegenstand des Basisvertrages** sein. Schwierig zu vereinbaren sind in der Praxis Aussagen über die Produkthaftung des Lieferanten[419] und entsprechende Versicherungen, zu denen die Lieferanten oft nicht bereit sind. Wichtig ist dabei, daß ein Basisvertrag individuell verhandelt und nicht als Standardvertrag vorformuliert dem Lieferanten zur Bestätigung vorgelegt wird. Im letzteren Fall kann dieser rechtlich als Allgemeine Geschäftsbedingung ausgelegt werden, was zur Unwirksamkeit einzelner Bestandteile führt.

Die dritte Schicht der rechtlichen Ebene wird von **Rahmenverträgen** gebildet. Obwohl in der Praxis aufgrund fehlender gesetzlicher Normierung dieser Vereinbarungen eine Vielzahl ähnlicher Begriffe sowohl für Basisverträge und Rahmenverträge verwendet werden, sollten beide Vertragstypen deutlich getrennt werden. Rahmenverträge sind in der Regel auf ein Jahr befristet und regeln den engeren Rahmen für Einzelverträge, die in dieser Zeit abgeschlossen werden sollen.

Gegenstand von Rahmenverträgen sind vor allem genauere Angaben über die für die Laufzeit geplanten Bezüge. Üblich sind zwei Formen von

---

[418] Vgl. Schmid (1996), S. 23-24.
[419] Siehe dazu Nagel (1999).

Rahmenverträgen, die in Anlehnung an die Terminologie des Software-hauses SAP als Wertkontrakte und Mengenkontrakte bezeichnet werden können. Bei **Wertkontrakten** wird mit einem Aufbaulieferant lediglich ein Zieleinkaufsvolumen für ein gesamtes Lieferspektrum vereinbart, wodurch beide Partner die Bedeutung der Geschäftsbeziehung dokumentieren. Dabei können für die einzelnen Beschaffungsobjekte dieses Spektrums auch vorab Preise vereinbart werden. Klassischer Anwendungsfall dieser Verträge sind Beziehungen zu Lieferanten von sonstigem Material, wie z.B. Büromaterial oder Reparaturmaterial. Handelt es sich um sehr umfangreiche Sortimente, bietet sich als Umsetzung von Wertkontrakten die Anlage von **elektronischen Katalogen** an.[420]

Die zweite Form von Rahmenverträgen sind **Mengenkontrakte**. Sie enthalten für alle Beschaffungsobjekte Planmengen, Preise und in der Regel auch logistische Größen, wie beispielsweise Lieferfristen, Lieferlose, Verpackung bzw. Behältergrößen usw.[421] Die Verhandlungen über Preise und Lieferfristen brauchen dann nur einmal pro Jahr geführt werden. Preise können entsprechend der Überlegungen zur flußorientierten Ebene fest oder mit Preisgleitklauseln versehen vereinbart werden.[422] Existiert kein Basisvertrag, kann ein Rahmenvertrag auch dessen Bestandteile enthalten, die dann jedoch jährlich neu verhandelt werden müssen.

Auf den ersten Blick scheinen Mengenkontrakte damit den oben angeführten Abrufverträgen zu entsprechen. Dies ist jedoch nicht der Fall, da sowohl Wert- als auch Mengenkontrakte dem Lieferanten lediglich eine Bedarfs-vorschau bieten und **keine Abnahmeverpflichtung** aber auch keine Liefer-zusage enthalten. Damit geben Rahmenverträge beiden Partnern nur eine bedingte Planungssicherheit. Um nachträgliche Konflikte zu vermeiden, sollten Beschaffungsmanager auch im eigenen Interesse auf diesen Umstand hinweisen. Der Nutzen von Rahmenvertragsvereinbarungen hängt deshalb wesentlich von der Güte der Planungs- und Prognoseprozesse des Abnehmers bzw. von der Berücksichtigung dieser Daten im Rahmen der Planung des Lieferanten ab.

Zuweilen finden sich in Rahmenverträgen Vereinbarungen über **Mengen-toleranzen**. Bei Unterschreiten dieser Toleranzen ist die beschaffende Unternehmung in aller Regel ebenfalls nicht zur Abnahme, sondern nur zu einer rechtzeitigen Information verpflichtet. Häufig enthalten Rahmenverträge keine Aussagen darüber, welche Konsequenz eine nicht erfolgte oder zu späte Information hat. Hat beispielsweise der Lieferant im Vertrauen auf diese Mengen zu viel Vormaterial eingekauft oder sogar die Beschaffungs-

---

[420] Siehe Abschnitt 12.2.
[421] Musterverträge und Erläuterungen finden sich in Reese/Spohrer (1993), S. 59-76.
[422] Zur Zulässigkeit von Preissenkungs- und Meistbegünstigungsklauseln siehe Schmid (1993), Schmid (1996), S. 24.

objekte in zu hoher Menge vorgefertigt, resultieren daraus nicht selten ernsthafte Konflikte.

Damit haben wir bereits das Problem der **Vertragsanpassung** angesprochen. In der Industrie sind zwei Formen der Anpassung von Mengenkontrakten üblich. Zum einen können die Rahmenverträge in regelmäßigen Zeitabständen, z.B. quartalsweise, überarbeitet werden. Grundlage dafür ist eine funktionierende rollierende Planung.[423] Die andere Möglichkeit ist die sofortige Anpassung durch Einzelmeldungen über eingetretene Bedarfsänderungen, wie beispielsweise Mengenänderungen oder vollständig entfallene Teile aufgrund konstruktiver Änderungen. Beide Formen sind bei hoher Dynamik der Absatzmärkte und bei kurzen Entwicklungszyklen aufwendig und erfordern eine intensive Kommunikation zwischen dem strategischen Beschaffungsmanagement, dem operativen Beschaffungsmanagement und der Konstruktion.

Durch diese vier Schichten entsteht somit ein Entscheidungsproblem hinsichtlich der **Wahl der angemessenen Vertragskombinationen**. Ein beschaffendes Unternehmen muß entscheiden, ob die Einzelverträge der vierten Schicht ggf. in Verbindung mit Allgemeinen Einkaufsbedingungen ausreichen, oder ob Basis- und vor allem die aufwendigen Rahmenverträge zusätzlich erforderlich sind.

Basis- und Rahmenverträge sind prinzipiell immer sinnvoll, wenn sie dazu beitragen, **Erfolgslieferanten langfristig einzubinden** und damit dieses externe Erfolgspotential für die Unternehmung zu sichern. Beide können bei einer fundierten Bedarfsplanung die Versorgungsunsicherheit wesentlich reduzieren. Allerdings sollte man sich über den Aufwand von Rahmenverträgen im klaren sein. Eine weitere Entscheidungshilfe kann die **Transaktionskostentheorie** bieten. Folgt man deren Aussagen, dann ist ein relationaler Vertrag, zu denen **Basisverträge** gehören, für eine Lieferanten-Abnehmer-Beziehung sinnvoll, wenn häufige Lieferungen erfolgen, die Beschaffungsobjekte spezifisch sind oder zur Realisation der Beziehung spezifische Investitionen, z.B. beziehungsspezifische Logistik- oder Kommunikationssysteme, erforderlich waren und wenn eine hohe Unsicherheit besteht.[424] Gleiches gilt für **Wertkontrakte**.

Rahmenverträge im Sinne von **Mengenkontrakten** sind längerfristige Verträge, die aufgrund der Vorausbestimmung von Mengen trotz ihrer Unverbindlichkeit zur vollständigen Formulierung tendieren.[425] Die Transaktionskostentheorie warnt vor solchen Verträgen bei hoher Unsicherheit, da sowohl die Generierung der Plandaten als auch die unvermeidliche Anpassung

---

[423] Siehe z.B. Schulte (1991), S. 363.
[424] Vgl. Pfohl/Large (1992), S. 25-31.
[425] Vgl. Large (1995), S. 130-136.

aufwendig ist. Allerdings enthalten sie die Möglichkeit der - wenngleich aufwendigen - Mengenanpassung während der Laufzeit, also ein Element der offen formulierten relationalen Verträge. Rahmenverträge empfehlen sich deshalb vor allem bei häufigen Lieferungen, spezifischen Beschaffungsobjekten oder spezifischen Investitionen und hoher Versorgungsunsicherheit bei gleichzeitig geringer Unsicherheit hinsichtlich der eigenen Bedarfe im Vertragszeitraum.

12.4 Finalentscheidung

Wie in **Abbildung 22** gezeigt, wird die Aufbauphase durch eine Finalentscheidung, welche die rechtliche Einbindung der letztlich ausgewählten Lieferanten und den Abbruch der Beziehungen zu den nicht ausgewählten Lieferanten zur Folge hat, abgeschlossen. Die Finalentscheidung wird ähnlich wie die Entscheidung zur Lieferantenvorauswahl in der Regel im **buying center** getroffen.[426] Ebenso müssen die Vertreter des ausgewählten Lieferanten entscheiden, ob sie die in der Aufbauphase konkretisierte Beziehung eingehen möchten.

Werden **Lieferantenaudits** durchgeführt, bestimmt dessen Resultat sehr stark die Finalentscheidung. Scheitert ein Lieferant im Audit aufgrund schwerwiegender Mängel, die erhebliche Zweifel an seiner Fähigkeit aufkommen lassen, dann erteilt das Qualitätswesen **keine Freigabe** des Lieferanten. In diesem Fall tritt das Qualitätswesen als Gegner des Lieferanten im buying center auf und kann, die notwendigen Kompetenzen vorausgesetzt, einen Vertragsabschluß verhindern. Allerdings sollte ein strategisch denkender Beschaffungsmanager in dieser Situation auch einsehen, daß der vorausgewählte Lieferant offensichtlich doch nicht über die angenommenen Fähigkeiten verfügt.

In Fällen, in denen die Systemmängel einfach zu beheben sind, kann bei weiterem Interesse an dem Lieferanten eine **Freigabe auf Probe** erteilt werden (Probelieferant). In diesem Fall steht der zuständige Beschaffungsmanager in der Pflicht, gemeinsam mit dem Lieferanten und dem Qualitätswesen die aufgedeckten Probleme in einer überschaubaren Frist zu lösen. Dabei können auch Maßnahmen der Lieferantenförderung ergriffen werden.[427] Die Freigabe auf Probe erlaubt eine bedingte Einbindung und Beauftragung des Lieferanten, wobei dieser während der Probezeit einer verstärkten Kontrolle und Steuerung unterliegen muß.[428] Die rechtliche **Einbindung** sollte in diesem Fall zunächst nur durch einzelne Beschaffungsaufträge erfolgen (Schicht 4).

---

[426] Siehe dazu Lerneinheit 11.
[427] Siehe dazu Abschnitt 15.3.
[428] Vgl. Lerneinheit 14 und Lerneinheit 15.

Wird der Lieferant freigegeben (**freigegebener Lieferant**), sollte die Einbindung durch Abschluß eines Basisvertrages erfolgen. Der Basisvertrag ist für den Neulieferanten ein deutliches Signal für seinen Statuswechsel und kann - vor allem bei renommierten Abnehmern - auch als Auszeichnung verstanden werden. Hierdurch wird zusätzlich die Einbindung auf der sozialen Ebene gefördert. Da ein ausgewählter Neulieferant immer **Erfolgslieferant** oder zumindest ein entwicklungsfähiger Teilerfolgslieferant sein sollte, steht dem Abschluß eines Basisvertrages nichts im Wege.

Entstehen allerdings im buying center, z.B. von seiten der Bedarfsträger, **Widerstände** gegenüber dem Abschluß eines Basisvertrages, dann ist dies ein Signal für Zweifel an der Leistungsfähigkeit. In diesem Falle sollte das Erfolgspotential des Neulieferanten nochmals einer kritischen Prüfung unterzogen werden. Kann das Beschaffungsmanagement die Zweifel nicht teilen, müssen die Ursachen der Widerstände gefunden und möglichst durch Überzeugung ausgeräumt werden. Ob letztlich die Einbindung eines strittigen Lieferanten erreicht werden kann, hängt von der Konfliktursache (Informationsasymmetrien, Einstellungen, unterschiedliche Ziele, persönliche Interessen etc.) und der Machtverteilung im buying center ab.

Zu allen Lieferanten, die sich in der Aufbauphase doch als ungeeignet erweisen, werden spätestens nach der Finalentscheidung die **Beziehungen abgebrochen**. Lieferanten, die sich als prinzipiell geeignet zeigen, denen jedoch ein besserer Lieferant vorgezogen wurde, sollten mit Respekt auf ihre derzeitigen Schwächen hingewiesen werden. Generell sollte die Chance, diese Lieferanten bei veränderten Bedingungen zu einem späteren Zeitpunkt einzubinden, nicht durch ein unhöfliches Verhalten auf sozialer Ebene verspielt werden.[429]

Wird bei der Finalentscheidung erkannt, daß derzeit **keiner der Aufbaulieferanten die Anforderungen erfüllt** und diese auch nicht nach einer Probezeit und entsprechender Lieferantenförderung[430] erfüllen dürfte, muß die Phase der Lieferantensuche und Neuauswahl erneut durchlaufen werden. Besteht dringender Bedarf an zusätzlicher Lieferkapazität wird im Notfall der beste der Aufbaulieferanten **vorübergehend eingebunden**. Dieser erhält dann als Probelieferant nur einzelne Beschaffungsverträge und unterliegt in besonderem Maße der Kontrolle und Steuerung. Im Einzelfall ist auf Basis der dabei erzielten Leistungen zu entscheiden, ob dieser Lieferant bei der neuen Vorauswahl nochmals berücksichtigt werden kann.

---

[429] Siehe dazu Abschnitt 15.4.
[430] Siehe Abschnitt 15.3.

Empfohlene Literatur zur Lerneinheit 12

Gesamtbetrachtungen der Aufbauphase in der hier verstandenen Breite liegen nach meinem Kenntnisstand nicht vor. Allerdings gibt es umfangreiche Literatur zu den einzelnen angesprochenen Gestaltungsbereichen.

Eine praxisorientierte Einführung in den Qualitätsaspekt des Beschaffungsmanagements gibt **Kastreuz** (1994). Das umfangreiche Gebiet der Beschaffungslogistik und der zugehörigen Grundlagen des Transports und der Lagerung konnten in diesem Lehrbuch nur angerissen werden. Zur Vertiefung können vor allem **Pfohl** (2000) sowie die angemerkten Arbeiten von **Wildemann** empfohlen werden. Auf dem Gebiet neuer Kommunikationstechnologien verläuft die Entwicklung zur Zeit derart stürmisch, daß dem Leser nur die Beobachtung aktueller Veröffentlichungen empfohlen werden kann.

Zur sozialen Ebene finden sich grundlegende Aussagen zur Konflikthandhabung bei **Staehle** (1994), S. 368-376, sowie bei **Titscher** (1995). Zum Aspekt „Vertrauen in der Lieferanten-Abnehmer-Beziehung", der hier nur angerissen werden konnte, sei vor allem **Hedaa** (1993) empfohlen. Einen sehr praktischen Leitfaden der Verhandlungsführung hat **Dommann** (1993) vorgelegt.

Reese und **Spohrer** (1993) geben neben einem guten Überblick auch Musterverträge und dazugehörige Erläuterungen an. Eine sehr gute Einführung zur Thematik der Rahmenverträge gibt auch **Schmid** (1996). Zur Problematik der Auswahl verschiedener Verträge bietet sich die Beschäftigung mit der Transaktionskostentheorie an. Dem auch an theoretischen Grundlagen interessierten Leser sei hierfür als erster Einstieg **Pfohl/Large** (1992), S. 25-31, und **Large** (1995), S. 130-136, empfohlen.

13. Lerneinheit:

Exkurs:

Nutzung von Lieferanten-Abnehmer-Beziehungen im operativen Beschaffungsprozeß

Die Ausführungen dieser Lerneinheit haben den Charakter eines Exkurses, denn die angesprochenen Aufgaben sind nicht Teil des strategischen Beschaffungsmanagements. Die Kenntnis dieser Aufgaben ist jedoch sehr wichtig, um die Abläufe in der wirtschaftlichen Realität zu verstehen und die folgenden strategischen Aufgaben der Kontrolle und Steuerung der Lieferanten-Abnehmer-Beziehungen einordnen zu können. Außerdem wird an vielen operativen Aufgaben die Wichtigkeit der zuvor besprochenen strategischen Tätigkeiten deutlich.

Lernziele

Nach dem Studium dieser Lerneinheit sollten Sie in der Lage sein,

- die vier möglichen Ausgangslagen der operativen Beschaffung vor dem Hintergrund eines strategischen Beschaffungsmanagements abzugrenzen,
- die Funktion und Entstehung von Beschaffungsaufträgen zu erklären,
- den Prozeß der Einholung von Angeboten und der operativen Lieferantenauswahl zu beschreiben,
- den Prozeß der Bestellung zu beschreiben,
- die Bedeutung der Auftragsbestätigung zu erläutern,
- die Aufgaben des Wareneingangs und der Rechnungsprüfung zu beschreiben.

13.1 Zusammenspiel von operativer und strategischer Beschaffung

Der Prozeß der operativen Beschaffung wird durch einen **konkreten Bedarf an bestimmten Beschaffungsobjekten**, der in einer bestimmten Frist, häufig sofort, zu decken ist, angestoßen. Diese Fristen sind von den einzelnen Beschaffungsobjekten und von dem gewählten Bereitstellungsprinzip abhängig. Programmorientiert geplantes Produktionsmaterial wird in Abhängigkeit von den in einer Branche üblichen Lieferzeiten häufig mit einem Vorlauf von einigen Wochen eingekauft. Sonstiges Material (z.B. Ersatzteile) oder Dienste (z.B. eine Speditionsleistung) werden teilweise sofort benötigt oder zumindest von den Bedarfsträgern möglichst schnell gewünscht (z.B. Büroausstattungen). Tritt ein Bedarfsfall ein, dann können **vier unterschiedliche Ausgangslagen** unterschieden werden.

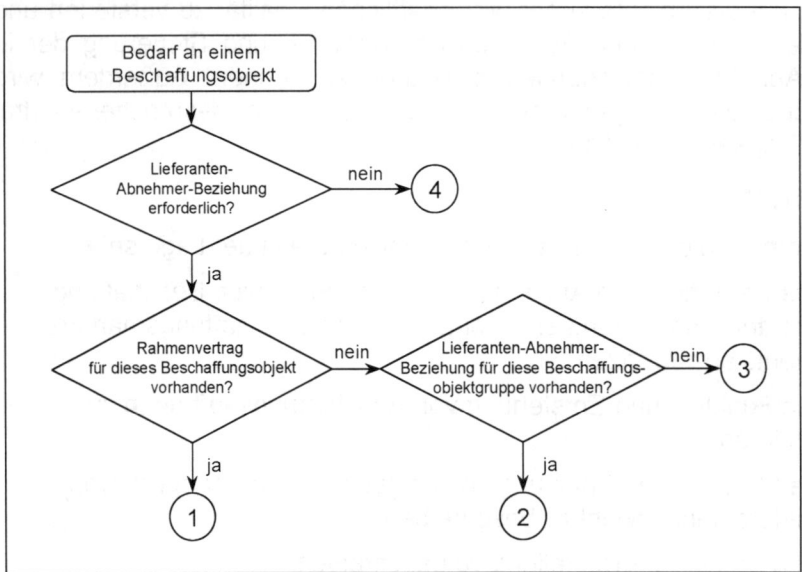

Abbildung 24: Ausgangslagen des operativen Beschaffungsmanagements.

(1) Die erste Ausgangslage liegt vor, wenn ein geplanter Bedarf an einem **Beschaffungsobjekt** eintritt, für dessen Bezug **bereits eine oder mehrere funktionierende Lieferanten-Abnehmer-Beziehungen** aufgebaut wurden. In diesem Fall wurde also die strategische Vorauswahlphase und die Aufbau- und Förderphase in der in Abbildung 21 gezeigten Weise bereits durchlaufen. Die Beziehungen auf der wertbezogenen, informatorischen, logistischen, finanziellen, rechtlichen und sozialen Ebene sind aufgebaut. Insbesondere wurde ein **Rahmenvertrag** abgeschlossen, der das Beschaffungsobjekt,

welches nun benötigt wird, einschließt. Für dieses Objekt liegen also bereits konkrete Daten hinsichtlich Preis, Konditionen, Lieferzeit und ggf. Bestellmenge vor. Wurden diese Daten sogar in einen elektronischen Katalog aufgenommen oder als Kontrakt abgespeichert, kann direkt bestellt werden. Ein Einkäufer greift in diesem Falle auf die gespeicherten Daten zu und führt eine Bestellung auf dieser Grundlage durch. Stehen entsprechende EDV-Systeme zur Verfügung, z.B. SAP Business-to-Business Procurement, kann auch ein Bedarfsträger im Rahmen seines Budgets direkt Bestellungen durchführen (Direct Purchasing).[431] Aus operativer Sicht handelt es sich im ersten Fall um reine Wiederholungskäufe.[432] Diese Ausgangslage sollte bei Notwendigkeit einer Lieferanten-Abnehmer-Beziehung der **Standardfall** sein.

(2) Die zweite Ausgangslage ist durch einen hinsichtlich Art oder Menge **ungeplanten Bedarf** an einem Beschaffungsobjekt gekennzeichnet, der eine funktionierende Lieferanten-Abnehmer-Beziehung erfordert. In diesem Fall besteht zwar keine Beziehung für dieses Beschaffungsobjekt, da der Bedarf entweder nicht vorhergesehen werden konnte oder ein erkannter Bedarf nicht rechtzeitig umgesetzt wurde. Aber es bestehen eine oder mehrere **funktionierende Lieferanten-Abnehmer-Beziehungen** für die **Beschaffungsobjektgruppe**, welcher das aktuell benötigte Beschaffungsobjekt angehört. Mit diesen Lieferanten können auch bereits Rahmenverträge abgeschlossen sein, die jedoch das aktuell benötigte Beschaffungsobjekt nicht umfassen. Im Bedarfsfall können die bestehende Lieferanten-Abnehmer-Beziehungen zur Abwicklung der operativen Beschaffungsprozesse genutzt werden. Allerdings müssen noch Angebote eingeholt und die operative Lieferantenauswahl durchgeführt werden. Aus operativer Sicht handelt es sich damit um einen modifizierten Wiederholungskauf.[433] Die Häufigkeit dieser zweiten und vor allem der folgenden dritten Ausgangslage ist ein Indikator für die mangelnde Qualität des strategischen Beschaffungsmanagements einer Unternehmung.

(3) Im dritten Fall ist ebenfalls ein hinsichtlich Art oder Menge **unvorhergesehener Bedarf** aufgetreten, der eine funktionierende Lieferanten-Abnehmer-Beziehung erfordert, die jedoch weder auf Einzelobjektebene noch auf Ebene der Beschaffungsobjektgruppe besteht. In diesem Fall muß die Lieferanten-Abnehmer-Beziehung parallel aufgebaut werden. Mit anderen Worten müssen innerhalb der operativen Beschaffungszeit die strategischen Phasen der Suche, der Vorauswahl und des Beziehungsaufbaus durchlaufen werden. Wie in Abschnitt 11.1 gezeigt, führt häufig der entstehende Zeitdruck dazu, daß auf eine strategische Lieferantenauswahl völlig verzichtet wird.

---

[431] Vgl. Brenner/Lux (2000), S. 154.
[432] Vgl. Arnold (1997a), S. 39-41.
[433] Vgl. Robinson/Faris/Wind (1967), S. 31.

(4) In der vierten Ausgangslage tritt ebenfalls ein ungeplanter Bedarf auf, für den keine **Lieferanten-Abnehmer-Beziehung** besteht. Allerdings ist nun diese auch aus strategischer Sicht **nicht erforderlich**. Es handelt sich dabei oft um einmalige oder sehr seltene Bedarfe von eher geringem Einkaufswert, wie z.B. ein spezielles Reparaturmaterial, eine Hotelübernachtung in einer unbedeutender Stadt, eine bestimmte Studie eines Verbands usw. Häufig steht in diesem Fall aufgrund der hohen Anbieterspezifität des Beschaffungsobjekts der Lieferant bereits fest. Zu diesem Fall gehören auch reine Spotgeschäfte, bei denen trotz hoher Einkaufsvolumina der Aufbau von Lieferanten-Abnehmer-Beziehungen aufgrund der geringen Spezifität und dem geringen Versorgungsrisiko nicht erforderlich oder wegen der Notwendigkeit preisgetriebener schneller Lieferantenwechsel nicht sinnvoll ist. Spotgeschäfte eignen sich deshalb besonders für die Abwicklung über **Virtuelle Marktplätze**, wie z.B. econia.com. Durch die Plazierung von Ausschreibungen oder die Beteiligung an online-Auktionen lassen sich z.B. unspezifische elektronische Bauelemente oder standardisierte Rohstoffe günstig und mit kalkulierbarem Risiko beschaffen.[434] Bei Vorliegen der vierten Ausgangslage wird der Beschaffungsprozeß also rein operativ abgewickelt.

Tritt diese Situation sehr häufig auf, so muß auch hier kritisch überprüft werden, ob nicht doch ein strategisches Beschaffungsmanagement sinnvoll ist und eine **Konzentration auf strategisch ausgewählte Lieferanten** möglich ist. Beispielsweise können Fachbücher oder andere Druckschriften bei einem Buchgroßhändler bezogen werden, mit dem ein Wertkontrakt abgeschlossen wird, der Sonderkonditionen sowie eine vereinfachte Bestellung und Sammelrechnungen pro Monat vorsieht. Gleiches gilt bei ausreichendem Einkaufsvolumen für die Bewirtung von Gästen, den Bezug von Reparaturmaterial, den Einkauf von Geschäftsreiseleistungen (travel management), und nicht zuletzt für Transportleistungen, die alle über einen strategisch als Erfolgslieferanten eingestuften Spediteur bezogen werden können.

In Lerneinheit 2 wurden bereits die **Teilaufgaben der operativen Beschaffung** angerissen. **Grochla** und **Schönbohm** fassen diese Aufgaben, die sich auf die „Durchführung konkreter Beschaffungsakte"[435] beziehen unter dem Begriff der Marktgerichteten Beschaffungsdisposition zusammen. In dieser Lerneinheit werden die Prozeßschritte

- Beschaffungsaufträge und Bedarfsklärung,

- Einholung von Angeboten und operative Lieferantenauswahl,

- Bestellung, Auftragsbestätigung und Terminverfolgung sowie

---

[434] Vgl. Brenner/Lux (2000), S. 212-226.
[435] Grochla/Schönbohm (1980), S. 159.

- Wareneingang, Einlagerung und Rechnungsprüfung

diskutiert, die je nach Ausgangslage beim Auftreten eines konkreten Bedarfs teilweise bereits durchlaufen sein können. In aller Regel werden diese Aufgaben auch bei kleineren Unternehmungen mit Hilfe eines **operativen Beschaffungssystems** erfüllt. Dieses umfaßt die entsprechenden Programme und die dazugehörigen Datenbanken mit den Stamm- und Bewegungsdaten.[436]

Bevor wir nun diese Teilprozesse diskutieren werden, seien an dieser Stelle noch einige **Rückwirkungen auf das strategische Beschaffungsmanagement** angesprochen. Da die operativen Beschaffungsmanager und andere Mitarbeiter des operativen Beschaffungssystems in direktem Kontakt mit Mitarbeitern des Lieferanten stehen, wird vor allem die soziale Ebene der Lieferanten-Abnehmer-Beziehung durch deren Verhalten beeinflußt. Die strategischen Beschaffungsmanager sind sehr stark auf eine Informationsweitergabe aus dem operativen Bereich angewiesen. Ein Beispiel sind dauerhafte Probleme insbesondere auf der sozialen aber auch auf der logistischen und qualitativen Ebene, die strategische Steuerungsmaßnahmen erforderlich machen. Ein Anstieg der Bedarfsfälle der zweiten und dritten Ausgangssituation sollte Antrieb für das strategische Beschaffungsmanagement sein, da sonst alle Bemühungen einer strategischen Lieferantenstrukturplanung zunichte gemacht werden.

13.2 Beschaffungsaufträge und Bedarfsklärung

Der operative Beschaffungsprozeß wird durch einen Bedarf, der in Form eines **Beschaffungsauftrags** artikuliert wird, angestoßen.[437] Der Beschaffungsauftrag ist ein interner Auftrag und keine Bestellung an den Lieferanten. Bei rein zentraler Abwicklung der operativen Beschaffung handelt es sich um einen Auftrag an die Einkaufsabteilung. Bei dezentraler Abwicklung können auch andere Funktionsbereiche, sogar der Bedarfsträger selbst Empfänger des Auftrags sein.[438]

Für Beschaffungsaufträge gibt es in Industriebetrieben drei Ursachen. Im Rahmen der operativen **programmorientierten Planung** für Produktionsmaterial (MRP)[439] werden durch Stücklistenauflösung aus dem Produktionsprogramm einer Periode, z.B. einer Serie, die Bedarfe an Eigenteilen, Fremdteilen und Fremdfertigungsteilen gewonnen[440] und entsprechend

---

[436] Siehe dazu Scheer (1998), S. 417-440, Ellram/Birou (1995), S. 150-151.
[437] In der Terminologie des Softwarehauses SAP handelt es sich bei Beschaffungsaufträgen um eine „Bestellanforderung" (BANF).
[438] Siehe dazu Lerneinheit 16.
[439] Siehe dazu z.B. Delfmann (1996).
[440] Vgl. DIN 199 Teil 2, S. 4, 5.

Fertigungs- bzw. Beschaffungsaufträge erzeugt. Wird Material auf **Lager** gehalten, entstehen Beschaffungsaufträge bei Unterschreiten des Bestellbestandes oder bei Ablauf eines Bestellzyklus in Höhe der vorausgeplanten optimalen Bestellmenge bzw. der Differenz von Maximalbestand und aktuellem Ist-Bestand.[441] Dieses Verfahren eignet sich vor allem für geringwertige und vielseitig verwendete Produktionsmaterialien und für alle Arten von regelmäßig benötigten Betriebsstoffen. Die dritte Ursache ist ein **individueller Bedarf** eines Bedarfträgers. Beispiel dafür sind Bedarfe an Büromöbeln, ein neuer PC, eine Reparaturdienstleistung, Versuchsmaterial usw. EDV-gestützte Beschaffungssysteme erlauben deshalb auch die manuelle Eingabe eines Beschaffungsauftrags. Eine andere Alternative ist die Verwendung von Bestellscheinen. In kleinen Unternehmen werden Beschaffungsaufträge oft nur mündlich an die für den Einkauf zuständige Person weitergegeben.

Gerade bei individuellen Bedarfen und informeller Auftragserteilung muß durch das operative Beschaffungsmanagement eine **Klärung der Beschaffungsaufträge** vorgenommen werden. In den beiden ersten Fällen wird bei der Generierung eines Beschaffungsauftrags auf den bestehenden **Materialstammsatz** zurückgegriffen, der alle für die Beschaffung notwendigen Informationen enthält. Zuweilen ist aber auch hier eine Ergänzung der Stammdaten erforderlich, z.B. hinsichtlich der Prüfung des Teils im Wareneingang. Bei abnehmerspezifischem Produktionsmaterial werden zusätzlich zu den Daten des Stammsatzes weitere Beschaffungsunterlagen, vor allem **technische Zeichnungen**, benötigt, die bei der Umsetzung des Beschaffungsauftrags in eine Bestellung dem Lieferanten übergeben werden müssen.

Besonderheiten bestehen bei Beschaffungsaufträgen für **Investitionsgüter**.[442] Oberhalb der Grenze der geringwertigen Wirtschaftsgüter (800,-DM) gibt es in vielen Unternehmungen genaue Regelungen der Unternehmensleitung zur **Genehmigung von Beschaffungsanträgen**, die nach Beschaffungsobjektgruppe und Wert differenziert sind („Freigabeverfahren"). In der Regel kann auch die Freigabe EDV-gestützt durchgeführt werden, indem der freigabeberechtigte Entscheidungsträger einen Beschaffungsauftrag zur Bearbeitung vorgelegt bekommt. Wird eine detaillierte **Investitionsplanung** durchgeführt, so kann die Freigabe für die Beschaffung von Investitionsgütern bereits im Rahmen dieser Planung erfolgen.

---

[441] Siehe z.B. Pfohl (2000), S. 106-108.
[442] Zum Begriff der Investitionsguts siehe Abschnitt 1.4.

13.3 Einholung von Angeboten und operative Lieferantenauswahl

Nachdem der interne Beschaffungsauftrag geklärt und ggf. freigegeben ist, folgt nun die Phase der Angebotseinholung. Die in dieser Phase zu erledigenden Aufgaben hängen wesentlich von den in Abschnitt 13.1 beschriebenen **Ausgangssituationen** ab, auf die im folgenden Bezug genommen wird.

In der **ersten Ausgangslage** besteht für das nun operativ zu beschaffende Objekt eine funktionierende Lieferanten-Abnehmer-Beziehung und ein **Rahmenvertrag**. In diesem Fall ist der Lieferant für das Beschaffungsobjekt bereits festgelegt (Festlieferant) und die Preise und Konditionen wurden bereits verhandelt. Mit anderen Worten wurde mit der Rahmenvertragserstellung die **operative Lieferantenauswahl bereits durchgeführt**. Der Beschaffungsauftrag kann somit direkt in eine Bestellung umgesetzt werden. Bei modernen EDV-Systemen ist dies durch „Knopfdruck" möglich, da alle benötigten Informationen bereits vorliegen und im Beschaffungsauftrag, Materialstammsatz, Lieferantenstammsatz, Rahmenvertrag und im zugehörigen Angebotssatz abgespeichert sind. Gibt es für ein Objekt mehrere Rahmenverträge, werden die Lieferanten in der Regel gemäß einer aus strategischen Überlegungen zuvor festgelegten Quote bedient. Auch ohne formalen Rahmenvertrag kann ein Lieferanten bereits intern als Festlieferant für ein Beschaffungsobjekt vorbestimmt sein. In diesem Fall sind ebenso alle Daten vorhanden und die Bestellung kann unmittelbar generiert werden.

Bei allen anderen Ausgangssituationen müssen **Anfragen** bei potentiellen Anbietern durchgeführt werden. Eine schriftliche Anfrage ist ein Schreiben (Brief, Fax, E-Mail), das eine Beschreibung des Beschaffungsobjekts, ggf. zusätzliche Unterlagen, z.B. eine Konstruktionszeichnung, und weitere Anforderungen, z.B. den Liefertermin, enthält. Ebenso kann mündlich oder fernmündlich eine Anfrage formuliert werden. Mit einer Anfrage wird ein potentieller Anbieter zur Abgabe eines **Angebots** für dieses Beschaffungsobjekt aufgefordert. Diese Aufforderung sollte möglichst konkret sein, um den Vergleich der eingeholten Angebote zu ermöglichen. Dazu kann, wie in der Automobilindustrie üblich, ein Formblatt verwendet werden, das an die potentiellen Anbieter versendet wird.[443] Der Angefragte legt daraufhin entweder kein Angebot vor oder er tritt als Anbieter auf, indem er ein konkretes Angebot unterbreitet, das die gewünschten Informationen, vor allem den Angebotspreis und die Lieferzeit, enthält. Durch das Angebot wird noch keine Vertragsschließung angetragen, denn auch das Angebot ist noch kein Antrag im Sinne des § 151 BGB, sondern nur eine Vorinformation über die Leistung des Anbieters.

---

[443] Vgl. Grochla/Schönbohm (1980), 162.

Liegt die **zweite Ausgangssituation** vor, dann enthält die Anfrage lediglich Objektanforderungen, da die strategische Lieferantenauswahl bereits die prinzipielle Eignung des Anbieters für diese Beschaffungsobjektgruppe gezeigt hat. Der Angefragte wird deshalb in aller Regel ein Angebot vorlegen. Vor der Anfrage sollte der operative Beschaffungsmanager nachprüfen, ob der Lieferant sein **Zieleinkaufsvolumen** mit dieser Lieferung überschreiten bzw. ohne diese Lieferung nicht erreichen würde. Lieferanten, die bereits als **Probelieferanten** eingestuft sind oder die aktuelle Leistungsprobleme zeigen, sollten nur nach Abstimmung mit den zuständigen Beschaffungsmanagern Anfragen erhalten. Ein Lieferant, der eine unzureichende Leistungsfähigkeit aufweist und der durch Steuerungsmaßnahmen zu einer besseren Leistung gebracht werden soll, darf nicht durch Neuaufträge in seinem bisherigen Fehlverhalten bestärkt werden. Bei **gesperrten Lieferanten** darf nicht angefragt werden.

In der **dritten Ausgangslage** müssen zunächst potentielle Anbieter identifiziert werden. Dies geschieht in ähnlicher Weise wie in Abschnitt 11.2 beschrieben, allerdings unter erheblich höherem Zeitdruck und deshalb weitaus oberflächlicher. Die Anfragen für das konkret benötigte Beschaffungsobjekt dienen als repräsentative Anfragen im Sinne der strategischen Lieferantenauswahl.[444] Häufig werden mit der Anfrage ein Formular zur Lieferantenselbstauskunft und die Allgemeinen Einkaufsbedingungen versendet. Allerdings wird oft aufgrund von Zeitdruck vor der Auswertung der Selbstauskunft und der Durchführung eines Audits bei einem rein operativ ausgewählten Lieferanten bestellt, der danach nicht durch einen strategischen Lieferanten ersetzt wird. Auf diese Weise entstehen Lieferanten-Abnehmer-Beziehungen ohne hinreichende Überprüfung des Lieferanten. Gerade diese Lieferanten fallen häufig als Mißerfolgslieferanten bei der nächsten Lieferantenstrukturanalyse oder bereits bei der laufenden Lieferantenkontrolle auf.

Das Vorgehen in der **vierten Ausgangslage** ähnelt dem der zweiten, obwohl die Leistungsfähigkeit der potentiellen Lieferanten nicht bekannt ist. Dies ist jedoch unproblematisch, da definitionsgemäß eine Lieferanten-Abnehmer-Beziehung nicht erforderlich ist. Soll ein anbieterspezifisches Gut beschafft werden, dann steht der Lieferant bereits fest. Der Bedarfsträger kennt häufig auch aufgrund von Katalogen oder anderen Anbieterunterlagen bereits Preise und Lieferzeiten. In diesem Fall wird oft ohne vorherige Anfrage bestellt, da sich der Aufwand für eine weitere Suche nicht lohnen würde. Steht der Lieferant noch nicht fest, müssen Anbieter identifiziert und angefragt werden, wobei dies in der Regel recht schnell, z.B. mit Hilfe eines Lieferantenverzeichnisses, erfolgen kann.

---

[444] Vgl. Lerneinheit 11.

Liegen die Angebote vor, wird die **operative Lieferantenauswahl** auf Basis eines **Angebotsvergleichs** durchgeführt. In der Regel sind die **Eignung des Beschaffungsobjekts** und die Einhaltung der erforderlichen Lieferzeiten Mußkriterien. Die **Entscheidung über die Vergabe** fällt dann in aller Regel auf **Basis des Preises** und ggf. anfallender Nebenkosten, wie beispielsweise Fracht und Verpackung, und sonstiger Preisauf- und -abschläge. Entspricht keines der Angebote den Vorstellungen, werden Verhandlungen mit den Lieferanten, die die besten Angebote vorgelegt haben, geführt, um eine Verbesserung des Angebots zu erreichen. Hat der ausgewählte Lieferant bereits einen Mengenkontrakt für andere Beschaffungsobjekte (zweite Ausgangssituation), sollte das neu vergebene Teil bei regelmäßigem Bedarf **in den Rahmenvertrag aufgenommen** werden.

13.4 Bestellung, Auftragsbestätigung und Terminverfolgung

Ist die Entscheidung für einen Lieferanten gefallen, kann die **Bestellung** ausgelöst werden. Übliche EDV-Systeme erlauben in der Regel bei abgespeicherten Angeboten und der Eintragung des gewählten Lieferanten eine direkte Umsetzung des Beschaffungsauftrags in eine Bestellung. Der Begriff „Bestellung" wird im Beschaffungsmanagement für alle Arten von Anträgen auf Vertragsschließung (§145 BGB) verwendet, unabhängig davon, ob es sich um einen Kaufvertrag (§433 BGB), Werkvertrag (§631 BGB), Werklieferungsvertrag (§651 BGB) oder einen Dienstvertrag (§611 BGB) handelt.[445]

Der genaue **Inhalt einer Bestellung** hängt von der Art des Vertrages ab. Wichtige Bestandteile sind jedoch stets die genaue **Beschreibung der Sache**, des Werkes bzw. des Dienstes durch die Bezeichnung, Menge, Sachnummer, Katalognummer, Zeichnungsnummer, Menge und Mengeneinheit sowie der **Kaufpreis bzw. die Vergütung**.[446] Weiterhin müssen die **logistischen Daten**, wie Liefertermin, Verpackung, Transporthilfsmittel, Lieferanschrift und Frachtbedingungen, enthalten sein. Wichtig ist auch die Rechnungsanschrift, die bei großen Unternehmungen von der Lieferanschrift abweichen kann. Eine deutliche Vereinfachung ergibt sich durch einen **Bezug** auf das Angebot, einen Katalog des Lieferanten und sofern vorhanden auf die Allgemeinen Einkaufsbedingungen, den Basisvertrag und den Rahmenvertrag, die einige wichtige Daten bereits enthalten. Als Anlage können Technische Zeichnungen, Spezifikationen, Lieferpläne und weitere Unterlagen, wie die Allgemeinen Einkaufsbedingungen, beigefügt werden. Absolut notwendig für das spätere Zustandekommen des Vertrags ist eine

---

[445] Zu den einzelnen Vertragsformen siehe Abschnitt 12.3.
[446] Siehe auch Grochla/Schönbohm (1980), S. 167.

Willenserklärung, daß die Sache gekauft, das Werk erstellt oder der Dienst geleistet werden soll. Obwohl dies gesetzlich nicht vorgeschrieben ist, gibt es in vielen Unternehmungen die Regel, daß Bestellungen nur schriftlich erfolgen dürfen, um im Konfliktfall ein Dokument zur Verfügung zu haben.

Ein Spezialfall der Bestellung ist der **Lieferabruf**. Unter dem Begriff Lieferabruf werden in der Industrie **zwei unterschiedliche Konstrukte** verstanden. Bezieht sich ein „Lieferabruf" auf einen **Rahmenvertrag** im Sinne einer Bedarfsvorschau, dann handelt es sich rechtlich um eine gewöhnliche Bestellung mit zuvor vereinbarten Konditionen. Beziehen sich Lieferabrufe dagegen auf **Abrufverträge**, die selbst Kaufverträge oder Werklieferungsverträge sind, dann sind diese lediglich ex post Konkretisierungen eines bereits abgeschlossenen Abrufvertrags. Im operativen Beschaffungsmanagement ist deshalb genau darauf zu achten, mit welcher Vereinbarung eine verbindliche Abnahmeverpflichtung eingegangen wurde. Liegt ein verbindlicher Abrufvertrag vor, muß der Abruf, der mündlich, per Fax oder durch EDI an den Lieferanten geleitet wird, einen Bezug auf diesen enthalten.

Da die Bestellung eine Willenserklärung der beschaffenden Unternehmung darstellt, muß sie von **Personen, die zur Vertretung berechtigt sind,** veranlaßt werden. Da nicht alle Bestellungen von der Unternehmensleitung ausgesprochen bzw. unterzeichnet werden können, ist deshalb die Übertragung bestimmter Vertretungsrechte an Beschaffungsmanager üblich. Die umfassende Übertragung ist die Erteilung der **Prokura**, „die zu allen Arten von ... Geschäften und Rechtshandlungen" ermächtigt, „die der Betrieb eines Handelsgewerbes mit sich bringt."[447] Ein Prokurist zeichnet Bestellungen mit dem Zusatz „ppa".

Eine weitere Möglichkeit der Vertretung für Beschaffungsaktivitäten ist die Vertretung aufgrund einer **Vollmacht** (§164ff. BGB). Die Vollmacht kann sich auf alle Geschäfte erstrecken. Üblich ist jedoch eine Einschränkung auf bestimmte Geschäfte, z.B. Bestellung von Produktionsmaterial, und die Festlegung von Wertgrenzen. Der Handlungsbevollmächtigte zeichnet üblicherweise mit dem Namenszusatz „i.V."[448] In vielen Unternehmungen existieren genaue **Unterschriftenregelungen** für bestimmte Geschäfte. So kann zum Beispiel geregelt sein, daß Bestellungen ab einer bestimmten Höhe von einem Prokuristen und einem Handlungsbevollmächtigten unterzeichnet werden müssen. Werden für Bestellungen elektronische Übertragungsmedien, wie das Internet oder Direktverbindungen verwendet, bei denen keine Unterschriften im klassischen Sinne möglich sind, kann die Beschränkung auf bestimmte Personen durch Zugangsberechtigungen, Kennwortvergabe und eingestellte Wertgrenzen erfolgen. Ein erster Schritt

---

[447] §49 Abs. 1 HGB. Eine Ausnahme stellen Immobiliengeschäfte dar. Siehe §49 Abs. 2 HGB.
[448] Siehe dazu §57 HGB.

zur Einführung einer **digitalen Signatur**, die im elektronischen Handel die Funktion einer herkömmlichen Unterschrift übernimmt, wurde mit der Verabschiedung des Informations- und Kommunikationsdienstgesetzes (IuKDG) gegangen. Durch Anwendung von Verschlüsselungsverfahren für diese Signaturen kann ein angemessener Schutz vor Mißbrauch erreicht werden.

Ein Vertrag kommt durch eine Annahmeerklärung im Sinnes des §151 BGB zustande. Diese Funktion erfüllt die im Geschäftsleben übliche **Auftragsbestätigung**.[449] Der Inhalt der Auftragsbestätigung sollte sorgfältig beachtet werden. Vor allem bei älteren Angeboten oder bei Bestellungen nach Katalog kann die Auftragsbestätigung von der Bestellung abweichende Preise enthalten. Ebenso finden sich in Auftragsbestätigungen häufig Aussagen, mit denen die Bestellung angenommen, jedoch eine längere Lieferzeit angeboten wird. Erweiterungen, Einschränkungen oder sonstige Änderungen gelten jedoch nach §150 Abs. 2 BGB als Ablehnung verbunden mit neuem Antrag. Damit ist das beschaffende Unternehmen am Zuge, durch eine Bestätigung oder Ablehnung auf den Vorschlag des Lieferanten zu reagieren.

Im Normalfall wird der Lieferant seinen vertraglichen Pflichten termingerecht nachkommen. Allerdings geschieht es auch, daß ein Lieferant nicht pünktlich liefert bzw. leistet. Zur operativen Beschaffung gehört deshalb auch die Aufgabe der **Terminverfolgung**. Wichtige Tätigkeiten sind die Überwachung der Liefertermine, die Erinnerung kritischer Lieferanten an anstehende Liefertermine, Mahnungen bis hin zu Ersatzbestellungen bei Lieferausfällen. Ein gewisses Maß an Terminproblemen, insbesondere bei anziehender Konjunktur, ist im operativen Beschaffungsmanagement unvermeidlich. Häufen sich jedoch Verspätungen bis hin zu vollständigen Lieferausfällen, dann ist dies ein untrügliches Zeichen für eine unangemessene Zusammensetzung des Lieferantenstamms. Die operativen Maßnahmen der Terminverfolgung im Tagesgeschäft müssen deshalb stets von den strategischen Maßnahmen der Kontrolle und Steuerung der Lieferanten-Abnehmer-Beziehungen begleitet werden.

13.5 Wareneingang und Rechnungsprüfung

Mit der Lieferung des Lieferanten kommt auf die beschaffende Unternehmung die **Aufgabe der Annahme** der Sache zu. Bei **Dienstleistungen** muß dem Dienstleister die Möglichkeit der Leistungserstellung, z.B. der Durchführung einer Reparatur, gegeben werden. Der Abnehmer stellt dazu den für die

---

[449] Die Auftragsbestätigung darf nicht mit dem „Kaufmännischen Bestätigungsschreiben" verwechselt werden, welches die Ergebnisse einer Vertragsverhandlung und -einigung wiedergibt, also einen Vertrag nachträglich schriftlich fixiert.

Dienstleistung wichtigen Fremdfaktor, in diesem Beispiel die defekte Maschine, zur Verfügung.[450]

Im Falle von **Kaufverträgen** und **Werklieferungsverträgen** muß die gekaufte Sache bzw. das erstellte Werk abgenommen werden. Im Falle von Sachgütern kommen zwei Möglichkeiten der Annahme in Frage. Zunächst ist eine **Anlieferung direkt beim Bedarfsträger** möglich. Beispiele dafür sind die Anlieferung von Büromaterial in den jeweiligen Büros, die Auffüllung von Regalen in den Werkstätten durch technische Großhändler und die einsatzsynchrone Anlieferung von Produktionsmaterial direkt an die Montage. Obwohl diese Konzepte der Direktbelieferung in den letzten Jahren forciert wurden, ist vor allem bei Produktionsmaterial noch immer die **Anlieferung in einem zentralen Wareneingang** die Regel.

Gleichgültig an welchem Ort die bestellten Güter angeliefert werden, fallen **operative Aufgaben** an, die häufig unter dem Begriff „Wareneingang" zusammengefaßt werden. Dazu gehört zunächst die **physische Annahme** der gelieferten Ware und des Lieferscheins. Da die §§377f. HGB beim Handelskauf und der Werklieferung abnehmerspezifischer beweglicher Beschaffungsobjekte (nicht vertretbare bewegliche Sachen, §381 HGB) zwischen zwei Kaufleuten eine unverzügliche Anzeige von Qualitätsmängeln, Falschlieferungen und Mengenfehlern verlangen, muß sofort eine **Eingangsprüfung** durchgeführt werden,[451] die eine Identitätsprüfung (Falschlieferung und Mengenfehler) und Qualitätsprüfung (Qualitätsfehler) umfaßt.[452] Durch einen individuell vereinbarten Rahmenvertrag kann der Lieferant den Abnehmer von der Pflicht der sofortigen Anzeige von Fehlern entbinden.[453] Sinn macht der Verzicht auf eine sofortige Eingangsprüfung jedoch nur dann, wenn der Lieferant eine gründliche Ausgangskontrolle durchführt und durch die strategische Lieferantenauswahl, die regelmäßige Lieferantenstrukturanalyse und -planung, die Kontrolle der Lieferanten-Abnehmer-Beziehung und die konsequente Lieferantensteuerung eine hohe Qualitätsfähigkeit und Qualitätsbereitschaft erwartet werden kann.[454] Gleiches gilt für die logistische Leistungsfähigkeit und -bereitschaft.

Eine weitere Aufgabe, die unabhängig davon, ob der Wareneingang zentral oder dezentral erfolgt, erledigt werden muß, ist die Dokumentation und sofortige **Buchung des Wareneingangs**. Hierdurch ist dokumentiert, daß die Lieferung durch den Lieferant ausgeführt wurde. Darüber hinaus wird bei bestandsgeführten Materialien die entsprechende Bestandserhöhung ange-

---

[450] Zum faktortheoretischen Modell der Dienstleistungsproduktion siehe Corsten (1996), Sp. 340-342, Corsten (1988).
[451] Vgl. Nagel (1991), S. 322-323.
[452] Zur Qualitätsprüfung siehe Abschnitt 14.3.
[453] Vgl. Nagel (1991), S. 323, Malorny/Kassebohm (1994), S. 465.
[454] Siehe dazu die Lerneinheiten 8, 9, 11, 14 und 15.

zeigt. Die sofortige Wareneingangsbuchung ist insbesondere für das Erkennen der faktischen Verfügbarkeit durch den Bedarfsträger, die Überwachung der Termineinhaltung und für die anschließende Rechnungsprüfung wichtig.[455] Vor allem bei dezentralem Wareneingang muß organisatorisch geregelt sein, wer für die Wareneingangsbuchung verantwortlich ist. Übliche EDV-Systeme überprüfen die Übereinstimmung der Daten des Wareneingangs und der Bestellung und geben ggf. eine Fehlermeldung. Probleme ergeben sich deshalb bei Teillieferungen des Lieferanten und bei Bestellungen, die nicht ordnungsgemäß über das EDV-System ausgeführt wurden.

Mit der Warenannahme sind auch eine Reihe **logistischer Tätigkeiten** verbunden. Dazu gehören vor allem das **Auspacken und Umpacken** der gelieferten Beschaffungsobjekte zur Erstellung interner Logistikeinheiten. Diese Tätigkeiten können entfallen, wenn der Lieferant bereits in Behältern der beschaffenden Unternehmung oder in Standardbehältern anliefert. Außerdem entfällt hierdurch der Aufwand für die Entsorgung bzw. Rücklieferung der Verpackungen. Nach dem Wareneingang erfolgt der **innerbetriebliche Weitertransport** zu einem Lager oder direkt zur Verwendungsstelle. Die **Lagerung** verwendbarer Teile erfolgt in einem Wareneingangslager bzw. Produktionslager, noch zu prüfender Teile in einem Prüflager und fehlerhafter oder falscher Teile bis zur Klärung mit dem Lieferanten in einem Sperrlager. Bei Qualitätsfehlern, „die den Wert oder die Tauglichkeit zu dem gewöhnlichen oder nach dem Vertrage vorausgesetzten Gebrauch aufheben oder mindern" (§459 BGB) oder bei Falschlieferung kommen je nach Vereinbarung mit dem Lieferanten noch die Aufgaben der Entsorgung oder Rücklieferung dieser Beschaffungsobjekte hinzu.[456] Die Rücklieferung kann wegen Wandlung (§462 BGB), Ersatzlieferung beim Gattungskauf (§480 BGB) oder zum Zweck der Nacharbeit, sofern dies vereinbart ist (§476a BGB) oder ein Werkvertrag vorliegt (§ 633 Abs. 2 BGB), erforderlich sein.

Der operative Beschaffungsprozeß wird durch die **Rechnungsprüfung** abgeschlossen. Zweck der Rechnungsprüfung ist das Feststellen einer Abweichung der Rechnungsdaten von denen der Bestellung und der erfolgten Lieferung. **Gegenstand der Rechnungsprüfung** sind die Identität der bestellten, gelieferten und in Rechnung gestellten Beschaffungsobjekte, die Einzelpreise, Mengen, berechnete Nebenkosten und die Rechnungssumme.

Da eine manuelle Prüfung aller Rechnungen sehr aufwendig wäre, erfolgt in der Regel eine **automatische Prüfung** vor Anweisung der Zahlung, bei der die Daten der erfaßten Rechnung mit denen der Wareneingangsbuchung und der Bestellung verglichen werden. Häufig verwenden die Unternehmungen dabei Rechnungstoleranzen, um bei geringen Abweichungen eine

---

[455] Vgl. Lerneinheit 14.
[456] Vgl. Schmid (1998), S. 43.

manuelle Prüfung zu vermeiden. Treten trotzdem Fehler auf, wie z.B. falsche Preise, falsche Rechnungssummen, Rechnungen ohne (offizielle) Bestellung, Rechnungen ohne erfolgten Wareneingang, müssen diese in Zusammenarbeit mit dem operativen Beschaffungsmanagement geklärt werden. Wichtig ist dabei vor allem eine zügige Rechnungsprüfung, damit die Rechnung bei intern verursachten Fehlern noch vor Ablauf der Skontofrist bezahlt werden kann.

Die Ursachen von **Preis- und Summenfehlern** sind vielfältig. Beispiele dafür sind Fehler des Lieferanten bei der Rechnungsschreibung, Verwendung der falschen Mengenstaffel, Abweichungen von Bestellung und Rahmenvertrag, nicht erkannte Preisunterschiede in der Bestellung und der Auftragsbestätigung, Teillieferungen des Lieferanten und nicht vereinbarte Zuschläge. Ganz ausgeschlossen kann auch die Betrugsabsicht nicht werden. Nach der Rechnungsprüfung kann die Rechnung bezahlt werden. Der operative Beschaffungsvorgang ist damit abgeschlossen.

Empfohlene Literatur zur Lerneinheit 13

Zum operativen Beschaffungsprozeß finden sich zahlreiche Darstellungen in der Lehrbuchliteratur zur Beschaffung und Materialwirtschaft. Stellvertretend seien **Grochla/Schönbohm** (1980), S. 159-173, **Arnolds/Heege/Tussing** (1998), S. 225-261, S. 387-390, und **Monczka/Trent/Handfield** (1998), S. 24-41, empfohlen.

14. Lerneinheit:

Kontrolle der Lieferanten-Abnehmer-Beziehung

In der vorangegangenen Lerneinheit haben wir die Nutzung der Lieferanten-Abnehmer-Beziehung behandelt. Dabei wurde im Rahmen der Terminverfolgung auch der Aspekt der Kontrolle angesprochen. In dieser Lerneinheit wird die Kontrolle aus strategischer Sicht im Mittelpunkt stehen. Die Kontrolle der Lieferanten-Abnehmer-Beziehungen ist ein wichtiges Element des strategischen Beschaffungsmanagements, denn sie liefert wertvolle Informationen für die Lieferantenstrukturanalyse. Darüber hinaus ist die Kontrolle Voraussetzung der in Lerneinheit 15 zu behandelnden Steuerung der Lieferanten-Abnehmer-Beziehungen.

Lernziele

Nach dem Studium dieser Lerneinheit sollten Sie in der Lage sein,

- die möglichen Sichtweisen der Kontrolle der Lieferanten-Abnehmer-Beziehung zu unterscheiden,

- eine Übersicht des Ablaufs der Kontrolle zu geben,

- die Möglichkeiten und Grenzen der Kontrolle der Qualitäts-fähigkeit zu erläutern,

- die Möglichkeiten der Kontrolle der logistischen Leistungsfähig-keit zu beschreiben,

- die Möglichkeiten und Probleme der Kontrolle von Preisverände-rungen zu erläutern,

- die Wichtigkeit der Kontrolle auf der sozialen Ebene der Lieferanten-Abnehmer-Beziehungen aufzuzeigen.

14.1 Grundlagen der Kontrolle der Lieferanten-Abnehmer-Beziehung

Kern der Kontrolle sind allgemein gesprochen Vergleiche von quantitativen oder qualitativen Größen[457] und die dazugehörigen Entscheidungen über die Tolerierbarkeit von Abweichungen.[458] Mit der **Kontrolle der Lieferanten-Abnehmer-Beziehung** soll überprüft werden, ob tatsächlich funktionierende Lieferanten-Abnehmer-Beziehungen vorliegen. Die Kontrolle der Lieferanten-Abnehmer-Beziehung sollte keineswegs als modisches l'art pour l'art gesehen werden. Sie liefert den **Anstoß für Maßnahmen der Lieferantensteuerung**, bildet eine wesentliche Grundlage der Lieferantenstrukturanalyse und ist somit wesentlicher Bestandteil des strategischen Beschaffungsmanagements. Wird mit dem Auftreten von Abweichungen die Androhung von Sanktionen verknüpft, so kann alleine das Vorhandensein von Kontrollsystemen Verhalten positiv beeinflussen.[459] Die Kontrolle dient aus diesen Gründen der Durchsetzung von Verhaltenserwartungen, die von der beschaffenden Unternehmung an die Mitarbeiter und Führungskräfte des Lieferanten gestellt werden.[460]

Über die tatsächliche **Durchführung der Kontrollaufgabe in der Beschaffung** gibt es ein widersprüchliches Bild. In Gesprächen mit Beschaffungsmanagern entsteht der Eindruck, daß die laufende Lieferantenbewertung weit verbreitet ist. Nach einer jüngsten Untersuchung von 149 größeren deutschen Unternehmungen verschiedener Branchen führen 87% der Befragten eine regelmäßige Leistungsbewertung der Lieferanten durch.[461] Nach dieser Befragung wird am häufigsten die Produktqualität, die Termintreue, das Preisverhalten und die Mengentreue überwacht. Ebenso führen **Lamming**, **Cousins** und **Notman**, jedoch ohne genaue Angabe der Untersuchungsgesamtheit, einen Anteil von über 90% Lieferanten an, die mit Hilfe von Lieferantenkontrollsystemen bewertet werden, und 85% Abnehmer, die solche Systeme anwenden.[462] Andererseits deutet eine andere, bereits mehrfach erwähnte, Befragung an, daß mit einem Anteil von 49% der Unternehmungen, die Kontrollkennzahlen einsetzen, und 26%, die eine Lieferantenbewertung durchführen, dem Kontrollbereich noch immer wenig Beachtung geschenkt wird.[463] Eine detaillierte Untersuchung von 120 mittel-

---

[457] Vgl. Pfohl/Stölzle (1997), S. 12.
[458] Vgl. Large (1995), S. 100-101.
[459] Siehe dazu Lerneinheit 15.
[460] Diese Sichtweise läßt sich aus der Führungslehre auf das Management von Lieferanten-Abnehmer-Beziehungen übertragen. Siehe beispielsweise Frese/Simon (1987), Sp. 1248.
[461] Vgl. Muschinski (1998), S. 50.
[462] Vgl. Lamming/Cousins/Notman (1996), S. 175.
[463] Vgl. Glantschnig (1995), S. 27-28.

ständischen Unternehmungen stammt vom Anfang der 80er Jahre. Grundaussage dieser Untersuchung war, daß zwar der Einsatz von Kontrollkennzahlen häufig für sinnvoll erachtet wird, diese jedoch weitaus seltener vorhanden sind oder gar regelmäßig genutzt werden.[464] Insgesamt scheint also heute die Lieferantenkontrolle weit verbreitet zu sein.

Die Beschäftigung mit der Managementaufgabe „Kontrolle" wird durch eine begriffliche Unschärfe in der Theorie, aber vor allem in der Praxis des Beschaffungsmanagements erschwert. Man kann im weiteren Sinne **vier Sichtweisen** der Kontrolle der Lieferanten-Abnehmer-Beziehung unterscheiden. In der betrieblichen Praxis wird häufig die wert- und die flußbezogene Ebene als Ansatzpunkt genommen. Die Kontrolle der Lieferanten-Abnehmer-Beziehung entspricht dann der klassischen **Lieferkontrolle**, die sich auf die Wareneingangsprüfung bzw. die Überwachung der Leistungserfüllung bei Dienstleitungen stützt und Werte für die Qualitäts- und Termineinhaltung ermittelt.

Häufig wird versucht, mit Hilfe von Lieferantenbewertungssystemen einen Schluß von den Ergebnissen der Lieferkontrolle auf die Leistungsfähigkeit der Lieferanten vorzunehmen und damit eine **Lieferantenkontrolle** zu realisieren. Diese Systeme sind in ähnlicher Art und Weise in der überwiegenden Anzahl von EDV-Systemen implementiert und beruhen in der Regel auf Punktbewertungssystemen, mit Hilfe derer die quantitativen Ergebnisse der Lieferkontrolle für einen Lieferanten zusammengefaßt werden.[465] Die Lieferantenkontrolle kann darüber hinaus subjektive Bewertungen enthalten, deren Bestimmung aus dem Datenbestand der EDV nicht möglich ist.[466] Ein Beispiel dafür ist die Flexibilität eines Lieferanten. Allerdings ist die subjektive Bewertung bei der Fülle von Lieferanten aufwendig und wird deshalb üblicherweise nicht oder nur für ausgewählte Lieferanten durchgeführt. Häufig erfolgt die subjektive Bewertung nur im Rahmen der Lieferantenstrukturanalyse. Obwohl zum Teil die gleichen Merkmale und Verfahren verwendet werden muß, die Lieferantenkontrolle sachlich von der sogenannten Lieferantenbewertung im Rahmen der Vorauswahl von potentiellen Lieferanten abgegrenzt werden.[467]

Die Kontrolle der Lieferanten-Abnehmer-Beziehungen verdient eigentlich erst dann diese Bezeichnung, wenn neben dem Lieferanten auch der Abnehmer und die zwischen beiden bestehende Beziehung zum Kontrollgegenstand werden. In diesem Fall handelt es sich um eine **Beziehungskontrolle**, bei der z.B. auch das Verhalten der eigenen Disponenten gegenüber den

---

[464] Vgl. Grochla/Fieten/Puhlmann/Vahle (1982), S. 573-576, Grochla/Fieten/Puhlmann/Vahle (1983), S. 125-129.

[465] Siehe dazu Hartmann (1997b).

[466] Siehe dazu Abschnitt 5.2.

[467] Siehe dazu die Abgrenzung in Abschnitt 11.3.

Lieferantenmitarbeitern betrachtet wird. Beispiele für eigenes Fehlverhalten sind die zu späte Informationsweitergabe, Zwang zu Schnellschüssen, deren Termine unhaltbar sind, telefonische Zusagen, die nicht im EDV-System dokumentiert sind, usw. Wesentlicher Bestandteil der Beziehungskontrolle wird jedoch trotzdem der Schluß von den Ergebnissen der Lieferungs- und Lieferantenkontrolle auf den Zustand der Beziehung sein.

Das weitestgehende Verständnis der Kontrolle in der Lieferanten-Abnehmer-Beziehung nimmt im Sinne einer **Beschaffungskontrolle** die Funktionsfähigkeit des Beschaffungssystems als Ganzes zum Gegenstand. Neben die Kontrolle der Lieferanten-Abnehmer-Beziehungen tritt dann die Überwachung der Leistungsfähigkeit und Leistungsbereitschaft der Beschaffungsabteilung. Eine Möglichkeit dazu bietet die regelmäßige Beurteilung der Servicequalität des Einkaufs durch die internen Bedarfsträger. **Young** und **Varble** haben dazu Erkenntnisse aus dem Bereich der Qualitätsbeurteilung von Dienstleistern übertragen und ziehen zur Leistungsmessung des Beschaffungsmanagements die Kriteriengruppen Zuverlässigkeit, Ansprechbarkeit, Vertrauenswürdigkeit, Einfühlungsvermögen und Erscheinungsbild des Einkaufs heran.[468]

Da es sich bei dieser umfassenden Sicht letztlich um die Kontrolle der Funktionserfüllung handelt, kann die Beschaffungskontrolle zu einer Bewertung der Leistungsfähigkeit der Beschaffungsmanager ausgebaut werden. Allerdings müssen die beurteilten Beschaffungsmanager tatsächlich die Chance haben, die Funktionserfüllung in wesentlichem Maße zu beeinflussen. Mit anderen Worten muß neben einem klar erkennbaren sachlichen Zusammenhang zwischen strategischen Maßnahmen und der Leistungsfähigkeit des Beschaffungssystems auch das Kongruenzprinzip der Organisation, welches das Zusammenfallen von Aufgabe, Kompetenz und Verantwortung fordert,[469] erfüllt sein. Aufgrund der komplexen Wirkungsbeziehungen von Maßnahmen und Funktionsfähigkeit sowie der vielfach vorhandenen Teamprozesse muß die Erfüllung dieser Voraussetzungen jedoch bezweifelt werden. Wir werden uns deshalb auf die **Beziehungskontrolle konzentrieren**, jedoch auch versuchen, Ansätze einer Beschaffungskontrolle aufzuzeigen.[470]

Allgemein können verschiedene **Kontrollmethoden** angewendet werden,

---

[468] Young/Varble (1997), S. 37.

[469] Siehe Abschnitt 16.2.

[470] Die Kontrolle der Lieferanten-Abnehmer-Beziehungen darf nicht mit Beschaffungscontrolling gleichgesetzt werden. Beschaffungscontrolling ist vereinfacht gesprochen eine umfassende Konzeption zur Erfolgssteuerung des Beschaffungsbereichs durch Vorgabe und Überwachung von quantitativen Sollgrößen. (Vgl. Katzmarzyk (1988), S. 111. Siehe auch Koppelmann (1995), S. 355-356, Eschenbach (1993), Sp. 125.) Diese Konzeption kann auch zur erfolgsorientierten Steuerung von Lieferanten verwendet werden (Lieferanten-Controlling) und wird deshalb erst in Lerneinheit 15 aufgegriffen.

die Vergleiche des Gewünschten (Soll), des Erwarteten (Wird) und des Beobachteten (Ist) umfassen können.[471] Im Beschaffungsmanagement sind insbesondere der Ist-Ist-Vergleich und der Soll-Ist-Vergleich üblich. Aufgrund von unvollständigem und ungleich verteiltem Wissen (Informationsasymmetrien) zwischen den Beschaffungsmanagern und den Mitarbeitern des Lieferanten stützen sich diese Vergleiche jedoch lediglich auf Verhaltenswahrnehmungen und meßbare Verhaltenswirkungen und weniger auf das tatsächliche Verhalten in der Lieferanten-Abnehmer-Beziehung. Insbesondere muß mit hidden actions gerechnet werden.[472]

Der **Ist-Ist-Vergleich** kann sich auf gleiche Sachverhalte verschiedener Perioden, z.B. die Qualitätskennzahlen eines Lieferanten im ersten und im zweiten Quartal, oder auf gleiche Sachverhalte verschiedener Kontrollobjekte, z.B. Qualitätskennzahlen des Lieferanten A und des Lieferanten B, beziehen. Wird im letzten Fall einer der Istwerte als Richtwert für die anderen verstanden, dann nimmt der Ist-Ist-Vergleich die Form des **Benchmarking** an, bei dem beispielsweise die Qualitätszahl des Lieferanten A als Orientierung für die zu erreichende Leistung des B dient.[473] Damit ist bereits die zweite wichtige Kontrollmethode, der **Soll-Ist-Vergleich,** angesprochen. Neben Istwerten als Richtwerten dienen vor allem Sollausprägungen von Zielen als Sollwerte.[474] Ein Beispiel ist der Vergleich der aktuellen Lieferzuverlässigkeit eines Lieferanten mit der festgelegten und ggf. im Rahmenvertrag vereinbarten Sollzuverlässigkeit.

Gerade aus strategischer Sicht, d.h. bei Ausrichtung auf die Erfolgspotentiale und damit auf die zukünftigen Erfolgsbeiträge, ist der **Soll-Wird-Vergleich** von besonderer Bedeutung. Bei dieser Kontrollmethode muß eine Prognose der Kontrollgröße vorgenommen werden. Beispielsweise kann ein Soll-Ist-Vergleich der Qualitätsfähigkeit eines Lieferanten ergeben, daß trotz einer Verschlechterung gegenüber dem vorangegangenen Quartal die Sollgröße nicht unterschritten wurde. Die Prognose der zukünftigen Qualitätsfähigkeit (Wird) und ein Soll-Wird-Vergleich können dagegen aufzeigen, ob aufgrund eines steten Abwärtstrends bereits im nächsten Quartal Probleme auftreten werden. Der Soll-Wird-Vergleich ist deshalb für das frühzeitige Erkennen und Ergreifen von Gegenmaßnahmen erforderlich.

---

[471] Vgl. Pfohl (1981), S. 59-61, knapper: Pfohl/Stölzle (1997), S. 76.
[472] Vgl. Abschnitt 2.3.
[473] Zu den Grundlagen des Benchmarking siehe Ester (1997), S. 7-23.
[474] Siehe dazu Abschnitt 4.4.

14.2 Übersicht der Tätigkeiten und Objekte der Beziehungskontrolle

Im vorangegangenen Abschnitt wurden bereits die vielfältigen Aufgaben der Kontrolle und die dazu notwendigen Tätigkeiten angerissen. Wir wollen nun die einzelnen **Tätigkeiten** stärker im Zeitablauf betrachten.[475]

Soll ein **Kontrollsystem** aufgebaut werden, so muß zunächst geklärt werden, welcher der vier aufgezeigten **Sichtweisen** gefolgt werden soll. Diese Entscheidung richtet sich im wesentlichen nach dem Grad der strategischen Orientierung und den Ressourcen, die einer Unternehmung zur Verfügung stehen. Wir werden uns in diesem Buch auf die Beziehungskontrolle konzentrieren, die wie gezeigt auf subjektiven Bewertungen und auf den Ergebnissen der Lieferkontrolle und der laufenden Lieferantenbewertung aufbaut. Damit ist auch eine Vorentscheidung über die **angemessenen Kontrollgrößen** getroffen.[476] Es werden Liefermerkmale, Lieferantenmerkmale und Beziehungsmerkmale verwendet.

Zum zweiten müssen die **Vergleichsmethoden** festgelegt werden. Wie bereits diskutiert, eigen sich sowohl Ist-Ist-Vergleiche von Merkmalen verschiedener Lieferanten-Abnehmer-Beziehungen als auch Soll-Ist-Vergleiche und Soll-Wird-Vergleiche, bei denen die entsprechenden Ziele als **Führungsgrößen** (Sollgrößen) verwendet werden können. Die Führungsgrößen richten sich nach den strategischen Beschaffungszielen und nach den Schwerpunkten des Beschaffungsmanagements. Wurde beispielsweise bei der Lieferantenstrukturanalyse erkannt, daß Mißerfolgslieferanten insbesondere durch schlechte Qualität zur Schwächung der Erfolgspotentiale beitragen, so werden Qualitätsmerkmale im Vordergrund stehen. Bei der Festlegung der Vergleichsmethoden, Kontrollgrößen und Führungsgrößen sollte **nach Lieferantengruppen differenziert** werden. Ähnlich wie bei der Lieferantenauswahl können nicht alle Lieferanten, z.B. Zeichnungslieferanten, Entwicklungspartner, Logistikdienstleister, nach den gleichen Kriterien und Verfahren bewertet werden.[477]

Neben der Gestaltung des Kontrollsystems, welches aus Gründen der Vergleichbarkeit längere Zeit Bestand haben sollte, gehört die **Durchführung der periodenbezogenen Vergleiche** zu den Hauptaufgaben der Kontrolle der Lieferanten-Abnehmer-Beziehungen. Diese sollten aus Kostengründen und aus Gründen der Umsetzung der Kontrollergebnisse in Steuerungshandlungen keinesfalls häufiger als monatlich erfolgen. Anderer-

---

[475] Siehe zum Entwurf eines Kontrollsystems auch Harrington/Lambert/Christopher (1991).
[476] Wird die Kontrolle als kybernetisches Modell beschrieben, so entsprechen die Kontrollgrößen den Regelgrößen. Siehe dazu Pfohl/Stölzle (1997), S. 13-15.
[477] Vgl. Fröhlich-Glantschnig (1997).

seits erfordert vor allem die Kontrolle der Wirksamkeit eingeleiteter Maßnahmen eine zügige Rückmeldung. Deshalb sollte die Beziehungs-kontrolle nicht seltener als quartalsweise durchgeführt werden. Die Regel ist deshalb die Kontrolle je Quartal. Durch diesen Zyklus wird die Beziehungs-kontrolle zudem zu einer wirkungsvollen **Ergänzung der** in der Regel jährlich durchzuführenden **Lieferantenstrukturanalyse.**[478]

Zunächst erfolgt die Bestimmung der **Ausprägungen der Führungsgrößen.** Für Soll-Ist- und Soll-Wird-Vergleiche sind dies die Sollwerte, die Ausprä-gungen von Zielen darstellen und als solche bestimmt werden.[479] Im Fall von Ist-Ist-Vergleichen von Merkmalen verschiedener Beziehungen muß festge-legt werden, welche Lieferanten-Abnehmer-Beziehung als „Vorbildbe-ziehung" dienen soll. Bei Ist-Ist-Vergleichen über mehrere Perioden wird die Bezugsperiode und damit die bereits realisierte Ausprägung der Führungs-größe definiert.

In jeder Kontrollperiode müssen nun die **Ausprägungen der Kontroll-größen** erfaßt werden. Dies geschieht bei Istgrößen analog zu der in Abschnitt 5.2 geschilderten Bestimmung der Ausprägung von Klassifikati-onskriterien. Neben der Messung oder Abschätzung der Istwerte der festgelegten Beziehungsmerkmale, gehört dazu die Berechnung aggregierter Istgrößen (Kennzahlen). Viele Unternehmungen beschränken sich aus Kostengründen auf die Aufbereitung von Daten quantitativer Merkmale, die bereits im operativen EDV-System vorhanden sind, und nehmen dazu einen Schluß von der Bewertung von Lieferungen auf die Bewertung der Beziehungen vor. Allerdings erlauben viele kommerzielle EDV-Systeme, wie z.B. das Modul MM von SAP R/3, neben der automatischen auch die manuelle Erfassung von Merkmalsausprägungen, z.B. der Flexibilität, die ebenfalls zur Bildung von Kennzahlen verwendet werden können.

Wirdgrößen erfordern eine **Prognose.** Dazu kann bei quantitativen Größen eine Prognoserechnung auf Basis bereits realisierter Istwerte eines Merkmals durchgeführt werden. Eine andere, wenn auch selten genutzte Möglichkeit ist eine Indikatorprognose. Beispiele für Indikatoren sind der Auftragseingang eines Lieferanten für dessen Auslastung und damit Liefer-zuverlässigkeit, der Anstieg der Lohnkosten für dessen Verkaufspreise usw. Eine wichtige Prognosetechnik gerade für nicht quantifizierbare Merkmale ist die subjektive Einschätzung der Zukunftsentwicklung durch einen erfahrenen Beschaffungsmanager.

An die Bestimmung der Ausprägungen schließt sich der **Vergleich,** d.h. die eigentliche Kontrolle, durch die Gegenüberstellung von Kontroll- und Führungsgröße an. Gebräuchliche Methoden sind die Bildung absoluter

---

[478] Siehe Abschnitt 8.1.
[479] Siehe Abschnitt 4.4.

Abweichungen, die Berechnung prozentualer Abweichungen oder die Quotientenbildung. Diese Vergleiche können ebenso wie die Ermittlung der Ausprägungen zentral durch eine Stabsabteilung in der Beschaffung, den Assistenten des Einkaufsleiters, die EDV-Abteilung, die zentrale Qualitätssicherung oder das Controlling durchgeführt werden. Die **zentrale Durchführung** empfiehlt sich immer dann, wenn Datenbestände des operativen Beschaffungs- und Qualitätssicherungssystems genutzt werden können und wenn für die Ermittlung aggregierter Istwerte und für Vergleiche Methodenwissen erforderlich ist. Der **dezentrale Vergleich** direkt durch den Beschaffungsmanager ist immer dann vorteilhaft, wenn dessen Expertenwissen erforderlich ist. Dies trifft insbesondere für die Prognosen im Rahmen von Soll-Wird-Vergleichen und für Merkmale, die eine subjektive Beurteilung erfordern, zu.

Die **Präsentation und Dokumentation** der Vergleichsergebnisse sollten in einer für den Beschaffungsmanager geeigneten Form erfolgen. Um die Komplexität der Daten für den einzelnen Mitarbeiter zu verringern, ist eine Sortierung nach dem zuständigen Beschaffungsmanager erforderlich. Sinnvoll sind vor allem bei zentraler Durchführung besondere Hinweise auf Abweichungen, Sortierungen nach der Größe der Abweichung, Listen der Problemfälle etc. Anschaulicher als ein Zahlenwert ist oft auch die Zuordnung der kontrollierten Beziehungen zu Klassen, z.B. Erfolgslieferant, Teilerfolgslieferant, Mißerfolgslieferant.[480] Bei einer überschaubaren Anzahl von Lieferanten kann die Verwendung von Diagrammen, z.B. Polardiagrammen, welche die Darstellung der Ausprägungen mehrerer Merkmale erlauben,[481] hilfreich sein. Zur weiteren individuellen Verarbeitung durch den einzelnen Beschaffungsmanager sollten die Daten aber auch immer als Datei, z.B. auf einem Server, zur Verfügung stehen.

Liegen die Ergebnisse der Vergleiche vor, muß eine **Entscheidung** getroffen werden, ob eine erkannte Differenz noch akzeptabel ist. Beispielsweise kann diese durch Sondereinflüsse, wie z.B. Anlauf einer neuen Serie, begründet sein. Aus der Gruppe der Beziehungen, bei denen Probleme erkannt wurden, werden jene ausgewählt auf die sich die Steuerungsmaßnahmen des Beschaffungsmanagers konzentrieren sollen. Die wichtigsten Kriterien sind dabei die Bedeutung dieser Beziehung für Funktionserfüllung der Beschaffung und die aus der erkannten Abweichung folgende Unsicherheit. Diese Entscheidung sollte insbesondere bei schwerwiegenden Problemen gemeinsam mit dem Einkaufsleiter und den betroffenen Bedarfsträgern getroffen werden. Bei einer organisatorischen Trennung strategischer und operativer Beschaffungsaufgaben ist bei der Entscheidung auch der zuständige operative Beschaffungsmanager einzubeziehen.

---

[480] Siehe Abschnitt 8.3.
[481] Siehe z.B. Friederici/Maiwald (1995), S. 44-45.

Bisher wurde noch etwas abstrakt der Ablauf der Beziehungskontrolle beschrieben. Wir wollen uns deshalb nun genauer den **Objekten der Kontrolle** und damit den Kontrollgrößen zuwenden. Soll eine umfassende Beziehungskontrolle vorgenommen werden, dann müssen alle **Ebenen der Lieferanten-Abnehmer-Beziehungen** berücksichtigt werden. Auf der wertbezogenen Ebene sollte vor allem die Kontrolle der Qualitätsfähigkeit und nach Möglichkeit der technologischen Wettbewerbsfähigkeit erfolgen. Auf der flußbezogenen Ebene stehen die Kontrolle der Veränderung der Beschaffungsobjektkosten einer Beziehung und die Kontrolle der Lieferzuverlässigkeit hinsichtlich Menge und Termin im Vordergrund. Die soziale Ebene ist nicht automatisch zu überwachen. Trotzdem sollte der Kontrolle des Verhaltens der Mitarbeiter des Lieferanten und der eigenen Mitarbeiter Beachtung geschenkt werden. Selten wird die rechtliche Ebene Gegenstand der Beziehungskontrolle sein. Wichtig wäre jedoch die Kontrolle der Angemessenheit der getroffenen Vereinbarungen. In den folgenden Abschnitten werden wir nun die wichtigsten Bereiche genauer betrachten.

Die **Aggregation der Ergebnisse** für Qualität, Preis, Logistik und Verhalten zu einer Kopfkennzahl, wie dies in **Abbildung 20** gezeigt wurde, ist im Rahmen der Beziehungskontrolle nicht sinnvoll.[482] Im Gegensatz zur Lieferantenbewertung zur Vorauswahl von potentiellen Neulieferanten geht es bei der Beziehungskontrolle nicht um die Selektion einer Gruppe geeigneter Lieferanten, sondern um die Identifikation von Problemen in Beziehungen. Eine Rangfolge der Lieferanten ist von sekundärem Interesse. Sinnvoll ist eine Rangfolge lediglich für Lieferantenwettbewerbe, wie z.B. „Bester Lieferant 2000", die der Motivation der Lieferanten dienen sollen. Im Gegenteil werden bei hochaggregierten Kopfkennzahlen Probleme in Einzelbereichen durch gute Leistungen in anderen Bereichen zu leicht verdeckt. Trotzdem sollten natürlich bei der Kritik schlechter Leistungen in einem Bereich die guten Leistungen in einem anderen berücksichtigt werden.

14.3 Kontrolle auf der wertbezogenen Ebene

Auf der wertbezogenen Ebene interessieren die Beiträge der Beziehung zur Innovations- und Qualitätsfähigkeit des Abnehmers.[483] Die Beitrage zur **Innovationsfähigkeit** bedürfen einer subjektiven Bewertung und sind deshalb nur aufwendig zu bestimmen. Sie sollten deshalb eher im Rahmen einer jährlichen Lieferantenstrukturanalyse bestimmt und beurteilt werden.

Hinsichtlich der Beiträge zur **Qualitätsfähigkeit** kann die Qualitätsfähigkeit des Lieferanten durch ein Audit bestimmt werden. Dies wäre jedoch für die quartalsweise Beziehungskontrolle sowohl für den Abnehmer als auch für

---

[482] Siehe dazu auch das Praxisbeispiel in Abschnitt 14.5.
[483] Vgl. Abschnitt 10.3.

den Lieferanten zu aufwendig. Es bietet sich vielmehr ein Schluß von der Qualität der Lieferungen eines Lieferanten auf seine Qualitätsfähigkeit und damit auf die Beiträge der Beziehung an. Problematisch ist dabei die Vergangenheitsorientierung der Kontrolle, denn genau betrachtet wird nicht auf die zukünftige Qualitätsfähigkeit und somit auf den **Beitrag zum Erfolgspotential** geschlossen, sondern auf die Qualitätsfähigkeit in der Vergangenheit. Es ist deshalb sinnvoll, nicht nur auf aktuelle Abweichungen zu achten, sondern auch auf sich abzeichnende Abweichungen. Erforderlich ist mit anderen Worten neben dem Soll-Ist-Vergleich auch ein Soll-Wird-Vergleich.

In der Regel erfolgt direkt im Wareneingang die **Qualitätsprüfung der gelieferten Beschaffungsobjekte**.[484] Die Prüfung sollte immer einem Prüfplan entsprechend durchgeführt und dokumentiert werden. Gegenstand der Prüfung sind je nach Beschaffungsobjekt verschiedene Maße, die Form und Lage, die Farbe, das Material, bestimmte Funktionen usw. Allerdings kann, wie in Lerneinheit 13 diskutiert, mit dem Lieferanten auch ein Prüfverzicht vereinbart sein. In diesem Falle werden entweder die Lieferungen eines Beschaffungsobjektes generell nicht oder nur in Abständen unregelmäßig einzelne Lieferlose geprüft (Skip-Lot-Prüfung). Wesentliche Voraussetzungen dafür sind eine sehr hohe Qualitätsfähigkeit des Lieferanten und einwandfreie Endprüfungen am Herstellort.[485]

Die Qualitätsprüfung kann als **Vollprüfung** oder **Stück-für-Stück-Prüfung**, bei denen alle Teile geprüft werden, als **Stichprobenprüfung** oder als Teilprüfung durchgeführt werden. Bei der Stichprobenprüfung wird mit Hilfe statistischer Verfahren eine repräsentative Stichprobengröße bestimmt und nur die zufällig entnommene Stichprobe geprüft. Vom Ergebnis der Stichprobe wird dann auf die gesamte Lieferung geschlossen. Bei der **Teilprüfung** wird einer Lieferung ein mehr oder weniger willkürliches Prüflos entnommen, ohne die Repräsentanz zu beachten. Ein statistischer Schluß auf die Grundgesamtheit ist deshalb nicht möglich. Wird jedoch die völlige Fehlerfreiheit einer Lieferung vereinbart, reicht bereits das Erkennen eines fehlerhaften Teils zur Rückweisung der gesamten Lieferung aus.

Prinzipiell kann die Qualitätsprüfung zu **zwei möglichen Ergebnissen** führen. Entweder entspricht das Beschaffungsobjekt den Anforderungen, d.h. es ist frei von Fehlern, „die den Wert oder die Tauglichkeit zu dem gewöhnlichen oder nach dem Vertrage vorausgesetzten Gebrauch aufheben oder mindern" (§459 BGB), oder es entspricht nicht den Anforderungen. Im ersten Fall wird die Lieferung angenommen, im zweiten Fall abgelehnt. Zuweilen ist die Verwendbarkeit eines Beschaffungsobjekts auch nach der Prüfung

---

[484] Vgl. Abschnitt 13.5.
[485] Vgl. Kastreuz (1994), S.76-77.

unklar. In diesem Fall kann die Annahme unter Vorbehalt erfolgen. Die Prüfergebnisse werden in einem EDV-System dokumentiert.

Auf diesen Daten baut die Lieferkontrolle auf. Ziel ist dabei die **Berechnung einer ratioskalierten Qualitätskennzahl,** „Qualitätszahl je Lieferant in Periode x". Wenn alle Beschaffungsobjekte einer Lieferung geprüft wurden (Vollprüfung oder Stück-für-Stück-Prüfung) oder eine statistisch abgesicherte Stichprobenprüfung durchgeführt wurde, kann eine **mengenbezogene Bewertung** vorgenommen werden. In diesem Fall ist die Aussage möglich: „Von 423 im Monat Mai in 4 Lieferungen gelieferten Teilen waren 17 fehlerhaft." Werden diese Beurteilungen summiert, kann bezogen auf eine Periode für einen Lieferanten der Anteil der Schlechtteile, häufig gemessen in PPM (parts per million), bestimmt werden.

Werden lediglich Teilprüfungen durchgeführt, dann kann nur eine **ereignisbezogene Bewertung** vorgenommen werden. Das zu zählende Ereignis ist das Auftreten von fehlerhaften Teilen in einer Lieferung. In diesem Fall können nur Aussagen, wie z.B. „Von 4 Lieferungen haben 2 Lieferungen fehlerhafte Teile (d.h. mindestens ein fehlerhaftes Teil) enthalten", getroffen werden. Bei Angabe von Qualitätskennzahlen ist deshalb außerordentlich wichtig, ob diese mengenbezogen oder ereignisbezogen bestimmt wurden.

In **Abbildung 25** ist ein Beispiel für die Berechnung einer ereignisbezogenen **Qualitätskennzahl** „Qualitätszahl für Lieferant j in Periode t" angegeben, die in einem Unternehmen des Maschinenbaus für Produktionsmaterial angewendet wird und Werte zwischen 0 und 100 annehmen kann.[486] Inhaltlich spiegelt diese Kennzahl den **prozentualen Anteil der akzeptierten Lieferungen** an den gesamten Lieferungen wider. Diese Berechnungsvorschrift, die nur zwischen guten Lieferungen (=100 Punkte) und schlechten (=0 Punkte) unterscheidet, kann noch differenzierter gestaltet werden, indem z.B. für unter Vorbehalt angenommene Lieferungen 80 Punkte, für eingeschränkt verwendbare Lieferungen 20 Punkte usw. vergeben werden. Allerdings wird dadurch die Interpretation der Kennzahlausprägung erschwert. Wichtig wäre darüber hinaus eine zweite Kennzahl zur Erfassung der bei Prüfverzicht nachträglich aufgetretenen Fehler, die besonders problematisch sind.

Üblicherweise wird als **Sollwert** solcher Qualitätskennzahlen der Maximalwert verwendet, was der Forderung nach absolut fehlerfreien Lieferungen entspricht. Wichtiger sind jedoch Grenzwerte, ab denen bestimmte Maßnahmen ergriffen werden müssen. Wichtig ist dabei ein Konsens zwischen Beschaffungsmanagement, Qualitätswesen und den betroffenen Bedarfsträgern. Die Festlegung dieser Grenzen erfolgt in der Regel subjektiv und richtet sich leider zu oft nach dem Qualitätsniveau des Lieferantenstamms.

---

[486] Ein Beispiel für eine mengenbezogene Kennzahl findet sich in Pahl (1997), S. 106-107.

Je schlechter die Leistungen sind, desto kleiner werden dann diese Grenzen gewählt.

$$QZ_{t,j} = \frac{v_{t,j} + p_{t,j} - f_{t,j}}{v_{t,j} + p_{t,j}} \cdot 100$$

mit: $\quad p_{t,j}$ = Anzahl der geprüften Lieferungen des Lieferanten j in Periode t

$\quad\quad\, f_{t,j}$ = Anzahl der fehlerhaften Lieferungen des Lieferanten j in Periode t

$\quad\quad\, v_{t,j}$ = Anzahl der Lieferungen des Lieferanten j mit Prüfverzicht in Periode t

Abbildung 25: Beispiel für die Berechnung der Qualitätskennzahl „Qualitätszahl für Lieferant j in Periode t".

Statt dem direkten Soll-Ist-Vergleich wird häufig zunächst mit Hilfe der berechneten Qualitätskennzahl eine **Klassifikation der Lieferanten** vorgenommen. Dazu können beispielsweise die folgenden Grenzen verwendet werden:

$QZ_{t,j} > 95$ $\quad\quad$ ⇨ voll qualitätsfähiger Lieferant

$95 \geq QZ_{t,j} > 90$ $\quad$ ⇨ qualitätsfähiger Lieferant

$90 \geq QZ_{t,j} > 75$ $\quad$ ⇨ bedingt qualitätsfähiger Lieferant

$QZ_{t,j} < 75$ $\quad\quad$ ⇨ nicht qualitätsfähiger Lieferant

Mit der Einstufung in eine dieser Klassen wird der Vergleich implizit durchgeführt, da die Klasse, z.B. „nicht qualitätsfähiger Lieferant", bereits eine Wertung enthält. Problematisch ist aber auch hier die Festlegung der Klassengrenzen, für die es keine sachlich zwingende Begründung gibt.

Ein **Soll-Wird-Vergleich** kann auf Basis der QZ durch eine einfache Regressionsrechnung durchgeführt werden. Dabei wird vorausgesetzt, daß sich bei Untätigkeit des Beschaffungsmanagements die Entwicklung der Qualitätskennzahl des Lieferanten in der bisherigen Form fortsetzt. Voraussetzung für die Regressionsrechnung ist allerdings eine ausreichende lange Zeitreihe von Qualitätszahlen des betreffenden Lieferanten.

14.4 Kontrolle auf der flußbezogenen Ebene

Kontrollobjekte auf der flußbezogenen Ebene der Lieferanten-Abnehmer-Beziehung sind die **Beiträge der Beschaffungsobjektflüsse und der Finanzflüsse** zum Erlös- und Kostenpotential der Unternehmung. Wiederum wird ein **doppelter Schluß** von der aktuellen Leistung auf die Leistungsfähigkeit und davon auf das externe Erfolgspotential vorgenommen. Eine genauere Analyse der Beiträge eines Lieferanten zum Erlös- und Kostenpotential kann aus Kostengründen nur im Rahmen der Lieferantenstrukturanalyse oder im begründeten Einzelfall vorgenommen werden.

Auf der Ebene der Beschaffungsobjektflüsse gibt es zwei wichtige Kontrollgrößen: die Mengen und die Termine. Zunächst wollen wir uns dem **Soll-Ist-Vergleich der Menge jeder Lieferung** zuwenden. Eine Mengenabweichung kann aus mehreren Gründen auftreten. Bei **Nichtlieferung** oder **Falschlieferung** ist die Istmenge gleich Null. Folge davon kann ebenso wie bei **Unterlieferungen** eine Fehlteilsituation und damit ein Anstieg der Produktionskosten sein. Unterlieferungen und ebenso **Überlieferungen** erzeugen immer Störungen im eigenen Logistikablauf. Beispielsweise werden die geplanten Behälter nicht voll ausgefüllt bzw. ihr Volumen reicht nicht aus, so daß wegen kleinen Übermengen ein zweiter Behälter verwendet werden muß. Überlieferungen beeinflussen zudem die Finanzflüsse, da bei Akzeptanz nicht oder zumindest noch nicht benötigte Beschaffungsobjekte zusätzlich bezahlt werden müssen.

Auch unerwünschte **Teillieferungen**, die ein Lieferant vornimmt, um den vereinbarten Termin einzuhalten, stören, da sie mehrere Unterlieferungen in Folge darstellen. Vor allem erhöhen sich hierdurch die Kosten, da der Wareneingang, die Prüfung, die Einlagerung etc. mehrmals erfolgen müssen. Darüber hinaus führen Mengenabweichungen zu Rechnungsfehlern, vor allem dann, wenn, wie in der Geschäftspraxis üblich, mengenabhängige Preise (Staffelpreise) vereinbart werden. Teillieferungen sind deshalb im Grundsatz unzulässig (§266 BGB) und darüber hinaus in der Regel durch die Allgemeinen Einkaufsbedingungen ausgeschlossen. Teillieferungen treten trotzdem in der Praxis auf. Oft werden sie sogar bei Lieferschwierigkeiten von den Disponenten verlangt, die zur Aufrechterhaltung der Produktion wenigstens einige Teile einer Lieferung haben möchten. Allerdings sollte ein strategisches Beschaffungsmanagement dafür sorgen, daß diese Situation möglichst selten eintritt.

Die **Sollmenge** ergibt sich aus der Bestellung, wobei vereinbarte Mengentoleranzen beachtet werden müssen. Bei Fertigungsprozessen, bei denen regelmäßig Ausschuß entsteht, z.B. bei Gußherstellung, kann auch der Lieferant die Menge der lieferbaren Gutteile nur mit hohem Aufwand genau einhalten. In diesen Fällen werden Mengentoleranzen, z.B. 5%, vereinbart.

In **Abbildung 26** ist ein Beispiel für die Berechnung einer ereignisbezogenen **Logistikkennzahl** „Mengentreue von Lieferant j in Periode t" angegeben.[487] Die im Beispiel verwendeten Punktwerte sowie die in die Definitionen eingeflossenen Mengengrenzen sind willkürlich gewählt und können in Abhängigkeit von der Lieferantenklasse veränderlich sein. Beispielsweise kann bei teuren Beschaffungsobjekten, wie z.B. Aggregaten oder sogar Investitionsgütern, keinerlei Abweichung der Liefer- von den Bestellmengen geduldet werden.

---

[487] Siehe dazu auch Zäpfel (1973a), S. 28-30.

$$MT_{t,j} = \frac{I_{t,j} \cdot 100 - \ddot{u}l_{t,j} \cdot 25 - ul1_{t,j} \cdot 50 - ul2_{t,j} \cdot 75}{I_{t,j} + nl_{t,j}}$$

mit $I_{t,j}$ = Anzahl der Lieferungen des Lieferanten j in Periode t

      $nl_{t,j}$ = Anzahl der für Periode t bestellten, aber nicht eingetroffenen
              Lieferungen des Lieferanten j

      $\ddot{u}l_{t,j}$ = Anzahl der Lieferungen des Lieferanten j in Periode t, bei denen die
              tolerierbare Maximalmenge um mindestens 5% überschritten wurde

      $ul1_{t,j}$ = Anzahl der Lieferungen des Lieferanten j in Periode t, bei denen die
              tolerierbare Minimalmenge um 5% - 20% unterschritten wurde

      $ul2_{t,j}$ = Anzahl der Lieferungen des Lieferanten j in Periode t, bei denen die
              tolerierbare Minimalmenge um mehr als 20% unterschritten wurde

Abbildung 26: Beispiel für die Berechnung der Logistikkennzahl „Mengentreue von
Lieferant j in Periode t".

Der Einfluß der verschiedenen objektbezogenen Anforderungen kann allerdings auch in unterschiedlichen Sollwerten abgebildet werden. Beispielsweise kann für

- A-Teil-Lieferanten die Vorgabe $MT_{Soll,t,j}$ = 100 und für
- C-Teil-Lieferanten die Vorgabe $MT_{Soll,t,j}$ = 80 gelten.

Problematisch ist eine solche Differenzierung, wenn ein Lieferant verschiedene Beschaffungsobjektklassen beliefert. Mit Hilfe einer nach diesem oder einem ähnlichen Verfahren gebildeten Kennzahl wird dann ein Soll-Ist-Vergleich durchgeführt und in der bereits im vorangegangenen Abschnitt beschrieben Weise verfahren.

Neben der Mengentreue ist die zweite wichtige Logistikkenngröße die **terminliche Zuverlässigkeit** eines Lieferanten. Terminunterschreitungen haben zu hohe Bestände und eine verfrühte Zahlung zur Folge und schwächen damit das Kostenpotential. Verspätete Lieferungen verursachen zusätzliche Aktivitäten und Störungen im operativen Beschaffungsmanagement, in der Logistik, der Produktion (Fehlteilsituation) bzw. bei anderen Bedarfsträgern und üben damit einen negativen Einfluß auf das Kosten- und das Erfolgspotential aus. Als weitere ereignisbezogene Logistikkennzahl ist in **Abbildung 27** „Termintreue von Lieferant j in Periode t" angegeben. Bewertungsgrundlage ist dabei das Ereignis einer Terminüberschreitung einer bestimmten Länge. Einfach wäre im Fall der Termintreue auch die mengenbezogene Ermittlung einer Kennzahl, wie z.B. die „durchschnittliche Terminabweichung von Lieferant j" gemessen in Tagen. Soll die Termintreue permanent ermittelt werden, bietet sich die Anwendung eines Glättungsverfahrens an. Bei jedem Wareneingang wird aufgrund der Abweichung vom Liefertermin ein Wert berechnet, der unter Verwendung eines Glättungsfaktors mit der bisherigen Kennzahl zur neuen Termintreue zusammengefaßt wird. Diese Kennzahl ist vergleichsweise anfällig gegen Ausreißer in der Termineinhaltung, liefert jedoch nach jedem Wareneingang neue Werte.

$$TT_{t,j} = \frac{(I_{t,j} - s2_{t,j}) \cdot 100 - f_{t,j} \cdot 25 - s1_{t,j} \cdot 50}{I_{t,j}}$$

mit $I_{t,j}$ = Anzahl der Lieferungen des Lieferanten j in Periode t

$f_{t,j}$ = Anzahl der Lieferungen des Lieferanten j in Periode t, die mehr als 5 Arbeitstage zu früh geliefert wurden

$s1_{t,j}$ = Anzahl der Lieferungen des Lieferanten j in Periode t, die mehr als 2 Arbeitstage und nicht mehr als 5 Arbeitstage zu spät geliefert wurden

$s2_{t,j}$ = Anzahl der Lieferungen des Lieferanten j in Periode t, die mehr als 5 Arbeitstage zu spät geliefert wurden

Abbildung 27: Beispiel für die Berechnung der Logistikkennzahl „Termintreue von Lieferant j in Periode t".

Die Höhe der **Finanzflüsse** zwischen einem Abnehmer und seinen Lieferanten wird neben den Mengen durch die Preise der gelieferten Beschaffungsobjekte bestimmt. Wiederum liegt es nahe, von den aktuellen Preisen auf das Preisniveau eines Lieferanten und davon auf dessen Beitrag zum Kostenpotential zu schließen. Ein direkter Soll-Ist-Vergleich ist jedoch wegen der Definition von Sollpreisen schwierig.[488] Einfacher ist ein **Ist-Ist-Vergleich der Preise** verschiedener Perioden, d.h. die Erfassung der **Preisänderungen**.

Dazu kann man zunächst an den **Anlässen für Preisänderungen** ansetzen. Existiert im Idealfall für die zu kontrollierende Lieferanten-Abnehmer-Beziehung ein umfassender **Rahmenvertrag**, der Festpreise für eine Periode (ein Jahr) enthält, reicht der Vergleich der bei jährlichen Preisverhandlungen erzielten Preise aus. Im Verlauf des Jahres treten dann keine Preisänderungen auf. Allerdings werden sich aufgrund technischer Veränderung und Lieferantenwechsel die Beschaffungsobjekte des Rahmenvertrags von Jahr zu Jahr zumindest teilweise unterscheiden. Es werden also auch während der Laufzeit für neue oder geänderte Beschaffungsobjekte Verhandlungen geführt. Ein geschickter Lieferant wird gerade technische Änderungen zu Preiserhöhungen nutzen, die durch den vermeintlichen Mehraufwand begründet werden können. Existiert **kein Rahmenvertrag** oder werden zumindest einzelne Beschaffungsobjekte ohne Rahmenvertrag beschafft, sind Preisänderungen aus Bestellungen auf Basis neuer Angebote und aus geänderten Auftragsbestätigungen ersichtlich. Eine Kontrolle, die direkt an den Daten der Rahmenverträge, Angebote und Auftragsbestätigungen ansetzt, ist deshalb sehr komplex und erfordert eine sehr korrekte und zeitnahe Datenpflege. In Softwarepaketen wird häufig ein Vergleich der

---

[488] Vgl. Arnolds/Heege/Tussing (1998), S. 454-457.

213

bezahlten Preise (Ist-Preise) mit den Preisen abgespeicherter Angebote anderer Lieferanten vorgenommen. Diese Verfahrensweise, die einen Marktvergleich ermöglichen soll, ist sehr fragwürdig, da schlechte Angebote oft nicht erfaßt werden, das "beste" Angebot möglicherweise nicht eingeholt wurde und in der Regel ohnehin das günstigste vorliegende Angebot zum Zuge kommt.

Einfacher erscheint es, Preisänderungen durch einen **Vergleich der in Bestellungen** verwendeten Preise zu erfassen. In **Abbildung 28** ist ein Beispiel für die Berechnung einer Preiskennzahl „Preisveränderungsrate" der Lieferanten-Abnehmer-Beziehung j von Periode t-1 zu t" angegeben.

$$\Delta p_{t-1,t,j} = \frac{\sum_{i=1}^{n} m_{t-1,i,j} \cdot (p_{t,i,j} - p_{t-1,i,j})}{\sum_{i=1}^{n} m_{t-1,i,j} \cdot p_{t-1,i,j}}$$

mit $m_{t,i,j}$ = Menge des Beschaffungsobjektes i, die in der Periode t bei Lieferant j bezogen wurde

        $p_{t,i,j}$ = Preis des Beschaffungsobjektes i, der in der Periode t dem Lieferant j bezahlt wurde

Abbildung 28: Beispiel für die Berechnung der Preiskennzahl „Preisveränderungsrate der Lieferanten-Abnehmer-Beziehung j von Periode t-1 zu t".

Auf den ersten Blick erscheint diese Berechnung einfach durchführbar. Allerdings treten auch hier eine Fülle von **Problemen** auf. Für Neuteile (in t-1 noch nicht vorhanden), Entfallteile (in t nicht mehr vorhanden) oder nur sporadisch benötigte Beschaffungsobjekte (keine Bestellmengen in t-1 oder in t) kann keine Preisdifferenz bestimmt werden. Dieser Fall tritt jedoch gerade bei Serienproduktion innovativer Endprodukte und bei Einzelfertigung sehr häufig auf.[489] Bei Beschaffungsobjekten, die zwar nicht entfallen, jedoch konstruktiv verändert werden, ist unklar, welcher Anteil der möglichen Preissteigerung durch gestiegene Anforderungen verursacht ist. Werden Staffelpreise verwendet, haben Mengenänderungen auch Preisänderungen zur Folge, die das Ergebnis der Berechnung verfälschen. Steigen beispielsweise aufgrund eines gesteigerten Marktanteils die Bedarfsmengen, dann wird die Preisveränderungsrate kleiner. Ein weiteres Problem sind Bestellungen mit verschiedenen Preisen innerhalb einer Periode. Hinzu kommt noch das zeitliche Auseinanderfallen von Bestellung, Lieferung und Zahlung, wodurch eine Periodenabgrenzung erschwert wird. Es ist deshalb zu erwägen, ob eine auf dem Expertenwissen des einzelnen strategischen Beschaffungsmanagers beruhende **Schätzung der Preisveränderungsrate**

---

[489] Vgl. Katzmarzyk (1988), S. 203.

nicht zu besseren Ergebnissen führt. Allerdings können diese Schätzungen zu stark subjektiv gefärbt sein.

Die geschätzte oder durch Berechnung ermittelte Preisveränderungsrate kann für **weitergehende Ist-Ist-Vergleiche** verwendet werden. Die Preisveränderungsrate kann beispielsweise mit den **Preisindizes** des Statistischen Bundesamtes für die entsprechende Gütergruppe verglichen werden. Wird ein entsprechender Index ausgewiesen (z.B. für Kugellager) kann hierdurch überprüft werden, ob die Preisveränderung in einer bestimmten Lieferanten-Abnehmer-Beziehungen der Branchenentwicklung entspricht. Branchenvergleichswerte können auch durch Erfahrungsaustausch mit Beschaffungsmanagern anderer Unternehmungen gewonnen werden. Bestehen für eine Beschaffungsobjektgruppe mehrere Lieferanten-Abnehmer-Beziehungen, so können auch die Istwerte untereinander verglichen werden.

14.5 Kontrolle auf der sozialen Ebene

Sowohl in der Literatur als auch in den Unternehmungen wird der **Kontrolle auf der sozialen Ebene** der Lieferanten-Abnehmer-Beziehungen eine vergleichbar geringe Beachtung geschenkt. Dies liegt vor allem daran, daß auf der sozialen Ebene die Grunddaten nicht oder nur in Ansätzen aus den operativen Beschaffungs-DV-Systemen gewonnen werden können. Da die soziale Ebene das miteinander Umgehen von Mitarbeitern des Lieferanten und des Abnehmers umfaßt, kann es auch nur durch **persönliche Einschätzung** beurteilt werden.

Ein gutes **Beispiel** für die gelungene Einbeziehung verhaltensbezogener Kontrollgrößen stellt das **Lieferantenbewertungssystem der John Deere Werke Mannheim** dar, welches Bestandteil des unternehmensweiten Verbesserungsprogramms „Achieving Excellence" ist. Derzeit werden etwa 60 Lieferanten (80% des Einkaufsvolumens an Produktionsmaterial) nach diesem System bewertet. Neben den beiden objektiven mengenorientierten Kennzahlen „Liefertreue" und „Qualität", die quartalsweise aus Daten des operativen Qualitätssicherungs- und des Beschaffungssystems gewonnen werden, enthält dieses Bewertungssystem noch zusätzlich drei subjektive Kontrollgrößen: **„partnerschaftliches Verhalten"**, „technische Unterstützung" und „Kostenmanagement". Für diese drei Kriterien vergibt ein Bewertungsteam jährlich Noten zwischen 1 und 5.[490] Das Team setzt sich in der Regel aus einem Beschaffungsmanager, der die Funktion des Moderators übernimmt, aus einem Konstrukteur, einem Disponenten und einem Mitarbeiter der Qualitätssicherung zusammen, die mit dem zu bewertenden Lieferanten in Beziehung stehen. Die Kriterien gliedern sich wiederum in

---

[490] Auch an diesem Beispiel wird deutlich, daß subjektive Bewertungen eher als Teil der Lieferantenstrukturanalyse durchgeführt werden können.

Teilkriterien, wodurch eine Bewertung vereinfacht wird. Im Fall des hier besonders interessierenden Kriteriums „partnerschaftliches Verhalten" sind dies die Elemente Eigeninitiative, Reaktionszeit, Zusammenarbeit, gewissenhaftes Arbeiten und Kommunikation. Zur Beurteilung des Kommunikationsverhaltens werden beispielsweise die Aspekte Vertraulichkeit und Zuverlässigkeit herangezogen. Eine Aggregation der fünf Hauptkriterien findet nicht statt.[491] Vielmehr ist für die Einstufung des Lieferanten die schlechteste Bewertung ausschlaggebend.

Neben dem partnerschaftlichen Verhalten im engeren Sinne sollen im folgenden zwei weitere wichtige Aspekte der sozialen Ebene der Lieferanten-Abnehmer-Beziehungen als Objekte von Kontrollaktivitäten betrachtet werden: Flexibilität und Bestechung. Als **Kriterien der Flexibilität** werden von Beschaffungsmanagern und in der Literatur z.B. die Bereitschaft zu ungeplanten kurzfristigen Lieferungen („Schnellschüsse"), die Fähigkeit und Bereitschaft zur Ausweitung des Beschaffungsvolumens, der Willen zur Kapazitätsanpassung, die Mitarbeit bei technischen Änderungen und die Hilfsbereitschaft in „Notfällen" angeführt.[492]

Sieht man von den technischen und organisatorischen Voraussetzungen der Flexibilität, wie z.B. Bestände an Vormaterial, freie Kapazitäten, flexible Planungs- und Steuerungssysteme, ab, wird die Flexibilität eines Lieferanten wesentlich durch die **Bereitschaft der Mitarbeiter** zur schnellen Umsetzung geänderter Anforderungen bestimmt. Flexibilität ist damit ein Maß für die Anpassungsfähigkeit und Beweglichkeit im Verhalten. Die Erfahrung lehrt, daß die Bereitschaft, sich auf neue Wünsche des Kunden (technische Änderungen, neue logistische Abläufe) einzustellen oder auf kurzfristige Kapazitätsbedarfe (Schnellschüsse) zu reagieren, wesentlich durch die Intensität der **vertrauensvollen Zusammenarbeit** bestimmt wird. Wurden beispielsweise in Preisverhandlungen, wie in Abschnitt 10.4 angesprochen, durch den Abnehmer die Grenzen des „friedlichen Kampfs"[493] überschritten, besteht von seiten des Lieferanten die Gefahr von arglistigem Verhalten durch hold-ups.[494] Gerade Engpaßsituationen, die hohe Flexibilität des Lieferanten erfordern, eignen sich für hold-ups, mit denen „alte Rechnungen" beglichen werden können. Flexibilität als Merkmal des Verhaltens kann, wie am obigen Beispiel gezeigt, nur durch **subjektive Bewertung**, am besten unter Einschluß aller Beteiligten, quantifiziert werden. Dabei sollte auch das Verhalten der eigenen Mitarbeiter einer kritischen Würdigung unterzogen werden.

---

[491] Siehe dazu Abschnitt 14.2.
[492] Vgl. Hartmann (1997b), S. 74, 75, 83.
[493] Vgl. Weber (1972), S. 20.
[494] Siehe Abschnitt 2.3.

Wird im Beschaffungsmanagement von „sozialen Beziehungen" oder generell von „Beziehungen" gesprochen, stellt sich bei vielen Praktikern ein gewisses Unbehagen ein. Der Begriff „Beziehung" ist häufig negativ belegt und wurde in der Vergangenheit zu oft mit Vorteilnahme und **Bestechung** gleichgesetzt. Obwohl der Übergang von Kooperation und Korruption fließend ist[495] und hierdurch z.B. bereits bei einem außerordentlichen Geschäftsessen oder einem zu großen Weihnachtsgeschenk Zweifel an den ehrlichen Absichten eines Verkäufers aufkommen sollten, ist es andererseits unangemessen, in jeder Höflichkeit bereits einen Bestechungsversuch zu sehen und damit den Aufbau sozialer Beziehungen zu stören.[496] Angemessene Geschenke mit persönlichem Bezug können durchaus der Pflege von Geschäftsbeziehungen dienen.[497]

Wichtiger als die Kontrolle sind **Vorbeugemaßnahmen**, vor allem die Vorgabe eines klaren Orientierungsrahmens für die eigenen Mitarbeiter, um diese in Zweifelslagen zu unterstützen. Dieser sollte auch aktuellen und potentiellen Lieferanten bekannt sein. In diesem Sinne sind die Ergebnisse einer Studie von **Bruhn** bedenklich. Danach verfügen lediglich 30% der befragten Beschenkten über geschriebene oder ungeschriebene Annahmerichtlinien und nur 20% der Schenker messen der Schenkkultur ihrer Geschäftspartner bei der Auswahl von Geschenken eine Bedeutung zu.[498] Von großer Bedeutung ist auch die Vorbildfunktion der Führungskräfte sowie ein Meldesystem, um Bestechungsversuche zu erfassen. Im übrigen sind transparente Entscheidungsprozesse, die Beachtung des 4-Augen-Prinzips und in sensiblen Bereichen, wie z.B. der Vergabe von Großprojekten, zusätzlich die regelmäßige Rotation, gangbare Wege. Der Abbruch einer Geschäftsbeziehung bei versuchter oder erfolgter Bestechung sollte selbstverständlich sein.

Empfohlene Literatur zur Lerneinheit 14

Einführungen zum Aufgabengebiet der Kontrolle als Teil des Managements finden sich in zahlreichen Managementlehrbüchern. Stellvertretend kann **Pfohl/Stölzle** (1997), insbesondere S. 10-15, empfohlen werden.

Grundaussagen zur Kontrolle in der Lieferanten-Abnehmer-Beziehung finden sich aufbauend auf der Dissertation von **Pfisterer** bei **Koppelmann** (1995), S. 353-377. Interessante Ansätze, vor allem einer beziehungsbezogenen Beschaffungskostenrechnung, finden sich in **Pampel** (1999). Eine theoretisch sehr fundierte und deshalb lesenswerte Arbeit ist die Dissertation von **Buck**

---

[495] Vgl. Wierdemann/Putzke (1995), S. 15-18.
[496] Vgl. Homann (1997), S. 204-205.
[497] Vgl. Bruhn (1994), S. 349.
[498] Vgl. Bruhn (1994), S. 344, 349.

217

(1998). Ein interessantes Instrument zur Kontrolle der Leistungsfähigkeit und Leistungsbereitschaft der Beschaffungsabteilung beschreiben **Young/Varble** (1997).

Zu den verschiedenen Techniken der Kontrolle können die Beiträge in **Hartmann/Pahl/Spohrer** (1997) empfohlen werden, die auch zahlreiche Anwendungsbeispiele enthalten. Einen Entwurfsprozeß für ein einfaches Kontrollsystem beschreiben **Harrington/Lambert/Christopher** (1991).

Eine umfangreiche, wenngleich nicht mehr ganz aktuelle Übersicht der angebotenen Programmpakete zur Lieferantenbewertung gibt **Arnold** (1992).

15. Lerneinheit:

Lieferantensteuerung und Abbruch der Lieferanten-Abnehmer-Beziehung

Bereits in der ersten Lerneinheit haben wir die Arten der unternehmerischen Tätigkeiten in der Beschaffung eingeführt. Nachdem in den bisherigen Lerneinheiten die Informationsversorgung und die Planung im Vordergrund standen, werden diese Gedanken aufgegriffen und die Steuerung in der Lieferanten-Abnehmer-Beziehung behandelt. Dabei wird direkt auf die Ausführungen zur Kontrolle aufgebaut. Die Steuerung von Lieferanten ist eine zentrale Aktivität im strategischen Beschaffungsmanagement, da sie die direkte Beeinflussung des Verhaltens von Mitgliedern der Lieferunternehmung erlaubt.

Lernziele

Nach dem Studium dieser Lerneinheit sollten Sie in der Lage sein,

- die Notwendigkeit und Voraussetzung der Steuerung zu begründen,

- die drei Ansätze für Steuerungsmaßnahmen abzugrenzen,

- die Teilaufgaben der drei Phasen der Nachverhandlung zu beschreiben,

- die Möglichkeiten und Maßnahmen der Lieferantenförderung als Instrument der Lieferantensteuerung zu erläutern,

- die Wege zur Beendigung von Lieferanten-Abnehmer-Beziehungen aufzuzeigen.

15.1 Notwendigkeit und Voraussetzungen der Steuerung

In der dritten Lerneinheit wurde die These formuliert, daß **funktionierende Beziehungen** zu leistungsfähigen und leistungsbereiten Lieferanten die Grundlage externer Erfolgspotentiale darstellen. Die Frage ist nun, wie das Beschaffungsmanagement handeln soll, wenn Lieferanten-Abnehmer-Beziehungen nicht mehr den Anforderungen entsprechen. Prinzipiell stehen zur Lösung dieses Problems zwei unterschiedliche Alternativen zur Verfügung: erstens der **Lieferantenwechsel** in Verbindung mit dem Abbruch der nicht funktionierenden Beziehung und zweitens die **Lieferantensteuerung**. Wir wollen uns zunächst der Lieferantensteuerung zuwenden.

Die **Steuerung in der Lieferanten-Abnehmer-Beziehung** kann als unternehmerische Handlung der aktiven Beeinflussung des aktuellen und zukünftigen Verhaltens, insbesondere des Leistungsverhaltens, von Mitarbeitern und Führungskräften einer Lieferantenunternehmung verstanden werden.[499] Bei der Steuerung handelt es sich somit um eine bewußte Beeinflussung der Lieferanten-Abnehmer-Beziehungen durch die Beschaffungsmanager, wobei **Verhaltensunsicherheit** durch die Beeinflussung des Partners und durch den Abbau von Informationsasymmetrien reduziert werden soll.

Die **Notwendigkeit der Steuerung** ergibt sich zunächst aus der erforderlichen **Anpassung der Lieferanten-Abnehmer-Beziehung** im Zeitablauf. Die Steuerung wäre unnötig, wenn der zuständige Beschaffungsmanager bereits beim Aufbau der Beziehung diese vollständig gestalten könnte. Zu Beginn besteht jedoch für beide Seiten eine hohe **Unsicherheit** hinsichtlich der zukünftigen Entwicklung (Umweltunsicherheit). Insbesondere wissen beide Seiten zu Beginn nicht genau, welche Anforderungen in Zukunft an die Beschaffungsobjekte und die Beziehung gesellt werden. Weiterhin besteht Unsicherheit über das zukünftige Verhalten der Mitglieder der Partnerunternehmungen (Verhaltensunsicherheit). Beide Formen von Unsicherheit verhindern in Verbindung mit dem eigentümlichen Spannungsverhältnis von Lieferanten-Abnehmer-Beziehungen[500] eine vollständige Festschreibung der Beziehung bereits in der Aufbauphase.

Die Notwendigkeit von Steuerungsmaßnahmen resultiert deshalb aus den **ex post eintretenden Ereignissen** und damit aus den Veränderungen, von denen die Beziehung betroffen ist. Diese können von der Abnehmerunternehmung ausgehen. Beispiele dafür sind die Konkretisierung oder der Wandel der Bedarfsstruktur oder bewußt eingeleitete Maßnahmen zur

---

[499] Siehe dazu den allgemeinen Steuerungsbegriff in Large (1995), S. 90.
[500] Siehe dazu Abschnitt 10.1.

Umsetzung der Lieferantenstrukturplanung. Ebenso können Veränderungen des Lieferanten, vor allem seiner Leistungsfähigkeit (firm resources) und seiner Bereitschaft, diese für das Abnehmerunternehmen zu mobilisieren, Steuerungshandlungen begründen. Drittens können Veränderungen des Beschaffungsmarktes und des allgemeinen Marktumfeldes Anpassungen erforderlich machen.

Die Steuerung dient zweitens der **Lösung konkreter Probleme**, welche in der Beziehung zwischen Lieferant und Abnehmer entstehen. Solche Probleme können aus einer aktuelle Nichterfüllung der Leistungsanforderungen resultieren, schließen jedoch auch die Verletzung allgemeiner Verhaltensverpflichtungen ein. Liegen die Ursachen der Probleme in der eigenen Unternehmung, ergibt sich die Notwendigkeit der **Innensteuerung**, d.h. der Beeinflussung der verursachenden Beschaffungsmanager bzw. der Mitarbeiter und Führungskräfte anderer Organisationseinheiten.

Besonders schwierig ist das rechtzeitige Erkennen vorhandener Probleme, da das Verhältnis von Lieferant und Abnehmer durch **Informationsasymmetrien** geprägt ist.[501] Eine Form der Informationsasymmetrien sind **hidden characteristics**, die definitionsgemäß bei der Lieferantenauswahl nicht erkannt wurden. Hierdurch entstehen ex post Probleme, z.B. in Form mangelnder Terminzuverlässigkeit. Da der Lieferant selbst diese Eigenschaften nicht oder nur langfristig, z.B. durch Qualifizierung von Mitarbeitern, beeinflussen kann, sind in diesem Fall in der Regel die Möglichkeiten der Steuerung beschränkt. Anders ist die Situation beim Vorliegen von **hidden actions**. Werden durch Kontrollmaßnahmen unerwünschte Aktivitäten, z.B. der Verzicht auf erforderliche Prüfungen, entdeckt oder zumindest vermutet, kann durch Steuerungsmaßnahmen ein Unterlassen dieses Fehlverhaltens bewirkt werden.

Alleine aus der Notwendigkeit der Anpassung und der Beseitigung von Problemen kann noch nicht die zwingende Notwendigkeit der Steuerung gefolgert werden. Möglich wäre nämlich auch ein **Lieferantenwechsel**, der durch den **Abbruch** der inadäquaten Lieferanten-Abnehmer-Beziehung und den Aufbau einer neuen bzw. den Ausbau einer anderen Beziehung herbeigeführt wird. Es muß also die **Vorteilhaftigkeit der Steuerung** gegenüber einem Lieferantenwechsel gegeben sein. Halten wir uns die Ausführungen der vorangegangenen Lerneinheiten vor Augen, so wird der Aufwand des Lieferantenwechsels offenbar. Der Lieferantenwechsel wird darüber hinaus in Situationen äußerst schwierig sein, in denen der bisherige Lieferant über beziehungsspezifisches Wissen verfügt, beziehungsspezifische Investitionen in gemeinsame Entwicklungsprojekte oder logistische Systeme getätigt

---

[501] Zu den im folgenden diskutierten Informationsasymmetrien siehe grundlegend Abschnitt 2.3.

wurden oder in denen eine monopolartige Stellung des Lieferanten vorliegt. Andererseits müssen auch die Grenzen der Lieferantensteuerung und die Notwendigkeit des Abbruchs einer nicht funktionierenden Lieferanten-Abnehmer-Beziehungen erkannt werden.[502]

Bisher haben wir uns auf die Beseitigung von Problemen bzw. auf die Reaktion auf Veränderungen beschränkt. Wichtiger ist jedoch aus strategischer Sicht die **proaktive Steuerung** als Folge frühzeitig erkannter Fehlentwicklungen, zukünftiger Probleme und Gefahren. Wahrscheinliche Veränderungen oder allgemeiner gesprochen erwartete unerwünschte Zustände werden antizipiert und durch Steuerungsmaßnahmen vermieden. Als dritter Grund für die Notwendigkeit der Steuerung kann deshalb die **rechtzeitige Verhinderung von Problemen** durch gezielte Verhaltensbeeinflussung angeführt werden. Durch Anreize, z.B. gerechte Preise oder Möglichkeiten zur engeren Zusammenarbeit, kann von Beginn an ein Verzicht auf unerwünschtes Verhalten gefördert und damit die Gefahr von Fehlverhalten (moral hazard) reduziert werden. Besondere Beachtung sollte den **hidden intentions** geschenkt werden.[503] Wird eine bestimmte unerwünschte Absicht von Mitarbeitern eines Lieferanten vermutet, können diese durch gezielte Verhaltensbeeinflussungen zur Abkehr von diesen Absichten bewegt werden, bevor ein hold-up, z.B. die Belieferung der Konkurrenz, durchgeführt wird und zu Problemen für den Abnehmer führt.

Die **Möglichkeit der Steuerung,** also der aktiven Beeinflussung des aktuellen und zukünftigen Verhaltens, ergibt sich direkt aus dem Wesen von Lieferanten-Abnehmer-Beziehungen. Es liegen nämlich soziale Beziehungen vor, die zusätzlich durch die Verhaltensverpflichtungen der rechtlichen Ebene untermauert werden. Somit existiert ein Netz von Verpflichtungen und Rechten, welches die Steuerung der Lieferanten ermöglicht.[504] Diese Verpflichtungen stellen eine wesentliche Machtbasis in Lieferanten-Abnehmer-Beziehungen dar. „**Macht** bedeutet jede Chance, innerhalb einer sozialen Beziehung den eigenen Willen auch gegenüber Widerstreben durchzusetzen, gleichviel worauf diese Chance beruht."[505] Macht, in diesem wertfreien Sinne, ist somit die **Voraussetzung der Lieferantensteuerung**.

Macht ist immer die Eigenschaft einer Beziehung und nicht die eines Akteurs. Die Frage lautet also nicht, wer hat Macht, sondern, wie ist die Macht in einer Beziehung verteilt. Ebenso wird mit dieser Definition bereits deutlich: Macht eröffnet **lediglich die Chance** der Lieferantensteuerung. Dieses Charakteristikum von Macht wird in den nächsten beiden Abschnitten die Basis unserer Ausführungen sein. Zunächst sollen jedoch einige Grund-

---

[502] Siehe Abschnitt 15.4.
[503] Vgl. Abschnitt 2.3.
[504] Siehe dazu ausführlich Abschnitt 10.4.
[505] Weber (1972), S. 28.

lagen des sozialen Phänomens Macht erläutert werden, die wir zum Verständnis der Steuerung benötigen.[506]

Mit dem Bezug auf die Verfügungsrechtestruktur und die sozialen Beziehungen zwischen Einzelpersonen wurde bereits die **Machtbasis** angesprochen. Die Machtbasen kennzeichnen die Grundlagen der Macht. Neben den beiden bereits genannten Machtbasen spielen in Lieferanten-Abnehmer-Beziehungen Sanktionsmöglichkeiten, ungleich verteiltes Wissen (Informationsasymmetrien) und Autorität eine wichtige Rolle. Wesentlich ist dabei das aufgezeigte Spannungsverhältnis in der Lieferanten-Abnehmer-Beziehung, das in aller Regel dem Abnehmer die Sanktionsmöglichkeit eröffnet, zumindest auf mittlere Frist die Geschäftsbeziehung zu einem Lieferanten abzubrechen.

Die **Machtausdehnung** kennzeichnet aus Sicht des Beschaffungsmanagements den beeinflußbaren Personenkreis eines Lieferanten. Dazu können die Unternehmensleitung, Vertriebsmitarbeiter, Logistiker, Produktionsmanager, Konstrukteure, sonstige Mitarbeiter sowie Reisende und Handelsvertreter gehören. Außerdem können für jede Person unterschiedliche **Machtbereiche** bestehen. Sie kennzeichnen die Verhaltensbestandteile, die beeinflußt werden können. Neben dem Leistungsverhalten im engeren Sinne, kann sich der Machtbereich auf das Kommunikationsverhalten (z.B. Beschwerdeverhalten) sowie auf das sonstige Verhalten, wie z.B. das Verhalten gegenüber anderen Kunden, ausdehnen. Die **Machtstärke** beschreibt die mögliche Intensität der Einflußnahme. Ein kritischer Zustand aus Sicht des Beschaffungsmanagements liegt vor, wenn die Machtstärke von Mitgliedern des Lieferanten jene der Abnehmermitarbeiter übersteigt, also der Fall der Abnehmersteuerung vorliegt.

Steuerung des Verhaltens eines Lieferantenmitarbeiters ist deshalb nur dann möglich, wenn die vorhandenen Machtbasen eine hinreichende Intensität erlauben, die Machtausdehnung sich auf diese Zielperson erstreckt und sich das zu ändernde Verhalten innerhalb des Machtbereichs befindet.

15.2 Durchführung von Steuerungsmaßnahmen

Prinzipiell können bei Beschaffungsmanagern **drei unterschiedliche Ansätze für Steuerungsmaßnahmen** identifiziert werden. Nach dem ersten Verständnis existiert die Lieferantensteuerung als eigenständige Tätigkeit nicht. Es wird vielmehr die Unabhängigkeit der beiden Unternehmungen betont. Die Anpassung an Veränderungen bzw. die Beseitigung von Problemen erfolgt entweder durch **Lieferantenwechsel** oder wird überhaupt nicht angegangen. Das zweite Verständnis beruht auf dem **Selbststeuerungs-**

---

[506] Siehe dazu ausführlicher Large (1995), S. 92-96, und die dort angemerkte Literatur.

paradigma.[507] Der Lieferant wird über Veränderungen oder Probleme informiert und das Beschaffungsmanagement erwartet eine adäquate Umsetzung dieser Informationen. Diesem Grundverständnis könnte man den Ansatz des Lieferanten-Controlling zurechnen.[508] Die Steuerung erfolgt in diesem Fall durch Vorgabe quantitativer Ziele und entsprechender Soll-Ist-Vergleiche. Die Gewißheit, daß eine Kontrolle durch den Abnehmer erfolgt, kann bereits verhaltensbeeinflussend wirken. Es handelt sich aber trotzdem um eine vergleichsweise inaktive Form der Lieferantensteuerung.

In diesem Buch wird, ohne die Leistungsfähigkeit des Controlling-Ansatzes für die Lieferantensteuerung zu bezweifeln, der **aktiven Steuerung**, d.h. der Beeinflussung des Verhaltens von Menschen durch direkte soziale Interaktion, die größte Bedeutung beigemessen. **Lieferantenführung** ist die Führung von Mitarbeitern der Lieferantenunternehmung. Zur Lieferantenführung können all jene Techniken herangezogen werden, die aus dem Bereich der Mitarbeiterführung bekannt sind. Dabei müssen jedoch die Unterschiede zwischen einer Arbeitsbeziehung und einer Lieferanten-Abnehmer-Beziehung beachtet werden.

Prinzipiell lassen sich die beiden **Grundformen der Steuerung**, Nachverhandlung und Direktion, unterscheiden.[509] Grundlage für diese Unterscheidung ist das Vorliegen unterschiedlicher Verhaltensverpflichtungen, die der Lieferant gegenüber seinem Abnehmer eingegangen ist. Verpflichtungen, welche Direktionsrechte des Abnehmers begründen, stellen im Gegensatz zu Arbeitsbeziehungen eher die Ausnahme dar,[510] wobei beispielsweise kurzfristige Lieferabrufe durchaus als Form der **Direktion** verstanden werden können. In diesem Falle stellt die Direktion eine sehr effiziente Form der kurzfristigen Konkretisierung des Beschaffungsobjektes dar.

Weitaus bedeutender für Lieferanten-Abnehmer-Beziehungen ist die **Steuerung durch Nachverhandlung**. Bereits in Abschnitt 12.3 haben wir die Grundlagen der Verhandlungsführung diskutiert und insbesondere die Wirkung unterschiedlicher Verhandlungsstile aufgezeigt. Nachverhandlungen weisen gegenüber den Verhandlungen zum Aufbau der Lieferanten-Abnehmer-Beziehung **drei wesentliche Unterschiede** auf. Da die Lieferanten-Abnehmer-Beziehung bereits besteht, liegt in aller Regel ein umfangreicheres **Wissen über die Verhandlungspartner** vor. Es wurden bereits

---

[507] Siehe dazu Kieser (1994), S. 215-225, Oelsnitz (1995), Probst (1992).

[508] Das Controlling-Verständnis ist in Anwendung und Forschung sehr unterschiedlich ausgeprägt und reicht von einem reinen Kontrollansatz bis hin zum Verständnis der Koordination der Führungsteilsysteme. Vgl. Küpper/Weber/Zünd (1990).

[509] Vgl. Large (1995), S. 165-167.

[510] Zu den Bedingungen, welche zur Steuerung durch Direktion führen, siehe ausführlich Large (1995), S. 182-190. Man beachte hier auch die aktuelle Diskussion zur Scheinselbständigkeit von Dienstleistern.

Erfahrungen gemacht. Häufig gibt es Vorurteile oder zumindest Vorprägungen. Gilt es aktuelle Probleme zu lösen, geht der Nachverhandlung ein **Negativerlebnis** voraus. Hierdurch wird die Nachverhandlung belastet. Schließlich liegt im Falle der Nachverhandlung häufig eine Einseitigkeit der Interessen vor. Beim Aufbau der Beziehung möchten beide Seiten die Geschäftsbeziehung aufnehmen. Bei der Nachverhandlung verfolgt der Abnehmer jedoch eine **Steuerungsabsicht.** Die Lieferantenvertreter haben deshalb nicht notwendigerweise ein Interesse, die Nachverhandlung aufzunehmen. Ein besonderes Problem kann deshalb sein, den Lieferanten überhaupt für eine Nachverhandlung zu motivieren.

Unter Nachverhandlungen sollte man sich nicht nur zeitaufwendige Verhandlungsrunden mit vielen Teilnehmern vorstellen. Auch ein einfaches Telefonat von fünf Minuten, das mit einem Vertreter des Lieferanten geführt wird, ist eine Nachverhandlung, wenn Probleme oder Veränderungen angesprochen und Lösungen gesucht werden. Trotzdem können, wie generell alle Verhandlungen, auch Nachverhandlungen in **drei Teilprozesse** oder Phasen unterteilt werden: die Vorbereitung der Nachverhandlung, die Verhandlungsdurchführung und die Nachbereitung der Verhandlung.

Der **Vorbereitungsphase** kommt bei der Nachverhandlung besondere Bedeutung zu, da ein konkretes Ziel, nämlich die Beeinflussung bestimmter Mitarbeiter des Lieferanten, erreicht werden soll. Zunächst müssen das Problem und das **Ziel der Nachverhandlung,** ggf. unter Einbeziehung von Mitarbeitern betroffener Bereiche, wie z.B. der Produktionssteuerung, klar definiert werden. Dabei sollte auch selbstkritisch hinterfragt werden, welche Konsequenzen diese Verhaltensanforderung für den Lieferanten hat. In Abhängigkeit von der Bedeutung des Verhandlungsgegenstands werden dann die Art der Kommunikation (persönliche Verhandlung, Videokonferenz, telefonische Verhandlung), der Ort, der Zeitpunkt, die Zeitdauer und die Teilnehmer festgelegt.[511]

Dabei ist darauf zu achten, daß bei mehreren Teilnehmern der Abnehmerunternehmung zwischen diesen eine **Verhandlungsstrategie**[512] abgestimmt wird. Unterschiedliche Sichtweisen von Mitarbeitern einzelner Bereiche, z.B. des Beschaffungsmanagements, der Logistik und der Qualitätssicherung, dürfen nicht in Gegenwart von Lieferantenvertretern zutage treten, da diese Unstimmigkeiten von jedem guten Verkäufer sofort ausgenutzt werden.[513] **Interne Konflikte** müssen entweder vor der Verhandlung ausgetragen werden oder das Beschaffungsmanagement muß darauf achten, daß „störende" Kollegen nicht an der Nachverhandlung

---

[511] Vgl. Hirschsteiner (1997a).
[512] Vgl. Hirschsteiner (1997c).
[513] Siehe dazu auch Dommann (1993), S. 44.

teilnehmen. Auch die Vertreter des Lieferanten müssen vorab bekannt sein, um ausreichende Informationen über deren Person, deren Ziele und Handlungsabsichten zu sammeln. Zur Vorbereitung von Nachverhandlungen kann die Verwendung von **Checklisten** hilfreich sein, die selbst erfahrene Einkäufer auf bisher unbeachtete Sachverhalte aufmerksam machen.[514]

Die **Durchführung der Nachverhandlung** wird wesentlich durch die Verhandlungsstile der Beteiligten bestimmt.[515] Dem Beschaffungsmanager kommt die Aufgabe zu, die Verhandlung in die gewünschte Richtung zu führen, um so den Steuerungseffekt zu erzielen. Da Nachverhandlungen in der Regel ein Negativerlebnis vorangeht, kommt der **Eröffnung** der Verhandlung besondere Bedeutung zu. Der Beschaffungsmanager sollte das Gespräch kooperativ eröffnen und versuchen, den Willen für eine gemeinsame Problemlösung zu stärken. Bereits bei der Eröffnung sollte der Beschaffungsmanager überprüfen, ob die Verhandlungssituation seiner Verhandlungsplanung entspricht, oder ob **unvorhergesehene Ereignisse** eingetreten sind, die eine Anpassung der Verhandlungsstrategie erfordern. Beispielsweise können die überraschende Teilnahme nicht vorgesehener Personen, z.B. des Geschäftsführers der Lieferunternehmung, das Fehlen wichtiger Personen oder Unterlagen sowie eine unerwartete Verhandlungsumgebung eine völlig neue Verhandlungssituation schaffen.

Bei der eigentlichen Verhandlung, also dem Versuch des Interessenausgleichs und der Konflikthandhabung, sollten die **Grundregeln einer höflichen und zugleich effizienten Gesprächsführung** eingehalten werden, die eigentlich selbstverständlich sind, jedoch in der betrieblichen Praxis nicht selten verletzt werden. Hierzu gehört das Zuhören, das Ernstnehmen des Gesprächspartners und die sachliche Argumentation, die frei von persönlichen Angriffen bleibt.[516] Ein solches Verhalten fördert nicht nur Vertrauen, sondern ist die Grundlage eines rationalen Interessenausgleichs. Der Beschaffungsmanager sollte darauf achten, daß die Nachverhandlung ergebnisorientiert geführt wird und sich damit der gewünschte Steuerungseffekt einstellt. Dabei können **Techniken** der Zusammenfassung, Visualisierung und Dokumentation wirkungsvoll eingesetzt werden. Dagegen sollten Beschaffungsmanager auf die Anwendung „psychologischer Tricks" verzichten. Ein gut geschulter Verkäufer wird diese sehr schnell erkennen. In diesem Falle besteht die Gefahr der Störung des Gesprächsklimas und des Aufbaus von Abwehrmechanismen.

In **kritischen Phasen der Verhandlung**, in denen der Verhandlungserfolg zweifelhaft ist, kann das Anbieten von Hilfen und das Versprechen von

---

[514] Eine umfangreiche Checkliste findet sich z.B. in Hirschsteiner (1998), S. 86-88.

[515] Vgl. Abschnitt 12.3.

[516] Vgl. Dommann (1993), S. 57-64, Hirschsteiner (1997b), S. 68.

Belohnungen, z.B. die Erhöhung des Zieleinkaufsvolumens, zu neuer Dynamik verhelfen. Auch die gezielte und dosierte Androhung von Sanktionen kann sehr wirkungsvoll sein. Allerdings sollten Drohungen nie im Affekt, sondern wohlüberlegt ausgesprochen werden.

Es wäre jedoch falsch anzunehmen, Nachverhandlungen könnten lediglich auf dieser zweckrationalen Ebene geführt werden. Das prinzipielle Spannungsverhältnis der Lieferanten-Abnehmer-Beziehung, das vorangegangene Negativerlebnis und die vor allem bei schwerwiegenden Problemen und Anpassungen stets im Raum stehende Androhung des Lieferantenwechsels können eine ausgesprochen **angespannte Verhandlungssituation** erzeugen. Affektuelles Handeln aller Beteiligten ist geradezu typisch für diese Verhandlungssituationen. Auch mit bewußt unfairem Verhalten muß gerechnet werden.[517] Nachverhandlungen sind häufig durch Verhandlungstaktiken, wie der Zieltarnung, dem Verschleiern, Täuschen und Bluffen bis hin zum Lügen, geprägt.[518] Nachverhandlungen können deshalb auch als **mikropolitische Steuerungsspiele** beschrieben werden,[519] bei denen zwei Mannschaften mit- und gegeneinander spielen, wobei bei ungenügender Vorbereitung und interner Abstimmung Spieler unterschiedlicher Mannschaften auch miteinander und Spieler der gleichen Mannschaft gegeneinander spielen können. Erschwerend kommen **Informationsasymmetrien**, vor allem der Form der hidden intentions, und unvollständiges Wissen hinzu.

Wird eine Einigung erreicht, sollten **konkrete Maßnahmen festgelegt** und dokumentiert werden, die aus Sicht der beschaffenden Unternehmung die gewünschten Problemlösungen, Konkretisierungen oder Veränderungen bewirken. Selbst wenn in einer Nachverhandlung noch keine Einigung erzielt werden konnte, ist dieses Resultat zu dokumentieren und das weitere Vorgehen zu klären.

Damit ist bereits die **Phase der Nachbereitung** der Nachverhandlung angesprochen. In der Regel wird erst im nachhinein die Dokumentation erstellt, indem ein Protokoll angefertigt oder ein kaufmännisches Bestätigungsschreiben an den Lieferanten versendet wird. Neben der Erstellung und Distribution einer „offiziellen" Dokumentation sollte ein Beschaffungsmanager auch persönliche Aufzeichnungen vornehmen, die nur für den eigenen Gebrauch bzw. zum Informationsaustausch mit Kollegen bestimmt sind. Beispiele dafür sind Vermerke über das Verhalten einzelner Teilnehmer, erkannte Schwächen und Stärken oder auch eine kritische Zusammenfassung der eigenen Handlungen.

---

[517] Vgl. Hirschsteiner (1997d).

[518] Vgl. Shell (1991), S. 93.

[519] Siehe Large (1995), S. 168-181, und grundlegend zur Theorie der mikropolitischen Spiele Küpper/Ortmann (1986).

Festgelegte Maßnahmen müssen **im nachhinein überwacht** werden. Wurden beispielsweise bestimmte Maßnahmen zur Verbesserung des Qualitätsmanagementsystems eines Lieferanten vereinbart, kann deren Wirksamkeit sowohl durch die verschärfte Wareneingangsprüfung als auch durch ein Audit überprüft werden. Auch die Ausführung von Handlungen, zu denen sich Mitglieder der Abnehmerunternehmung verpflichtet haben, bedürfen der Kontrolle, vor allem dann, wenn andere Funktionsbereiche betroffen sind. Nicht eingehaltene Zusagen sind Anlaß für neue Nachverhandlungen. Führen Nachverhandlungen zu keinem Erfolg, ist die Beendigung der Lieferanten-Abnehmer-Beziehung unvermeidlich.

15.3 Lieferantenförderung

Im vorangegangenen Abschnitt wurde bereits erwähnt, daß auch das Anbieten von Hilfe ein hilfreiches Instrument der Lieferantensteuerung sein kann. Alle Maßnahmen der Abnehmerunternehmung, welche auf die Förderung der Leistungsfähigkeit eines Lieferanten ausgerichtet sind, können unter dem **Begriff der Lieferantenförderung** zusammengefaßt werden. Das Konzept der Lieferantenförderung ist somit Bestandteil der direkten Steuerung von Lieferanten. Häufig findet man die Unterscheidung von Lieferantenförderung und Lieferantenentwicklung. **Lieferantenentwicklung** bezeichnet dabei den Aufbau einer Beziehung zu einem Anbieter, der bisher aufgrund fehlender Leistungsfähigkeit in diesem Segment des Beschaffungsmarktes nicht tätig war und durch Maßnahmen der Lieferantenförderung erst in die Lage dazu versetzt werden muß.[520] Wiederum werden jedoch Maßnahmen der Lieferantenförderung ergriffen. Lieferantenförderung ist deshalb nicht auf die Steuerung innerhalb bestehender Lieferanten-Abnehmer-Beziehungen beschränkt. Bereits in der Aufbauphase[521] können Maßnahmen der Lieferantenförderung wesentliche Beiträge zum Zustandekommen funktionierender Geschäftsbeziehungen leisten.[522]

Dabei soll es im folgenden unerheblich sein, ob der Lieferant bereits in dem betrachteten Marktsegment tätig war, denn eine Abgrenzung beider Situationen ist in der Praxis überaus schwierig. Darüber hinaus ist im englischen Sprachraum diese begriffliche Trennung von Lieferantenförderung und Lieferantenentwicklung kaum vorzufinden. So definieren beispielsweise **Krause** und **Ellram** supplier development als „any effort of a buying firm with a supplier to increase its performance and/or capabilities and meet the buying firm's short and/or long-term supply needs,"[523] also als einen Prozeß, der eher unserem Verständnis von Lieferantenförderung entspricht. Wir wollen

---

[520] Vgl. Leenders (1965), S. 7.
[521] Vgl. Lerneinheit 12.
[522] Siehe z.B. Pfohl/Large (1997), S. 185-186.
[523] Krause/Ellram (1997), S. 39.

deshalb alle drei Fälle, die Steuerung durch Hilfe, die Hilfe für Neulieferanten in der Aufbauphase und die Lieferantenentwicklung, unter dem **Oberbegriff der Lieferantenförderung** zusammenfassen.

Wie bereits erwähnt, ist ein **Anlaß zur Lieferantenförderung** dann gegeben, wenn ein Lieferant in der Aufbauphase oder später einzelne Mängel in seiner Leistungsfähigkeit aufweist, jedoch mit entsprechender Unterstützung ein hoher Beitrag zum Erfolgspotential erwartet werden kann. In der Regel sind die Probleme des Lieferanten auf einen Bereich beschränkt (z.B. zu hohe Produktionskosten), während er in anderen Funktionsbereichen (z.B. der Forschung und Entwicklung) hohe Erfolgspotentiale eröffnet.[524]

Lieferantenförderung ist jedoch mit hohem Aufwand verbunden. Nicht jeder Lieferant, der in die aufgezeigte Kategorie fällt, kann deshalb gefördert werden. Zur Auswahl von förderungswürdigen Lieferanten muß eine Einschätzung der Erfolgspotentialentwicklung vorgenommen werden. Mit anderen Worten muß im **Lieferanten-Erfolgspotential-Portfolio (LEP)** die aktuelle Position sowie der Aufwand bestimmt werden, der zum Erreichen der erforderlichen Position erforderlich ist. Die **Notwendigkeit zur Lieferantenförderung** ergibt sich jedoch nur dann, wenn diese Position nicht durch andere bereits leistungsfähige oder mit geringerem Aufwand zu fördernde Lieferanten besetzt werden kann. Lieferantenförderung ist deshalb nur in einzelnen begründeten Fällen gerechtfertigt. In jedem Fall müssen die tatsächlichen Kosten der Lieferantenförderung genau überwacht und mit den geplanten Aufwendungen verglichen werden. Wichtig ist in jedem Fall eine angemessene vertragliche Einbindung, damit der Lieferant z.B. nach erfolgter Förderung nicht ein Konkurrenzunternehmen beliefert.

Eine weitere **Voraussetzung** ist die Fähigkeit des Abnehmers zur Lieferantenförderung. Neben der bereits angerissenen finanziellen Fähigkeit ist vor allem die fachliche Fähigkeit von Bedeutung. Soll beispielsweise ein Lieferant bei der Entwicklung seines Qualitätssicherungssystems unterstützt werden, muß der Abnehmer über entsprechende Fähigkeiten in diesem Bereich verfügen. Sind jedoch auch die eigenen Prozesse nur bedingt qualitätsfähig, sind die Mitarbeiter des Abnehmers kaum die geeigneten Berater für den Lieferanten. Diese Aussage ist eigentlich trivial. Trotzdem wird dieser Sachverhalt häufig nicht beachtet. Eine weitere Voraussetzung ist eng damit verbunden. Neben der Fähigkeit zur Lieferantenförderung muß auch die **Bereitschaft** aller beteiligten Mitarbeiter bestehen, den Lieferanten zu unterstützen. Kritisch ist dies insbesondere im Zusammenhang mit der Auslagerung von bisher selbst durchgeführten Produktionsprozessen. Im Gegenzug muß der Lieferant zur **Annahme der Förderung** bereit sein. Beispielsweise können Mitarbeiter eines renommierten Lieferanten das

---

[524] Vgl. Arnold (1997a), S. 192.

Hilfsangebot eines kleinen Kunden als Beleidigung empfinden. Ebenso ist es möglich, daß ein Lieferant die mit einer Förderung verbundene intensivere Kontrolle scheut. Die beiderseitige Bereitschaft zur Lieferantenförderung muß also gegeben sein.

Die **Maßnahmen der Lieferantenförderung** sind vielfältig und hängen von der Art der Probleme des Lieferanten ab. **Krause** und **Ellram** haben durch eine Befragung von 527 Mitgliedern der National Association of Purchasing Management die Häufigkeit ergriffener Maßnahmen ermittelt. Sie sind dabei von dem oben angeführten umfassenden Verständnis von Lieferantenförderung ausgegangen. Von der Gruppe der Abnehmer, die mit dem Erfolg ihrer Lieferantenförderung zufrieden waren, wurden am häufigsten folgende Maßnahmen ergriffen: Rückmeldung von Ergebnissen der Lieferantenbewertung, Einladung von Mitarbeitern des Lieferanten zur Besichtigung der eigenen Produktionsprozesse, Entsendung eigener Mitarbeiter zum Besuch der Werke des Lieferanten und Begutachtung der Prozesse des Lieferanten mit Hilfe formaler Richtlinien.[525] Die meisten dieser Maßnahmen stellen nach unserem Verständnis noch keine aktive Unterstützung durch den Abnehmer dar.

Ein wichtiger Anlaß zur Lieferantenförderung sowohl zum Aufbau der Geschäftsbeziehungen als auch zur Steuerung war die Beschaffung aus Mittel- und Osteuropa zu Beginn der 90er Jahre. In einer empirischen Untersuchung von 80 erfolgreichen und 54 nicht erfolgreichen Beziehungen zwischen deutschen Abnehmern und mittel- und osteuropäischen Lieferanten konnte gezeigt werden, daß in etwa 60% der erfolgreichen, jedoch nur in 30% der nicht erfolgreichen Beziehungen Maßnahmen der Lieferantenförderung durchgeführt wurden.[526] Die am häufigsten genannten Maßnahmen der Lieferantenförderung waren in den erfolgreichen Fällen das Bereitstellen von Fertigungseinrichtungen, die Beschaffung von Vormaterial, die Entsendung von eigenem Personal, die Analyse von Schwachpunkten im Leistungsvermögen des Lieferanten und die Weiterbildung von Personal des Lieferanten.

15.4 Beendigung von Lieferanten-Abnehmer-Beziehungen

Die Beendigung von Lieferanten-Abnehmer-Beziehungen ist ein stark **vernachlässigtes Gebiet** des Beschaffungsmanagements. Gemeinhin wird die Erfüllung dieser Aufgabe in der Wissenschaft und der betrieblichen Praxis für problemlos gehalten. Eine Lieferanten-Abnehmer-Beziehung wird beendet, indem der betroffene Lieferant keine Aufträge mehr erhält. In Abschnitt 15.1 hatten wir jedoch gezeigt, daß in einer Reihe von Fällen der

---

[525] Vgl. Krause/Ellram (1997), S. 48.
[526] Vgl. Pfohl/Large (1997), S. 185-186, Pfohl/Large/Ardelea/Freiberg/Tatay (1995).

Abbruch einer Lieferanten-Abnehmer-Beziehung nur äußerst schwer zu bewerkstelligen ist, da unterschiedliche **Abhängigkeiten** vorliegen. Besonders problematische Lieferanten sind Lieferanten, die über notwendiges Erfahrungswissen, abnehmerspezifisches Vormaterial oder beziehungsspezifische Betriebsmittel, z.B. Werkzeuge, Modelle, Vorrichtungen, NC-Programme etc. verfügen, die möglicherweise sogar für die langfristige Ersatzteilversorgung benötigt werden, Entwicklungspartner, Lieferanten mit Monopolstellung sowie Unternehmen, mit denen Konzernverflechtungen bestehen. Trotzdem gibt es auch darunter Fälle, in denen das Mißerfolgspotential oder bereits der negative Beitrag zum Erfolg eines Lieferanten so groß wird, daß die Geschäftsbeziehung abgebrochen werden muß.

Obwohl wesentliche, insbesondere rechtliche Unterschiede bestehen, kann der Prozeß der Beendigung einer engen Lieferanten-Abnehmer-Beziehung mit dem der Entlassung von Mitarbeitern verglichen werden. In beiden Fällen handelt es sich um wirtschaftliche Akteure, die ihre Ressourcen in die Abnehmerunternehmung einbringen (Ressourceneigner).[527] Man könnte deshalb, vor allem dann, wenn ein Basisvertrag vorliegt, im übertragenen Sinne auch vom Prozeß der „Lieferantenentlassung" sprechen. Die wesentlichen Unterschiede sind dabei das Fehlen einer Beauftragungspflicht im Basisvertrag und der besondere Schutz des Arbeitnehmers im Arbeitsrecht.

Die **Motive zur „Lieferantenentlassung"** sind vielfältig. Zunächst kann man alle Motive anführen, die sich aus dem mangelhaften Funktionieren einer Lieferanten-Abnehmer-Beziehung ergeben. Dazu zählt ein **schwerwiegendes Fehlverhalten** von Vertretern des Lieferanten, wie z.B. ein Bestechungsversuch, ein Betrugsversuch (absichtlich falsche ausgestellte Rechnungen, absichtlich verwendetes minderwertiges Material usw.) oder der Verrat von Geschäftsgeheimnissen an einen Konkurrenten. Ein zweites Motiv ist ein dauerhaftes, auch nicht durch Maßnahmen der Steuerung zu behebendes Nichterfüllen der Anforderungen und damit ein **negativer Beitrag zum Erfolgspotential**. Konkreter Anlaß ist häufig das endgültige Scheitern von Steuerungsmaßnahmen.

Eine weitere Gruppe von Motiven resultiert aus der Lieferantenstrukturanalyse. Hierzu gehört der Abbau **unnötiger Lieferanten** als Folge der Lieferantenkonzentration und der Bereinigung der Beschaffungsobjektstruktur. Ein weiteres Motiv ist der Wechsel zu Lieferanten mit höherem Erfolgspotential im Rahmen der **Lieferantenstrukturoptimierung**.

Die Beziehung kann nur partiell, d.h. hinsichtlich bestimmter Objektgruppen, beendet oder vollständig abgebrochen werden. Die **partielle Beendigung** entspricht einer (starken) Reduktion des Einkaufsvolumens dieses Lieferan-

---

[527] Siehe dazu Large (1995), S. 11.

ten, ohne jedoch völlig auf Bestellungen zu verzichten. Betrachtet man die obigen Motive, dann wird deutlich, daß in der Regel nur eine vollständige Beendigung sinnvoll ist. Zudem besteht bei partiellem Abbruch die Gefahr von Gegenreaktionen, die sich dann auch auf die verbliebenen Beschaffungsobjektgruppen erstrecken können.

Die **Hemmnisse der Beendung von Lieferanten-Abnehmer-Beziehungen** wurden bereits zu Beginn dieses Abschnitts angesprochen, indem bestimmte Lieferanten als besonders kritisch eingestuft wurden. Weitere Hemmnisse der Lieferantenentlassung sind vertragliche oder moralische Verpflichtungen aufgrund abgegebener Zusagen, z.B. über ein bestimmtes Zieleinkaufsvolumen. Zu beachten ist neben der moralischen Pflicht der mögliche Imageschaden auf dem Beschaffungsmarkt. Selbst wenn einzelne Zusagen rechtlich nicht bindend sind, kann ein bekannt gewordener Wortbruch zum Vertrauensverlust auch bei anderen Lieferanten führen. Bereits **Sandig** hat völlig zurecht auf den „Ruf des Beschaffers" hingewiesen.[528] Darüber hinaus können soziale oder politische Verpflichtungen für eine bestimmte Region aufgrund von Aussagen der Unternehmensleitung bestehen.[529]

Ein bedeutsames Hemmnis sind weiterhin **interne Widerstände**. Als Opponent gegen den Abruch von Lieferanten-Abnehmer-Beziehungen tritt beispielsweise häufig die Ersatzteillogistik auf. Ein Lieferant kann zur Versorgung der Produktion völlig überflüssig sein. Aufgrund der Verfügung über die alten Vorrichtungen und Werkzeuge kann jedoch eine Abhängigkeit bei der Ersatzteilversorgung für frühere Produkte bestehen. Vor dem Abbruch einer Geschäftsbeziehung sollten deshalb alle Bedarfsträger der beschaffenden Unternehmung befragt werden. Gegenüber dem Lieferanten darf die beschaffende Unternehmung nur mit einer Stimme sprechen.

Damit ist bereits der **Prozeß der Beendigung von Lieferanten-Abnehmer-Beziehungen** angesprochen. Prinzipiell ist die schleichende und die aktive Beendigung einer Geschäftsbeziehung möglich. Bei **schleichender Beendigung** erhält der Lieferant keine neuen Anfragen. Bisher bezogene Objekte werden schrittweise und entsprechend ihrer Wichtigkeit auf einen anderen Lieferanten verlagert und dann nicht mehr bei dem Abbruchkandidaten bestellt. Gespräche zur Verlängerung des auslaufenden Rahmenvertrags werden nicht angeboten. Die schleichende Beendigung nimmt in aller Regel einen längeren Zeitraum in Anspruch. Häufig werden einzelne, als unbedeutend eingestufte oder unbeachtete Beschaffungsobjekte weiterhin bei diesem Lieferanten bezogen. Da der Lieferant bald bemerkt, daß sein Umsatz zurückgeht, muß mit Gegenreaktionen gerechnet werden. Die größte Gefahr

---

[528] Vgl. Sandig (1935), S. 181.
[529] Als Beispiel sei die „Einkaufsinitiative Ost" oder auch die Sorge um die Heimatregion genannt.

besteht darin, daß der Lieferant die Abhängigkeit des Abnehmers bei noch verbliebenen Beschaffungsobjekten arglistig ausnutzt und schlecht, zu spät oder sogar nicht liefert und damit die Versorgung beeinträchtigt.

Wenn die Gefahr arglistiger Gegenreaktionen als hoch eingeschätzt wird, dann ist ein **aktiver und abrupter Abbruch** der Geschäftsbeziehung anzustreben. Zunächst müssen alle Beschaffungsobjekte, die bisher bei diesem Lieferanten bezogen wurden, festgestellt werden. Dabei sind nochmals die Konsequenzen eines Abbruchs der Geschäftsbeziehung zu hinterfragen. Für alle Beschaffungsobjekte müssen sodann neue Bezugsquellen festgelegt und eingebunden werden. Erst dann sollte dem Lieferant der Abbruch der Geschäftsbeziehung in einem Gespräch mitgeteilt und ein eventuell bestehender Basisvertrag gekündigt werden. Diese Art der Beendigung von Lieferanten-Abnehmer-Beziehungen stellt ein hold-up des Abnehmers dar, der durch die Informationsasymmetrie bezüglich des Willens zur Beendigung der Beziehung möglich wird.

Er ist moralisch nur vertretbar, wenn eine zu frühe Information des Lieferanten Gegenreaktionen auslösen würde. Wird der Lieferant durch den hold-up unverhältnismäßig geschädigt, weil er beispielsweise abnehmerspezifisches Vormaterial verschrotten muß, sollte auf Grundlage abgegebener Verpflichtungen ein **angemessener Schadensausgleich** stattfinden. Die Kosten des Beziehungsabbruches setzen sich deshalb vor allem aus den Kosten der Suche und Einbindung neuer Bezugsquellen, der Produktion neuer Vorrichtungen, Modelle oder Werkzeuge und aus möglicherweise zu leistenden Ausgleichszahlungen zusammen. In jedem Fall sollte ein **vollständiger Abbruch** angestrebt werden, da nur so die Bereinigung der Lieferantenstruktur möglich ist und die Kosten für das Management eines überflüssigen oder unfähigen Lieferanten vollständig entfallen.

Empfohlene Literatur zur Lerneinheit 15

Die Begründung des in dieser Lerneinheit zugrunde gelegten Steuerungsverständnisses kann der interessierte Leser ausführlich in **Large** (1995), S. 92-104 und 165-213, nachlesen.

Einen guten und sehr praxisnahen Überblick der Verhandlungsführung bieten **Dommann** (1993) und das Buch **Hirschsteiner** (1999) bzw. dessen mehrteilige Reihe von in der Beschaffung aktuell, die mit dem Beitrag **Hirschsteiner** (1997a) beginnt.

Für das Gebiet der Lieferantenförderung sei insbesondere **Krause/Ellram** (1997) sowie als grundlegende Literatur **Leenders** (1965) empfohlen. Ein wichtiger Beitrag ist auch die Dissertation **Kleinau** (1995).

4. Kapitel:

Organisatorische und personelle Rahmenbedingungen

16. Lerneinheit:

Beschaffungsaufbauorganisation

Bisher haben wir uns stark auf das Management der Lieferanten-Abnehmer-Beziehungen konzentriert. Im Mittelpunkt stand das Management der externen Erfolgspotentiale der Beschaffung. Das 4. Kapitel beschäftigt sich mit dem Management der organisatorischen und personellen Rahmen-bedingungen des Lieferantenmanagements und damit mit der Gestaltung der internen Erfolgspotentiale der Beschaffung. In den nächsten beiden Lernein-heiten werden wir den wichtigen Bereich der Beschaffungsorganisation kennenlernen. Gegenstand der folgenden Lerneinheit ist zunächst die Managementaufgabe der Aufbauorganisation, deren Ergebnis in der Struktur der Unternehmung und speziell der Beschaffung erkennbar wird.

Lernziele

Nach dem Studium dieser Lerneinheit sollten Sie in der Lage sein,

- die Teilprobleme der aufbauorganisatorischen Gestaltung der Beschaffung abzugrenzen,
- die Möglichkeiten der Verteilung von Beschaffungsaufgaben auf Organisationseinheiten zu beschreiben,
- die Möglichkeiten der hierarchischen Einordnungen zu erläutern,
- den inneren Aufbau der Beschaffungsorganisationseinheiten zu beschreiben,
- die Möglichkeiten der abteilungsübergreifenden Koordination im Rahmen der Sekundärorganisation aufzuzeigen.

16.1 Grundlagen der Beschaffungsaufbauorganisation

Die aufbauorganisatorische Umsetzung der Beschaffungsaufgaben stellt eine bedeutsame Rahmenbedingung des Managements der Lieferanten-Abnehmer-Beziehungen dar. Beschaffungsaufbauorganisation ist eine strategische Aufgabe, die **Ordnungen** für den Aufbau und die Eingliederung der Beschaffung in die Unternehmung festlegt.[530] Die Art und Weise der Organisation des Beschaffungsbereichs hat wesentlichen **Einfluß auf die Erfolgspotentiale** der beschaffenden Unternehmung. Diesen Zusammenhang haben wir bereits bei der Diskussion strategischer Beschaffungsziele ausführlich aufgezeigt.[531]

Bei der Gestaltung der Aufbauorganisation müssen drei grundsätzliche **Ordnungsgegenstände** berücksichtigt werden. Zunächst müssen **Aufgaben** den Stellen und damit den Stelleninhabern zugeordnet werden. Damit werden die Pflichten, bestimmte Aufgaben zu erfüllen, begründet. Der Stelleninhaber übernimmt die **Verantwortung** für die zielorientierte Erfüllung der Aufgaben. Zum zweiten müssen die **Kompetenzen** einer Stelle festgelegt werden. Der Begriff Kompetenz steht dabei im Sinne des lateinischen competentia (=Zusammentreffen) für die Zuordnung von Zuständigkeiten.[532] Der Stelleninhaber erhält die notwendigen Rechte, um seine Aufgabe zu erfüllen. Die Kompetenz steht somit für das Dürfen in der Organisation. Der dritte Ordnungsgegenstand umfaßt die **Zuordnung** von Stellen **zu größeren Organisationseinheiten**. Die Zuordnung legt damit die Zugehörigkeit von Stelleninhabern fest. Diese grundlegenden Gedanken können nun auf die Beschaffung übertragen werden.

Ähnlich wie bei der **aufbauorganisatorischen Gestaltung** von anderen betriebswirtschaftlichen Funktionen müssen bei der Beschaffungsaufbauorganisation **mehrere Teilprobleme** gelöst werden, die sich aus den drei aufgezeigten Ordnungsgegenständen ergeben.[533] Zunächst muß geklärt werden, ob es überhaupt eine **spezielle Organisationseinheit „Beschaffung"** geben soll, oder ob die Beschaffungsaufgaben auch von anderen Organisationseinheiten erfüllt werden können. Aus Sicht des strategischen Beschaffungsmanagements steht dabei die Frage nach einer Organisationseinheit „Strategisches Beschaffungsmanagement" oder „Strategischer Einkauf" im Mittelpunkt. Damit ist zweitens unmittelbar auch zu klären, welche **Aufgaben** diese Organisationseinheit erfüllen soll. Wiederum ist von

---

[530] Siehe dazu ausführlicher Large (1995), S. 44-45, 98-99.
[531] Vgl. Abschnitt 4.3.
[532] Vgl. Steinle (1992), Sp. 506.
[533] Vgl. Pfohl/Large (1998), S. 92-93. Siehe ähnlich auch Fieten (1992), Sp. 341-342.

besonderem Interesse, welche strategischen Aufgaben von dieser Organisationseinheit erfüllt werden.

Das dritte zu lösende Teilproblem ist die Art der **hierarchischen Einordnung** dieser Organisationseinheiten, die stark durch den Aufgabenumfang bestimmt wird. Ebenfalls durch den Aufgabenumfang wird der **innere Aufbau** der Beschaffungsorganisationseinheit beeinflußt. Neben dieser dauerhaften Struktur interessiert, wie wir im Rahmen der Beschaffungsobjektstrukturplanung gezeigt haben, das Vorhandensein von Ausschüssen, Teams und anderen Einheiten der **Sekundärorganisation**.

16.2 Verteilung von Beschaffungsaufgaben auf Organisationseinheiten

Ausgangspunkt der Verteilung von Beschaffungsaufgaben auf Organisationseinheiten ist die genaue Bestimmung dieser Aufgaben. Dabei wird die Gesamtaufgabe der Beschaffung analytisch in Teilaufgaben zerlegt (**Aufgabenanalyse**), die in einem zweiten Schritt zu den Aufgabeninhalten einzelner Organisationseinheiten zusammengefaßt werden (**Aufgabensynthese**).[534]

Die Kriterien der **Gliederung von betrieblichen Aufgaben** und damit auch von Beschaffungsaufgaben sind vielfältig. Die Vorschläge in der Lehrbuchliteratur greifen noch heute in aller Regel auf die grundlegende Systematik von **Kosiol** zurück.[535] Als wichtigste Kriterien führt er das Arbeitsobjekt, die Verrichtung, den Rang und die Phase an. Im Bereich der Beschaffung ist das **Arbeitsobjekt** zunächst das **Beschaffungsobjekt**. In diesem Sinne lassen sich grob Beschaffungsaufgaben an Produktionsmaterial, sonstigem Material, Investitionsgütern, Dienstleistungen und Handelswaren und schließlich feiner an einzelnen Beschaffungsobjektgruppen unterscheiden.[536] Ein Arbeitsobjekt kann aus strategischer Sicht aber auch eine bestimmte **Beschaffungsregion** (z.B. Asien), eine **Bedarfsträgergruppe** (z.B. die Versuchsabteilung) oder ein Schlüssellieferant oder eine homogene **Lieferantengruppe** sein.

Das wohl neben dem Arbeitsobjekt wichtigste Kriterium ist das der **Verrichtung**. Entsprechend der Art der durchgeführten **Wertschöpfungsprozesse** kann man grob in Transfer- und Transaktionsprozesse unterscheiden.[537] Aus strategischer Sicht ist die Unterscheidung von strategischen und operativen Verrichtungen entsprechend des **Beitrags zum Erfolgspotential** von großer

---

[534] Zu Aufgabenanalyse und Synthese siehe grundlegend Kosiol (1962), S. 42-79.
[535] Vgl. Kosiol (1962), S. 49-62.
[536] Vgl. Abschnitt 1.4.
[537] Vgl. Abschnitt 2.2.

Bedeutung. Für die praktische Organisationsarbeit sind die daraus entstehenden Gliederungen jedoch zu grob. Deswegen werden in der Regel zur weiteren Strukturierung die im Beschaffungsmanagement üblichen, d.h. beobachtbaren **Verrichtungen**, wie z.B. Angebotseinholung, Bestellung, Vertragsverhandlung, Beschaffungsplanung etc., verwendet.

Damit ist bereits als weiteres Gliederungskriterium die **Phase** angesprochen, nach welcher zwischen Planungsaufgaben, Aufgaben der Realisation und der Kontrolle unterschieden werden kann. Allgemeiner gliedern sich Aufgaben hinsichtlich des **Rangs** in Ausführungs- und Leitungsaufgaben. Die Anwendung dieser beiden Kriterien ist jedoch nicht unproblematisch, da Ausführungs- und verschiedene Leitungsaufgaben, gerade in der Beschaffung, sehr eng miteinander verwoben sind.

Sind alle Beschaffungsaufgaben erkannt und in hinreichend kleine Teilaufgaben untergliedert, dann müssen diese sinnvoll zusammengefaßt und zunächst einzelnen Stellen, diese Stellen dann größeren Organisationseinheiten zugeordnet werden (**Aufgabensynthese**).[538] Prinzipiell können auch zur Aufgabensynthese im Beschaffungsbereich vor allem die bereits diskutierten Kriterien Objekt, Verrichtung, Rang und Phase verwendet werden. Hinzu kommt das aus Sicht eines ressourcenorientierten Managements wichtige Kriterium der vorhandenen Fähigkeiten der Beschaffungsmanager.[539]

Da sich der Abschnitt 16.4 speziell mit dem inneren Aufbau der Beschaffungsorganisationseinheiten beschäftigen wird, wollen wir uns an dieser Stelle auf das Problem der **Bildung von Organisationseinheiten**, oder vereinfacht gesprochen, der Abteilungsbildung konzentrieren. Die Beschaffungsfunktion muß in allen Unternehmungen erfüllt werden. Die Notwendigkeit des Beschaffungsmanagements ist also unstrittig. Deshalb besteht das organisatorische Grundproblem vor allem in der Entscheidung über den Grad der **Zentralisation bzw. Dezentralisation**.

Prinzipiell sind fünf **Beschaffungsorganisationstypen** denkbar. Zunächst können alle Beschaffungsaufgaben von **einer Organisationseinheit**, beispielsweise von dem „Bereich Einkauf" erfüllt werden. Gerade bei divisionaler Organisation, bei der sich die Sparten in ihrem Produktionsprogramm und damit in den Bedarfen wesentlich unterscheiden, können auch **mehrere gleichgestellte Organisationseinheiten** vorkommen, die jedoch für die Sparte eine zentrale Funktionserfüllung vornehmen. Das dritte Modell sieht vor, daß die Beschaffungsaufgaben zwischen **einer Beschaffungsabteilung und mehreren Abteilungen**, die keine originären Beschaffungsorganisationseinheiten darstellen (z.B. die Produktionssteuerung, die EDV-Abteilung,

---

[538] Siehe grundlegend Kosiol (1962), S. 76.
[539] Vgl. Kosiol (1962), S. 80-89.

die Instandhaltungsgruppe usw.), aufgeteilt werden. Das vierte Modell ist auf den ersten Blick sehr ähnlich, jedoch werden die Beschaffungsaufgaben von **einer Zentraleinheit und mehreren dezentralen Beschaffungsorganisationseinheiten** wahrgenommen. Das letzte Modell sieht schließlich vor, daß **keinerlei zentrale Beschaffungsorganisationseinheit** besteht. Mit anderen Worten werden alle Aufgaben dezentral von einer Vielzahl von kleinen Beschaffungseinheiten oder von nicht auf die Beschaffung spezialisierten Einheiten erfüllt.

Der Grad der Zentralisation bzw. Dezentralisation erlaubt noch keine Aussage darüber, nach welchem Kriterium die Aufgaben verteilt werden. Denkbar ist eine **objektorientierte Gliederung**, bei der die Beschaffungsaufgaben entsprechend der Beschaffungsobjekte aufgeteilt werden. Spezielle Produktionsmaterialien werden beispielsweise dezentral von den jeweiligen Produktionsabteilungen eingekauft, während bereichsübergreifend benötigtes Material und Dienstleistungen zentral beschafft werden. Möglich ist auch eine **verrichtungsorientierte Aufteilung**, bei der die Beschaffungsmarktforschung und die Beschaffungsobjektstrukturplanung von Spezialisten einer Zentralabteilung verrichtet werden. Eine weitere verrichtungsorientierte Trennung ist jene entsprechend der Aufgaben der Beschaffungslogistik (dezentral) und des Beschaffungsmarketings (zentral).

Häufig wird für die daraus entstehenden Organisationseinheiten die Bezeichnung „Strategischer Einkauf" und „Operativer Einkauf" gebraucht,[540] ohne daß tatsächlich das Kriterium des „Strategischen" zugrunde liegt. Soll eine Organisationseinheit „Strategischer Einkauf" gebildet werden, die diesen Namen auch verdient, kann nur der Beitrag von Aufgaben zur Sicherung und Entfaltung von **Erfolgspotentialen** herangezogen werden. Die organisatorische Trennung von operativem und strategischem Beschaffungsmanagement basiert also auf einer verrichtungsorientierten Differenzierung hinsichtlich des strategischen Beitrags der Beschaffungsverrichtungen.

Es liegen einige **empirische Untersuchungen zur Beschaffungsorganisation** insbesondere in USA vor. Bei zwei Untersuchungen von amerikanischen Großunternehmungen aus den Jahren 1987 und 1995 gab es 119 Unternehmungen, die an beiden Befragungen teilgenommen hatten.[541] In der Untersuchung von 1987 (1995) hatten die Unternehmungen mit rein zentralisierter Organisationsstruktur einen Anteil von 28% (21%), mit zentralen und dezentralen Einheiten 60% (69%) und mit rein dezentraler Struktur 12% (10%).[542] Es scheint also einen leichten Trend zu der Hybridform zu geben. Eine Untersuchung des Center for Advanced Purchasing

---

[540] Siehe z.B. Hartmann (1997).
[541] Vgl. Fearon (1988), Johnson/Leenders/Fearon (1998a), Johnson/Leenders/Fearon (1998b).
[542] Vgl. Johnson/Leenders/Fearon (1998a), S. 4.

Studies (CAPS) in Nordamerika und Europa hat ähnliche Resultate erbracht. Danach verfügen 24% der Unternehmen über einen rein zentralen Einkauf, wohingegen bei 7% nur von dezentralen Einheiten eingekauft wird.[543]

Im Rahmen eines eigenen Forschungsprojekts zur Beschaffung von Logistikdienstleistungen[544] konnten auch empirische Daten über die aufbauorganisatorische Gestaltung der befragten Unternehmungen gewonnen werden. Im Zeitraum August bis Oktober 1998 wurden 1000 Mitglieder des Bundesverbands Materialwirtschaft, Einkauf und Logistik e.V. schriftlich befragt. Insgesamt lagen 132 Antworten von Befragten verschiedener Branchen vor. Etwa 70% der Unternehmen waren Teil eines Konzerns. Aus Gründen der Vergleichbarkeit beziehen sich die folgenden Aussagen nur auf die 98 beteiligten Industrieunternehmen.[545]

Von diesen Industrieunternehmen verfügen 87,4% über eine **zentrale Beschaffungsorganisationseinheit auf Unternehmensebene**, 62,1% über dezentrale Beschaffungseinheiten und 42,9% der Konzernunternehmen über eine zentrale Organisationseinheit auf Konzernebene. Damit widersprechen die Ergebnisse der derzeit häufig geäußerten Meinung, daß ein deutlicher Wandel zur Dezentralisation der Beschaffungsorganisation zu verzeichnen sei. Eine rein zentrale Beschaffungsorganisation findet sich bei 38,3% der Unternehmen. Bei 11,7% der Befragten ist der Einkauf völlig dezentral organisiert und bei 50,0% liegt eine Hybridform, bestehend aus einer zentralen Einheit und weiteren dezentralen Einheiten, vor. Diese deutschen Ergebnisse entsprechen somit weitgehend den oben angeführten Untersuchungen.

In **Abbildung 29** sind die Häufigkeiten, mit der 12 vorgegebene **Beschaffungsaufgaben** in den konzernzentralen, unternehmenszentralen und dezentralen Organisationseinheiten erfüllt werden, angegeben.[546] Bei **zentralen Organisationseinheiten auf Unternehmensebene** dominieren jene Aufgaben, die wir in den vorangegangenen Lerneinheiten als strategische Aufgaben identifiziert haben. Am häufigsten werden die Aufgaben Suche und Auswahl von Neulieferanten (97,1%), Abschluß von Rahmenverträgen (94,2%), Lieferantenbewertung (91,3%) und Definition der Beschaffungsziele (91,3%) erfüllt. Allerdings führen auch 89,9% der Zentralabteilungen operative Einkaufstätigkeiten durch. Ebenso überwiegen in **zentralen Beschaffungseinheiten des Konzerns** strategische Aufgaben, wie Beschaffungsmarktforschung (68,2%), Abschluß von Rahmenverträgen

---

[543] Vgl. Arnold, U. et al. (1999), S. 11.
[544] Vgl. Large/Lichtenberger/Kovács (2000).
[545] Siehe dazu ausführlich Large (2000).
[546] Die Häufigkeiten beziehen sich auf 22 konzernzentrale, 69 unternehmenszentrale und 52 dezentrale Organisationseinheiten, für welche von den die Befragten Angaben gemacht wurden.

(72,7%) und Definition der Beschaffungsziele (86,4%). Es wäre deshalb durchaus gerechtfertigt, die zentralen Organisationseinheiten als „Strategischen Einkauf" zu bezeichnen. Allerdings tragen nur sehr wenige der untersuchten zentralen Beschaffungsorganisationseinheiten diese Bezeichnung. Üblich ist auf Unternehmensebene vielmehr „Zentraleinkauf".

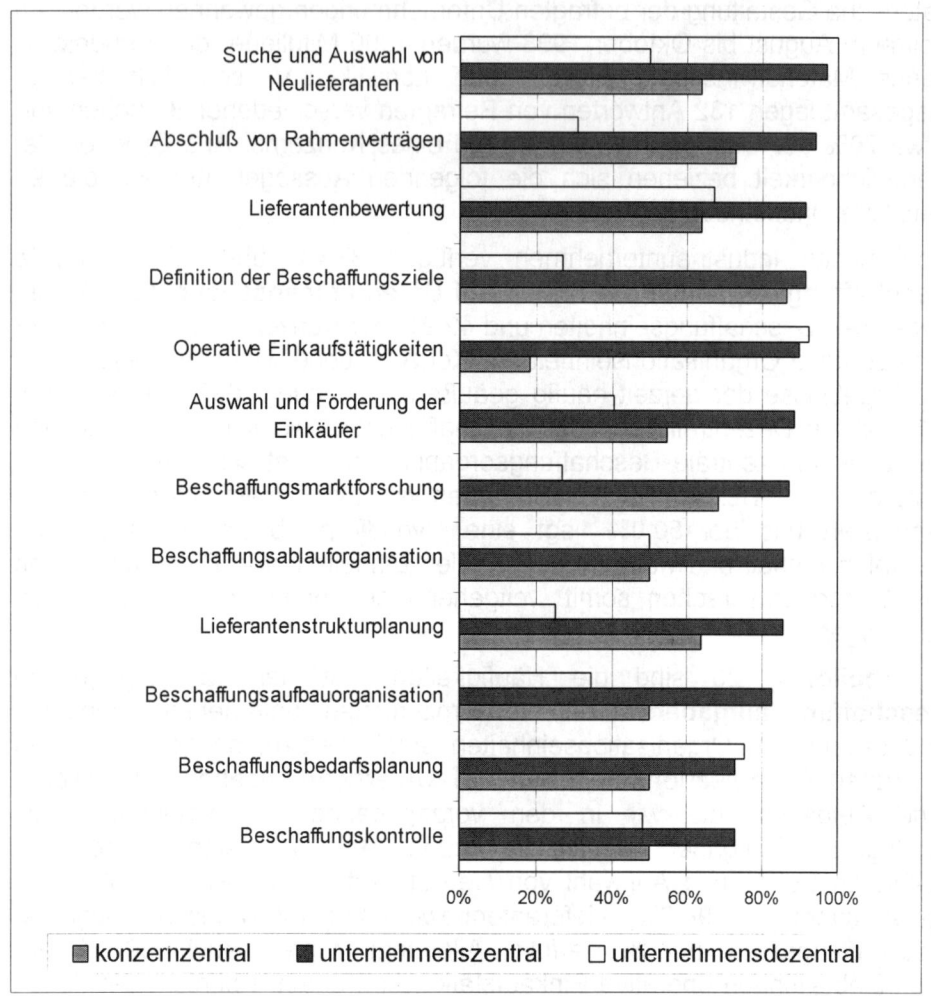

Abbildung 29:   Häufigkeit verrichteter Beschaffungsaufgaben der Beschaffungsorganisationseinheiten sofern diese Organisationseinheiten vorhanden sind.

Bei **dezentralen Beschaffungsorganisationseinheiten** finden sich erwartungsgemäß vor allem operative Beschaffungsaufgaben, am häufigsten operative Einkaufstätigkeiten (92,3%) und Beschaffungsbedarfsplanung (75,0%). Allerdings führen 67,3% der dezentralen Beschaffungsorganisationseinheiten auch die Lieferantenbewertung durch. Jeweils die Hälfte der dezentralen Beschaffungseinheiten erledigen Aufgaben der Beschaffungsablauforganisation und sind für die Suche und Auswahl von Neulieferanten zuständig.

Zur **Messung der Zentralisation** kann zum einen ein **aufgabenorientierter Zentralisationsgrad** berechnet werden. Dazu wird für jedes Unternehmen die Anzahl völlig zentral verrichteter Beschaffungsaufgaben ausgezählt und mit der Anzahl der insgesamt verrichteten Beschaffungsaufgaben ins Verhältnis gesetzt.[547] Der Mittelwert des aufgabenorientierten Zentralisationsgrads auf Unternehmensebene betrug in der Untersuchung 0,69. Zum anderen besteht die Möglichkeit der Bestimmung des Zentralisationsgrads auf Basis von Mitarbeiterzahlen in den Einkaufsabteilungen. Auf diese Weise konnte ein mittlerer **mitarbeiterorientierter Zentralisationsgrad** von 0,65 bestimmt werden. Diese Mittelwerte und insbesondere die Verteilung der Zentralisationsgrade in der Untersuchung zeigen für die Hybridform ein Kontinuum von Organisationsformen zwischen sehr geringer und sehr starker Zentralisation.

Welchen Grad von Zentralisation eine Unternehmung anstrebt und welche Aufgaben damit einer zentralen Organisationseinheit zugewiesen werden, hängt vermutlich von einer **Vielzahl von Einflußgrößen** ab,[548] die an dieser Stelle nicht umfassend diskutiert werden können.[549] Dominante Einflußgrößen der Zentralisation konnten auch in der beschriebenen Untersuchung nicht nachgewiesen werden. Ein hohes Beschaffungsvolumen an Produktionsmaterial, das Vorhandensein einer zentralen Beschaffungsorganisationseinheit auf Konzernebene und eine hohe Anzahl von Beschaffungsmitarbeitern scheinen die Dezentralisation der Beschaffung jedoch leicht zu fördern.

Wichtiger als diese recht allgemeinen Einflußgrößen sind für die praktische Organisationsarbeit konkrete Regeln der Stellenbildung und insbesondere der Bildung von größeren Organisationseinheiten (**Abteilungsbildung**). Hilfreiche **Prinzipien der Abgrenzung von Abteilungen** sind das Autonomieprinzip, das Subsidiaritätsprinzip und das Kongruenzprinzip.[550] Entsprechend dem **Autonomieprinzip** sollen Abteilungen so gebildet werden, daß „diese ihren Aufgabenbereich so autonom wie möglich, d.h. weitgehend unabhängig von der Aufgabenerfüllung anderer Abteilungen, wahrnehmen können."[551] Mit anderen Worten sollen die Organisationseinheiten der Beschaffung intern eine hohe Interdependenz der zugeordneten Aufgaben

---

[547] Die genaue Berechnung und Interpretation ist in Large (2000) dokumentiert.
[548] Vgl. Large (2000).
[549] Vgl. Kieser/Kubicek (1992), S. 199-210.
[550] Vgl. Kieser/Kubicek (1992), S. 89-95, Kieser (1992), Steinle (1992).
[551] Kieser/Kubicek (1992), S. 89.

und extern einen geringen Bedarf an abteilungsübergreifender Koordination aufweisen.

Die Einhaltung des Autonomieprinzips im strategischen Beschaffungsmanagement ist jedoch schwierig. Wie wir bereits mehrfach gezeigt haben, besteht insbesondere zwischen dem strategischen Beschaffungsmanagement und anderen Unternehmensbereichen ein **hoher Koordinationsbedarf** aufgrund von Interdependenzen bei der Aufgabenerfüllung.[552] Zur **Fertigung und Montage** liegen als wichtigstem **Bedarfsträger** von Produktionsmaterial und Investitionen Schnittstellen bei der mittelfristigen Bedarfsplanung (Mengenplanung), der Beschaffungsobjektstrukturplanung, der Auswahl von Neulieferanten sowie der Abwicklung der operativen Beschaffung vor.

Der zweite Bereich funktionsübergreifender Interdependenz ist das Zusammenwirken mit dem Bereich der **Forschung und Entwicklung**. In Abschnitt 6.2 (Beschaffungsobjektstrukturplanung) haben wir die Notwendigkeit der Zusammenarbeit aufgezeigt. Wichtige gemeinsam zu lösende Aufgaben sind die Suche und Vorauswahl von Neulieferanten, insbesondere von Entwicklungspartnern, die Vereinfachung und Standardisierung vorhandener Beschaffungsobjekte und das Schaffen der konstruktiven Voraussetzungen für make-or-buy Entscheidungen und modular sourcing. Weitere Schnittstellen bestehen mit dem Absatz bei Handelswaren sowie dem Instandhaltungsbereich bei Investitionen und Ersatzteilen für eigene Anlagen.

Als **Methoden** zur Identifikation von abteilungsübergreifender Kommunikation können sachlogische Analysen der Aufgabeninterdependenzen und Kommunikationsanalysen zur Bestimmung der Kommunikationsintensität durchgeführt werden.[553] Je höher die gemessene Kommunikationsintensität ist, desto geringer ist die Autonomie der bestehenden Organisationseineiten. Da die Ist-Kommunikationsintensität sehr stark durch die bereits vorliegende – und ggf. zu verbessernde – Organisationsstruktur geprägt wird, sind Fehlentscheidungen sehr leicht möglich. Beispielsweise kann gerade eine bisher falsche Abteilungsbildung dazu führen, daß notwendige Kommunikationsaktivitäten, z.B. zwischen dem Zentraleinkauf und der Materialwirtschaft, unterbleiben und hierdurch wichtige Aufgaben, z.B. die mittelfristige Bedarfsplanung, nur mangelhaft erfüllt werden. Die **Interdependenzen gegenüber anderen Bereichen** können derart stark sein, daß originäre Beschaffungsaufgaben, wie beispielsweise die Bestellabwicklung oder die Suche nach Entwicklungspartnern, in anderen Abteilungen, in diesen beiden Beispielen in der Fertigungssteuerung bzw. der Konstruktionsabteilung, erfüllt oder zumindest dezentralen Organisationseinheiten, die der Produktion bzw. der F&E unterstellt sind, zugeordnet werden.

---

[552] Siehe dazu auch Köhler (1991), S. 79-134.
[553] Vgl. Kieser (1992), Sp. 64-70.

Bei **Mehrbetriebsunternehmungen** findet sich aufgrund des Koordinationsbedarfs häufig eine Trennung von Zentraleinkauf und operativen Beschaffungsorganisationseinheiten, die der Logistik der einzelnen Werke unterstellt sind. Bei der Volkswagen AG sind beispielsweise die Beschaffungsaufgaben auf die Organisationseinheiten Global Sourcing (Internationale Koordination), Forward Sourcing (Suche und Einbindung von Neulieferanten und Entwicklungspartnern), Linieneinkauf und Werkslogistik aufgeteilt. Ähnliche Aufgabenverteilungen finden sich auch bei anderen Automobilherstellern.

Weitere Argumente für eine Dezentralisierung liefert in der Regel das **Subsidiaritätsprinzip** der Delegation.[554] Das Subsidiaritätsprinzip besagt allgemein, daß Aufgaben von jenen Aufgabenträgern erfüllt werden sollen, die dazu aufgrund ihrer Fähigkeiten gerade noch in der Lage sind. Übergeordnete Ebenen greifen nur in Ausnahmefällen in die Aufgabenerfüllung ein. Bei einer vollständig EDV-gestützten Bestellabwicklung können Bedarfsträger durchaus statt der Eingabe von Bestellanforderungen auch direkt die Bestellungen auslösen bzw. Abrufe tätigen. Voraussetzung ist in diesem Beispiel jedoch, daß durch die strategische Lieferantenauswahl, den Abschluß von Rahmenverträgen, die Pflege von Stammdaten, die Vorgabe von Budgets und Freigaberichtlinien der fachfremde Mitarbeiter nicht zum Beschaffungsmanager mutieren muß, sondern in einem durch das Beschaffungsmanagement gesteckten Rahmen agieren kann.

Fehlen beispielsweise Vorgaben, welche Beschaffungsobjektgruppen bei welchen Lieferanten eingekauft werden sollen, dann werden Bemühungen des Beschaffungsmanagements zur koordinierten Lieferantenstrukturgestaltung fruchtlos bleiben, da die Bedarfsträger bei Lieferanten einkaufen, die ihnen im Einzelfall günstig erscheinen. Im Umkehrschluß bedeutet Subsidiarität auch, daß Beschaffungsaufgaben, deren Erfüllung Fachkenntnisse und spezielle Fähigkeiten erfordern, nicht einfach unerledigt bleiben dürfen oder an fachfremde Mitarbeiter delegiert werden können. Ein Konstrukteur kann nicht und soll nicht die Aufgaben eines strategischen Beschaffungsmanagers erfüllen. Deshalb wird es stets die Notwendigkeit einer zentralen Einheit zur Erfüllung strategischer Aufgaben des Beschaffungsmanagements geben.

In diesem Sinne betont auch das **Kongruenzprinzip**, welches die Einheit von **Aufgabe, Kompetenz und Verantwortung** fordert,[555] die Notwendigkeit einer zentralen Beschaffungsorganisationseinheit, welche über die Kompetenz verfügt, die vielfältigen Beschaffungsaufgaben selbst zu erfüllen oder zumindest durch durchsetzbare Vorgaben (Richtlinienkompetenz) deren Erfüllung aus strategischer Sicht zu koordinieren. Nur in diesem Falle kann das Beschaffungsmanagement die Erfolgs- bzw. Mißerfolgsbeiträge verant-

---

[554] Vgl. Steinle (1992), Sp. 509.
[555] Vgl. Steinle (1992), Sp. 509.

worten. Andererseits kann insbesondere bei Profit-Center-Organisation eine Sparte nur dann ihr Ergebnis verantworten, wenn die ausreichende Möglichkeit bestand, auf die Entscheidungen einer zentralen Beschaffungseinheit Einfluß zu nehmen. Beispielsweise kann eine zu starke Lieferantenkonzentration den Zielen der Sparten, vor allem hinsichtlich der Lieferflexibilität, widersprechen. In diesen Fällen wäre das Kongruenzprinzip eher ein Argument gegen einen umfassenden Zentraleinkauf. Denkbar wäre hier eine zentrale Organisationseinheit mit Dienstleistungsfunktion, die ihre Beschaffungsleistungen, z.B. eine Lieferantenstrukturanalyse, von den Sparten vergütet bekommt.

16.3 Hierarchische Einordnung der Beschaffungsorganisationseinheiten

Die hierarchische Einordnung der Beschaffungsorganisationseinheiten, vor allem der zentralen Organisationseinheit, bestimmt wesentlich die Möglichkeiten der unternehmensweiten Koordination der Beschaffungsaktivitäten und damit der **strategischen Ausrichtung der Beschaffung**. Die Stellung der Beschaffung innerhalb der Unternehmenshierarchie ist einer der wichtigsten Indikatoren für deren Bedeutung aus Sicht der Unternehmensleitung. Wie bereits in Abschnitt 3.3 diskutiert, kann zwischen der Bedeutung, die der Beschaffungsfunktion zugemessen wird, und dem Erfolg einer Unternehmung ein positiver Zusammenhang vermutet werden.[556]

Nur ausgestattet mit einer der Bedeutung der Beschaffungsfunktion entsprechenden Positionsmacht ist das Beschaffungsmanagement darüber hinaus bei **internen Konflikten** in der Lage, die internen und externen Erfolgspotentiale zu sichern und zu entfalten.[557] Als Abteilung innerhalb eines anderen Funktionsbereichs werden die Ansatzmöglichkeiten der Beschaffung zu schnell dem Hauptanliegen des Gesamtbereichs untergeordnet. Ist die Beschaffung z.B. eine Abteilung im Bereich Produktion, dann besteht die Gefahr, daß die Erfolgspotentiale des Beschaffungsmanagements gegenüber denen des Gesamtbereichs vernachlässigt werden. Besondere Probleme sind bei dieser Konstellation Entscheidungen über Eigenfertigung und Fremdbezug sowie die Gewichtung der Kriterien zur Lieferantenbeurteilung.

Ein weiterer, jedoch keineswegs zu vernachlässigender Aspekt, ist die Außenwirkung der hierarchischen Stellung des Leiters der Beschaffung gegenüber **externen Geschäftspartnern**. Ein „Bereichsleiter Einkauf" wird in Verhandlungen mit Geschäftsführern einer Lieferantenunternehmung eine stärkere Rolle einnehmen können als ein Gruppenleiter der Produktion.

---

[556] Vgl. Carter/Narasimhan (1996a), S. 24-25.
[557] Vgl. Köhler (1991), S. 139.

Darüber hinaus ist aus **personalwirtschaftlicher Sicht** eine entsprechende hierarchische Stellung des Einkaufsleiters Voraussetzung für die Besetzung mit einer qualifizierten Führungskraft.

Eine **Befragung** von Beschaffungsmanagern aus 120 BME-Mitgliedsunternehmungen hat ergeben, daß bei 79% dieser Unternehmungen die Beschaffungsfunktion organisatorisch auf der 2. Hierarchieebene eingebunden ist.[558] Diese Untersuchung überzeichnet jedoch die tatsächliche Stellung der Beschaffung, da nur Mitgliedsunternehmungen, also solche, in denen der Beschaffungsfunktion eine hohe Bedeutung zugemessen wird, befragt wurden. Hinweise auf die Hierarchische Eingliederung der Beschaffung kann auch die BME-Gehaltsanalyse ergeben, bei der im September 1995 Daten von 1669 Mitgliedern des Bundesverband Materialwirtschaft, Einkauf und Logistik und Abonnenten der Beschaffung aktuell erhoben wurden. Darunter befanden sich 19% Bereichsleiter, 13% Hauptabteilungsleiter und 39% Abteilungsleiter.[559] In amerikanischen Untersuchungen wird der Aspekt der hierarchischen Einordnung sehr stark durch die Berichtsstrukturen abgebildet. **Fearon** hat in einer Untersuchung von 297 amerikanischen Großunternehmen einen Anteil von 16% der Beschaffungsorganisationseinheiten ermittelt, die direkt dem Präsidenten berichten. Der größte Anteil (24%) untersteht dem Vice President für Produktion.[560] Ähnliche Ergebnisse lieferte die Nachfolgeuntersuchung, obwohl ein Großteil der Unternehmungen zwischenzeitlich die Berichtsstrukturen geändert hatte.[561]

Die **Einflußgrößen auf die hierarchische Einordnung** von Beschaffungsorganisationseinheiten sind vielfältig.[562] Neben allgemeinen Einflußgrößen, wie z.B. der Größe des Unternehmens, der Branche, dem Umfang und der Homogenität des Leistungsprogramms, der Struktur des Produktionssystems und der Produktionstechnologie bestimmen vor allem beschaffungsspezifische Größen die Einstufung der Beschaffung in die Unternehmenshierarchie. Ausschlaggebend sollte vor allem die Bedeutung des Beschaffungsmanagements für den Unternehmenserfolg sein, die bei hoher Komplexität und Dynamik der Beschaffungsmärkte, bei umfangreichem und heterogenem Beschaffungsprogramm und bei geringer Fertigungs- und Entwicklungstiefe und damit hohem Einkaufsvolumen besonders hoch ist.

---

[558] Vgl. Glantschnig (1995), S. 25.
[559] Vgl. o.V. (1996a), S. 22.
[560] Vgl. Fearon (1988), S. 5-6.
[561] Vgl. Johnson/Leenders/Fearon (1998a), S. 7.
[562] Vgl. Arnold (1997a), S. 203-205.

Geht man von nur in begrenztem Maße vergrößerbaren Leitungsspannen aus,[563] dann ist die hierarchische Einordnung der Beschaffungsorganisationseinheiten sehr stark mit dem Grundproblem der **Zentralisation versus Dezentralisation** verknüpft. Bei gegebenen Beschaffungsaufgaben dürfte die hierarchische Eingliederung um so höher erfolgen je stärker die Zentralisation vollzogen wurde. Daraus kann der Schluß gezogen werden, daß mit zunehmender Dezentralisierung die Beschaffung in der Unternehmenshierarchie an Gewicht verliert.

Zwei wichtige Einflußgrößen sind deshalb die **Anzahl der Organisationseinheiten**, auf die Beschaffungsaufgaben übertragen werden, und das in der Unternehmung existierende **aufbauorganisatorische** Grundmodell.[564] Die möglichen Alternativen der hierarchischen Eingliederung können im Rahmen dieser kurzen Übersicht nicht umfassend dargestellt werden. Zwei Modelle bieten jedoch einen ersten Blick auf die aufbauorganisatorischen Alternativen.[565] Wird als aufbauorganisatorisches Grundmodell die **Funktionalorganisation** gewählt, dann bietet sich entsprechend der Stellung der Beschaffung als betriebswirtschaftliche Grundfunktion die Eingliederung als Bereich an. Weitere dezentrale Organisationseinheiten können beispielsweise in die Abteilungen „Produktionssteuerung" (operative Beschaffung von Produktionsmaterial), „Anlageninstandhaltung" (Ersatzteilbeschaffung) oder im Absatzbereich (Beschaffung von Handelswaren) eingegliedert werden. Die typische hierarchische Einordnung bei **Divisionalorganisation** ist jene als Zentralbereich und als dezentrale Organisationseinheiten je Sparte. Innerhalb der Sparten kann nochmals eine Aufteilung in eine spartenzentrale Beschaffungsabteilung und mehrere dezentrale Einheiten erfolgen.

Bei Aufgaben, die in die Prozesse der Gesamtunternehmung eingreifen, wie z.B. die Lieferantenstrukturgestaltung oder ablauforganisatorische Maßnahmen, reicht eine hohe hierarchische Einordnung als Bereich bzw. Zentralbereich nicht aus. Es ist darüber hinaus die **merkliche Unterstützung der Unternehmensleitung** erforderlich. Dies betrifft auch solche Maßnahmen, bei denen die Stärkung der Erfolgspotentiale mit einer hohen Unsicherheit für andere Funktionsbereiche verbunden ist.[566] Vorteilhaft ist in jedem Fall eine ausreichende Vertretung des Beschaffungsmanagements in der Unternehmensführung, z.B. durch ein Vorstandsmitglied, das für den Beschaffungsbereich verantwortlich ist.

---

[563] Vereinfacht gesprochen bezeichnet die Leitungsspanne die Anzahl von Mitarbeitern, die von einer Führungskraft gesteuert werden. Zum dem Begriff der „span of control" siehe Ouchi/Dowling (1974).

[564] Siehe dazu auch die fünf Organisationstypen, die in Abschnitt 16.2 vorgestellt werden.

[565] Vgl. Fieten (1992), Sp. 346-349.

[566] Als Beispiel dafür sei das Forcieren der Internationalen Beschaffung genannt. Vgl. Large/Rückels (1997).

16.4 Innerer Aufbau der Beschaffungsorganisations-einheiten

Gerade bei umfassenden Beschaffungsorganisationseinheiten mittlerer und großer Unternehmungen, die 10 und mehr Mitarbeiter umfassen können, stellt sich die Frage nach dem inneren Aufbau dieser Einheiten. Die Notwendigkeit und die Möglichkeiten der internen Gliederung hängen wesentlich von dem Aufgabenumfang, der Anzahl von Beschaffungsmitarbeitern und dem Grad der Dezentralisation ab. Bei hinreichender Größe der zu gliedernden Organisationseinheit liegt neben dem **Problem der Stellengliederung** auch jenes der **internen Abteilungsbildung** vor.

Wiederum können die **Gliederungskriterien** der Aufgabenanalyse zur inneren Strukturierung herangezogen werden. Da das Kriterium „Verrichtung" bereits zur Abgrenzung der Beschaffungsaufgaben Anwendung fand, kommt den anderen Kriterien besondere Bedeutung zu.

Folgt man dem Ressourcenorientierten Ansatz des strategischen Managements,[567] dann ist die Stellenbildung entsprechend der Fähigkeiten der Mitarbeiter (**Persönliche Bildung**)[568] zur internen Strukturierung, insbesondere bei kleinen Beschaffungsabteilungen, sinnvoll. Weiterhin kann das Kriterium „**Phase**" benutzt werden, um spezielle übergeordnete Planungs-, Steuerungs- und Kontrollstellen („Beschaffungscontrolling"), vor allem in Form von Stäben, zu bilden. Gerade in größeren Unternehmungen finden sich spezielle Organisationseinheiten, die für die Mengenplanung, die Planung von speziellen Projekten oder für die interne Kontrolle verantwortlich sind. Beispielsweise existierte innerhalb des Materialeinkaufs PKW der Mercedes Benz AG die Organisationseinheit „Planung, Controlling und Datenverarbeitung."[569]

Gerade bei größeren Organisationseinheiten, die strategische Beschaffungsaufgaben wahrnehmen, ist das Kriterium „**Objekt**" für die weitere Gliederung besonders geeignet, denn es können damit Stellen bzw. Abteilungen hinsichtlich der Region, der Beschaffungsobjektgruppen und der Lieferanten gebildet werden (**Marktorientierung**). Besonders häufig findet sich eine interne Gliederung entsprechend der Beschaffungsobjektgruppen. Beispiele dafür sind die Trennung von Produktionsmaterial- und Investitionsgüterbeschaffung. Auch die Strukturierung entsprechend der Materialgruppen entspricht diesem Prinzip. Ein Stelleninhaber bekommt beispielsweise die Aufgabe „Gußteileeinkauf" zugewiesen und kann sich damit auf die Gießereimärkte konzentrieren.

---

[567] Vgl. Abschnitt 3.2.
[568] Siehe dazu grundlegend Kosiol (1962), S. 83-84.
[569] Vgl. Bölstler (1995).

Aus strategischer Sicht ist es sinnvoll, die interne **Gliederung nach Liefe-rantengruppen** vorzunehmen, da in diesem Fall das Management der Beziehung zu einem Lieferanten von nur einem strategischen Beschaffungs-manager durchgeführt werden kann. Häufig deckt sich diese Form der Marktorientierung mit der Strukturierung nach Beschaffungsobjektgruppen. Allerdings sind in der Praxis Fälle, in denen ein Lieferant Objekte unterschiedlicher Beschaffungsobjektgruppen liefert, nicht selten. Hierdurch kann es zu Kompetenzüberschneidungen im Management der Lieferanten-Abnehmer-Beziehung kommen.

Ein weiteres Problem ist die Zusammenarbeit einer nach Beschaffungs-objektgruppen gegliederten Beschaffungsabteilung mit der Forschung und Entwicklung (**Entwicklungsorientierung**). Die F&E ist in der Regel nach Produktfunktionen gegliedert. Ein Konstrukteur, der beispielsweise für die Neuentwicklung eines Getriebes im Hauptantrieb zuständig ist, muß beispielsweise mit den Beschaffungsmanagern für Gußteile (Gehäuse), Drehteile (Wellen), Wälzlager, Dichtungen, Öle und Fette usw. in Kontakt treten. Da der Zusammenarbeit mit der Konstruktion eine Schlüsselstellung zukommt,[570] scheint die Einschätzung, daß zukünftig die interne **Gliederung nach Produkten bzw. Produktfunktionen** an Bedeutung gewinnt,[571] plausibel. Umgekehrt würde eine Gliederung der Beschaffungsabteilung nach Produktfunktionen zu zahlreichen Überschneidungen im Lieferanten-management und zu Defiziten bei der Versorgung mit spezifischem Markt-wissen führen. Ähnliches gilt für eine interne Gliederung nach Bedarfsträger-gruppen (**Bedarfsorientierung**), bei der die Stellen- bzw. Abteilungsstruktur entsprechend der Bedarfsträger, wie z.B. Montage, Vormontage, Fertigung, Ersatzteillager, Instandhaltung, sonstige Bedarfsträger, erfolgt.

16.5 Sekundärorganisation in der Beschaffung

Im vorangegangenen Abschnitt wurde das Dilemma der aufbauorganisatori-schen Gestaltung der Beschaffung deutlich. Jeder Versuch, durch Dezentra-lisierung oder interne Strukturierung abteilungsübergreifende Koordinations-bedarfe zu verringern oder die Kommunikation zu vereinfachen, schafft an anderer Stelle neue Schnittstellen. Die vollständige **Autonomie der Beschaffung** kann grundsätzlich nicht erreicht werden. Ursache dafür ist die in Abschnitt 16.2 aufgezeigte hohe Interdependenz der Beschaffungsauf-gaben mit denen der Bedarfsträger (Bedarfsorientierung), vor allem der Produktion, sowie der Forschung und Entwicklung (Entwicklungsorientie-rung). Ebenso erfordert das Management der Lieferanten-Abnehmer-Beziehungen eine intensive Kommunikation mit den Lieferanten (Markt-

---

[570] Vgl. Abschnitt 6.2.
[571] Vgl. Trent/Monczka (1998), S. 5.

orientierung). Bei Konzernen tritt als viertes Problem die Abstimmung mit den Beschaffungsabteilungen der anderen Konzernunternehmen hinzu.

Als Ergänzung zu den bisher behandelten Maßnahmen der Stellen- und Abteilungsbildung müssen deshalb gerade größere Unternehmungen neben der Erleichterung der informellen Kommunikation die Bildung übergreifender Organisationseinheiten vorantreiben. Solche Einheiten sind **Ausschüsse (Kollegien, Kommissionen), Projektteams, Konferenzen und Workshops**. Während die dauerhaft eingerichteten Ausschüsse zusammen mit den Bereichen, Abteilungen und Gruppen zu der Primärorganisation zählen, also Daueraufgaben erfüllen, dienen die anderen Einheiten der Erfüllung befristeter Spezialaufgaben und werden als Sekundärorganisation bezeichnet.[572] Im Einzelfall können Ausschüsse auch befristet sein und sind dann Bestandteil der Sekundärorganisation.

Die Arbeit von **Ausschüssen**[573] beschränkt sich im wesentlichen auf die Abhaltung von Ausschußsitzungen, bei denen zu koordinierende Sachverhalte diskutiert werden. An diesen Sitzungen nehmen Mitarbeiter verschiedener Organisationseinheiten teil. Beispiele für Ausschüsse, an denen Vertreter des Beschaffungsmanagements teilnehmen, sind Investitionsausschüsse, Entwicklungsausschüsse sowie Qualitätsausschüsse (Qualitätszirkel). Reine Beschaffungsausschüsse dienen der Koordination der Beschaffung der Sparten, der Konzernunternehmen oder auch der regelmäßigen Abstimmung von Strategischem und Operativem Einkauf.

Projektteams werden dagegen nur befristet gebildet.[574] Sie dienen der gemeinsamen Erfüllung einer Projektaufgabe. Die Mitglieder des Teams arbeiten deshalb häufig auch räumlich eng zusammen und sind für diese Tätigkeit vollständig oder teilweise von ihrer Hauptaufgabe entbunden. Wichtigstes Anwendungsfeld aus Sicht der Beschaffung sind die **Entwicklungsteams**. Die Bedeutung dieser Teams für die Gestaltung der Beschaffungsobjektstruktur hatten wir bereits in Abschnitt 6.2 betont. In diesem Team arbeitet ein strategischer Beschaffungsmanager mit den Konstrukteuren eng zusammen, um für das neue Produkt Entwicklungspartner und andere Lieferanten strategisch auszuwählen, aktuelle Marktlösungen aufzuzeigen und um die ersten Entwicklungsmuster zu beschaffen. Gleichzeitig kommt dem Beschaffungsmanager im Team die Aufgabe zu, bei Realisation der neuen Produktidee, in enger Zusammenarbeit mit Beschaffungsabteilungen der Primärorganisation die Produktionsversorgung zu gewährleisten ("Serienanlauf").

---

[572] Vgl. Krüger (1994), S. 41.
[573] Zur Strukturierung von Ausschüssen siehe beispielsweise Mag (1992).
[574] Krüger (1994), S. 56-58.

Konferenzen und **Workshops** sind dagegen eher sporadischer Natur und werden eher bei besonderen Anlässen, wie z.B. der Einführung einer neuen Ablauforganisation, der Präsentation einer neuen Produktlinie oder einer neuen Unternehmensstrategie, in Form von ein- oder mehrtägigen Veranstaltungen durchgeführt. Workshops richten sich im Vergleich zu Konferenzen in der Regel an einen kleineren Teilnehmerkreis und erlauben somit eine intensivere Zusammenarbeit. Mit Hilfe eines Workshops können beispielsweise bereichsübergreifend die Anforderungen an ein neues Lieferantenbewertungssystem erarbeitet werden. Workshops und Konferenzen sind darüber hinaus auch gute, allerdings auch aufwendige Instrumente zur Einbindung von Lieferanten ("Lieferantentag").

16.6 Praxisbeispiel zur Beschaffungsorganisation

Die Vielfältigkeit der Primär- und Sekundärorganisation der Beschaffung wird am **Beispiel der Maschinenbau AG**[575] deutlich. Die Maschinenbau AG ist Teil eines Konzerns des Maschinen-, Fahrzeug- und Anlagenbaus. Die Maschinenbau AG mit einem Umsatz von etwa 2,5 Mrd. DM ist in zwei Geschäftsbereiche geteilt: Serienmaschinenbau und Anlagenbau. Der Geschäftsbereich Serienmaschinen verfügt über einen zentralen Strategischen Einkauf, der neben dem strategischen Beschaffungsmanagement auch für die operative Beschaffung von sonstigem Material, Investitionsgütern und Dienstleistungen zuständig ist. Der Strategische Einkauf mit 25 Mitarbeitern ist ein Bereich und berichtet direkt dem Vorstand für Produktion und Logistik. Intern gliedert sich der Strategische Einkauf in drei Abteilungen für Produktionsmaterial, die objektorientiert untergliedert sind, in eine allgemeine Abteilung für sonstiges Material, Investitionsgüter und Dienstleistungen sowie einen zentralen Planungs- und Kontrollstab.

In den drei Montagewerken sowie in zwei Komponentenwerken und der Gießerei gibt es jeweils operative Einkaufsabteilungen, die für die operative Abwicklung der Beschaffung zuständig sind. Die Koordination von Strategischem Einkauf und den operativen Einkaufsabteilungen erfolgt primär informell und wird durch zwei Ausschüsse unterstützt, die sich aus Mitgliedern dieser Organisationseinheiten zusammensetzen: der operative Lenkungskreis, der wöchentlich tagt und sich mit aktuellen Problemen beschäftigt, und der strategische Lenkungskreis (monatlich), dem die Abstimmung in strategischen Fragen obliegt. Vertreter der jeweiligen operativen Einkaufsabteilungen wirken zudem an den Qualitätszirkeln der Werke mit. Der Bereichsleiter des Strategischen Einkaufs ist Mitglied eines weiteren Ausschusses, der die Aufgabe der langfristigen Abstimmung zwischen Produktion, Strategischem Einkauf und Konstruktion erfüllt.

---

[575] Aus Gründen der Geheimhaltung mußte der Name des Unternehmens geändert werden.

Bei Neuentwicklungen und bedeutenden Maschinenänderungen werden Entwicklungsteams eingerichtet, in die auch ein Vertreter des Strategischen Einkaufs entsendet wird. Die meisten der strategischen Beschaffungsmanager sind deshalb neben ihrer Linienaufgabe auch mit der Arbeit in einem oder mehreren Entwicklungsprojekten betraut. Die Abstimmung mit dem Geschäftsbereich „Anlagenbau" erfolgt primär informell. Auf Konzernebene existiert ein „Konzernausschuß Materialwirtschaft und Einkauf".

Empfohlene Literatur zur Lerneinheit 16

Bei der Beschäftigung mit aufbauorganisatorischen Fragen der Beschaffung empfiehlt es sich, auf die allgemeine Organisationsliteratur zurückzugreifen, die an dieser Stelle nur ansatzweise kommentiert werden kann. Aus Sicht des Autors sind die beiden Lehrbücher **Kieser/Kubicek** (1992) und **Krüger** (1994) besonders empfehlenswert. **Kosiol** (1962) ist auch noch heute ein absolut lesenswerter Klassiker, der alle notwendigen Grundlagen betriebswirtschaftlicher Organisationsarbeit in sehr systematischer Weise enthält. Hilfreich bei Detailproblemen ist natürlich auch ein Blick in das Handwörterbuch der Organisation (HWO).

Spezielle Literatur zur Beschaffungsorganisation ist dagegen eher selten. Eine Ausnahme stellt die Arbeit von **Köhler** (1991) dar, in der alle relevanten Gestaltungsprobleme angesprochen werden. Eine gute Übersicht bietet der Aufsatz **Fieten** (1992) sowie der Sammelband **Hartmann** et al. (1996). Ansätze der Beschaffungsorganisation aus amerikanischer Sicht finden sich in **Monczka/Trent/Handfield** (1998), S. 50-93. Die detaillierten Ergebnisse der in Abschnitt 16.2 angeführten Untersuchung finden sich in **Large** (2000).

17. Lerneinheit:

Beschaffungsablauforganisation

Nachdem wir in der letzten Lerneinheit bereits die Aufbauorganisation der Beschaffung behandelt haben, wollen wir uns nun mit der Ablauforganisation des strategischen Beschaffungsmanagements befassen. Im Rahmen des Total-Quality-Ansatzes und der Darlegung von Qualitätsmanagementsystemen nach DIN ISO 9000ff. hat die Ablauforganisation auch in der Beschaffung eine Renaissance erlebt. Die Beschaffung ist nicht nur einer der Bereiche, der im Rahmen eines Qualitätsmanagements nach DIN ISO 9000ff. besondere Beachtung finden soll. Auf Basis der These, daß geordnete Prozesse Voraussetzung der Qualitätsfähigkeit einer Organisation sind, hat sich das Management in deutschen Unternehmungen durch die Gestaltung von Verfahrens- und Arbeitsanweisungen wieder der Ablauforganisation zugewendet, die zu lange an EDV-Abteilungen delegiert und dort rein operativ und im Hinblick auf die Optimierung von Daten- und Programmstrukturen erfüllt wurde.

Lernziele

Nach dem Studium dieser Lerneinheit sollten Sie in der Lage sein,

- die Ordnungsgegenstände und die Stufen der Ablauforganisation allgemein zu beschreiben,
- die Besonderheiten der Ablauforganisation im strategischen Beschaffungsmanagement zu erläutern,
- die Phasen der Ablauforganisation von strategischen Beschaffungsprozessen zu nennen,
- die beiden prinzipiellen Vorgehensweisen zur Gestaltung von neuen Ablaufalternativen aufzuzeigen,
- Ablaufdiagramme zu erstellen,
- Möglichkeiten der Bewertung und des Vergleichs von Ablaufalternativen zu beschreiben.

17.1 Grundlagen der Ablauforganisation

Ähnlich wie eine Aufbauorganisation stellt auch eine Ablauforganisation eine Ordnung dar. Aus betriebswirtschaftlicher Sicht ist eine Ablauforganisation **eine Ordnung für Wertschöpfungsprozesse** einer Unternehmung. Da es sich bei der Beschaffung um einen Wertschöpfungsprozeß handelt, können auch die ausführenden Prozesse der Beschaffung sowie die operativen und strategischen Beschaffungsmanagementprozesse geordnet ablaufen. Durch eine im voraus festgelegte Ordnung sollen die Beschaffungshandlungen nach einem durchdachten und optimierten Schema ablaufen. Statt beispielsweise den Prozeß der strategischen Lieferantenvorauswahl dem Gutdünken jedes einzelnen Beschaffungsmanagers zu überlassen, kann gemeinsam mit diesen ein optimierter und einheitlicher Sollablauf festgelegt werden, der die Effizienz und die Vergleichbarkeit der getroffenen Entscheidungen gewährleistet.

Der Begriff „Ablauforganisation" wird auch zur Bezeichnung des Managementprozesses zur **Gestaltung von Ordnungen** für Wertschöpfungsprozesse verwendet. In diesem Sinne handelt es sich bei der Ablauforganisation um eine Maßnahme der Steuerung, denn die gestalteten Ordnungen dienen der **Steuerung des Verhaltens** jener Menschen, die an einem Wertschöpfungsprozeß beteiligt sind. Kann davon ausgegangen werden, daß sich die Akteure an die vorab festgelegte Ordnung halten, so können ihre üblichen Aktivitäten prognostiziert werden. Ablauforganisation reduziert deshalb Verhaltensunsicherheit.[576]

Die Erfahrung lehrt jedoch, daß zwischen gewollter Ordnung und tatsächlich sich einstellender Ordnung bzw. „Unordnung" große Unterschiede bestehen können.[577] Im folgenden soll deshalb stets zwischen dem **Istablauf** und dem **Sollablauf** unterschieden werden. Hauptursachen für das Nebeneinander von Soll und Ist sind die mangelnde Kenntnis der Sollabläufe und das bewußte Nichteinhalten der vorgegebenen Ordnung. Die Differenz zwischen Ist- und Sollablauf ist ein Maß dafür, wie gut die Aufgabe der Verhaltenssteuerung durch Ordnung erfüllt wurde.

Bereits in Abschnitt 2.2 hatten wir in einem **Prozeß** eine zeitliche Folge von Handlungen erkannt, zwischen denen ein Sinnzusammenhang besteht. Bei Wertschöpfungsprozessen liegt der Sinn definitionsgemäß in der Schöpfung von Wert. Aus diesem Zweck können die **Ordnungsgegenstände** der Ablauforganisation abgeleitet werden. Zunächst sind dies die **Tätigkeiten**, die zur Durchführung eines Prozesses notwendig sind. Beispielsweise haben

---

[576] Vgl. Large (1995), S. 98-99.
[577] Dies läßt sich auch mit Hilfe der Theorien der Informationsasymmetrien und der mikropolitischen Spiele aufzeigen. Siehe dazu Large (1995), S. 168-181.

wir in Lerneinheit 13 die einzelnen Tätigkeiten kennengelernt, die zur Durchführung des operativen Beschaffungsmanagements erforderlich sind. Wir haben bei der Beschäftigung mit dem operativen Beschaffungsmanagement auch bereits gesehen, daß häufig eine bestimmte **Reihenfolge der Tätigkeiten** zwingend ist. So kann beispielsweise die Rechnungsprüfung nicht vor der Bestellung erfolgen. Häufig müssen wir uns auch über **Zeitvorgaben** (Bearbeitungszeiten, einzuhaltende Fristen) Gedanken machen. Die Rechnungsprüfung muß beispielsweise so schnell durchgeführt werden, daß die Zahlung an den Lieferanten noch innerhalb der Skontofrist erfolgt. Weiterhin kann festgelegt werden, welche **Betriebsmittel** (Einrichtungen, EDV-Systeme), welches **Material** und welche **Informationen** verwendet werden dürfen bzw. verwendet werden müssen. In vielen Unternehmungen ist beispielsweise vorgeschrieben, daß Bestellungen nur mit Hilfe des EDV-Systems ausgeführt werden dürfen. Wichtig ist natürlich, wer an einem Ablauf beteiligt sein soll. Deshalb erfolgt im Rahmen der Ablauforganisation auch die Zuordnung von **Akteuren** auf bestimmte Prozeßschritte und damit die Festlegung von **Verantwortlichkeiten** und **Mitwirkungsrechten**.

Ablauforganisation bedeutet jedoch keineswegs, daß für alle Wertschöpfungsprozesse alle diese Ordnungsgegenstände vorab festgelegt und diese Prozesse damit in eine starre Ordnung gepreßt werden müssen. Auch Ablaufalternativen, die lediglich die erforderlichen Tätigkeiten grob vorgeben, können optimal sein.[578] Bereits in den 30er Jahren hat **Nordsieck** hinsichtlich der Regelbarkeit von Arbeitsabläufen fünf **Stufen der Ablauforganisation** unterschieden.[579] Ein (1) freier Verlauf zeichnet sich durch keine im vorhinein festgelegte Ordnung aus. Dieser Fall ist in der betrieblichen Praxis sehr selten, da zumindest eine grobe Beschreibung des Prozesses und ein Prozeßverantwortlicher für den Prozeßvollzug notwendig ist. Bei (2) inhaltlich gebundenen Verläufen werden bereits die Tätigkeiten und die erforderlichen Ressourcen festgelegt. Gerade im Bereich des strategischen Beschaffungsmanagements ist zuweilen ein nur inhaltlich gebundener Ablauf die beste Lösung. Dies wird immer dann der Fall sein, wenn Prozesse von einer hohen Unsicherheit geprägt sind, die im voraus keine Aussage über die erforderliche Reihenfolge der Tätigkeiten und deren Zeitbedarf erlauben. Bei (3) abfolgegebundenen Verläufen werden zusätzlich die Reihenfolge und bei (4) zeitlich gebundenen Verläufen die Zeiten der Tätigkeiten vorgegeben. (5) Taktmäßig gebundene Verläufe haben für das Beschaffungsmanagement dagegen keine Relevanz, da die Bestimmung gleichartiger und zeitlich abgestimmter Ablaufabschnitte nicht sinnvoll ist.

---

[578] Vgl. Abschnitt 17.3.
[579] Vgl. Nordsieck (1972), S. 34-36, Gaitanides (1992), Sp. 2.

Spätestens mit der Festlegung der Zuständigkeit von Akteuren stellt sich die Frage nach dem **Zusammenhang von Ablauforganisation und Aufbauorganisation**.[580] Prinzipiell sind aus betriebswirtschaftlicher Sicht die Aufgaben, Aufgabenträger und deren Stellung in der Unternehmung Gegenstand der Aufbauorganisation, während im Zentrum der Ablauforganisation die Tätigkeiten und ihre Stellung in den Prozessen der Unternehmung stehen. Man kann dabei die These vertreten, daß die Ablauforganisation vor der Aufbauorganisation erfolgen soll. Autonomie und Subsidiarität können nur beurteilt werden, wenn eine Vorstellung hinsichtlich der Aufgabenerfüllung im Rahmen von Gesamtprozessen besteht. Soll beispielsweise die Autonomie einer Organisationseinheit „Strategischer Einkauf" abgeschätzt werden, muß klar sein in welche Prozesse diese Organisationseinheit involviert ist.

Andererseits kann die Vorteilhaftigkeit verschiedener Ablaufalternativen nur bemessen werden, wenn sie im Kontext einer bestehenden Aufbauorganisation gesehen werden. Die Existenz einzelner Aktivitäten, z.B. der Abstimmung des Verhaltens gegenüber Lieferanten, resultiert gerade aus einer bestimmten Form der Abteilungsbildung. Auch die Zuordnung von Aktivitäten zu Akteuren hängt wesentlich von dem Stellengefüge ab. Diese **wechselseitige Abhängigkeit** beider Ordnungen kann nicht aufgelöst werden. Aus praktischer Sicht kann man im Rahmen einer bestehenden Aufbauorganisation einzelne Prozesse sukzessive reorganisieren. Werden hierdurch Schwachstellen im Aufbaugefüge identifiziert, sollte gleichzeitig die Aufbauorganisation angepaßt werden. Wird beispielsweise der Entwicklungsprozeß einer Unternehmung einer Neugestaltung unterzogen und dabei festgestellt, daß die Informationsweitergabe an das Beschaffungsmanagement nur unzureichend erfolgt, kann dieses Problem einerseits durch vorgeschriebene Aktivitäten der Informationsweitergabe gelöst werden (Ablauforganisation). Andererseits empfiehlt sich in diesem Fall die Anpassung der Aufbauorganisation durch Einrichtung von Projektgruppen.

17.2 Besonderheiten der Ablauforganisation im strategischen Beschaffungsmanagement

Der Ablauforganisation kommt im Rahmen des strategischen Beschaffungsmanagements eine **zweifache Bedeutung** zu. Da die Art und Weise der Organisation der Beschaffungsprozesse wesentlich das interne Erfolgspotential beeinflußt,[581] fällt deren Gestaltung in den **Aufgabenbereich** des strategischen Beschaffungsmanagements. Ablauforganisation ist in diesem Sinne eine Aufgabe des strategischen Beschaffungsmanagements. Anderer-

---

[580] Vgl. Gaitanides (1992), Sp. 10.
[581] Siehe Abschnitt 4.3.

seits sind die Prozesse des strategischen Beschaffungsmanagements selbst **Gegenstand** der Ablauforganisation. Strategische Beschaffungsmanager müssen deshalb auch darüber nachdenken, wie ihre eigenen Arbeitsabläufe gestaltet sein sollen.

Gerade die Organisation der Abläufe des strategischen Beschaffungsmanagements wirft zahlreiche **Probleme** auf. Im Vergleich zu operativen Beschaffungsprozessen, die zum Teil an einem Tag mehrfach vollzogen werden, zeichnen sich strategische Beschaffungsmanagementprozesse durch einen **geringeren Wiederholungsgrad der Tätigkeiten** aus. Beispielsweise wird die Lieferantenstrukturplanung nur halbjährlich oder sogar jährlich durchgeführt. Innerhalb eines Jahres können sich jedoch einige der Rahmenbedingungen geändert haben, so daß eine unreflektierte Wiederholung der Tätigkeiten problematisch wäre.

Der **Anteil fallweiser Entscheidungen** und einzelner Führungshandlungen ist beim strategischen Beschaffungsmanagement hoch. Ein generell geregelter oder sogar programmierter Entscheidungsverlauf ist deshalb im Sinne des **Substitutionsprinzips der Organisation**[582] in der Regel nicht möglich. Beispielsweise hängt die Entscheidung über den Abbruch einer Geschäftsbeziehung zu einem Lieferanten von so vielen, jeweils unterschiedlich ausgeprägten Rahmenbedingungen ab, daß lediglich die notwendigen Schritte, z.B. die Überprüfung von Abhängigkeiten,[583] vorgegeben werden können. Erschwert wird diese Situation durch die im Vergleich zu operativen Abläufen **höhere Unsicherheit**.

Auch die Ablauforganisation strategischer Beschaffungsprozesse kann jedoch das **Verhalten der beteiligten Mitarbeiter** stabilisieren und entsprechend durchdachter und optimierter Sollabläufe ausrichten. Deshalb ist es trotz der angeführten Probleme sinnvoll, die als sinnvoll und sicher erkannten Tätigkeiten, Reihenfolgen und ggf. sogar Zeitvorgaben verbindlich vorzugeben.

Wie wir im folgenden Abschnitt sehen werden, ist die **Beurteilung der Vorteilhaftigkeit** von Ablaufalternativen des strategischen Beschaffungsmanagements überaus schwierig. Zum einen ist die Beurteilung der **Wirkung strategischer Handlungen** sehr kompliziert, da wir diese gerade als Umweghandlungen charakterisiert hatten.[584] Zum anderen sind Ordnungen im strategischen Beschaffungsmanagement eher grobe Vorgaben und Handlungsempfehlungen als zwingende Programmierungen. Die Handlungsspielräume und deren Ausgestaltung im Einzelfall sowie deren tatsächlicher

---

[582] Vgl. Gutenberg (1983), S. 238.
[583] Siehe Abschnitt 15.4.
[584] Vgl. Abschnitt 3.2.

Einfluß auf die Effizienz des Ablaufs stellen deshalb einen weiteren Un-sicherheitsfaktor bei der Bewertung dar.

Darin liegt ein weiteres Problem begründet. Die Einhaltung von Ablauford-nungen für strategische Beschaffungshandlungen kann nicht durch einen programmierten Ablauf erzwungen werden, wie dies z.B. bei einem EDV-gestützten Bestellablauf der Fall ist. Es handelt sich vielmehr um Verhaltens-vorschriften, deren Einhaltung stets den **Willen der Mitarbeiter** und der Führungskräfte voraussetzt. Neben dem Planungsproblem von Sollabläufen haben wir deshalb auch ein nicht zu unterschätzendes **Durchsetzungs- und Motivationsproblem**.

17.3 Problemformulierung und Zielbildung

Die Gestaltung von Ablauforganisationen kann als komplexer Planungs-, Implementierungs- und Kontrollprozeß verstanden werden, der sich in **mehrere Phasen** unterteilen läßt, die – zumindest idealtypisch – sukzessiv ablaufen.[585] Am Anfang der Gestaltung steht die **Problemidentifikation** und die **Problemformulierung**. Um überhaupt ein Problem zu erkennen, muß bereits eine gewisse Vorstellung über die **Prozeßziele** vorliegen. Diese müssen nun auf Basis der strategischen Beschaffungsziele für den betrach-teten Prozeß konkretisiert und dargelegt werden. Sie sind **Grundlage für die Bewertung** der Ist-Organisation, früherer Sollkonzepte und informeller Handlungsmuster.

Bestätigt diese Bewertung den Eindruck einer Problemsituation oder fehlen Ordnungen völlig, müssen Wege zur **Generierung neuer Ablaufalterna-tiven** gefunden werden. Auch diese neuen Ablaufalternativen werden einer Bewertung unterzogen, die als Grundlage für die **Auswahlentscheidung** dient. Um zukünftig eine Übereinstimmung von dem nun festgelegten Soll-ablauf mit dem Istablauf zu erreichen, muß die neue Ordnung als verbindlich erklärt und bekanntgemacht werden. Mit dieser **Organisationshandlung** im engeren Sinne ist die neue Ordnung errichtet. Da nicht notwendigerweise mit der Einhaltung dieser Ordnung gerechnet werden kann, ist im weiteren die **Kontrolle der Ordnungseinhaltung** erforderlich. Ebenso muß überwacht werden, ob der implementierte Ablauf die Zielerwartungen erfüllt.

Im folgenden sollen nun die wichtigsten Phasen näher betrachtet und im Hinblick auf das Beschaffungsmanagement konkretisiert werden. Am Anfang der Ablauforganisation steht die **Problemerkennung**. Prinzipiell können **drei Fälle** unterschieden werden. Zum ersten kann bereits (1) eine Ist-Ablauforganisation oder sogar eine Soll-Ablauforganisation vorliegen, die jedoch als problematisch und damit als verbesserungswürdig eingeschätzt

---

[585] Vgl. Küpper/Helber (1995), S. 27-32.

wird. Zum zweiten kann das Problem gerade im völligen (2) Fehlen einer Organisation für einen bestehenden Prozeß liegen. Die Aufgabe wurde fallweise oder auf Grundlage informeller und damit intransparenter Ordnungen erfüllt. Der dritte Fall entsteht durch (3) neue Prozesse, für die es dementsprechend noch keine Ordnung gibt. Auch in diesem Fall besteht das Problem im Fehlen einer Ordnung. Liegt bereits ein existierender Ablauf bzw. eine bisherige Soll-Organisation vor, kann an die Problemformulierung eine erste Bewertung dieser Prozesse angeschlossen werden.

Unabhängig von diesen unterschiedlichen Ausgangslagen müssen die **Ziele für den zu organisierenden Prozeß** festgelegt werden. Grundlage dafür sind die in Lerneinheit 4 behandelten Beschaffungsziele. Nach **Küpper** und **Helber** können Prozeßziele nach Bezugsobjekten oder nach Zielinhalten gegliedert werden.[586] Hinsichtlich der Bezugsobjekte können auf **Funktionsträger** bezogene Ziele und auf das Arbeitsobjekt bezogene Ziele unterschieden werden. In unserem Fall sind dies Ziele für strategische Beschaffungsmanager bzw. Ziele für **einzelne Objekte** des strategischen Beschaffungsmanagements, z.B. Ziele für eine bestimmte Lieferantengruppe.

Gemäß der **Zielinhalte** ist aus strategischer Sicht das wichtigste Kriterium der Beitrag zur Entfaltung und Sicherung von Erfolgspotentialen. Ein wichtiges Ziel ist deshalb die Erwartung geringer **Gesamtkosten**, die durch einen Beschaffungsmanagementprozeß, z.B. die Steuerung eines Probelieferanten, verursacht werden. Neben den Kostenpotentialen von Prozessen sind die Erlöspotentiale zu beachten. Diese können in Form von **Zeitzielen**, z.B. Dauer eines Lieferantenauditprozesses, **Qualitätszielen** (Ergebnis des Prozesses), **sozialen Zielen**, wie z.B. Arbeitszufriedenheit, und **sonstigen Zielen** operationalisiert werden. Zu den sonstigen Zielen können beispielsweise auch Geheimhaltungs- und Sicherheitsziele zählen.

17.4 Generierung neuer Ablaufalternativen

In jenen Fällen, in denen sich die Vermutung mangelhaft organisierter Prozesse hinsichtlich der gebildeten Ziele bestätigt oder in denen Ordnungen bisher völlig fehlen, folgt die zentrale Phase der **Suche nach neuen Ablaufalternativen**. Diese stellt den kreativsten Teil der Ablauforganisation dar. Im Falle bereits vorliegender Abläufe bieten sich zwei Vorgehensweisen an. Zum einen kann der bisher verfolgte Ablauf völlig unbeachtet bleiben. Auf dieser Basis ist dann **der Entwurf prinzipiell neuer Prozesse**, mit möglicherweise absolut anderer Ordnung, möglich. Häufig werden jedoch **bereits existierende Prozesse partiell verbessert**, indem einzelne Tätigkeiten gestrichen oder ersetzt, die Reihenfolge geändert und bisher unerfüllte Aufgaben in Form neuer Tätigkeiten integriert werden. Beispielsweise

---

[586] Küpper/Helber (1995), S. 52-61.

werden durch die Einführung eines Selbstauskunftssystems zusätzliche Tätigkeiten (Versendung, Verarbeitung der Informationen, Mahnung bei Nichtvorlage etc.) notwendig. Andererseits kann hierdurch das Lieferanten-audit auf die Phase nach der Vorauswahl verschoben werden, womit eine Kostenreduktion verbunden ist.

In der betrieblichen Praxis dominiert **eher die (schrittweise) Verbesserung** der Abläufe. Diese Vorgehensweise hat den Vorteil, daß bewährte Teilpro-zesse und dafür geschaffene Einrichtungen erhalten bleiben. Außerdem wird der Schulungsaufwand bei erfolgter Reorganisation kleiner als bei völlig neuen Entwürfen. Allerdings besteht die Gefahr, daß ein Unternehmen zu stark an den bisherigen Abläufen haftet und damit die Chance zu wirklichen Verbesserungen nicht ausreichend nutzt. Oft wird eine bestehende Ordnung durch ein unterstützendes **EDV-System** zementiert. Auch die Beschränkung der Ablaufalternativen durch die Festlegung auf eine bestimmte Standard-software ist nicht zu unterschätzen. Allerdings kommt diesem Problem im strategischen Beschaffungsmanagement eine untergeordnete Bedeutung zu, da der Anteil programmierbarer Ordnungen ohnehin gering ist. Sehr oft werden „bewährte Abläufe" anderer, vor allem führender Unternehmungen übernommen. Teilweise handelt es sich dabei jedoch um Modeerscheinun-gen. Obwohl das **Lernen von anderen** prinzipiell positiv zu beurteilen ist, besteht die Gefahr, daß die Anwendbarkeit dieser Modelle im eigenen Unternehmen nicht hinreichend hinterfragt wird.

Die Suche nach neuen oder verbesserten Abläufen kann durch die Anwen-dung von **Kreativitätstechniken** erleichtert werden. Mit Hilfe eines Morpho-logischen Kastens können systematisch denkbare Ausprägungen von Abläufen ermittelt werden. Beispielsweise kann man mit Hilfe der Kriterien Medium, Herkunft der Daten, Art der Information, Technikeinsatz usw. ver-schiedene Möglichkeiten der Suche nach Anbietern finden. Ebenso können fruchtbar **Gruppenkreativitätstechniken**, wie beispielsweise Brainstorming, und Kartentechnik, eingesetzt werden, um neue Abläufe oder Möglichkeiten der partiellen Verbesserung zu identifizieren. Sind an einer solchen Gruppen-sitzung Vertreter der verschiedenen Organisationseinheiten beteiligt, so ergeben sich daraus häufig auch Vorteile für die Umsetzung der letztendlich ausgewählten Alternative. Soll eine gänzlich neue Ablauforganisation gefunden werden, bieten sich die Techniken der **bewußten Verfremdung** des Problems und der **Analogiebetrachtung** an. Wir hatten beispielsweise in Abschnitt 15.4 die notwendigen Tätigkeiten zur Beendigung einer Lieferanten-Abnehmer-Beziehung durch Verfremdung und Analogieschluß aus dem Prozeß der Personalentlassung gewonnen.

Bereits beim Entwurf von Alternativen ist die **Dokumentation** der entwickel-ten Ideen notwendig. Natürlich können die erforderlichen Tätigkeiten, ihre Reihenfolge, die Zeitbedarfe etc. einfach als Text niedergeschrieben werden.

Eine graphische Dokumentation hat jedoch den Vorteil der größeren Übersichtlichkeit, sie ist einfach zu erstellen und bietet damit eine gute Grundlage für die Diskussion im Team. Bewährt haben sich **Ablaufdiagramme**, die auf einzelnen einfachen Elementen aufbauen. Bekannte Techniken sind Datenfluß- und Programmablaufpläne nach DIN 66001, die für die Darstellung von Datenflüssen bzw. für die Dokumentation der einzelnen Programmschritte geeignet sind. In **Abbildung 30** sind in Anlehnung an diese Norm Symbole für die Erstellung von Ablaufdiagrammen dargestellt. Ein **Beispiel** eines Ablaufdiagramms für die Lieferantenvorauswahl in einer Maschinenbauunternehmung, bei dem eine ähnliche Symbolik verwendet wurde, findet sich in **Abbildung 21**. Um die Übersichtlichkeit von Ablaufdiagrammen zu gewährleisten, sollte das Element „Teilablauf" genutzt werden. Niemand kann detaillierten Ablaufdiagrammen über mehrere Seiten folgen. Besser ist deshalb die Erstellung von Übersichten, in denen überwiegend nur Teilabläufe aufgezeigt werden. Die einzelnen Teilabläufe werden dann in separaten Ablaufdiagrammen dargestellt.

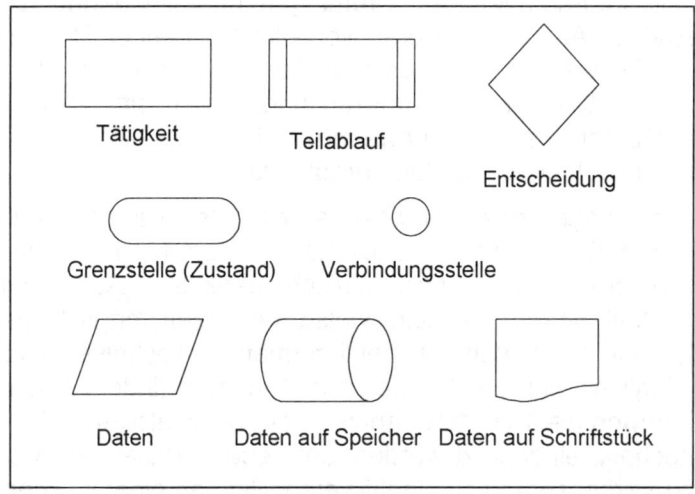

Abbildung 30: Symbole für Ablaufdiagramme in Anlehnung an DIN 66001.

17.5 Bewertung, Entscheidung und Implementierung

Eine sehr schwierige Phase ist schließlich die **Bewertung und der Vergleich der Ablaufalternativen**. Zunächst sollte überprüft werden, ob mit den vorliegenden Entwürfen oder dem möglicherweise existierenden Istablauf die bezweckte Aufgabe überhaupt sinnvoll zu erfüllen ist. Dazu ist eine **logische Überprüfung** notwendig. Zu prüfen ist zunächst, ob der Beginn eines Prozesses, d.h. der auslösende Zustand, eindeutig festgelegt ist.[587] Objekt der weiteren Analyse ist dann die **Vollständigkeit** und **Durchgängigkeit** des gesamten Prozesses. Hierdurch können vergessene Tätigkeiten identifiziert und eingefügt werden. Insbesondere dürfen **keine Brüche im Ablauf** vorhanden sein. Einer Tätigkeit folgt immer entweder ein zu erreichender Endzustand oder eine weitere Tätigkeit. Andererseits sollten **keine unnützen Tätigkeiten** verrichtet und insbesondere keine unnötigen Daten produziert werden.

Ein häufiger Fehler, gerade bei Ablaufdiagrammen, ist die mangelnde **Definiertheit**. Auch wenn in Diagrammen wenig Platz zur Verfügung steht, müssen die Tätigkeiten hinreichend genau beschrieben werden. Wiederum kann die Verwendung von Teilabläufen, die an andere Stelle genau beschrieben werden, oder von Kommentartexten hilfreich sein. Ebenso muß die Zuständigkeit für eine Tätigkeit oder einen Teilablauf eindeutig festgelegt werden.

In aller Regel werden Prozesse Entscheidungen oder sogar verschiedene Anfangszustände enthalten, die verschiedene Wege eröffnen. Hierdurch ergibt sich unter Umständen eine Vielzahl von **Ablaufvarianten**.[588] An jeder Verzweigung können durch Erhebung oder Abschätzung Wahrscheinlichkeiten für jeden möglichen Weg ermittelt werden, mit deren Hilfe eine **Häufigkeitsanalyse** durchgeführt werden kann.[589] Folgt man den Wegen mit den jeweils höchsten Wahrscheinlichkeiten, dann wird der **Hauptast** eines Prozesses gefunden. Der Hauptast sollte den gewünschten „Normalablauf" abbilden und mit einer hohen Wahrscheinlichkeit durchlaufen werden. Nebenzweige mit geringen Wahrscheinlichkeiten sollten überprüft werden, ob sie tatsächlich benötigt werden, denn sie sind häufig die Folge von vermeidbaren Fehlern oder von unvollständigen Informationen. Bei Streichung oder Zusammenfassung mit anderen Zweigen muß jedoch gewährleistet sein, daß die Vollständigkeit des Gesamtablaufs nicht verloren geht.

Sind auf diesem Wege brauchbare Abläufe gefunden, muß zur Auswahl eine **Rangordnung** gebildet werden. Dazu bieten sich im Prinzip übliche **Methoden der Nutzenzuordnung** an.[590] Im Prozeß der Nutzenzuordnung wird für jede Ablaufalternative ein Nutzenwert berechnet. Aus strategischer Sicht wäre die relevante Nutzengröße der **Beitrag eines Prozesses zum Erfolgspotential** der beschaffenden Unternehmung. Diese Nutzengröße ist jedoch nicht operational und läßt sich deshalb nur indirekt bestimmen.

---

[587] Vgl. Fischermanns/Liebelt (1997), S. 116.
[588] Siehe zum folgenden ausführlich Fischermanns/Liebelt (1997), S. 142-168.
[589] Siehe auch Liebelt (1992), Sp. 30-31.
[590] Vgl. Pfohl/Stölzle (1997), S. 175.

Unterscheiden wir wiederum in Erlös- und Kostenpotentiale können verschiedene **Hilfsgrößen** zum Vergleich von Ablaufalternativen des Beschaffungsmanagements herangezogen werden. Eine wichtige Hilfsgröße für das Erlöspotential ist der **Zeitbedarf** eines Prozesses, wobei zwischen dem Zeitbedarf für den Hauptast und jenem für Nebenäste unterschieden werden muß. Eine kurze Durchlaufzeit alleine kann jedoch kein ausreichendes Kriterium sein. Beispielsweise kann ein Lieferant sehr schnell ausgewählt werden, wenn auf Besuche vor Ort, die Selbstauskunft und ein Lieferantenaudit völlig verzichtet wird. Wenn aufgrund der notwendigen **Ergebnisqualität** eines Prozesses diese Tätigkeiten erforderlich sind, muß z.B. überlegt werden, wie diese möglichst früh angestoßen oder parallel durchgeführt werden können.

Neben der Qualität des Prozeßergebnisses, im angeführten Beispiel also der externen Potentiale der ausgewählten Lieferanten, können **weitere Qualitätsmerkmale**, wie beispielsweise die Fehleranfälligkeit des Prozesses, die permanente Auskunftsfähigkeit, die Zufriedenheit der Beschaffungsmanager usw., herangezogen werden.

Eine sehr wichtige Hilfsgröße sind die **zukünftigen Kosten**, die bei der Entscheidung für einen bestimmten Entwurf entstehen werden. Auch diese Größe ist im Falle des strategischen Beschaffungsmanagements nur schwer zu ermitteln. Allerdings können die Personalbedarfe und damit als wichtiger Kostenbestandteil die **Personalkosten** zumindest für den Hauptast abgeschätzt werden. In Abhängigkeit vom Inhalt der untersuchten Prozesse müssen auch **Reisekosten** und **EDV-Kosten** betrachtet werden. Die Kosten für Material und andere Betriebsmittel sind im strategischen Beschaffungsmanagement in der Regel vernachlässigbar oder nicht von der einzelnen Alternative abhängig.

Nach der Entscheidung für eine Ablaufalternative folgt die **Phase der Implementierung**. Die Implementierung im Rahmen der Organisation bezeichnet den „Prozeß der Verwirklichung eines gestalteten organisatorischen Konzepts."[591] Das strategische Beschaffungsmanagement weist dabei im Vergleich zum operativen Beschaffungsmanagement zwei wesentliche Besonderheiten auf. Zum einen benötigen die strategischen Prozesse eine vergleichsweise geringe DV-Unterstützung, wodurch die Implementierung neuer Ordnungen vereinfacht wird. Andererseits ist bei strategischen Beschaffungsmanagementprozessen wie gezeigt keine zwingende Programmierung des Ablaufs möglich. Die Einhaltung der Sollabläufe setzt deshalb in hohem Maße die **Bereitschaft** der Beschaffungsmanager voraus.

---

[591] Marr/Kötting (1992), Sp. 827.

Da Beschaffungsmanager gegenüber Lieferanten Leitungsfunktion übernehmen müssen, sollten sie auch intern als Führungskräfte behandelt werden. Eine „Bombenwurfstrategie" der Implementierung ist deshalb unangemessen. Vielmehr sollte die weitgehende **Einbeziehung der betroffenen Beschaffungsmanager** als den Experten für strategisches Beschaffungsmanagement angestrebt werden. Ziel ist der Konsens über den neuen Sollablauf. Wenn diese Grundregel mißachtet wird, muß mit erheblichen Widerständen in der Implementierungsphase gerechnet werden. Neben dem offenen Widerstand ist der verborgene Widerstand durch Nichteinhaltung der festgelegten Ordnung besonders gefährlich, da diese Handlungen bzw. Unterlassungen durch den Einkaufsleiter nur schwer beobachtbar sind (hidden actions). Sehen Beschaffungsmanager beispielsweise die Inspektion der Betriebsanlagen von Lieferanten vor Ort nicht ein, kann ein Einkaufsleiter zwar leicht überprüfen, ob ein Lieferant besucht wurde. Ob dabei die Werkstätten hinreichend begutachtet und Mitarbeiter befragt wurden, ist nicht direkt kontrollierbar.

Ablauforganisation ist ein kontinuierlicher Prozeß, bei dem sich Gestaltungs-, Implementierungs- und Kontrollphasen abwechseln. Deshalb sollten Ist-Prozesse regelmäßig auf ihre Übereinstimmung mit dem geplanten Sollablauf überprüft werden. Ebenso ist zu kontrollieren, ob die bei der Gestaltung zugrunde gelegten Voraussetzungen noch gelten. Neben allgemeinen Rahmenbedingungen sind dies insbesondere die Aufbauorganisation, die vorhandenen EDV-Systeme, die Beschaffungsziele und das zur Verfügung stehende Personal.

Empfohlene Literatur zur Lerneinheit 17

In der Literatur beschränken sich die Ausführungen zur Ablauforganisation der Beschaffung, wenn überhaupt vorhanden, auf operative Prozesse der Materialwirtschaft. Für die in diesem Buch primär interessierenden strategischen Tätigkeiten finden sich sehr wenige Ansatzpunkte.

Allerdings lassen sich aus der Literatur zur Ablauforganisation die wichtigsten Grundlagen und Methoden auch auf das strategische Beschaffungsmanagement übertragen. Einen sehr guten Überblick über die verschiedenen Ansätze der Ablauforganisation gibt **Gaitanides** (1992). Eine einfache Darstellung der ablauforganisatorischen Methoden findet sich in **Fischermanns/ Liebelt** (1997).

18. Lerneinheit:

Strategische Beschaffungsmanager

An mehreren Stellen in diesem Lehrbuch wurde bereits deutlich, daß dem Menschen im strategischen Beschaffungsmanagement eine besondere Bedeutung zukommt. Im Rahmen der Diskussion der Chancen und Risiken der Internationalen Beschaffung wurde deutlich, daß diese nur unter der Voraussetzung ausreichend befähigter und dafür motivierter Mitarbeiter möglich ist. Die Aufgabe der Lieferantensteuerung, um ein zweites Beispiel zu nennen, wurde als Führungsaufgabe charakterisiert, die entsprechende Anforderungen als Führungsqualifikationen stellt. In dieser Lerneinheit wird nun dem Beschaffungsmanager besondere Beachtung geschenkt.

Lernziele

Nach dem Studium dieser Lerneinheit sollten Sie in der Lage sein,

- die Bedeutung der strategischen Beschaffungsmanager für das Erfolgspotential einer Unternehmung zu erläutern,

- die Anforderungen an strategische Beschaffungsmanager strukturiert zu beschreiben,

- Indikatoren der Leistungsfähigkeit von Beschaffungsmanagern zu nennen und deren aktuelle Ausprägungen zu beschreiben,

- Einflußgrößen auf die Leistungsbereitschaft von Beschaffungsmanagern exemplarisch aufzuzeigen.

18.1 Bedeutung personeller Rahmenbedingungen

Ähnlich wie die organisatorischen Rahmenbedingungen sind auch die **personellen Rahmenbedingungen** des strategischen Beschaffungsmanagements vielfältig. Wichtige personelle Rahmenbedingungen, die zugleich wesentlich das interne Erfolgspotential der Beschaffung bestimmen, sind die Personalkapazität, die Leistungsfähigkeit und Leistungsbereitschaft der Beschaffungsmanager.[592]

Die **Personalkapazität** wird wesentlich durch die Anzahl der Mitarbeiter im Beschaffungsmanagement bestimmt. Eine wichtige Kenngröße ist der Anteil der zentralen und dezentralen Beschaffungsmitarbeiter an der Gesamtzahl der Beschäftigten. Im Rahmen der in Abschnitt 16.2 beschriebenen Befragung von Mitgliedern des Bundesverbands Materialwirtschaft, Einkauf und Logistik durch den Autor konnte für die Industrie ein Anteil von etwa 2% ermittelt werden, wobei eine deutliche Streuung zu verzeichnen war. Dieser Anteil ist im Vergleich zu anderen betrieblichen Grundfunktionen klein.

Das Ergebnis deckt sich mit der Erfahrung, daß vor allem in kleinen und mittleren Unternehmen die Beschaffungsfunktion von einem sehr **kleinen Mitarbeiterstamm** erfüllt werden muß, obwohl auch hier ein breites Spektrum von Beschaffungsobjekten beschafft wird. Ebenso zeigt die erste Auswertung der genannten Untersuchung, daß offenbar zwischen der Unternehmensgröße und der Anzahl der Produktionsmateriallieferanten nur ein sehr schwacher Zusammenhang besteht. In kleineren Unternehmungen ist somit ein Beschaffungsmanager oft für eine Zahl von mehr als 200 Lieferanten zuständig.[593] Zudem werden Beschaffungsmitarbeiter häufig durch operative Beschaffungsaufgaben und fachfremde Nebenaufgaben, wie z.B. Rechnungsprüfung und materialwirtschaftliche Aufgaben, belastet. Hierdurch wird die verfügbare Kapazität für strategische Beschaffungsaufgaben zusätzlich reduziert. Eine **ausreichende Personalkapazität des Einkaufs ist deshalb Voraussetzung** für ein strategisches Beschaffungsmanagement.

Neben der quantitativen Größe „Personalkapazität" sind die qualitativen Merkmale der beschäftigten **Beschaffungsmanager** wichtige personelle Rahmenbedingungen. Bereits in Abschnitt 2.3 hatten wir das Beschaffungsmanagement auch als **Personenkreis** (Beschaffungsmanager) eingeführt, der alle Personen in einer Unternehmung umfaßt, welche Beschaffungsmanagementprozesse vollziehen. Die **strategischen Beschaffungsmanager** sind davon jene Teilgruppe, deren Handeln auf das Eröffnen und Sichern von Erfolgspotentialen der Beschaffung ausgerichtet ist.

---

[592] Siehe ähnlich Koppelmann (1995), S. 118.
[593] Siehe zu dieser Problematik die Diskussion in Abschnitt 9.2.

Daraus wird nochmals die **Bedeutung der strategischen Beschaffungs-manager** für eine beschaffende Unternehmung deutlich. Strategische Aufgaben sind personalintensiv. Andere Faktoren, wie Einrichtungen oder Material, haben untergeordnete Bedeutung. Zudem besteht definitionsgemäß ein direkter Einfluß der strategischen Beschaffungshandlungen auf die Erfolgspotentiale und damit auf den Erfolg der Unternehmung. Die strategischen Beschaffungsmanager können deshalb als eines der wichtigsten Elemente des internen Erfolgspotentials der Beschaffung betrachtet werden.[594]

Die Bedeutung des Personals für das strategische Beschaffungsmanagement wird auch anhand von **empirischen Untersuchungen** deutlich. Durch die Befragung von 739 Mitgliedern der National Association of Purchasing Management in den USA konnte beispielsweise gezeigt werden, daß das Wissen und die Fähigkeiten der Beschaffungsmanager einen positiven Einfluß auf den Grad der Strategiebezogenheit des Beschaffungsmanagements haben.[595]

Die Kenngrößen des Beitrags eines Beschaffungsmanagers zum internen Erfolgspotential sind dessen Leistungsfähigkeit und Leistungsbereitschaft. Die **Leistungsfähigkeit** wird wesentlich durch die Ausbildung, die Berufserfahrung, Weiterbildung und persönliche Merkmale des Beschaffungsmanagers bestimmt.[596] Die **Leistungsbereitschaft** von Beschaffungsmitarbeitern ergibt sich vor allem aus deren Motivation im Zusammenspiel mit Persönlichkeitsmerkmalen.[597] Leistungsfähigkeit und Leistungsbereitschaft müssen dabei den **Leistungsanforderungen** entsprechen. **Mendelsohn** hat zur Abbildung dieses Zusammenhangs am Beispiel der Person des Einkaufsleiters das „3-A-Konzept" entwickelt.[598] Aus der Aufgabe lassen sich die Anforderungen generieren, denen die Ausbildung des Einkaufsleiters entsprechen muß. Das alleinige Abheben auf die Ausbildung erscheint allerdings heute nicht mehr gerechtfertigt, da mit veränderten Rahmenbedingungen auch neue Anforderungen an die Leistungsfähigkeit und Leistungsbereitschaft eines Beschaffungsmanagers gestellt werden. Man sollte das 3-A-Konzept deshalb noch um die Bestandteile Weiterbildung und Persönlichkeit erweitern. In dieser Lerneinheit wird jedoch der Grundidee **Mendelsohns** gefolgt und zunächst die Anforderungen, dann die Aspekte der Aus- und Weiterbildung dargestellt.

---

[594] Vgl. Bloech (1992), S. 37.
[595] Vgl. Carr/Smeltzer (1997).
[596] Siehe Abschnitt 18.3.
[597] Siehe Abschnitt 18.4.
[598] Vgl. Mendelsohn (1976), S. 16.

18.2 Anforderungen an strategische Beschaffungsmanager

Die **Aufgaben von strategischen Beschaffungsmanagern** haben wir in der gesamten Vorlesung kennengelernt. Sie erstrecken sich auf die strategische Beschaffungsstrukturplanung, die strategische Informationsversorgung, das Management von Lieferanten-Abnehmer-Beziehungen und die Gestaltung der organisatorischen und personellen Rahmenbedingungen.

Das Technical Committee 273 „Logistics" (TC273) im Comité Européen de Normalisation (CEN) hat in Zusammenarbeit mit der European Logistics Association auf Basis einer Befragung von 1555 Logistikmanagern Tätigkeitsprofile (**occupational profiles**) unter anderem auch für Mitarbeiter in der Beschaffung ermittelt.[599] Das TC273 unterscheidet zwischen drei Tätigkeitsprofilen bzw. Berufen im Beschaffungsmanagement: Purchasing Manager, Buyer und Assistant Buyer. Einem **Purchasing Manager** kommen danach die Aufgaben zu, Daten über Lieferanten zu sammeln, Planungen für die Beschaffung und Beschaffungsrichtlinien zu erstellen sowie Leistungsvorgaben für Lieferanten zu entwickeln. Ein **Buyer** ist zuständig für die Beschaffung von Sachgütern und Dienstleistungen, die Lieferantenauswahl und für die Vertragsverhandlungen. Ein **Assistant Buyer** unterstützt die beiden anderen Funktionsträger und ist für die operativen Aufgaben der Beschaffung zuständig. Nach unserem Verständnis erfüllen also Purchasing Manager und zum Teil auch Buyer die Aufgaben des strategischen Beschaffungsmanagements.

Aus den Aufgaben lassen sich im zweiten Schritt die **Anforderungen an strategische Beschaffungsmanager** hinsichtlich ihres Könnens und ihrer Person ableiten. Da Beschaffungsmanager in Lieferanten-Abnehmer-Beziehungen immer und häufig auch im Innenverhältnis, z.B. in Projektteams, Führungsfunktion übernehmen müssen, werden an sie Anforderungen gestellt, die denen von Führungskräften entsprechen. Gleichzeitig sind Beschaffungsmanager aber auch Fachkräfte für den Beschaffungsbereich. Die umfangreichen fachlichen Anforderungen an strategische Beschaffungsmanager sind in den vorangegangenen Lerneinheiten deutlich geworden und müssen an dieser Stelle nicht erneut diskutiert werden. Damit stehen **fachliche, führungsbezogene und persönliche Anforderungen** gleichberechtigt nebeneinander. **Mendelsohn** unterscheidet in ähnlicher Weise sachliche und menschliche Anforderungen.[600] Hinzu treten in verstärkten Maße **formale Anforderungen**, beispielsweise jene eines abgeschlossenen Hochschulstudiums.

---

[599] Vgl. Comité Européen de Normalisation (1997).
[600] Vgl. Mendelsohn (1976), S. 251.

Eine anschauliche, wenngleich auch nicht unproblematische Vorgehens-weise zur empirischen Ermittlung von Anforderungen an Beschaffungs-manager ist die **Auswertung von Stellenanzeigen.**[601] Problematisch ist diese Methode vor allem wegen der in Anzeigen häufig überzogenen und un-realistischen Maximalanforderungen.

Trotzdem wurden exemplarisch einige Stellenanzeigen für Einkaufsleiter und Einkäufer in der Samstagsausgabe der Frankfurter Allgemeinen Zeitung ausgewertet. Als **formale Anforderungen** fanden sich beispielsweise 3 bis 5 Jahre Berufserfahrung, ein Studienabschluß als Wirtschaftsingenieur, Diplomingenieur, Diplomkaufmann oder Diplombetriebswirt. Häufig wurde jedoch auch kein Studienabschluß gefordert.

Im Mittelpunkt standen die **fachlichen Anforderungen.** Aus fachlicher Sicht wurde von den Bewerbern ein fundiertes Fachwissen hinsichtlich einzelner Beschaffungsobjektgruppen oder Verrichtungen (z.B. Lieferantenauswahl, Lieferantenbeurteilung, Auditierung, internationale Beschaffung), mindestens eine Fremdsprache, ein „betriebswirtschaftlich-technischer Hintergrund" und Methodenwissen, z.B. auf dem Gebiet der Qualitätssicherung, erwartet. Die **führungsbezogenen und persönlichen Anforderungen** wurden über-wiegend schlagwortartig formuliert. Beispiele dafür sind Teamorientierung, Durchsetzungsvermögen, unternehmerisches Denken, Handeln in Prozeß-ketten, Organisationstalent, Mobilität, Kostenbewußtsein, Verhandlungsge-schick, Führungspotential und interne Kommunikationsfähigkeit.

Damit wird deutlich, daß – zumindest in Anzeigen – an die Management-fähigkeiten durchaus Anforderungen gestellt werden. Allerdings wurde der Fähigkeit zur Führung von Lieferanten in den herangezogenen Anzeigen keine oder nur indirekt Beachtung geschenkt. Gering waren auch die ex-pliziten Anforderungen hinsichtlich Fremdsprachen. Da die Beherrschung der englischen Sprache für einen Beschaffungsmanager eigentlich selbstver-ständlich sein sollte, werden diese Kenntnisse vermutlich vorausgesetzt. Im folgenden Abschnitt soll nun untersucht werden, welche Qualifikationen diesen Anforderungen gegenüberstehen.

18.3 Leistungsfähigkeit von Beschaffungsmanagern

Die Leistungsfähigkeit von Beschaffungsmanagern ergibt sich aus Qualifika-tionen, die entsprechend der obigen Unterscheidung der Anforderungen in fachliche sowie führungsbezogene und persönliche Qualifikationen geglie-dert werden können.[602] Als Indikatoren der **Leistungsfähigkeit** wurden

---

[601] Eine umfangreiche Auswertung der Stellenanzeigen im Wall Street Journal im Zeitraum von 1960-1989 findet sich in Pooley/Dunn (1994).

[602] Möglich ist auch eine Unterscheidung in kaufmännische, zwischenmenschliche und methodische Fähigkeiten. Vgl. Pagell/Das/Curkovic/Easton (1996), S. 28.

bereits die Aus- und Weiterbildung, die Berufserfahrung und persönliche Merkmale genannt. Während Aussagen über die Persönlichkeitsstruktur von Beschaffungsmanagern auf Einzelfälle beschränkt bleiben müssen, liefert die bereits in Abschnitt 16.3 herangezogene BME-Gehaltsanalyse 1996 einen guten Überblick über die Ausbildung und Erfahrung von Beschaffungs-managern.[603] Bei dieser Untersuchung wurden Daten von 1669 Mitgliedern des Bundesverbands Materialwirtschaft, Einkauf und Logistik und Abonnenten der Beschaffung aktuell erhoben.

In **Abbildung 31** ist die **Berufserfahrung der befragten Beschaffungs-manager** aufgetragen. Die Ergebnisse lassen auf eine sehr umfangreiche Berufserfahrung schließen. Etwa 30% der Beschaffungsmanager sind länger als 20 Jahre im Bereich Materialwirtschaft und Einkauf tätig. Man muß je-doch berücksichtigen, daß die Mitglieder des Bundesverband Materialwirt-schaft, Einkauf und Logistik bzw. die Abonnenten der Zeitschrift „Beschaf-fung aktuell" nicht für die Gesamtheit der Beschaffungsmanager repräsentativ sind, da Berufsanfänger und Beschaffungsmitarbeiter der unteren Gehaltsstufen dieser Gruppe seltener angehören. Dementsprechend befanden sich in der Stichprobe über 70% Führungskräfte.[604]

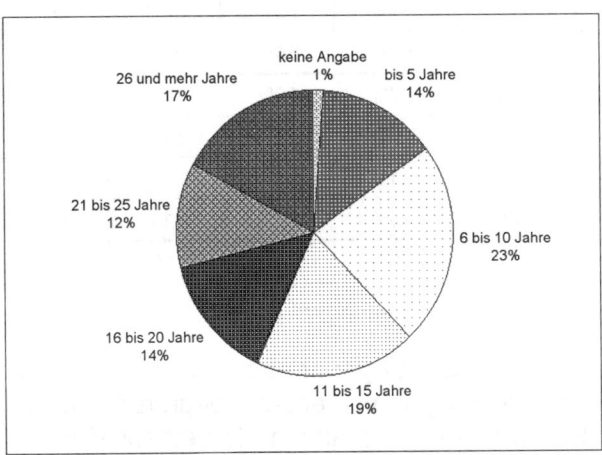

Abbildung 31: Berufserfahrung der befragten Beschaffungsmanager (N=1669).[605]

Ein weiterer wichtiger Indikator der Leistungsfähigkeit von Beschaffungs-managern ist deren **Ausbildung und Weiterbildung**. Auch dazu liefert die BME-Gehaltsanalyse 1996 wertvolle Informationen, die in **Abbildung 32** für ausgewählte Branchen zusammengefaßt sind. Auffallend ist der recht ge-ringe Anteil von Beschaffungsmanagern mit Hochschulabschluß auch bei

[603] Vgl. o.V. (1996a), Lindner (1999).
[604] Vgl. Abschnitt 16.3.
[605] Vgl. o.V. (1996a), S. 22.

Führungskräften der oberen Hierarchieebene. Die Standardausbildung ist noch immer eine kaufmännische und in geringerem Maße eine technische Lehre. Offensichtlich verfügt jedoch auch eine größere Zahl der Beschaffungsmanager mit Hochschulstudium zusätzlich über eine praktische Berufsausbildung. Erstaunlich gering sind auch die Fremdsprachenkenntnisse. Nur 55% der befragten Beschaffungsmanager verfügen über verhandlungssichere Fremdsprachenkenntnisse und nur 8% können auf die Erfahrungen eines längeren Auslandsaufenthalts zurückgreifen.[606]

	Anzahl Befragte	Schulausbildung	Hochschulausbildung	Kaufm. Lehre	Techn. Lehre	Fachkaufmann Einkauf / Mawi
Maschinen- und Fahrzeugbau	366	71%	28%	66%	12%	26%
Bereichsleiter	75	67%	33%	65%	15%	15%
Hauptabteilungsleiter	38	60%	39%	68%	1%	21%
Abteilungsleiter	134	73%	27%	72%	14%	27%
Elektrotechnik	279	65%	34%	60%	11%	25%
Bereichsleiter	48	52%	48%	52%	16%	10%
Hauptabteilungsleiter	31	77%	23%	84%	0%	26%
Abteilungsleiter	102	66%	34%	66%	14%	24%
Metallindustrie	231	77%	23%	77%	7%	41%
Bereichsleiter	38	76%	24%	71%	13%	24%
Hauptabteilungsleiter	24	71%	29%	79%	4%	33%
Abteilungsleiter	109	76%	22%	81%	6%	43%
Alle Branchen	1667	70%	29%	70%	9%	29%

Abbildung 32: Ausbildung von Beschaffungsmanagern.[607]

Allerdings sind bisher die **Bildungsangebote deutscher Hochschulen** auf dem Gebiet des Beschaffungsmanagements begrenzt und keineswegs dem Bedarf und der Stellung der Beschaffung als betriebswirtschaftliche Grundfunktion angemessen. Beschaffungswirtschaftliche Lehrstühle an deutschen Universitäten gibt es zur Zeit nur zwei. Häufig sind beschaffungswirtschaftliche Lehrinhalte entweder gar nicht vertreten oder in Lehrveranstaltungen oder Studienrichtungen zur Materialwirtschaft, Logistik oder zum Marketing integriert.[608] An Fachhochschulen wird das Fach „Beschaffung" überwiegend von Hochschullehrern aus dem Bereich Logistik oder Materialwirtschaft vertreten.

---

[606] Vgl. o.V. (1996c), S. 14.
[607] Vgl. o.V. (1996d), S. 18-19.
[608] Vgl. Arnold (1997b).

Sicherlich erfordert die anwendungsorientierte Ausbildung von Beschaffungsmanagern nicht nur die Lehre von rein beschaffungswirtschaftlichen Inhalten. **Carter** und **Narasimhan** konnten beispielsweise ermitteln, daß zukünftig die Ausbildung von Beschaffungsmanagern breiter angelegt sein wird, um vor allem die Anforderungen der Beschaffung im Team zu erfüllen.[609] Neben Kenntnissen über das operative und strategische Beschaffungsmanagement benötigt ein Beschaffungsmanager deshalb auch ein profundes Wissen in Produktions- und Materialwirtschaft, Logistik, Qualitätsmanagement, Wirtschaftsinformatik, Controlling und nicht zuletzt in Marketing. Da zudem, wie gezeigt, neben fachlichen Anforderungen die führungsbezogenen wichtig sind, ist für zukünftige Beschaffungsmanager die Ausbildung in Planung, Organisation und Personalmanagement von besonderer Bedeutung. Trotz dieser Einschränkung sollten Veranstaltungen in operativem und strategischem Beschaffungsmanagement zum festen Bestandteil der Lehrangebote an Universitäten, Fachhochschulen und Berufsakademien gehören. Diese Lehrangebote sollten zudem auch von Studenten wahrgenommen werden, die zwar keine Laufbahn im Beschaffungsmanagement anstreben, jedoch in ihrer späteren Berufspraxis mit hoher Wahrscheinlichkeit mit Beschaffungsmanagern zusammenarbeiten werden und deshalb eine Vorstellung über ein modernes Beschaffungsmanagement benötigen.

Aufgrund dieser unbefriedigenden Ausbildungssituation und der sich wandelnden Anforderungen besteht im Beschaffungsmanagement ein erheblicher **Weiterbildungsbedarf**. Dies wird zum einen an dem hohen Anteil von Beschaffungsmanagern deutlich, die über einen Abschluß als Fachkaufmann Einkauf / Materialwirtschaft verfügen. Dieser wird durch die Industrie- und Handelskammern vergeben. Die Kandidaten bereiten sich in Abendkursen (18-24 Monate) bei verschiedenen Bildungsträgern oder im Vollzeitunterricht (6 Monate) an der BME-Akademie auf diese Prüfung vor. Zum anderen bieten verschiedene Veranstalter eine Vielzahl von Seminaren, Kursen und Abendveranstaltungen zu aktuellen Themen des Beschaffungsmanagements an. Ein neuer Weiterbildungsabschluß ist das „Eurodiploma" in Beschaffung, für welches in einem Punktesystem die Ausbildung der Kandidaten, besuchte Seminare, Berufserfahrung, ein Studienprogramm sowie Veröffentlichungen und Vorträge gewertet werden. Nicht zuletzt nehmen eine Vielzahl von Beschaffungsmanagern die Gelegenheit zum **Erfahrungsaustausch** nach Feierabend wahr, in dem sie an Veranstaltungen beispielsweise der BME-Regionalgruppen, der Industrie- und Handelskammern oder der Branchenverbände teilnehmen.

---

[609] Vgl. Carter/Narasimhan (1996c), S. 9.

18.4 Leistungsbereitschaft von Beschaffungs-managern

Eine angemessene Personalkapazität und Leistungsfähigkeit sind notwendige, jedoch keineswegs hinreichende Bedingungen für ein hohes internes Erfolgspotential. Mitarbeiter können nur dann ein Erfolgspotential bilden, wenn sie auch bereit sind, ihre Ressourcen einzubringen. Wesentliche Voraussetzung für ein großes internes Erfolgspotential der Beschaffung ist deshalb die **Leistungsbereitschaft** der Beschaffungsmanager. Die Leistungsbereitschaft ist ein Spiegel der **Motivation** der Mitarbeiter. Zu der Wirkung einzelner Faktoren auf die Motivation von Mitarbeitern gibt es eine Vielzahl von **Motivationstheorien**, die an dieser Stelle nicht diskutiert werden können.[610] In diesen Motivationstheorien werden unterschiedliche Motivatoren in den Mittelpunkt gestellt. **Pagell** et al. konnten auf Basis einzelner Interviews exemplarisch die positive Wirkung von leistungsorientierten Gehaltssystemen und von Leistungsbewertungssystemen aufzeigen.[611] Als empfehlenswert wurden vor allem solche Formen der Gewinnbeteiligung eingestuft, die auf der Leistung einer Gruppe, z.B. eines Entwicklungsteams, basieren. Die BME-Gehaltsanalyse hat ergeben, daß nahezu die Hälfte der Befragten **erfolgsabhängige Zusatzvergütungen** (Gewinnbeteiligungen, Tantiemen, Boni) in Höhe von durchschnittlich 14.000 DM pro Jahr erhält.[612] Allerdings werden Gewinnbeteiligungen und andere Bonussysteme nur dann eine motivationssteigernde Wirkung zeigen können, wenn der einzelne Beschaffungsmanager durch seine Handlungen in der Lage ist, die Höhe der Zusatzvergütung zu beeinflussen. Von grundlegender Bedeutung ist deshalb die Auswahl angemessener Bezugsgrößen für variable Gehaltsbestandteile.[613] Eine Gewinnbeteiligung, die sich lediglich am zu verteilenden Gesamtgewinn ausrichtet, erfüllt diese Anforderung nicht.

Stärker als monetäre Anreize wirken sich dagegen **Anerkennung und Wertschätzung** auf die Leistungsbereitschaft aus. Von Praktikern wird immer wieder die mangelnde Wertschätzung beklagt, die dem Einkauf und dessen Mitarbeitern im eigenen Unternehmen entgegengebracht wird. Hierbei kommt der Unternehmensleitung eine wesentliche Bedeutung zu. Signale der Wertschätzung können beispielsweise eine der Beschaffungsfunktion angemessene hierarchische Stellung, die Beteiligung an Ausschüssen und Arbeitskreisen, die direkte Berichterstattung an ein Vorstandsmitglied, die angemessene Ausstattung mit Räumen und Einrichtungen, die Aufwertung von Stellenanforderungen im Einkauf und die entsprechende Besetzung mit

---

[610] Siehe dazu z.B. Staehle (1994), S. 204-228.
[611] Vgl. Pagell/Das/Curkovic/Easton (1996).
[612] Vgl. o.V. (1996b), Lindner (1999), S. 803.
[613] Vgl. Scholz (1999), S. 786-787.

qualifizierten Mitarbeitern sein. Welche Wertschätzung das Beschaffungs-management in einer Unternehmung im Vergleich zu anderen Abteilungen genießt, wird häufig schon an der räumlichen Unterbringung, Sachmittelaus-stattung und am Akademikeranteil deutlich.

Aber auch der **Leiter der Beschaffungsabteilung** hat wesentlichen Einfluß auf die Leistungsbereitschaft der einzelnen Beschaffungsmanager. Dieser muß die Anerkennung und Wertschätzung, die für den Beschaffungsbereich erwartet wird, an die Mitarbeiter weitergeben. Sollen die Beschaffungsmana-ger ihre Funktion als Führungskräfte in der Lieferanten-Abnehmer-Beziehung und in funktionsübergreifenden Teams erfüllen, müssen sie entsprechend geführt werden. Das bedeutet vor allem der Verzicht auf zu enge Vorgaben und deren Überwachung. Ebenso sollte den einzelnen Beschaffungsmana-gern im Rahmen der zur Verfügung stehenden Budgets weitgehende Ent-scheidungsfreiheit hinsichtlich deren Verwendung eingeräumt werden. Beispielsweise ist die Pflicht, einzelne Besuche von Lieferanten jeweils dem Einkaufsleiter zu begründen, sicherlich nicht motivationsfördernd. Besser ist in diesem Beispiel ein Reisebudget für jeden Mitarbeiter. Als zweckmäßig erscheint die indirekte **Führung durch Zielvereinbarungen** (Management by Objectives).[614] Allerdings ist bei der Zielvereinbarung wiederum darauf zu achten, daß der einzelne Beschaffungsmanager aufgrund seiner Aufgabe, seiner Kompetenz und seiner Fähigkeiten überhaupt die Chance hat, die vereinbarten Ziele zu erreichen.

Empfohlene Literatur zur Lerneinheit 18

Die Bedeutung des Beschaffungsmanagers für die Funktionserfüllung der Beschaffung und speziell für den Aufbau eines strategischen Beschaffungs-managements wird in vielen Veröffentlichungen betont. Eigenständige Untersuchungen sind jedoch selten. Eine wichtige Ausnahme ist die Arbeit **Mendelsohn** (1976), der grundlegend die Themen Aufgabe, Anforderung und Ausbildung am Beispiel des Einkaufsleiters darstellt. Wichtiges empiri-sches Material liefert die BME-Gehaltsanalyse 1996, die in der „Beschaffung aktuell" ab Heft 2 (1997) in mehreren Folgen veröffentlicht ist. Zu der Verän-derung von Anforderungen liegt die umfangreiche Auswertung der Stellenan-zeigen im Wall Street Journal im Zeitraum von 1960-1989 von **Pooley** und **Dunn** (1994) vor. Einen guten Ansatz zur Problematik der Motivation von Beschaffungsmanagern haben **Pagell, Das, Curkovic** und **Easton** (1996) vorgeschlagen, der jedoch noch stärker im Licht der vielfältigen Motivations-theorien betrachtet werden sollte.

---

[614] Vgl. Abschnitt 4.1.

5. Kapitel:

Fallübungen

Das 5. Kapitel enthält drei Fallübungen, die auf realen Fällen basieren. Sie sollen helfen, den Lernerfolg in der problemorientierten Anwendung zu überprüfen. Praktisches strategisches Beschaffungsmanagement berücksichtigt auch die sogenannten „weichen Faktoren". Jeder aktive Beschaffungsmanager weiß, wie wichtig der persönliche Hintergrund, die einzelnen Interessenlagen, die unterschiedlichen Einstellungen und die Vermutungen anderer Menschen darüber sind. In einer realistischen Fallübung kann deshalb auf die Charakterisierung von Persönlichkeiten nicht verzichtet werden. Die Darstellung subjektiver Aspekte ist jedoch nie frei von Wertungen und der Problemsicht des Autors. Deshalb wurden alle Namen und auch die Branche der Unternehmungen geändert. Die beiden ersten Fälle stammen auch ursprünglich aus dem Maschinenbausektor. Der dritte Fall beschreibt ein Unternehmen der Gewinnungsindustrie mit einer angeschlossenen Weiterverarbeitungsstufe. Aus Gründen der Komplexitätsreduktion war es bei den Fällen teilweise erforderlich, die Anzahl der Teile, Lieferanten und Produkte zu reduzieren und einige Rahmenbedingungen zu verändern.

Die Fallübungen wurden bereits mehrfach mit Studenten durchgeführt. Die erste Übung eignet sich besonders für die Gruppenarbeit mit anschließender Präsentation. Die zweite Fallübung sollte ebenfalls in Gruppenarbeit erschlossen werden. Bei ausreichend kleinen Gruppen oder ausgewählten Teilnehmern kann die Präsentation und Diskussion der Vorschläge im Rahmen eines Rollenspiels erfolgen. Die einzelnen Akteure sollten dazu weitere Informationen zu ihrer Rolle erhalten. Die dritte Fallübung erfordert eine Quantifizierung und Umsetzung der Informationen und setzt deshalb den Einsatz entsprechender Tabellenkalkulations- und Graphiksoftware voraus. Auch dieser Fall sollte jedoch in der Gruppe diskutiert, aufbereitet und präsentiert werden.

1. Fallübung:

Schneider Landtechnik GmbH: Einkauf von Gußteilen in Polen

Die Schneider Landtechnik GmbH

Die Schneider Landtechnik GmbH mit Sitz in Grünstadt an der Weinstraße stellt Traktoren und Zusatzgeräte für den Garten- und Weinbau her. Im Jahre 1997 konnte mit 196 Mitarbeitern weltweit ein Umsatz von 45,1 Mio. DM erreicht werden (1995: 49,3 Mio., 1996: 47,7 Mio.). Die Schneider Landtechnik GmbH stützt sich dabei vor allem im Ausland in hohem Maße auf Vertriebspartner. Der Auslandsanteil am Umsatz betrug 1997 etwa 55%, wobei der deutsche und österreichische Markt auch durch eine eigene Vertriebsabteilung direkt bearbeitet wird. Umsatzstärkstes Produkt war 1997 wiederum der Vinotrak II, von dem 721 Stück zu einem Preis von je 22.575,- DM abgesetzt werden konnten. Mit dem größeren Modell Vinotrak III zum Preis von 25.625,- DM konnte ein Gesamtumsatz von 3.075 TDM erzielt werden.

Aufgrund von Überkapazitäten am Traktorenmarkt und einer problematischen Erlössituation im Weinbau sind die Preise für Traktoren in den vergangenen Jahren im In- und Ausland erheblich unter Druck geraten. So mußte die Schneider Landtechnik GmbH 1993 erstmals in ihrer 43jährigen Geschichte einen Verlust von 530 TDM tragen. Trotz intensiver Bemühungen und einer Personalreduzierung um 30 Mitarbeiter im Produktionsbereich (u.a. durch die Schließung der Gießerei 1995) konnten auch bis zum Jahr 1997 keine Gewinne erzielt werden. Vielmehr mußte 1997 trotz Verkaufs eines unternehmenseigenen Weinberges ein Verlust von 250 TDM hingenommen werden.

Der geschäftsführende Gesellschafter Johannes Müller-Schneider, Enkel des Unternehmensgründers Carl Schneider, vertritt deshalb gegenüber seinen Führungskräften die Meinung, daß der Bestand der Schneider Landtechnik GmbH nur dann dauerhaft gesichert sei, wenn es gelänge, die Herstellkosten der Traktoren um etwa 10% zu senken. Neben weiteren Rationalisierungsmaßnahmen in der Fertigung, müsse deshalb der Reduktion der Materialkosten besondere Beachtung geschenkt werden. Man müsse vor allem endlich die Zeichen der Zeit erkennen und im Einkauf auf ein verstärktes global sourcing setzen.

Der Einkauf bei der Schneider Landtechnik GmbH

Das gesamte Einkaufsvolumen der Schneider Landtechnik GmbH betrug 1997 etwa 27 Mio. DM, wovon etwa 20,5 Mio. DM auf Produktionsmaterial entfielen. Die Verteilung des Einkaufsvolumens für Produktionsmaterial im Jahre 1997 ist in den Tabellen 1 und 2 wiedergegeben.

Halbzeuge aus Stahl	613.589 DM
Guß- und Schmiederohlinge	1.636.236 DM
Metallfertigteile nach Zeichnung	4.499.649 DM
sonstige Metallfertigteile	1.022.648 DM
Kunststoff- und Gummiteile	818.118 DM
Elektrik und Elektronik	2.658.884 DM
Zukaufaggregate	9.203.828 DM

Tabelle 1: Einkaufsvolumen 1997 nach Materialgruppen

Deutschland	19.737.097 DM
- davon Rhein-Neckar-Raum	8.385.710 DM
Europäisches Ausland	613.589 DM
übriges Ausland	102.265 DM

Tabelle 2: Einkaufsvolumen 1997 nach Regionen

In dem zentral organisierten Einkauf waren bis 1993 neben dem Einkaufsleiter Peter Abel insgesamt 4 Mitarbeiter tätig, von denen 3 für den Bereich „Produktionsmaterial" zuständig waren. Abel, ein gebürtiger Grünstädter, war 1956 als Lehrling in das Unternehmen eingetreten und ist seit 1964 im Einkauf tätig.

Im Zusammenhang mit den Rationalisierungsmaßnahmen 1994 bis 1995 mußten auch in größerem Umfang bisher selbst hergestellte Gußteile extern beschafft werden. Zur Verstärkung der Mannschaft wurde deshalb 1993 auf Betreiben von Müller-Schneider der Dipl.-Wirtsch.-Ing. Bruno Schnell eingestellt, der zuvor bei einem schwäbischen Maschinenbauer als Einkäufer tätig war und dort den Einkaufsbereich „Guß- und Schmiedeteile" betreute.

Beschaffung aus Polen

Schnell nutzte die Gunst der Stunde und suchte intensiv nach neuen Lieferanten für Gußrohlinge, wobei ihm seine bisherigen Erfahrungen und Kontakte von großem Nutzen waren. Vor allem wollte er den Bezug aus Italien, der Tschechischen Republik und aus Polen intensivieren, denn die dortigen Gießereien konnten die bisherigen Herstellkosten um etwa 30% und die Angebote der deutschen Konkurrenz um 15-20% unterbieten. Im Jahre 1997 bezog die Schneider Landtechnik Produktionsmaterial von insgesamt etwa 600 Lieferanten. Dem Bereich Guß- und Schmiederohlinge sind davon etwa 20 Lieferanten zuzurechnen, von denen 5 ihren Sitz im Ausland haben.

Auf Anweisung von Einkaufsleiter Abel, der von Beginn an das Risiko der Auslandsbeschaffung begrenzen wollte, hatte sich Schnell auf die Teile des Vinotraks III konzentriert. Bereits Mitte 1995 wurden die ersten Gußteile aus Polen geliefert. Im Jahre 1997 lag der Anteil polnischer Lieferanten bereits bei 75% des Einkaufsvolumens an Guß- und Schmiederohlingen für den Vinotrak III.

Material Vinotrak III	1.392.975 DM
davon Guß- und Schmiederohlinge	111.438 DM
davon aus Polen	83.580 DM

Tabelle 3: Materialbezüge für den Vinotrak III im Jahre 1997.

Wie Tabelle 4 zeigt, wurden bisher nur Gußteile für den Vinotrak III bei polnischen Lieferanten bezogen. Der wichtigste derzeitige Lieferant ist die Groß-gießerei Odlew S.A. in Katowice (LIEFNR: 1243), die aus einem früheren Staatsbetrieb des Schwermaschinenbaus ausgegliedert und privatisiert wurde. Die Odlew erzielte 1997 bereits einen Umsatz von umgerechnet etwa 10 Mio. DM; davon entfielen etwa 80% auf Verkäufe von Gußteilen an verschiedene westeuropäische Industrieunternehmen. Unter anderem gelang es der Odlew, einen Großauftrag von einem französichen Automobilprodu-zenten zu erhalten. Der Umsatz mit der Schneider Landtechnik GmbH belief sich im Jahre 1997 auf 46.416 DM.

Der zweite Lieferant, die Rolmasz Sp. z o.o. in Poznan (LIEFNR: 2012), ist ein Landmaschinenhersteller, der nach erfolgreicher Privatisierung verschie-dene Landmaschinen zur Bodenbearbeitung herstellt und in seiner Gießerei neben eigenen Teilen auch Rohlinge für industrielle Abnehmer aus West-europa produziert (gesamter Umsatz 1997: 3,3 Mio. DM). Die Schneider Landtechnik GmbH kaufte im Jahre 1997 für 28.068 DM Gußteile bei diesem Lieferanten. Die Rolmasz verfügt über große freie Kapazitäten im Gießerei-bereich und möchte deshalb die Gußteilexporte nach Deutschland deutlich ausweiten.

Der dritte Lieferant, die WROSTAL S.A. in Wroclaw (LIEFNR: 3056), liefert alle Traversenrohlinge der Schneider Landtechnik GmbH, da diese ungefähr 5% günstiger angeboten werden konnten als von der Konkurrenz. Der Umsatz mit der Schneider Landtechnik GmbH lag 1997 bei 9.096 DM. Eine weitere Umsatzsteigerung hält Bruno Schnell derzeit für problematisch, da er von seinen früheren Kollegen gehört hat, daß WROSTAL unter Zahlungsschwierigkeiten leidet und möglicherweise in Konkurs gehen wird. Zur Sicherheit wurden die bisher von WROSTAL bezogenen Teile schon bei verschiedenen anderen Herstellern, u. a. bei Rolmasz und Odlew, angefragt. Odlew hatte jedoch aufgrund der geringen Stückzahlen relativ geringes Interesse gezeigt.

SACHNR	Bezeichnung	Jahresbedarf für Vinotrak III	LIEFNR	Preis pro Stück	Einkaufswert
114025	Deckel roh	120	2012	30,30 DM	3.636 DM
130819	Hebel roh	120	1243	10,50 DM	1.260 DM
164334	Grundkörper roh	120	1243	19,80 DM	2.376 DM
195466	Deckel roh	120	2012	6,80 DM	816 DM
253941	Grundkörper roh	120	2012	21,10 DM	2.532 DM
297375	Wanne roh	120	1243	63,60 DM	7.632 DM
318002	Deckel roh	60	2012	17,20 DM	1.032 DM
321546	Deckel roh	120	1243	23,60 DM	2.832 DM
507060	Zwischenstück roh	120	2012	10,70 DM	1.284 DM
520476	Hebel roh	120	2012	22,10 DM	2.652 DM
590399	Hebel roh	60	2012	17,80 DM	1.068 DM
591130	Traverse roh	120	3056	30,60 DM	3.672 DM
617695	Hebel roh	60	2012	11,90 DM	714 DM
644542	Grundkörper roh	120	1243	23,40 DM	2.808 DM
734083	Getriebekasten roh	120	1243	170,40 DM	20.448 DM
762662	Traverse roh	120	3056	45,20 DM	5.424 DM
810798	Hebel roh	120	1243	10,50 DM	1.260 DM
866216	Deckel roh	240	1243	13,40 DM	3.216 DM
879531	Deckel roh	60	2012	34,50 DM	2.070 DM
885940	Deckel roh	120	1243	38,20 DM	4.584 DM
982528	Hebel roh	840	2012	14,60 DM	12.264 DM
Summe					83.580 DM

Tabelle 4: Teile, die bei polnischen Lieferanten im Jahre 1997 bezogen wurden.

Probleme mit der Beschaffung aus Polen

Trotz anfänglich großer Hoffnungen hat die Schneider Landtechnik GmbH zahlreiche Schwierigkeiten mit der Beschaffung aus Polen. Obwohl die Schneider Landtechnik GmbH seit 1994 jährlich mit der Odlew in Katowice (LIEFNR: 1243) einen Mengenkontrakt über die geplanten Jahresbedarfe abschließt, kam es immer wieder vor, daß Abrufbestellungen aus Kapazitätsgründen abgelehnt oder mit Verspätung von bis zu 4 Wochen geliefert wurden. Trotz der hervorragenden Qualität der gelieferten Rohlinge,

hatte sich deshalb der zuständige Fertigungsplaner der Schneider Landtechnik GmbH wiederholt beim Einkauf über die Unzuverlässigkeit dieses
Lieferanten beschwert. Der zuständige Disponent von Odlew, der fließend
Französisch spricht, hatte dieses Verhalten insbesondere mit den vergleichsweise kleinen Abnahmemengen sowie den zu spät erfolgenden
Abrufen der Schneider Landtechnik GmbH begründet. Außerdem seien in
den letzten beiden Jahren die tatsächlichen Abnahmemengen stets kleiner
als die Planmengen gewesen.

Anfänglich wurde die Lieferbeziehung mit Rolmasz in Poznan (LIEFNR:
2012) erheblich durch Qualitätsmängel belastet. Im Jahre 1996 wurde von
zwei Mitarbeitern der Qualitätssicherung der Schneider Landtechnik GmbH
in Poznan ein Qualitätsaudit durchgeführt und damit die wichtigsten Qualitätsmängel identifiziert und abgestellt. Seit dieser Zeit hatte sich die Teile-
qualität deutlich gebessert. Allerdings waren in den letzen zwei Monaten bei
den Teilen „Grundkörper roh" (Sachnr. 253941) und „Hebel roh" (Sachnr.
982528) Lunker (Hohlräume) aufgetreten. Lunker werden i.d.R. erst bei der
Fräs- und Drehbearbeitung entdeckt, da die anwendbaren Prüfverfahren für
Rohlinge zu aufwendig sind.

Aus diesem Anlaß hatte der Leiter der Abteilung „Spanende Bearbeitung
Kleinteile", Ralf Meyer, auf der letzen Qualitätszirkelsitzung in Anwesenheit
von Peter Abel über die schlechte Qualität der angelieferten Gußrohlinge
geklagt. Die Abläufe in seiner Abteilung seien durch die Rohlinge aus Polen
derart gestört, daß er sein Produktivitätsziel im letzten Quartal nicht erreichen konnte. In der Tat mußten mehrere angearbeitete Teile verschrottet
werden, weil erst im Laufe der spanenden Bearbeitung Lunker entdeckt
wurden. Meyer, der seit 18 Jahren bei der Schneider Landtechnik GmbH
tätig ist und bis 1995 die Gießerei geleitet hatte, gilt im Hause Schneider
Landtechnik als Gußexperte. Nach seiner Meinung könne man sich auf die
Qualität von Rolmasz nicht verlassen, die trotz Unterstützung durch die
Schneider Landtechnik GmbH offensichtlich noch immer nicht den Gieß-
prozeß beherrschen würde. Außerdem zeigten die Teile deutliche Eigen-
spannungen, die durch eine unkontrollierte Abkühlung der Gußteile
entstünden. Er kenne zwar die Abläufe bei Rolmasz nicht, könne sich aber
gut vorstellen, wie es dort aussehe. Schließlich würde man dies auch an der
mangelhaften Lieferzuverlässigkeit dieses Lieferanten erkennen.

Nach der Sitzung hatte Peter Abel seinen Mitarbeiter Schnell sofort informiert
und aufgefordert, endlich die Probleme mit den polnischen Lieferanten zu
lösen. Schließlich gäbe es auch in Deutschland, vor allem in Ostdeutschland,
günstige Gießereien. Auf Dauer seien die Kosten der Lieferantenentwicklung
nicht zu rechtfertigen. Man könne von Glück sprechen, bisher nur Teile des
Vinotrak III nach Polen vergeben zu haben. Es habe sich bestätigt, daß seine
Mahnung zur Vorsicht gerechtfertigt war.

Schnell ist über die aktuelle Entwicklung enttäuscht. Obwohl die Geschäftsbeziehungen mit den polnischen Lieferanten, insbesondere durch die unsichere Entwicklung bei WROSTAL, im Hause immer kritisch beobachtet wurden, hatte er doch geglaubt, mit seinen Aktivitäten einen wichtigen Beitrag zur Sicherung des Unternehmens zu leisten und auf dem richtigen Weg zu sein.

Gerade letzte Woche hatte ihn der Leiter von Rolmasz, Herr Kopetzki, auf eine Ausweitung der Geschäftätigkeit angesprochen und von neuen Aktivitäten zur Qualitätssicherung berichtet. Er zeigte sich sogar sehr zuversichtlich, daß sich mit steigendem Umsatzvolumen auch die Anschaffung eines Glühofens rentieren würde, mit dem eine kontrollierte Abkühlung und ggf. das Spannungsarmglühen von Gußteilen möglich sei. Wie bereits in der Vergangenheit mehrmals geschehen, wies er abermals auf die Möglichkeit hin, auch die spanende Vorbearbeitung und sogar die Komplettbearbeitung der bezogenen Gußteile im Hause Rolmasz auszuführen. Rolmasz könne dafür problemlos ausreichende Kapazitäten schaffen.

Aufgabenstellung

Am gleichen abend erhält Schnell einen Anruf von Müller-Schneider, der offensichtlich über die Vorkommnisse in der letzten Qualitätszirkelsitzung informiert wurde. Müller-Schneider führt aus, er müsse leider den Kritikern zustimmen, denn die bisherigen Beschaffungsaktivitäten hätten zwar hohe Kosten, jedoch nur vergleichsweise geringen Nutzen gebracht. Allerdings habe das „Projekt Beschaffung aus Polen" strategische Bedeutung für alle weiteren Einkaufsaktivitäten im Ausland und dürfe deshalb nicht scheitern. Er fordere ihn aus diesem Grund auf, unverzüglich eine Problemanalyse zu erstellen, aus der erkennbar sein müsse, warum die Beschaffung aus Polen bisher so wenig Erfolg gezeigt habe. Darauf aufbauend müsse Schnell ein umsetzbares Konzept für die zukünftige Beschaffung aus Polen entwerfen. Müller-Schneider versäumt am Ende des Gesprächs nicht, Schnell nochmals an die Hoffnungen zu erinnern, die er mit seiner Einstellung verbunden hatte.

Versetzen Sie sich in die Lage von Bruno Schnell und erarbeiten Sie die geforderte Problemanalyse und das Beschaffungskonzept. Zeigen Sie dabei auch auf, wie dieses Konzept realisiert werden kann.

2. Fallübung:

Kreiselpumpen Ludwigshafen AG: strategische Lieferantenauswahl und Rahmenvertragsabschluß

Die **Kreiselpumpen Ludwigshafen AG (KPL)** produziert an drei Standorten Kreiselpumpen in Serie für den Einsatz in der Chemieindustrie. Im letzten Geschäftsjahr betrug der Umsatz des Konzerns 269,2 Mio. DM. Am Standort Mundenheim, einem Stadtteil von Ludwigshafen, befindet sich das Stammwerk der KPL. Dort und am unmittelbar benachbarten Standort Rheingönnheim (Komponentenfertigung) werden mit derzeit noch 678 Mitarbeitern Kreiselpumpen aus metallischen Gußwerkstoffen (Grauguß, Stahlguß, Bronzen) gefertigt. Am Standort Speyer befindet sich die **Pumpen-Maier GmbH**, die vor zwei Jahren von der KPL übernommen wurde und derzeit 344 Mitarbeiter beschäftigt. Pumpen-Maier ist eine 100%-Tochter der KPL. In Speyer werden insbesondere Pumpen mit Kunststoffauskleidungen und Laufrädern aus Kunststoff gefertigt, wobei auch Maier vor allem spanend bearbeitete Gußteile von der Komponentenfertigung der Konzernmutter bezieht.

Mit der Übernahme von Maier wurde der gesamte Konzern völlig neu organisiert. Die Funktionalorganisationen beider Unternehmen wurden dabei in eine gemeinsame Divisionalorganisation des Konzerns transformiert. Die vier Zentralbereiche verfügen über Richtlinienkompetenz gegenüber den Sparten.

Die Zentralbereiche sowie die Sparten Komponentenfertigung (402 Mitarbeiter) und Gußpumpen (231 Mitarbeiter) sind aus der KPL hervorgegangen. Alle Sparten sind als Profit-Center konzipiert. Die Sparte Komponentenfertigung (Werk Rheingönnheim) lieferte im letzten Geschäftsjahr im Wert von 68,8 Mio. DM Teile an die beiden anderen Sparten. Die restlichen 28,7% des Umsatzes mit Komponenten wurden am freien Zuliefermarkt erzielt. Die Sparte Gußpumpen konnte einen Umsatz von 103,9 Mio. DM erreichen.

Derzeit sind im gesamten Konzern 31 Mitarbeiter mit **Beschaffungsaufgaben** betraut. Davon sind 10 Mitarbeiter im Zentraleinkauf, 7 Mitarbeiter bei Pumpen-Maier und 5 im Bereich Gußpumpen beschäftigt. Ein Mitarbeiter der zentralen EDV ist für den Einkauf von Hardware, Software, EDV-Zubehör und Kommunikationstechnik zuständig. In der Tabelle 1 sind die Einkaufsvolumina der einzelnen Sparten im letzten Geschäftsjahr aufgeführt.

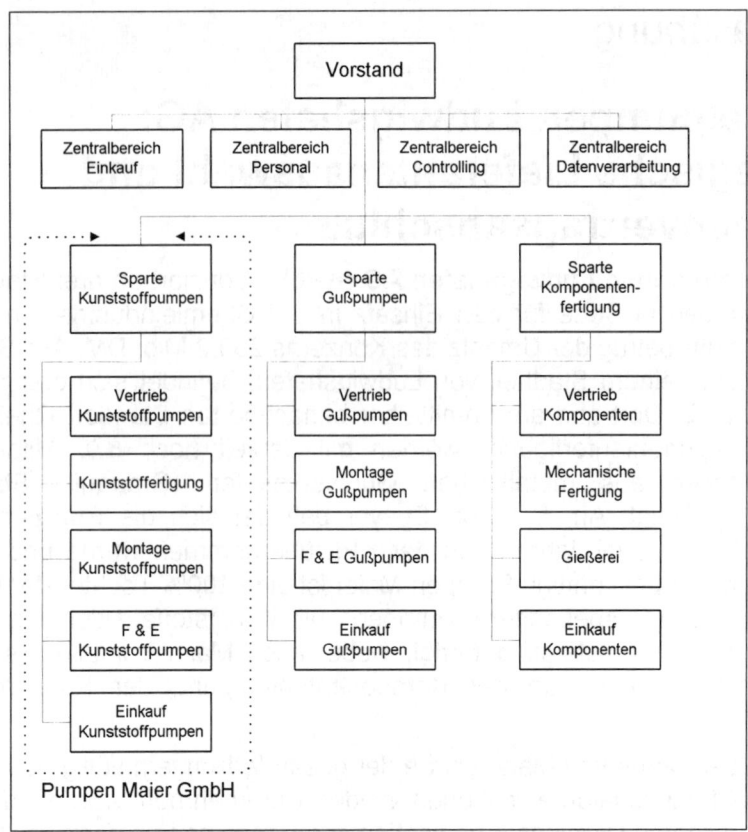

Abbildung1: Aufbauorganisation der KPL

	Einkaufsvolumen in TDM
Pumpen-Maier	96.320
Komponentenfertigung	28.944
Gußpumpen	77.962
Zentralbereiche	101
Konzern	134.531

Tabelle 1: Einkaufsvolumen der KPL

Der **Zentralbereich Einkauf** ist im wesentlichen aus dem früheren Einkauf von KPL hervorgegangen. Neben dem Leiter des Zentraleinkaufs, Herrn Schröbel, sind 6 Mitarbeiter für den Einkauf von Produktionsmaterial zuständig. Dabei handelt es sich um 5 Facheinkäufer und die Beschaffungsplanerin Frau Schmidt. Frau Schmidt arbeitet seit 6 Monaten im Hause KPL. Bezogen auf Produktionsmaterial ist der Zentraleinkauf zuständig für die Beschaffungsmarktforschung, die Lieferantenstrukturplanung sowie die Erstellung von Rahmenverträgen mit den strategischen Lieferanten. Der Rahmenvertrag enthält neben einer Absichtserklärung über die Jahresbedarfsmengen der einbezogenen Materialien auch die verhandelten Preise und die Bestellose.

Harald Hecker ist Abteilungsleiter des Einkaufs in der **Sparte Gußpumpen**. Vor der Reorganisation war er Gruppenleiter in der Materialwirtschaft der Montageabteilung. Er wird von 4 Mitarbeitern unterstützt. Zwei dieser Mitarbeiter waren früher Einkäufer; die anderen beiden waren in der Materialwirtschaft tätig. Der Einkauf Gußpumpen ist in der Sparte für die operative Beschaffung von Montagematerial zuständig. Etwa 45% des Materials (ca. 35 Mio. DM) werden von der unternehmenseigenen Sparte Komponentenfertigung bezogen. Der Rest wird an den Beschaffungsmärkten eingekauft. Da bisher nur für 30% des externen Einkaufsvolumens Rahmenverträge abgeschlossen sind, müssen Hecker und seine Mitarbeiter selbst aktiv werden und Anfragen verschicken, Angebote vergleichen, Preise verhandeln etc. Hecker fordert deshalb einen bedeutend höheren Anteil von Rahmenvertragslieferanten, da er mit seiner kleinen Mannschaft diese zusätzlichen einkäuferischen Tätigkeiten nur im Ausnahmefall (z.B. schnelle Ersatzbeschaffung bei nicht eingetroffenen Lieferungen) erledigen kann.

Ähnlich ist die Situation für den Einkaufsleiter Herrn Heinrich in der **Sparte Komponentenfertigung**. Allerdings wurden für seinen Bereich bereits einige Rahmenverträge mit Lieferanten für Gußrohstoffe, Schmiederohlinge und Stahlhalbzeug geschlossen. Durch die Bereinigung des Lieferantenstamms konnte der Zentraleinkauf deutliche Preisreduktionen erreichen. Allerdings ist Heinrich der Meinung, daß hierdurch die Qualität der Lieferungen und die Termintreue gelitten habe. Auch Herr Hinterstein, der Leiter der Mechanischen Fertigung der Komponentensparte in Rheingönnheim, klagt in der letzten Zeit immer häufiger über Probleme mit der Qualität der bezogenen Stähle und Rohlinge. Heinrich sieht den Grund dafür vor allem in einer unzureichenden Einbeziehung seiner Abteilung bei der Entscheidung über zukünftige Rahmenvertragslieferanten. So hatte der Zentraleinkauf erst kürzlich einem ihm völlig unbekannten Stahlhändler aus Nürnberg, der insbesondere tschechischen und slowakischen Stahl im Angebot hat, den Vorzug gegenüber dem langjährigen Geschäftspartner Stahl-Müller aus Mannheim gegeben.

Bei der **Pumpen-Maier GmbH in Speyer** wurde im Rahmen der Reorganisation und eines damit verbundenen Personalabbaus um 65 Personen auch der frühere Einkauf um 4 Mitarbeiter verkleinert. Nach Meinung des Vorstandes reichen die verbleibenden 5 Einkäufer, die Sekretärin und der Einkaufsleiter Franz Thaler völlig aus, da zukünftig überwiegend auf Basis von

Rahmenverträgen für den Gesamtkonzern eingekauft werden soll. Der Einkauf „Kunststoffpumpen" soll sich dann primär der Materialflußsteuerung widmen und nur bei Teilen, die nicht in Rahmenverträgen geregelt sind, am Beschaffungsmarkt aktiv werden. Gegen diese Vorgehensweise haben die Geschäftsführerin Beate Weber und Thaler mehrfach erhebliche Bedenken angemeldet.

Der Einkauf der Pumpen-Maier GmbH kenne bestens die relevanten Märkte, insbesondere im Bereich Kunststoffe, der den Einkäufern von KPL nicht vertraut sei. Bei den Rahmenvertragsverhandlungen durch den Zentraleinkauf würden darüber hinaus logistische Aspekte nur unzureichend berücksichtigt. Zudem habe der Zentraleinkauf es bisher nur geschafft, ein Einkaufsvolumen von etwa 45 Mio. DM durch Rahmenverträge zu regeln, wobei davon allein 33,7 Mio. DM auf interne Bezüge von der Sparte Komponentenfertigung entfallen. Es sei deshalb sinnvoll, auch selbst Rahmenverträge mit Lieferanten von Pumpen-Maier abzuschließen. Insbesondere kritisiert Frau Weber, daß durch die Preisfestlegung für Kaufteile, die durch den Rahmenvertragsabschluß erfolgt, der Gewinn von Pumpen-Maier wesentlich bestimmt werde. Sie selbst habe jedoch bisher keinen nennenswerten Einfluß auf die Verhandlungen mit den externen Lieferanten und der Komponentenfertigung ausüben können.

Im Rahmen der **Lieferantenstrukturplanung und -bereinigung**, die in den letzten 12 Monaten durchgeführt wurde, kam es aufgrund dieser unterschiedlichen Positionen wiederholt zu Konflikten zwischen dem Zentraleinkauf und den dezentralen Einkaufsabteilungen. Durch die Übernahme von Pumpen-Maier hatte die KPL etwa 1250 Lieferanten für Produktionsmaterial. Es bestand also zunächst die Aufgabe, überflüssige Parallellieferanten und nicht leistungsfähige Lieferanten zu erkennen und auszusortieren. Die Bezüge sollten nach Ansicht des Zentraleinkaufs auf etwa 600 Lieferanten konzentriert werden. Schröbel, der sich bei strategischen Überlegungen wesentlich auf die Erfahrungen von Frau Schmidt stützt, die zuvor in der Automobilindustrie beschäftigt war, schätzt, daß davon etwa 300 „strategische Lieferanten" mit Rahmenverträgen eingebunden werden müssen. Zur Zeit bestehen jedoch nur 53 Rahmenverträge.

Während Hecker bei jeder Gelegenheit eine Ausweitung der **Rahmenvertragsabschlüsse** auf weitere Lieferanten fordert, hatte der Zentraleinkauf zum Teil erhebliche Probleme, aufgrund fehlender Daten von Pumpen-Maier die Zusammenfassung der Jahresbedarfe vorzunehmen. Schröbel ist überzeugt, daß Lieferanten, die gleichzeitig mehrere Sparten beliefern, zur Stärkung der eigenen Verhandlungsposition nur einen Rahmenvertrag über die Gesamtmengen erhalten sollten. Dies setzt jedoch das rechtzeitige Vorliegen der entsprechenden Daten aller Sparten voraus. Schröbel sieht darin den Hauptgrund für die auch in der Sparte Gußpumpen geringe Rahmenvertragsquote. Erst kürzlich mußten die Verhandlungen mit KERAM-RING, einem Lieferanten von Gleitringdichtungen für Guß- und Kunststoffpumpen, verschoben werden, da die Jahresbedarfe von Pumpen-Maier nicht rechtzeitig zur Verfügung standen. Daraufhin hatte sich der Leiter der Montage Gußpumpen, Struwe, zusammen mit seinem Vorgesetzten beim Vorstand über das unkooperative Gebaren im Hause Pumpen-Maier und insbesondere über Frau Weber beschwert.

Der **Vorstand** ist über die Entwicklung im Einkaufsbereich verärgert. Von der Einrichtung eines Zentraleinkaufs hatte man sich im Produktionsmaterialbereich wesentliche Preisreduktionen durch die Zusammenfassung der Bedarfe der beiden Endproduktsparten versprochen. Nach einem Jahr ist jedoch die Rahmenvertragsquote noch immer gering und selbst bei bestehenden Rahmenverträgen scheinen die Vereinfachungen im Ablauf geringer als zunächst angenommen zu sein. Insbesondere ist bisher die Auswahl der strategischen Lieferanten und der Rahmenvertragsabschluß außerordentlich aufwendig.

Der für Produktion, Logistik und Beschaffung verantwortliche Vorstand Johannes Schneider entschließt sich deshalb, die Probleme offen zu diskutieren und durch Festlegung verbindlicher Abläufe zu beseitigen. Zu diesem Zweck lädt Schneider die Einkaufsverantwortlichen der KPL zu einer Sitzung ein, bei der die Problemursachen und Vorschläge für den zukünftigen Ablauf diskutiert werden sollen.

Aufgabenstellung

Bereiten Sie für diese Sitzung ausführliche Vorschläge vor, wie in Zukunft der Rahmenvertragsabschluß herbeigeführt werden kann und welche Sachverhalte im Rahmenvertrag geregelt werden sollen. Stellen Sie ihren Ausführungen eine kurze Problemanalyse voran.

3. Fallübung:

Steine und Erden AG: Lieferantenstrukturanalyse für Lieferanten von Instandhaltungsmaterial

Steine und Erden AG

Die Steine und Erden AG mit Sitz in Braunschweig ist ein Unternehmen der Baustoffindustrie und verfügt über eine Vielzahl von Gewinnungs- und Verarbeitungsbetrieben im In- und Ausland. Im vergangenen Geschäftsjahr konnte mit 9100 Mitarbeitern ein Umsatz von 2,2 Mrd. DM erzielt werden.

Am Standort Staßfurt, einem der Hauptwerke mit 1400 Mitarbeitern, befinden sich eine ausgedehnte Tongrube und umfangreiche Weiterverarbeitungsanlagen für Dachziegel und Mauersteine verschiedener Art. Das Werk Staßfurt ist hinsichtlich seiner Einkaufsentscheidungen weitgehend autonom und verfügt über eine eigenständige Hauptabteilung Materialwirtschaft. Lediglich der Einkauf von Zusatzstoffen für die Produktion der Dachziegel und Mauersteine, die neben dem gewonnenen Ton benötigt werden, wird durch den Zentraleinkauf in Braunschweig geregelt. Die Werke müssen für diese Materialgruppen auf zentral vereinbarte Rahmenverträge zurückgreifen.

Seit einem Monat wird die Hauptabteilung Materialwirtschaft im Werk Staßfurt von Heinrich Trautmann geleitet, der zuvor bereits in mehreren Werken der Steine und Erden AG tätig war. Zur Materialwirtschaft gehört auch die Abteilung Einkauf, die von Ralf Gerhard geleitet wird. Trautmann ist davon überzeugt, daß nur durch eine intensive und faire Zusammenarbeit mit ausgewählten Lieferanten externe Erfolgspotentiale entwickelt und genutzt werden können. Außerdem sieht er als Leiter der Materialwirtschaft mittelfristig die Notwendigkeit, durch eine Konzentration auf leistungsfähige Kernlieferanten einen höheren Standardisierungsgrad bei Instandhaltungsmaterial zu erreichen.

Material- und Lieferantenstruktur

Bei seinem Antritt in Staßfurt hat Trautmann gewachsene Strukturen vorgefunden. Ein erster Blick auf die Materialstruktur zeigt eine feine Materialgruppengliederung, die im Rahmen der Einführung des Systems SAP/R3 vor etwa einem Jahr geschaffen wurde. Insgesamt wird das Werk Staßfurt von 1700 Lieferanten beliefert. Das jährliche Einkaufsvolumen des Werks belief sich im vergangenen Jahr auf insgesamt 102 Mio. DM. Davon entfallen etwa 70% auf Instandhaltungs- und Reparaturmaterial. Da man sich mit dem neuen SAP-System noch in der Einführungsphase befindet, kann bisher die laufende Lieferantenbewertung nur in Ansätzen durchgeführt werden.

Trautmann möchte seine bisherigen Erfahrungen nutzen und ist deshalb am Vergleich der Lieferantenstruktur mit der anderer Werke interessiert. Da seine Gestaltungsmöglichkeiten bei Produktionsrohstoffen begrenzt sind, interessieren ihn zunächst die Instandhaltungs- und Reparaturmaterialien. Bisher werden beinahe alle Instandhaltungs- und Reparaturaufgaben im Werk Staßfurt von eigenen Instandhaltungsmitarbeitern durchgeführt. Aus diesem Grunde ist ein umfangreiches Materiallager mit einem Bestandswert von durchschnittlich 20 Mio. DM vorhanden. In der letzten Strategie-besprechung hat er Ralf Gerhard gebeten, ihm bis zur nächsten Sitzung eine Übersicht der Leistungsfähigkeit der Instandhaltungsmateriallieferanten für die wichtigsten Materialhauptgruppen zu erarbeiten. Ralf Gerhard beschließt, ein Lieferanten-Erfolgspotential-Portfolio (LEP) aufzustellen.

Lieferanten für Instandhaltungsmaterial

Das Werk Staßfurt bestand in ähnlicher Struktur bereits vor der Wiedervereinigung. Hierdurch sieht sich die Instandhaltung mit einem sehr heterogenen Maschinenpark konfrontiert, da teilweise noch Anlagen aus Zeiten der DDR im Einsatz sind. Außerdem erfordern der Tontagebau und die Weiterverarbeitungsanlagen sehr unterschiedliche Instandhaltungs- und Reparaturteile.

Durch Turbulenzen bei lokalen Lieferanten, durch die Integration des Standorts Staßfurt in den Steine und Erden Konzern und durch erste aktive Bereinigungen des Lieferantenstamms kam es in letzter Zeit zu zahlreichen Veränderungen der Lieferantenstruktur. Zudem wurden vor einem Jahr alle operativen Beschaffungsabläufe auf ein neues EDV-System umgestellt. Der Rückgriff auf Vergangenheitsdaten ist deshalb schwierig.

In dieser schwierigen Situation hält es Ralf Gerhard für angemessen, zunächst mit einer repräsentativen Materialgruppe zu beginnen. Die erarbeitete Methodik kann dann zur Aufstellung von LEPs für die anderen Materialgruppen genutzt werden. Er beschließt deshalb, als erstes die Generalgruppe 3 "Elektro-, Meß-, Regel-, und Informationstechnik" zu analysieren. Von besonderer Bedeutung in dieser Generalgruppe ist die Materialhauptgruppe "Niederspannungsverteilungsschaltanlagen" (WG 312). Ist das Reparaturmaterial für diese Schaltanlagen nicht unmittelbar verfügbar, kann es zu Produktions- bzw. Förderstillständen und damit zu merklichen Einbußen der Deckungsbeiträge kommen. Deshalb soll sich in der Regel ein ausreichender Bestand an diesen Reparaturmaterialien auf

Lager befinden. Größere Anlagen und Komponenten werden jedoch für geplante Instandhaltungs- und Umbaumaßnahmen überwiegend gezielt beschafft. Allerdings gibt es auch in dieser Materialgruppe werthaltige Funktionseinheiten, die zur Sicherung der sofortigen Verfügbarkeit auf Lager gehalten werden müssen. Aufgrund des Wertes wird in der Regel jedoch nur ein Stück eingelagert. In diesen Fällen ist es wichtig, bei Verbrauch sofort den Lagerbestand zu ergänzen. Trautmann möchte sogar bei einigen anwenderspezifischen, werthaltigen Materialien ganz auf die Lagerhaltung verzichten und statt dessen mit Hilfe von Eilbestellungen ("Bestellhotline") und Kurierdiensten die Reparaturmaterialien beim Hersteller oder beim Technischen Handel innerhalb weniger Stunden beschaffen.

Die Materialien der WG 312 sind überwiegend anbieterspezifisch (Katalogware). Deshalb hat der Einkauf bisher auf Besuche vor Ort und engere Beziehungen verzichtet. Es liegen allerdings Informationen über die aktuellen Lieferungen vor. Gerhard erhofft sich vor allem aus den Daten der laufenden Lieferantenbewertung Rückschlüsse auf die Potentiale der Lieferanten. Da einige Lieferanten der WG 312 auch die Material-hauptgruppen 327 und 332 beliefern, hält es Gerhard für sinnvoll, diese drei Gruppen als Einheit zu betrachten (Tabellen 1 und 2).

WG	Materialhauptgruppe	Einkaufsvolumen 1999
WG 312	Niederspannungsverteilungsschaltanlagen	217.074,40 DM
WG 327	Widerstände	19.613,86 DM
WG 332	Elektrische Gebrauchsgeräte	25.348,42 DM
	Gesamt	262.036,68 DM

Tabelle 1: Einkaufsvolumen der Materialhauptgruppen WG 312, WG 327 und WG 332.

Bewertung der Lieferanten

Für Elektroinstandhaltungsmaterial wird im Wareneingang in der Regel keine **Qualitätsprüfung**, sondern nur eine Identitätsprüfung und eine Sichtkontrolle durchgeführt. Qualitätskennzahlen aufgrund der Wareneingänge stehen nur für einige Lieferanten zur Verfügung, sind jedoch auch in diesen Fällen nicht aussagekräftig, da sie nur auf Basis eines Teils der Lieferung ermittelt wurden.

Ralf Gerhard erhält jedoch in einem Gespräch mit Lothar Kleinlich, dem Leiter der Qualitätssicherung, Auskunft über aktuelle Qualitätsprobleme. Nach dessen Meinung ist die **Beschriftung der Packungen**, in denen die Ersatzteile angeliefert werden, durchweg nicht befriedigend. Oft findet sich auf den Einzelpackungen keine genaue Bezeichnung oder Benummerung, so daß insbesondere kleine Teile erst ausgepackt werden müssen, um deren wirkliche Identität oder Baugröße festzustellen. Hierdurch besteht die Gefahr von Verwechslungen im Lager und bei der Verwendung.

LIEFNR	Lieferant	Einkaufsvolumen 1999
6009204	Schmidt Electric	658,40 DM
6009697	Dornfelder & Söhne KG	1.022,70 DM
6010792	Ehrenfelser Elektrotechnik	399,50 DM
6015530	Grünefeld	29.840,00 DM
6023266	Köhler Elektrik GmbH	7.521,40 DM
6036414	Rheinhausen GmbH	1.280,00 DM
6036910	Ruhland-Werk	8.893,76 DM
6041752	Schönberger Sicherungen	5.628,60 DM
6066810	Tunnel GmbH & Co	1.824,65 DM
6093930	E-Kontakt GmbH	158,78 DM
6153780	Christoph Bauer	827,16 DM
6284310	Società Electrica S.r.l.	322,56 DM
6335527	Ruhland Zentrallager	700,60 DM
6385044	Exacta GmbH	187,00 DM
6385435	Neuberger Service GmbH	115.011,61 DM
6394280	Linconshire Components Ltd.	204,09 DM
6400973	Riesling Werkzeuge GmbH	612,00 DM
6401724	EUE GmbH	18.624,92 DM
6402011	Lobenstein & Häussler	104,49 DM
6402488	Richard Wagner GmbH & Co.	1.922,40 DM
6402747	NEMUS AG	22.453,60 DM
6402836	AT électrique S.A.	4.200,00 DM
6416764	Müller Electric GmbH	4.727,80 DM
6420516	Elektro Gutmann	6.400,00 DM
6422560	ELEC AG	5.800,00 DM
6425453	Alpha Werke	150,00 DM
6431984	Heinrich Müller	212,04 DM
6432131	ESS Staßfurt	1.227,49 DM
6434665	Rathmann & Schulz OHG	52,20 DM
6447198	Dieter Waldheim	706,20 DM
6463657	Elektro Schüttelmann	9.885,98 DM
6463703	ELEC AG	7.941,50 DM
6489532	André Zöller	2.383,85 DM
6533031	Schumacher Electric	151,40 DM
	Gesamt	262.036,68 DM

Tabelle 2: Einkaufsvolumen nach Lieferanten.

Auch der **Zustand der Verpackungen** bei Ankunft im Wareneingang gibt bei beinahe allen Lieferanten hin und wieder Grund zur Beanstandung, da eine Beschädigung des Materials befürchtet werden muß. Lediglich Müller Electric GmbH, Tunnel GmbH & Co, Ruhland Zentrallager und André Zöller ragen in positiver Weise aus der Gesamtheit der Lieferanten durch stets einwandfreie Verpackungen heraus. Auffällig ist zudem die sehr sparsame und dennoch völlig ausreichende Verpackung bei den Lieferungen von Ruhland

Zentrallager. Dagegen fällt bei jeder Lieferung von Müller Electric eine überdurchschnittliche Menge von **Verpackungsmüll** an.

Gerade Müller Electric GmbH und André Zöller sind die beiden Lieferanten, bei denen es in der Vergangenheit nie zu Klagen der Instandhalter über **beim Einbau defektes Elektromaterial** kam. Bei allen anderen Lieferanten tritt nach Kleinlichs Einschätzung ab und zu der Fall auf, daß Teile und Funktionsgruppen, die für Reparaturen oder Instandhaltungen verwendet werden sollen, nicht funktionieren. Obwohl es hierdurch in der Vergangenheit schon mehrfach zu erheblichen Störungen im Betriebsablauf gekommen ist, existiert bisher noch keine genaue Auswertung, bei welchen Materialien diese Probleme mit welcher Häufigkeit aufgetreten sind.

Kleinlich hat vor kurzem alle Materiallieferanten angeschrieben und um Auskunft über den **Stand der Zertifizierung** nach ISO 9000ff. gebeten. Er beklagt sich vor allem, daß etwa ein Viertel der Lieferanten trotz Mahnung nicht auf sein Schreiben geantwortet haben. Allerdings kann er Gerhard nun eine Liste der Lieferanten vorlegen, die zur Zeit nachweislich zertifiziert sind (Tabelle 3).

LIEFNR	Lieferant	Zertifikat
6009697	Dornfelder & Söhne KG	ISO 9002
6010792	Ehrenfelser Elektrotechnik	ISO 9002
6015530	Grünefeld	ISO 9001
6023266	Köhler Elektrik GmbH	ISO 9001
6036414	Rheinhausen GmbH	ISO 9001
6036910	Ruhland-Werk	ISO 9001
6041752	Schönberger Sicherungen	ISO 9001
6066810	Tunnel GmbH & Co	in Vorbereitung
6093930	E-Kontakt GmbH	nein
6153780	Christoph Bauer	nein
6284310	Società Electrica S.r.l.	ISO 9001
6335527	Ruhland Zentrallager	ISO 9001
6385044	Exacta GmbH	ISO 9002
6385435	Neuberger Service GmbH	ISO 9002
6400973	Riesling Werkzeuge GmbH	in Vorbereitung
6401724	EUE GmbH	ISO 9002
6402488	Richard Wagner GmbH & Co.	ISO 9001
6402747	NEMUS AG	ISO 9002
6402836	AT électrique S.A.	ISO 9002
6416764	Müller Electric GmbH	ISO 9001
6422560	ELEC AG	ISO 9002
6425453	Alpha Werke	in Vorbereitung
6432131	ESS Staßfurt	ISO 9002
6463703	ELEC AG	ISO 9002
6489532	André Zöller	ISO 9001

Tabelle 3: Stand der Zertifizierung.

Kleinlich berichtet auch, daß hin und wieder bei einzelnen Lieferungen die **Lieferunterlagen** unvollständig sind, ohne daß hier bestimmte Lieferanten positiv oder negativ auffallen würden. Lediglich bei der Müller Electric GmbH mußten in letzter Zeit wiederholt Meßberichte nachgefordert werden.

In ähnlicher Weise treten bei fast allen Lieferanten ab und zu Abweichungen der Lieferungen von Lieferschein oder der Bestellung auf. Lediglich Exacta macht seinem Namen alle Ehre. Bei Müller Electric GmbH, der Tunnel GmbH & Co und bei beiden Lieferwerken der ELEC AG (6422560 und 6463703) führte die **Mengenkontrolle** zu teilweise deutlichen Abweichungen der Istmenge von der auf dem Lieferschein ausgewiesenen Menge.

Eine Aussage über die **Termintreue** kann Gerhard direkt aus der laufenden SAP Lieferantenbewertung gewinnen. Bei jedem Wareneingang wird die Abweichung vom Soll-Liefertermin ermittelt und daraus ein Punktwert errechnet. Mit Hilfe eines Glättungsverfahrens wird aus diesem und dem gespeicherten bisherigen Wert die aktuelle Termintreue bestimmt. Der Glättungsfaktor ist auf einen Wert von 0,7 eingestellt. Aufgrund der im System eingestellten Lieferzeittoleranzen kann aus Sicht der Logistik ein Punktwert von 80 noch akzeptiert werden. Die Termintreuen sind in Tabelle 4 zusammengestellt.

Eine Durchsicht der Materialstammsätze zeigt Gerhard, daß vor allem die beiden Lieferwerke der ELEC AG, Köhler Elektrik GmbH, Heinrich Müller, Società Electrica S.r.l., Elektro Schüttelmann und Ruhland-Werk durch vergleichsweise lange **Lieferzeiten** auffallen, die sich ebenfalls negativ auf die Sicherheitsbestände auswirken. Hingegen sind die Lieferzeiten von Tunnel GmbH & Co, Schmidt Electric, Ehrenfelser Elektrotechnik, E-Kontakt GmbH, Linconshire Components Ltd., Riesling Werkzeuge GmbH, EUE GmbH, Lobenstein & Häussler, Richard Wagner GmbH & Co., NEMUS AG, ESS Staßfurt, Dieter Waldheim, Schumacher Electric, André Zöller und Ruhland Zentrallager in der Regel so kurz, daß abgesehen von einigen sehr kritischen Reparaturteilen erst bei Eintreten eines Bedarfsfalls bestellt werden könnte.

Die Bewertung der **Preisentwicklung und des Preisniveaus** der Lieferanten mit Hilfe des SAP-Systems hat bisher keine sinnvollen Werte geliefert. Hauptprobleme sind vor allem die geringe Lieferhäufigkeit, die Tatsache, daß aufgrund der geringen Bedarfe ein Material häufig bei nur einem Lieferant bezogen wird, und die unvollständige Pflege der Angebote nicht berück-sichtigter Lieferanten im System. Gerhard entschließt sich deshalb, die zuständigen Einkäufer über ihre Einschätzung zu befragen. Auf einem höheren Preisniveau scheinen Dornfelder & Söhne KG, Ehrenfelser Elektrotechnik, Grünefeld, Schönberger Sicherungen, Ruhland Zentrallager, Exacta GmbH, Linconshire Components Ltd., Elektro Gutmann zu liegen. Die beiden zuständigen Einkäufer Herr Lohmann und Frau Eisenknecht betonen jedoch, daß sie bisher dieses höhere Niveau aufgrund des insgesamt guten Erscheinungsbildes und der hohen Flexibilität akzeptiert hätten. Besonders negativ ist Riesling Werkzeuge GmbH aufgefallen, die mit Vorlage des neuen Katalogs die Preise deutlich erhöht hat. Im Rahmen einer jüngsten Preisverhandlung mit Herrn Lohmann war dagegen Tunnel GmbH & Co bereit, seine Preise deutlich (durchschnittlich um 10%) zu senken. Auch die Rheinhausen GmbH bietet in der Regel erhebliche Preisvorteile gegenüber Wettbewerbern.

LIEFNR	Lieferant	Termintreue Stand: 30.6.2000
6009204	Schmidt Electric	93,40
6009697	Dornfelder & Söhne KG	74,70
6010792	Ehrenfelser Elektrotechnik	90,50
6015530	Grünefeld	72,90
6023266	Köhler Elektrik GmbH	25,00
6036414	Rheinhausen GmbH	74,80
6036910	Ruhland-Werk	45,30
6041752	Schönberger Sicherungen	68,40
6066810	Tunnel GmbH & Co	97,80
6093930	E-Kontakt GmbH	92,20
6153780	Christoph Bauer	67,90
6284310	Società Electrica S.r.l.	24,50
6335527	Ruhland Zentrallager	96,10
6385044	Exacta GmbH	91,90
6385435	Neuberger Service GmbH	72,70
6394280	Linconshire Components Ltd.	98,10
6400973	Riesling Werkzeuge GmbH	90,50
6401724	EUE GmbH	98,00
6402011	Lobenstein & Häussler	90,80
6402488	Richard Wagner GmbH & Co.	90,00
6402747	NEMUS AG	94,00
6402836	AT électrique S.A.	48,60
6416764	Müller Electric GmbH	70,00
6420516	Elektro Gutmann	99,90
6422560	ELEC AG	47,70
6425453	Alpha Werke	69,00
6431984	Heinrich Müller	23,20
6432131	ESS Staßfurt	97,70
6434665	Rathmann & Schulz OHG	72,40
6447198	Dieter Waldheim	92,40
6463657	Elektro Schüttelmann	22,60
6463703	ELEC AG	47,90
6489532	André Zöller	94,30
6533031	Schumacher Electric	91,60

Tabelle 4: Termintreue nach Lieferanten.

Aufgabenstellung

Versetzen Sie sich in die Lage von Ralf Gerhard. Stellen Sie für die Lieferanten der betrachteten 3 Materialgruppen ein Lieferanten-Erfolgspotential-Portfolio auf. Legen Sie dazu zunächst die Meßgrößen und die zugehörigen Gewichtungen fest. Überlegen Sie, welche potentiellen Meßgrößen im vorliegenden Fall einen Einfluß auf das Kosten- bzw. Erlöspotential ausüben und wie stark dieser sein könnte. Analysieren Sie auf dieser Basis die Lieferantenstruktur und machen Sie Vorschläge für mögliche Gestaltungsansätze. Betrachten Sie kritisch ihre Lösung.

Literaturverzeichnis

Alchian, Armen A./Woodward, Susan (1987): Reflections on the Theory of the Firm. In: Journal of Institutional and Theoretical Economics 143(1987), S. 110-136.

Alchian, Armen A./Woodward, Susan (1988): The Firm Is Dead; Long Live the Firm. A Review of Oliver E. Williamson's The Economic Institutions of Capitalism. In: The Journal Economic Literature 26(1988), S. 65-79.

Alewell, Dorothea (1994): Informationsasymmetrien in Arbeitsverhältnissen. Ein Überblick über Anwendungsmöglichkeiten der Informationsökonomie in der Personalwirtschaftslehre. In: Zeitschrift für Betriebswirtschaft 64(1994)1, S. 57-78.

Anders, Wolfram (1992): Strategische Einkaufsplanung: Kernbereich eines strategischen Einkaufsmanagements. Frankfurt am Main 1992.

Arnold, Ulli (1982): Strategische Beschaffungspolitik. Steuerung und Kontrolle strategischer Beschaffungssubsysteme von Unternehmen. Frankfurt am Main et al. 1982.

Arnold, Ulli (1992): Software zur Lieferantenbewertung. In: Beschaffung aktuell o.Jg. (1992)10, S. 39-45.

Arnold, Ulli (1993): Beschaffungsinformation. In: Wittmann, Waldemar et al. (Hrsg.): Handwörterbuch der Betriebswirtschaft. 5., völl. neu gest. Aufl. Stuttgart 1993, Sp. 325-338.

Arnold, Ulli (1997a): Beschaffungsmanagement. 2. überarb. u. erw. Aufl. Stuttgart 1997.

Arnold, Ulli (1997b): Einkauf und Logistik als Weiterbildungsangebote an deutschen Hochschulen: Möglichkeiten und zukünftige Chancen. In: Bundesverband Materialwirtschaft, Einkauf und Logistik e.V. (Hrsg.): Spitzenleistungen im Visier. 12. Deutsches Symposium Einkauf und Logistik. Frankfurt 1997, S. 755-762.

Arnold, Ulli (1998): Einkaufskooperationen in der Industrie. In: Arnold, Ulli (Hrsg.): Erfolg durch Einkaufskooperationen. Chancen, Risiken, Lösungsmöglichkeiten. Wiesbaden 1998, S. 31-50.

Arnold, Ulli et al. (1999): A Multi-Country Study of Strategic Topics in Purchasing and Supply Management. Tempe 1999.

Arnold, Ulli/Essig, Michael (1997): Einkaufskooperationen in der Industrie. Stuttgart 1997.

Arnolds, Hans/Heege, Franz/Tussing, Werner (1998): Materialwirtschaft und Einkauf. Praxisorientiertes Lehrbuch. 10., durchges. Aufl. Wiesbaden 1998.

Arrow, Kenneth J. (1985): The Economics of Agency. In: Pratt, John/Zweckhauser, Richard (Hrsg.): Principals and Agents: The Structure of Business. Boston 1985, S. 37-51.

Asanuma, Banri (1989): Manufacturer-Supplier Relationships in Japan and the Concept of Relation-Specific Skill. In: Journal of the Japanese and International Economies 3(1989)March, S. 1-30.

Asmus, David/Griffin, John (1993): Harnessing the power of your suppliers. Companies that effectively involve suppliers in their internal product development achieve a new strategic advantage. In: The McKinsey Quarterly (1993)3, S. 63-78.

Backhaus, Klaus (1993): Investitionsgütermarketing. In: Wittmann, Waldemar et al. (Hrsg.): Handwörterbuch der Betriebswirtschaft. 5., völl. neu gest. Aufl. Stuttgart 1993, Sp. 1936-1951.

Backhaus, Klaus (1997): Industriegütermarketing. 5., erw. u. überarb. Aufl. München 1997.

Bamberger, Ingolf/Wrona, Thomas (1996): Der Ressourcenansatz und seine Bedeutung für die Strategische Unternehmensführung. In: Zeitschrift für betriebswirtschaftliche Forschung 48(1996)2, S. 130-153.

Barney, Jay (1991): Firm Resources and Sustained Competitive Advantage. In: Journal of Management Studies 17(1991)1, S. 99-120.

Baur, Cornelius (1990): Make-or-Buy-Entscheidungen in einem Unternehmen der Automobilindustrie. Empirische Analyse und Gestaltung der Fertigungstiefe aus transaktionskostentheoretischer Sicht. München 1990.

Benkenstein, Martin/Güthoff, Judith (1996): Typologisierung von Dienstleistungen. Ein Ansatz auf Grundlage system- und käuferverhaltenstheoretischer Überlegungen. In: Zeitschrift für Betriebswirtschaft 66(1996)12, S. 1493-1510.

Berg, Claus (1981): Beschaffungsmarketing. Würzburg 1981.

Beßlich, Joachim/Lumbe, Hans-Joachim (1994a): Die Implementierung eines Konzepts zur Neugestaltung der Lieferantenbeziehung in einem Großunternehmen. In: Koppelmann, Udo/Lumbe, Hans-Joachim (Hrsg.): Prozeßorientierte Beschaffung. Stuttgart 1994, S. 25

Beßlich, Joachim/Lumbe, Hans-Joachim (1994b): Siemens: Neugestaltung der Lieferantenbeziehung - Teil II. Erster Schritt: Bestandsaufnahme der Material- und Lieferantenstruktur. In: Beschaffung aktuell o.Jg.(1994)10, S. 22-25.

Birou, Laura M./Fawcett, Stanley E. (1993): International Purchasing: Benefits, Requirements, and Challenges. In: International Journal of Purchasing and Materials Management 29(1993)2, S. 27-37.

Bloech, Jürgen (1992): Kriterien zur Planung industrieller Beschaffungspotentiale. In: Zeitschrift für Planung (1992)1, S. 35-42.

Blom, Frank (1982): Beschaffungsmarktforschung. Herausgegeben von Horst Strache. Wiesbaden 1982.

Böhler, Heymo (1995): Marktforschung. In: Tietz, Bruno/Köhler, Richard/Zentes, Joachim (Hrsg.): Handwörterbuch des Marketing. 2., völl. neu gest. Aufl. Stuttgart 1995, Sp. 1768-1781.

Bölstler, Harald (1995): Der Einkauf als Dienstleistungs-Center dargestellt am Beispiel der Mercedes-Benz AG. Unveröffentlichtes Vortragsmanuskript der Konferenz „Die Einkaufsorganisation der Zukunft" am 12. und 13.6.1995 in Wiesbaden.

Boutellier, Roman/Locker, Alwin (1996): Integration von Beschaffungslogistik und Produktentwicklung. In: Schuh, Günther/Weber, Hubert/Kajüter, Peter (Hrsg.): Logistikmanagement. Strategische Wettbewerbsvorteile durch Logistik. Stuttgart 1996, S. 253

Brenner, Walter/Lux, Andreas (2000): Virtual Purchasing. Die Revolution im Einkauf. Leinfelden-Echterdingen 2000.

Brenner, Walter/Wilking, Georg (1998): Dezentrale Beschaffung über das Internet. In: Beschaffung aktuell o.Jg.(1998)5, S. 54-57.

Brenner, Walter/Zarnekow, Rüdiger (2000): Trends in der internetbasierten Beschaffung. In: Beschaffung aktuell o.Jg.(2000)2, S. 57-59.

Brink, Hans-Josef (1983): Strategische Beschaffungsplanung. In: Zeitschrift für Betriebswirtschaft 53(1983)11, S. 1090-1113.

Bruhn, Manfred (1994): Schenkkultur deutscher Unternehmen im Business-to-Business-Bereich. Diskrepanzen zwischen Erwartungen und Verhalten bei Schenkern und Beschenkten. In: Jahrbuch der Absatz- und Verbrauchsforschung 40(1994)4, S. 330-354.

Buck, Tobias (1998): Konzeption einer integrierten Beschaffungskontrolle. Wiesbaden 1998.

Bühner, Rolf/Tuschke, Anja (1997): Outsourcing. In: Die Betriebswirtschaft 57(1997)1, S. 20-30.

Bundesverband der Deutschen Industrie (Hrsg.): Leitsätze für Zulieferbeziehungen. Köln 1994.

Bundesverband Materialwirtschaft, Einkauf und Logistik (Hrsg.) (2000): "BMEcat" - Führende Unternehmen einigen sich auf einen Standard für den elektronischen Handel. http://www.bme.de/deutsch/bmecat.htm, 11.4.2000.

Buttler, Günter/Stegner, Eberhard (1990): Industrielle Dienstleistungen. In: Zeitschrift für betriebswirtschaftliche Forschung 42(1990)11, S. 931-946.

Caddick, J. R./Dale, B. G. (1987): The Determination of Purchasing Objectives and Strategies. Some Key Influences. In: International Journal of Physical Distribution and Materials Management 17(1987)3, S. 5-16.

Campbell, N. C. (1985): An Interaction Approach to Organizational Buying Behavior. In: Journal of Business Research 13(1985), S. 35-48.

Carr, Amelia S./Smeltzer, Larry R. (1997): An empirically based operational definition of strategic purchasing. In: European Journal of Purchasing & Supply Management 3(1997)4, S. 199-207.

Carter, Joseph R./Narasimhan, Ram (1996a): Is Purchasing Really Strategic?. In: International Journal of Purchasing and Materials Management 32(1996)1, S. 20-28.

Carter, Joseph R./Narasimhan, Ram (1996b): A comparison of North American and European Future Purchasing Trends. In: International Journal of Purchasing and Materials Management 32(1996)2, S. 12-22.

Carter, Joseph R./Narasimhan, Ram (1996c): Purchasing and Supply Management: Future Directions and Trends. In: International Journal of Purchasing and Materials Management 32(1996)4, S. 2-12.

Choffray, Jean-Marie/Lilien, Gary L. (1978): Assessing Response to Industrial Marketing Strategy. In: Journal of Marketing 42(1978)2, S. 20-31.

Choon Tan, Keah/Kannan, Vijay/Handfield, Robert B. (1998): Supply Chain Management: Supplier Performance and Firm Performance. In: International Journal of Purchasing and Materials Management 34(1998)3, S. 2-9.

Cluss, Eberhard (1994): Prozeßorientierung in Einkauf und Logistik unter Berücksichtigung einer partnerschaftlichen Zusammenarbeit mit Lieferanten (Tandem-Konzept). In: Koppelmann, Udo/Lumbe, Hans-Joachim (Hrsg.): Prozeßorientierte Beschaffung. Stuttgart 1994, S. 137-156.

Comité Européen de Normalisation (Hrsg.) (1997): Some Occupational Profiles for Practitioners in Logistics. Final Report of Technical Committee 273 „Logistics". Brüssel 1997.

Cooper, Martha C./Ellram, Lisa M. (1993): Characteristics of Supply Chain Management and the Implications for Purchasing and Logistics Strategy. In: International Journal of Logistics Management 4(1993)2, S. 13-24.

Cooper, Martha C./Lambert, Douglas M./Pagh, Janus D. (1997): Supply Chain Management: More Than a New Name for Logistics. In: International Journal of Logistics Management 8(1997)1, S. 1-14.

Corsten, Hans (1988): Dienstleistungen in produktionstheoretischer Interpretation. In: Das Wirtschaftsstudium 17(1988)2, S. 81-87.

Corsten, Hans (1993): Dienstleistungsproduktion. In: Wittmann, Waldemar et al. (Hrsg.): Handwörterbuch der Betriebswirtschaft. 5., völl. neu gest. Aufl. Stuttgart 1993, Sp. 765-776.

Corsten, Hans (1996): Dienstleistungsproduktion. In: Kern, Werner/Schröder, Hans-Horst/Weber, Jürgen (Hrsg.): Handwörterbuch der Produktionswirtschaft. 2., völl. neu gest. Aufl. Stuttgart 1996, Sp. 339-352.

Delfmann, Werner (1996): MRP (Material Requirements Planning). In: Kern, Werner/Schröder, Hans-Horst/Weber, Jürgen (Hrsg.): Handwörterbuch der Produktionswirtschaft. 2., völl. neu gest. Aufl. Stuttgart 1996, Sp. 1248-1262.

Dempsey, William A. (1978): Vendor Selection and the Buying Process. In: Industrial Marketing Management 7(1978), S. 257-267.

Deutsches Institut für Normung (Hrsg.): DIN 199 Teil 2: Begriffe im Zeichnungs- und Stücklistenwesen. Stücklisten. Berlin 1977.

Deutsches Institut für Normung (Hrsg.): DIN 55350 Teil 15: Begriffe der Qualitätssicherung und Statistik. Begriffe zu Mustern. Berlin 1986.

Deutsches Institut für Normung (Hrsg.): DIN 55405 Teil 3: Begriffe für das Verpackungswesen. Packmittel. Berlin 1988.

Deutsches Institut für Normung (Hrsg.): DIN 55405 Teil 4: Begriffe für das Verpackungswesen. Packhilfsmittel, Öffnungsmittel, Handhabungs- und Dosiermittel. Berlin 1988.

Deutsches Institut für Normung (Hrsg.): DIN 66001: Informationsverarbeitung. Sinnbilder und ihre Anwendung. Berlin 1983.

Deutsches Institut für Normung (Hrsg.): DIN 69910: Wertanalyse. Begriffe, Methode. Berlin 1987.

Deutsches Institut für Normung (Hrsg.): DIN ISO 8402: Qualitätsmanagement und Qualitätssicherung. Begriffe. Berlin 1992.

Diller, Hermann (1995): Beziehungsmanagement. In: Tietz, Bruno/Köhler, Richard/Zentes, Joachim (Hrsg.): Handwörterbuch des Marketing. 2., völl. neu gest. Aufl. Stuttgart 1995, Sp. 285-300.

Diller, Hermann/Kusterer, Marion (1988): Beziehungsmanagement. Theoretische Grundlagen und explorative Befunde. In: Marketing ZfP 10(1988)3, S. 211-220.

Dobler, Donald W./Burt, David N. (1996): Purchasing and supply management: text and cases. 6th ed. New York 1996.

Dolz, Werner (1996): C-Teil Management bei Otis: Wenn der Werker in die Kiste greift und sie niemals leer ist. In: Beschaffung aktuell o.Jg.(1996)9, S. 72-74.

Dommann, Dieter (1993): Erfolgreich einkaufen: Einkaufsverhandlungen strategisch und taktisch überzeugend führen. Frankfurt am Main 1993.

Donaldson, Bill (1994): Supplier selection criteria on the service dimension. In: European Journal of Purchasing and Supply Management 1(1994)4, S. 209-217.

Eicke, Henning von/Femerling, Christian (1991): Modular sourcing - eine neue Beschaffungsstrategie. Die Zulieferkette ändert sich. In: Beschaffung aktuell o.Jg. (1991)12, S. 36-39.

Ellram, Lisa M. (1990): The Supplier Selection Decision in Strategic Partnerships. In: Journal of Purchasing and Materials Management 26(1990)4, S. 8-14.

Ellram, Lisa M. (1991a): A Managerial Guideline for the Development and Implementation of Purchasing Partnerships. In: International Journal of Purchasing and Materials Management 27(1991)3, S. 2-8.

Ellram, Lisa M. (1991b): Supply Chain Management. The Industrial Organization Perspective. In: International Journal of Physical Distribution and Logistics Management 21(1991)1, S. 13-22.

Ellram, Lisa M. (1992): International Purchasing Alliances. An Empirical Study. In: International Journal of Logistics Management 3(1992)1, S. 23-36.

Ellram, Lisa M. (1993): A Framework for Total Cost of Ownership. In: International Journal of Logistics Management 4(1993)2, S. 49-60.

Ellram, Lisa M. (1995): Partnering Pitfalls and Success Factors. In: International Journal of Purchasing and Materials Management 31(1995)2, S. 35-44.

Ellram, Lisa M./Carr, Amelia (1994): Strategic Purchasing: A History and Review of the Literature. In: International Journal of Purchasing and Materials Management 30(1994)2, S. 9-18.

Ellram, Lisa M./Edis, Owen (1996): A Case Study of Successful Partnering Implementation. In: International Journal of Purchasing and Materials Management 32(1996)4, S. 20-28.

Ellram, Lisa M./Krause, Daniel R. (1994): Supplier Relationships in Manufacturing Versus Non-Manufacturing Firms. In: The International Journal of Logistics Management 5(1994)1, S. 43-53.

Ellram, Lisa M./Perrott Siferd, Sue (1993): Purchasing: The Cornerstone of the Total Cost of Ownership Concept. In: Journal of Business Logistics 14(1993)1, S. 163-184.

Ellram, Lisa/Birou, Laura (1995): Purchasing for Bottom line Impact. Improving the Organization through Strategic Procurement. Chicago 1995.

Eschenbach, Rolf (1990): Erfolgspotential Materialwirtschaft. Wien, München 1990.

Eschenbach, Rolf (1993): Beschaffungscontrolling. In: Chmielewicz, Klaus/Schweitzer, Marcell (Hrsg.): Handwörterbuch des Rechnungswesens. 3., völl. neu gest. Aufl. Stuttgart 1993, Sp. 125-130.

Fayol, Henri (1950): Administration Industrielle et Générale. Prévoyance, Organisation, Commandement, Coordination, Contrôle. Paris 1950.

Fearon, Harold E. (1988): Organizational Relationships in Purchasing. In: Journal of Purchasing and Materials Management 24(1988)Winter, S. 2-12.

Fieten, Robert (1990): Beschaffung. Wege aus der operativen Problemverengung? In: Die Betriebswirtschaft 50(1990)3, S. 375-391.

Fieten, Robert (1992): Organisation der Beschaffung. In: Frese, Erich (Hrsg.): Handwörterbuch der Organisation. 3., völl. neu gest. Aufl. Stuttgart 1992, Sp. 340-353.

Fischermanns, Guido/Liebelt, Wolfgang (1997): Grundlagen der Prozeßorganisation. 4., kpl. überarb. Aufl. Gießen 1997.

Frese, Erich/Simon, Robert (1987): Kontrolle und Führung. In: Kieser, Alfred/Reber, Gerhard/Wunderer, Rolf (Hrsg.): Handwörterbuch der Führung. Stuttgart 1987, Sp. 1247-1257.

Friederici, Ingolf/Maiwald, Horst (1995): Umfassendes Qualitätsmanagement in Einkauf und Beschaffung. Frankfurt 1995.

Fröhlich-Glantschnig, Elisabeth (1997): Merkmalsgestützte Lieferantenbewertung. Der Entscheidungsprozeß wird transparent. In: Beschaffung aktuell o.Jg.(1997)6, S. 32-34.

Gadde, Lars-Erik/Håkansson, Håkan (1994): The Changing Role of Purchasing. Reconsidering Three Strategic Issues. In: European Journal of Purchasing and Supply Management 1(1994)1, S. 27-35.

Gaitanides, Michael (1992): Ablauforganisation. In: Frese, Erich (Hrsg.): Handwörterbuch der Organisation. 3., völl. neu gest. Aufl. Stuttgart 1992, Sp. 1-18.

Gälweiler, Aloys (1976): Unternehmenssicherung und strategische Planung. In: Zeitschrift für betriebswirtschaftliche Forschung 28(1976), S. 362-379.

Giunipero, Larry C./Brand, Richard R. (1996): Purchasing's Role in Supply Chain Management. In: International Journal of Logistics Management 7(1996)1, S. 29-38.

Giunipero, Larry C./Monczka, Robert M. (1990): Organisational Approaches to Managing International Sourcing. In: International Journal of Physical Distribution and Logistics Management 20(1990)4, S. 3-12.

Glantschnig, Elisabeth (1994): Merkmalsgestützte Lieferantenbewertung. Köln 1994.

Glantschnig, Elisabeth (1995): Industrieller Einkauf heute. In: Beschaffung aktuell o.Jg.(1995)12, S. 25-29.

Grochla, Erwin (1977): Der Weg zu einer umfassenden betriebswirtschaftlichen Beschaffungslehre. In: Die Betriebswirtschaft 37(1977)2, S. 181-191.

Grochla, Erwin (1978): Grundlagen der Materialwirtschaft. Das materialwirtschaftliche Optimum im Betrieb. 3., gründl. durchges. Aufl. Wiesbaden 1978.

Grochla, Erwin/Fieten, Robert/Puhlmann, Manfred/Vahle, Manfred (1983): Erfolgsorientierte Materialwirtschaft durch Kennzahlen. Leitfaden zur Steuerung und Analyse der Materialwirtschaft. Baden-Baden 1983.

Grochla, Erwin/Fieten, Robert/Puhlmann, Manfred/Vahle, Manfred (1982): Zum Einsatz von Kennzahlen in der Materialwirtschaft mittelständischer Industriebetriebe. Ergebnisse einer empirischen Analyse. In: Zeitschrift für betriebswirtschaftliche Forschung 34(1982)6, S. 569-580.

Grochla, Erwin/Kubicek, Herbert (1976): Zur Zweckmäßigkeit und Möglichkeit einer umfassenden betriebswirtschaftlichen Beschaffungslehre. In: Zeitschrift für betriebswirtschaftliche Forschung 28(1976), S. 257-275.

Grochla, Erwin/Schönbohm, Peter (1980): Beschaffung in der Unternehmung. Einführung in eine umfassende Beschaffungslehre. Stuttgart 1980.

Gulick, Luther (1937): Notes on the Theorie of Organization. In: Gulick, Luther/Urwick, L. (Hrsg.): Papers on the Science of Administration. New York 1937, S. 1-45.

Gutenberg, Erich (1983): Grundlagen der Betriebswirtschaftslehre. Erster Band: Die Produktion. 24., unveränd. Aufl. Berlin u.a. 1983.

Hahn, Dietger (1998): Konzepte strategischer Führung. Entwicklungstendenzen in Theorie und Praxis unter besonderer Berücksichtigung der Globalisierung. In: Zeitschrift für Betriebswirtschaft 68(1998)6, S. 563-579.

Hammann, Peter/Lohrberg, Werner (1986): Beschaffungsmarketing. Eine Einführung. Stuttgart 1986.

Harrington, Thomas C./Lambert, Douglas M./Christopher, Martin (1991): A Methodology for Measuring Vendor Performance. In: Journal of Business Logistics 12(1991)1, S. 83-104.

Hartmann, Horst (1997a): Grundlagen und Grundtatbestände der Lieferantenbewertung. In: Hartmann, Horst/Pahl, Hans-Joachim/Spohrer, Hans (Hrsg.): Lieferantenbewertung aber wie? Lösungsansätze und erprobte Verfahren. 2. Aufl. Gernsbach 1997, S. 15-26.

Hartmann, Horst (1997b): Verfahren zur Lieferantenbewertung. In: Hartmann, Horst/Pahl, Hans-Joachim/Spohrer, Hans (Hrsg.): Lieferantenbewertung aber wie? Lösungsansätze und erprobte Verfahren. 2. Aufl. Gernsbach 1997, S. 61-96.

Hartmann, Horst et al. (Hrsg.) (1996): Optimierung der Einkaufsorganisation. Wege zur Effizienzverbesserung im Einkauf. Gernsbach 1996.

Hartmann, Horst/Pahl, Hans-Joachim/Spohrer, Hans (Hrsg.) (1997): Lieferantenbewertung aber wie? Lösungsansätze und erprobte Verfahren. 2. Aufl. Gernsbach 1997.

Hedaa, Laurids (1993): Distrust, Uncertainties and Disconfirmed Expectations in Supplier-Customer Relationships. In: International Business Review 2(1993)2, S. 191-206.

Heege, Franz (1987): Lieferantenportfolio. Ganzheitliches Beurteilungsmodell für Lieferanten und Beschaffungssegmente. Nürnberg 1987.

Hilke, Wolfgang (1993): Markt, Marktformen und Marktverhaltensweisen. In: Wittmann, Waldemar et al. (Hrsg.): Handwörterbuch der Betriebswirtschaft. 5., völl. neu gest. Aufl. Stuttgart 1993, Sp. 2769-2782.

Hill, Earl (1995): Verhandlungstechniken als Führungsinstrument. In: Kieser, Alfred/ Reber, Gerhard/Wunderer, Rolf (Hrsg.): Handwörterbuch der Führung. 2., völl. neu gest. u. erg. Aufl. Stuttgart 1995, Sp. 2139-2147.

Hirschsteiner, Günter (1997a): Einkaufsverhandlungen Teil 2: Techniken und Regeln der Auseinandersetzung um den wirtschaftlichen Vorteil. In: Beschaffung aktuell o.Jg.(1997)5, S. 80-81.

Hirschsteiner, Günter (1997b): Einkaufsverhandlungen Teil 5: Zuhören und die Dialektik des Verhandelns. In: Beschaffung aktuell o.Jg.(1997)8, S. 68-70.

Hirschsteiner, Günter (1997c): Einkaufsverhandlungen Teil 6: Strategien und Taktiken: Wege zum Verhandlungsziel. In: Beschaffung aktuell o.Jg.(1997)9, S. 86-88.

Hirschsteiner, Günter (1997d): Einkaufsverhandlungen Teil 8: Unfaire Techniken: Anwendung und Abwehr. In: Beschaffung aktuell o.Jg.(1997)11, S. 82-84.

Hirschsteiner, Günter (1998): Einkaufsverhandlungen Teil 12: Checklisten zur Vorbereitung von Verhandlungen mit Lieferanten. In: Beschaffung aktuell o.Jg.(1998)3, S. 85-88.

Hirschsteiner, Günther (1999): Einkaufsverhandlungen. Strategien, Techniken, Regeln, Praxis. Stuttgart 1999.

Homann, Karl (1997): Unternehmensethik und Korruption. In: Zeitschrift für betriebswirtschaftliche Forschung 49(1997)3, S. 187-209.

Homburg, Christian (1994): Das industrielle Beschaffungsverhalten in Deutschland. In: Beschaffung aktuell o.Jg.(1994)3, S. 9-13.

Homburg, Christian (1995): Single Sourcing, Double Sourcing, Multiple Sourcing ...? Ein ökonomischer Erklärungsansatz. In: Zeitschrift für Betriebswirtschaft 65(1995)8, S. 813-835.

Homburg, Christian/Garbe, Bernd (1996): Industrielle Dienstleistungen. Bestandsaufnahme und Entwicklungsrichtungen. In: Zeitschrift für Betriebswirtschaft 66(1996)3, S. 253-282.

Homburg, Christian/Werner, Harald (1994): Kontroverse Diskussionen um die Just-in-Time-Beschaffung. In: Beschaffung aktuell o.Jg.(1994)11, S. 35-39.

Hoppe, Uwe/Kracke, Uwe (1998): Internet und Intranet: Anwendungsperspektiven für Unternehmen. In: Zeitschrift für betriebswirtschaftliche Forschung 50(1998)4, S. 390-407.

Horváth, Péter/Seidenschwarz, Werner (1992): Zielkostenmanagement. In: Controlling 4(1992)3, S. 142-150.

Hubmann, H.-Egbert/Barth, Manfred (1990): Portfolio-Methoden im Einkauf. Die Einkaufsmatrix. Das neue Strategiebewußtsein im Einkauf. In: Beschaffung aktuell o.Jg.(1990)10, S. 26-32.

Hummel, Siegfried (1996): Material: Arten und Eignung. In: Kern, Werner/Schröder, Hans-Horst/Weber, Jürgen (Hrsg.): Handwörterbuch der Produktionswirtschaft. 2., völl. neu gest. Aufl. Stuttgart 1996, Sp. 1159-1168.

Ihde, Gösta B. (1988): Die relative Betriebstiefe als strategischer Erfolgsfaktor. In: Zeitschrift für Betriebswirtschaft 58(1988)1, S. 13-23.

Johnson, P. Fraser/Leenders, Michiel R./Fearon, Harold E. (1998a): Evolving Roles and Responsibilities of Purchasing Organizations. In: International Journal of Purchasing and Materials Management 34(1998)1, S. 2-11.

Johnson, P. Fraser/Leenders, Michiel R./Fearon, Harold E. (1998b): The Influence of Organizational Factors on Purchasing Activities. In: International Journal of Purchasing and Materials Management 34(1998)2, S. 10-19.

Johnston, Wesley/Lewin, Jeffrey E. (1996): Organizational Buying Behavior: Towards an Integrative Framework. In: Journal of Business Research 35(1996)1, S. 1-15.

Karzaunikat, Stefan (1998): Die Suchfibel. Leipzig 1998.

Kastreuz, Gerhard (1994): Management von Qualität und Zuverlässigkeit im Einkauf. Braunschweig, Wiesbaden 1994.

Katzmarzyk, Johannes (1988): Einkaufs-Controlling in der Industrie. Frankfurt am Main 1988.

Kieser, Alfred (1992): Abteilungsbildung. In: Frese, Erich (Hrsg.): Handwörterbuch der Organisation. 3., völl. neu gest. Aufl. Stuttgart 1992, Sp. 57-72.

Kieser, Alfred (1994): Fremdorganisation, Selbstorganisation und evolutionäres Management. In: Zeitschrift für betriebswirtschaftliche Forschung 46(1994)3, S. 199-228.

Kieser, Alfred/Kubicek, Herbert (1992): Organisation. 3., völl. neubearb. Aufl.. Berlin, New York 1992.

Kirsch, Werner (1993): Strategische Unternehmensführung. In: Wittmann, Waldemar et al. (Hrsg.): Handwörterbuch der Betriebswirtschaft. 5., völl. neu gest. Aufl. Stuttgart 1993, Sp. 4094-4111.

Kirsch, Werner (1997): Strategisches Management. Die geplante Evolution von Unternehmen. München 1997.

Kirstein, Henning/Fernholz, Joachim/Zenz, Andreas (1996): Qualitätsaudits und -zertifizierung. In: Kern, Werner/Schröder, Hans-Horst/Weber, Jürgen (Hrsg.): Handwörterbuch der Produktionswirtschaft. 2., völl. neu gest. Aufl. Stuttgart 1996, Sp. 1724-1734.

Kleinau, Andreas (1995): Zur Strategie der Lieferantenentwicklung. Konzeption einer neuen Beschaffungsstrategie und deren Beurteilung im Rahmen eines strategischen Beschaffungsmanagement. Frankfurt 1995.

Kligge, Carl G. (1992): Strategische Beschaffung und Rückwärtsintegration: konzeptionelle Grundlagen und ihre praktische Anwendung an einem Beispiel der Kleinserienfertigung. Frankfurt am Main et al. 1992.

Knyphausen, Dodo zu (1993): Why are Firms different? Der Ressourcenorientierte Ansatz im Mittelpunkt einer aktuellen Kontroverse im Strategischen Management. In: Die Betriebswirtschaft 53(1993)6, S. 771-792.

Köhler, Bernd (1991): Organisatorische Gestaltung des Einkaufs in industriellen Großunternehmen mit divisionaler Struktur. Frankfurt a.M. et al. 1991.

Köhler, Richard (1993): Marktforschung. In: Wittmann, Waldemar et al. (Hrsg.): Handwörterbuch der Betriebswirtschaft. 5., völl. neu gest. Aufl. Stuttgart 1993, Sp. 2782-2803.

Koppelmann, Udo (1995): Beschaffungsmarketing. 2. überarb. u. erw. Aufl. Berlin et al. 1995.

Koppelmann, Udo (1997): Beschaffungsmarketing für die Praxis. Ein strategisches Handlungskonzept. Berlin et al. 1997.

Kosiol, Erich (1962): Organisation der Unternehmung. Wiesbaden 1962.

Kraljic, Peter (1983): Purchasing Must Become Supply Management. In: Harvard Business Review 61(1983)5, S. 109-117.

Krause, Daniel R./Ellram, Lisa (1997): Success factors in supplier development. In: International Journal of Physical Distribution and Logistics Management 27(1997)1, S. 39-52.

Krüger, Wilfried (1994): Organisation der Unternehmung. 3., verb. Aufl. Stuttgart, Berlin, Köln 1994.

Kubicek, Herbert (1992): Informationsverbund, überbetrieblicher. In: Frese, Erich (Hrsg.): Handwörterbuch der Organisation. 3., völl. neu gest. Aufl. Stuttgart 1992, Sp. 994-1009.

Küpper, Hans-Ulrich (1993): Beschaffung. In: Baetge, Jörg et al (Hrsg.): Vahlens Kompendium der Betriebswirtschaftslehre. 3. Aufl. München 1993, S. 203-262.

Küpper, Hans-Ulrich/Helber, Stefan (1995): Ablauforganisation in Produktion und Logistik. Stuttgart 1995.

Küpper, Hans-Ulrich/Weber, Jürgen/Zünd, André (1990): Zum Verständnis und Selbstverständnis des Controlling. In: Zeitschrift für Betriebswirtschaft 60(1990)3, S. 281-293.

Küpper, Willi/Ortmann, Günther (1986): Mikropolitik in Organisationen. In: Die Betriebswirtschaft 46(1986)5, S. 590-602.

Lamming, Richard/Cousins, Paul/Notman, Dorian (1996): Beyond vendor assessment. Relationship assessment programmes. In: European Journal of Purchasing and Supply Management 2(1996)4, S. 173-181.

Landeros, Robert/Monczka, Robert (1989): Cooperative Buyer/Seller Relationships and a Firm's Competitive Posture. In: Journal of Purchasing and Materials Management 25(1989)3, S. 9-18. `

Large, Rudolf (1995): Unternehmerische Steuerung von Ressourceneignern. Ein verstehender Ansatz zur Theorie der Unternehmung. Wiesbaden 1995.

Large, Rudolf (1997): Reduktion von Unsicherheit durch partnerschaftliche Lieferanten-Abnehmer-Beziehungen. Beiträge zur Wissenschaft, Technologie und Gestaltung Nr. 27/1997. Arbeitspapier der Fachhochschule Anhalt. Köthen 1997.

Large, Rudolf (Hrsg.) (1998a): Trends im Beschaffungsmanagement. Entwicklungen, Herausforderungen, Lösungsansätze. Bernburg 1998.

Large, Rudolf (1998b): Auf dem Weg zu strategischem Denken im Beschaffungsmanagement. In: Large, Rudolf (Hrsg.): Trends im Beschaffungsmanagement. Entwicklungen, Herausforderungen, Lösungsansätze. Bernburg 1998, S. 4-21.

Large, Rudolf (1999): Partnerschaftliche Lieferanten-Abnehmer-Beziehungen und Reduktion von Unsicherheit. In: Logistik Management 1(1999)4, S. 253-263.

Large, Rudolf (2000): Zentralisation der Beschaffung in Industrieunternehmen. Ergebnisse einer empirischen Untersuchung. In: Zeitschrift Führung und Organisation 69(2000)5, S. 289-295.

Large, Rudolf/Lichtenberger, Ines/Kovács, Zoltán (2000): Einkauf von Logistikdienstleistungen. In: Beschaffung aktuell o.Jg.(2000)2, S. 41-44.

Large, Rudolf/Rückels, Wolfgang (1997): Beschaffung aus Mittel- und Osteuropa. Beispiel MAN Roland. Qualitätsfähigkeit ist notwendige Bedingung. In: Beschaffung aktuell o.Jg.(1997)1, S. 20-24.

Leenders, Michiel (1965): Improving Purchasing Effectiveness through Supplier Development. Boston 1965.

Liebelt, Wolfgang (1992): Methoden und Techniken der Ablauforganisation. In: Frese, Erich (Hrsg.): Handwörterbuch der Organisation. 3., völl. neu gest. Aufl. Stuttgart 1992, Sp. 19-34.

Lindner, Ralph (1999): Aufgabenprofile und Gehaltsstrukturen im Einkauf in Deutschland. In: Hahn, Dietger/Kaufmann, Lutz (Hrsg.): Handbuch Industrielles Beschaffungsmanagement. Internationale Konzepte, Innovative Instrumente, Aktuelle Praxisbeispiele. Wiesbaden 1999, S. 795-814.

Lindner, Thomas (1983): Strategische Entscheidungen im Beschaffungsbereich. München 1983.

Lohrberg, Werner (1978): Grundprobleme der Beschaffungsmarktforschung. Bochum 1978.

Mag, Wolfgang (1992): Ausschüsse. In: Frese, Erich (Hrsg.): Handwörterbuch der Organisation. 3., völl. neu gest. Aufl. Stuttgart 1992, Sp. 252-262.

Marcussen, Carl H. (1996): The Effects of EDI on Industrial Buyer-Seller Relationships: A Network Perspective. In: International Journal of Purchasing and Materials Management 32(1996)3, S. 20-26.

Marr, Rainer/Kötting, Marcus (1992): Organisatorische Implementierung. In: Frese, Erich (Hrsg.): Handwörterbuch der Organisation. 3., völl. neu gest. Aufl. Stuttgart 1992, Sp. 827-841.

Matthyssens, Paul/Van den Bulte, Christophe (1994): Getting Closer and Nicer: Partnerships in the Supply Chain. In: Long Range Planning 27(1994)1, S. 72-83.

Mattson, Melvin/Salehi-Sangari, Esmail (1993): Decision Making in Purchases of Equipment and Materials: A Four-country Comparison. In: International Journal of Physical Distribution and Logistics Management 23(1993)8, S. 16-30.

Mendelsohn, Klaus-Heinrich (1976): Aufgaben und Ausbildung des Einkaufsleiters industrieller Großunternehmen. Berlin 1976.

Menze, Thomas (1993): Strategisches internationales Beschaffungsmarketing. Stuttgart 1993.

Meyer, Christoph (1986): Beschaffungsziele. Köln 1986.

Min, Hokey/Galle, William (1991): International Purchasing Strategies of Multinational U.S. Firms. In: International Journal of Purchasing and Materials Management 27(1991)2, S. 9-18.

Mohr, Dagmar (1998): Einkauf und Internet. Neue Instrumente des Einkaufsmarketing. Purchasing goes online. In: Beschaffung aktuell o.Jg.(1998)7, S. 50-53.

Monczka, Robert M./Giunipero, Larry C. (1984): International Purchasing. Characteristics and Implementation. In: Journal of Purchasing and Materials Management 20(1984)3, S. 2-9.

Monczka, Robert M./Giunipero, Larry C./Reck, Robert F. (1981): Perceived Importance of Supplier Information. In: Journal of Purchasing and Materials Management 17(1981)2, S. 21-29.

Monczka, Robert M./Nichols, Ernest L./Callahan, Thomas J. (1992): Value of Supplier Information in the Decision Process. In: International Journal of Purchasing and Materials Management 28(1992)2, S. 20-30.

Monczka, Robert M./Trent, Robert (1991a): Evolving Sourcing Strategies for the 1990s. In: International Journal of Physical Distribution and Logistics Management 21(1991)5, S. 4-12.

Monczka, Robert M./Trent, Robert (1991b): Global Sourcing. A Development Approach. In: International Journal of Purchasing and Materials Management 27(1991)1, S. 2-8.

Monczka, Robert/Trent, Robert/Handfield, Robert (1998): Purchasing and Supply Chain Management. Cincinnati 1998.

Mudambi, Ram/Schründer, Claus Peter (1996): Progress towards Buyer-Supplier Partnerships. Evidence from Small and Medium-sized Manufacturing Firms. In: European Journal of Purchasing and Supply Management 2(1996)2/3, S. 119-127.

Müller, Ernst-Wilhelm (1990): Gestaltungspotentiale für die Logistik in der Beschaffung. Gemeinsam Spitzenleistungen erreichen. In: Beschaffung aktuell o.Jg.(1990)4, S. 51-53.

Müller, Holger (1998): Informations- und kommunikationstechnische Anwendungstrends in der Beschaffung. In: Large, Rudolf (Hrsg.): Trends im Beschaffungsmanagement. Entwicklungen, Herausforderungen, Lösungsansätze. Bernburg 1998, S. 104-127.

Muschinski, Willi (1998): Lieferantenbewertung in Deutschland. In: Beschaffung aktuell o.Jg.(1998)9, S. 46-52.

Nagel, Bernhard (1999): Produkthaftung im Produktionsverbund. In: Hahn, Dietger/ Kaufmann, Lutz (Hrsg.): Handbuch Industrielles Beschaffungsmanagement. Internationale Konzepte, Innovative Instrumente, Aktuelle Praxisbeispiele. Wiesbaden 1999, S. 295-319.

Nagel, Peter (1992): Techniken der Zielformulierung. In: Frese, Erich (Hrsg.): Handwörterbuch der Organisation. 3., völl. neu gest. Aufl. Stuttgart 1992, Sp. 2626-2634.

Nordsieck, Fritz (1972): Betriebsorganisation. Betriebsaufbau und Betriebsablauf. 4. Aufl.. Stuttgart 1972.

o.V. (1996a): Gehaltsanalyse für den Einkauf 1. In: Beschaffung aktuell o.Jg.(1996)2, S. 22-23.

o.V. (1996b): Gehaltsanalyse für den Einkauf 3. In: Beschaffung aktuell o.Jg.(1996)4, S. 16-17.

o.V. (1996c): Gehaltsanalyse für den Einkauf 5. Sich regen bringt Segen. In: Beschaffung aktuell o.Jg.(1996)6, S. 14-15.

o.V. (1996d): Gehaltsanalyse für den Einkauf 8. In Bildung investieren lohnt immer. In: Beschaffung aktuell o.Jg.(1996)9, S. 18-19.

Oelsnitz, Dietrich von der (1995): Individuelle Selbststeuerung - der Königsweg „moderner" Unternehmensführung? In: Die Betriebswirtschaft 55(1995)6, S. 707-720.

Olsen, Rasmus Friis/Ellram, Lisa M. (1997): A Portfolio Approach to Supplier Relationships. In: Industrial Marketing Management 26(1997), S. 101-113.

Orths, Heinrich (1997): Neue Abwicklung für Kleinbestellungen. Beispiel VISA Purchasing Card. In: Beschaffung aktuell o.Jg.(1997)6, S. 28-31.

Ouchi, William G./Dowling, John B. (1974): Defining the Span of Control. In: Administrative Science Quarterly 19(1974), S. 357-365.

Pagell, Mark/Das, Ajay/Curkovic, Sime/Easton, Liane (1996): Motivating the Purchasing Professional. In: International Journal of Purchasing and Materials Management 32(1996)3, S. 27-34.

Pahl, Hans-Joachim (1997): Das Lieferanten-Bewertungs-System der G. Kromschröder AG. In: Hartmann, Horst/Pahl, Hans-Joachim/Spohrer, Hans (Hrsg.): Lieferantenbewertung aber wie? Lösungsansätze und erprobte Verfahren. Deutscher Betriebswirte-Verlag. Gernsbach 1997, S. 97-142.

Pampel, Jochen R. (1999): Instrumente für das kooperationsbezogene Beschaffungscontrolling. Steuerung von Produktions- und Transaktionskosten. In: Hahn, Dietger/ Kaufmann, Lutz (Hrsg.): Handbuch Industrielles Beschaffungsmanagement. Internationale Konzepte, Innovative Instrumente, Aktuelle Praxisbeispiele. Wiesbaden 1999, S. 549-575.

Perridon, Louis (1986): Die „Doctrine" Henri Fayols und ihr Einfluß auf die moderne Managementwissenschaft. In: Die Betriebswirtschaft 46(1986)1, S. 29-44.

Pfohl, Hans-Christian (1981): Planung und Kontrolle. Stuttgart u.a. 1981.

Pfohl, Hans-Christian (1994): Logistikmanagement. Funktionen und Instrumente. Implementierung der Logistikkonzeption in und zwischen Unternehmen. Berlin u.a. 1994.

Pfohl, Hans-Christian (2000): Logistiksysteme. Betriebswirtschaftliche Grundlagen. 6., neubearb. u. akt. Aufl. Berlin u.a. 2000.

Pfohl, Hans-Christian/Large, Rudolf (1991): Internationale Beschaffung. Einflußfaktor Logistik. In: Beschaffung aktuell o.Jg.(1991)6, S. 22-30.

Pfohl, Hans-Christian/Large, Rudolf (1992): Gestaltung interorganisatorischer Logistik-systeme auf der Grundlage der Transaktionskostentheorie. In: Zeitschrift für Verkehrswissenschaft 63(1992)1, S. 15-51.

Pfohl, Hans-Christian/Large, Rudolf (1993): Sourcing from Central and Eastern Europe: Conditions and Implementation. In: International Journal of Physical Distribution and Logistics Management 23(1993)8, S. 5-15.

Pfohl, Hans-Christian/Large, Rudolf (1997): East-Western Supplier-Customer Relationships. Results of an Empirical Investigation in the Czech Republic, Romania, Hungary, Ukraine, and Germany. In: European Journal of Purchasing and Supply Management 3(1997)4, 177-187.

Pfohl, Hans-Christian/Large, Rudolf (1998): Eingliederung der Logistik in die Aufbau-organisation von Unternehmen. In: Isermann, Heinz (Hrsg.): Logistik. Gestaltung von Logistiksystemen. 2., überarb. u. erw. Aufl. Landsberg/Lech 1998, S. 91-105.

Pfohl, Hans-Christian/Stölzle, Wolfgang (1997): Planung und Kontrolle. Konzeption, Gestaltung, Implementierung. 2., neubearb. Aufl. München 1997.

Picot, Arnold (1991): Ein neuer Ansatz zur Gestaltung der Leistungstiefe. In: Zeitschrift für betriebswirtschaftliche Forschung 43(1991)4, S. 358-375.

Pooley, John/Dunn, Steven C. (1994): A Longitudinal Study of Purchasing Positions: 1960-1989. In: Journal of Business Logistics 15(1994)1, S. 193-214.

Porter, Michael E. (1985): Competitive Advantage. New York 1985.

Prahalad, C.K./Hamel, Gary (1990): The Core Competence of the Corporation. In: Harvard Business Review 68(1990)3, S. 79-91.

Probst, Gilbert (1992): Selbstorganisation. In: Frese, Erich (Hrsg.): Handwörterbuch der Organisation. 3., völl. neu gest. Aufl. Stuttgart 1992, Sp. 2255-2269.

Rajagopal, Shan/Bernard, Kenneth (1994): Creating strategic change in procurement orientation. A strategy for improving competitiveness. In: European Journal of Purchasing & Supply Management 1(1994)3, S. 149-160.

Ramsay, J./Wilson, I. (1990): Sourcing/Contracting Strategy Selection. In: International Journal of Operations & Production Management 10(1990)8, S. 19-28.

Rasche, Christoph/Wolfrum, Bernd (1994): Ressourcenorienterte Unternehmens-führung. In: Die Betriebswirtschaft 54(1994)4, S. 501-517.

Reese, Jürgen/Spohrer, Hans (1993): Vorteilhafte Vertragsgestaltung für erfolgreiches Einkaufen. Gernsbach 1993.

Reichmann, Thomas/Palloks, Monika (1999): Make-or-Buy-Kalkulationen im modernen Beschaffungsmanagement. In: Hahn, Dietger/Kaufmann, Lutz (Hrsg.): Handbuch Industrielles Beschaffungsmanagement. Internationale Konzepte, Innovative Instrumente, Aktuelle Praxisbeispiele. Wiesbaden 1999, S. 417-434.

Reinelt, Günther R. (1999): Multimediale Beschaffungsmarktforschung. In: Hahn, Dietger/Kaufmann, Lutz (Hrsg.): Handbuch Industrielles Beschaffungsmanagement. Internationale Konzepte, Innovative Instrumente, Aktuelle Praxisbeispiele. Wiesbaden 1999, S. 453-474.

Robinson, Patrick J./Faris, Charles W./Wind, Yoram (1967): Industrial Buying and Creative Marketing. Boston 1967.

Roland, Folker (1993): Beschaffungsstrategien. Voraussetzungen, Methoden und EDV-Unterstützung einer problemadäquaten Auswahl. Bergisch Gladbach, Köln 1993.

Rückels, Wolfgang (1994): Beschaffungsmärkte Malaysia, Thailand, Indonesien. Chancen und Risiken sorgfältig abwägen. In: Internationaler Einkauf. Sonderver-öffentlichung der Beschaffung aktuell. Leinfelden-Echterdingen 1994, S. 36-39.

Rückle, Dieter (1993): Investition. In: Wittmann, Waldemar et al. (Hrsg.): Handwörter-buch der Betriebswirtschaft. 5., völl. neu gest. Aufl. Stuttgart 1993, Sp. 1924-1936.

Sandig, Curt (1935): Grundriß der Beschaffung, Teil 1. In: Die Betriebswirtschaft 28(1935)8, S. 175-182.

Schmid, Karlheinz (1993): Die Meistbegünstigung - ein leidiges Thema. Alle Register bereits bei der Vergabeverhandlung ziehen. In: Beschaffung aktuell o.Jg.(1993)12, S. 40-41.

Schmid, Karlheinz (1996): Anmerkungen zum Rahmenvertrag. Verträge, die den Rahmen bilden. In: Beschaffung aktuell o.Jg.(1996)4, S. 23-25.

Schmid, Karlheinz (1998): Wie man sich auf den Ernstfall vorbereitet: Verfügen Sie über ein effektives Fehlermanagement. In: Beschaffung aktuell o.Jg.(1998)6, S. 42-44.

Scholl, Wolfgang (1992): Informationspathologien. In: Frese, Erich (Hrsg.): Handwörterbuch der Organisation. 3., völl. neu gest. Aufl. Stuttgart 1992, Sp. 900-912.

Scholz, Christian (1999): Entwicklungs- und Vergütungskonzepte für das Beschaffungsmanagement. In: Hahn, Dietger/Kaufmann, Lutz (Hrsg.): Handbuch Industrielles Beschaffungsmanagement. Internationale Konzepte, Innovative Instrumente, Aktuelle Praxisbeispiele. Wiesbaden 1999, S. 775-794.

Schönenborn, Friedhelm (1980): Zur Beschaffungssituation mittelständischer Industriebetriebe. Eine empirische Analyse. Göttingen 1980.

Schreiber, Franz (1993): Weiterentwicklung der Lieferantenbeziehungen. Der Weg zum Entwicklungspartner und Systemlieferanten. In: Beschaffung aktuell o.Jg.(1993)9, S. 38-42.

Schulte, Christof (1991): Trends in der Beschaffungspolitik. In: Wirtschaftswissenschaftliches Studium 20(1991)7, S. 361-365.

Schultz, Volker (1998): Basiswissen Rechnungswesen. Grundlagen der Unternehmensführung. München 1998.

Shell, Richard (1991): When Is It Legal to Lie in Negotiations? In: Sloan Management Review 32(1991)3, S. 93-101.

Sheth, Jagdish (1973): A Model of Industrial Buyer Behavior. In: Journal of Marketing 37(1973)October, S. 50-56.

Sipos, Wolfgang (1997): Internetrecherche im Rohstoffeinkauf. In: Bundesverband Materialwirtschaft, Einkauf und Logistik e.V. (Hrsg.): Spitzenleistungen im Visier. 12. Deutsches Symposium Einkauf und Logistik. Frankfurt am Main 1997, S. 351-362.

Smeltzer, Larry R. (1997): The Meaning and Origin of Trust in Buyer-Supplier Relationships. In: International Journal of Purchasing and Materials Management 33(1997)1, S. 40-48.

Sombart, Werner (1967): Die drei Nationalökonomien. Geschichte und System der Lehre von der Wirtschaft. 2., unveränderte Aufl. Berlin 1967.

Spekman, Robert E. (1988): Strategic Supplier Selection. Understanding Long-term Buyer Relationships. In: Business Horizons 31(1988)4, S. 75-81.

Spreemann, Klaus (1990): Asymmetrische Information. In: Zeitschrift für Betriebswirtschaft 60(1990), S. 561-586.

Staehle, Wolfgang (1994): Management. Eine verhaltenswissenschaftliche Perspektive. 7., überarb. Aufl. München 1994.

Stangl, Ulrich (1988): Beschaffungsmarktforschung. Ein heuristisches Entscheidungsmodell. 2. Aufl.. Köln 1988.

Stangl, Ulrich/Koppelmann, Udo (1984): Beschaffungsmarktforschung - ein prozessuales Konzept. In: Zeitschrift für betriebswirtschaftliche Forschung 36(1984)5, S. 347-370.

Stark, Heinz (1992): Beschaffungsstrategien im Umbruch. Mit Systemlieferanten Wertschöpfungsstrukturen optimieren. In: Beschaffung aktuell o.Jg.(1992)9, S. 28-31.

Stauss, Bernd (1996): Dienstleistungen als Faktoren. In: Kern, Werner/Schröder, Hans-Horst/Weber, Jürgen (Hrsg.): Handwörterbuch der Produktionswirtschaft. 2., völl. neu gest. Aufl. Stuttgart 1996, Sp. 318-327.

Steinle, Claus (1992): Delegation. In: Frese, Erich (Hrsg.): Handwörterbuch der Organisation. 3., völl. neu gest. Aufl. Stuttgart 1992, Sp. 500-513.

Stölzle, Wolfgang (1999): Industrial Relationships. München, Wien 1999.

Swift Owens, Cathy (1995): Preferences for Single Sourcing and Supplier Selection. In: Journal of Business Research 32(1995)2, S. 105-102.

Tempelmeier, Horst (1993): Beschaffung, Materialwirtschaft, Logistik. In: Wittmann, Waldemar et al. (Hrsg.): Handwörterbuch der Betriebswirtschaft. 5., völl. neu gest. Aufl. Stuttgart 1993, Sp. 312-325.

Theisen, Paul (1970): Grundzüge einer Theorie der Beschaffungspolitik. Berlin 1970.

Titscher, Stefan (1995): Konflikthandhabung. In: Kieser, Alfred/Reber, Gerhard/Wunderer, Rolf (Hrsg.): Handwörterbuch der Führung. 2., völl. neu gest. u. erg. Aufl. Stuttgart 1995, Sp. 1337-1350.

Töpfer, Armin (1999): Qualitätsmanagement-Konzepte bei veränderten Beschaffungsstrategien. In: Hahn, Dietger/Kaufmann, Lutz (Hrsg.): Handbuch Industrielles Beschaffungsmanagement. Internationale Konzepte, Innovative Instrumente, Aktuelle Praxisbeispiele. Wiesbaden 1999, S. 343-364.

Trent, Robert J./Monczka, Robert M. (1998): Purchasing and Supply Management: Trends and Changes Throughout the 1990s. In: International Journal of Purchasing and Materials Management 34(1998)4, S. 2-11.

Wald, Kurt E. (1996a): Effektive Beschaffungslogistik durch elektronischen Datenaustausch. In: Beschaffung aktuell o.Jg.(1996)10, S. 42-43.

Wald, Kurt E. (1996b): Elektronischer Datenaustausch - Internet? In: Beschaffung aktuell o.Jg.(1996)12, S. 59-60.

Wald, Kurt E. (1997): Auf dem Weg zu Electronic Commerce. In: Beschaffung aktuell o.Jg.(1997)1, S. 52-53.

Walker, Gordon/Weber, David (1984): A Transaction Cost Approach to Make-or-Buy Decisions. In: Administrative Science Quarterly 29(1984)3, S. 373-391.

Weber, Günter/Christe, Rolf (1998): Benchmarking im Einkauf. Erfolge bei Preisen, Kosten und Verfahren durch Kooperationen. In: Voegele, Andreas R./Schindele, Sylvia (Hrsg.): Einkaufskooperationen in der Praxis. Chancen, Risiken, Lösungen. Wiesbaden 1998, S. 135-150.

Weber, Max (1972): Wirtschaft und Gesellschaft. 5., revidierte Aufl., besorgt von Johannes Winckelmann. Studienausgabe. Tübingen 1972.

Webster, Frederick E./Wind, Yoram (1972a): Organizational Buying Behavior. Englewood Cliffs 1972.

Webster, Frederick E./Wind, Yoram (1972b): A General Model for Understanding Organizational Buying Behavior. In: Journal of Marketing 36(1972)2, S. 12-19.

Weisenfeld-Schenk, Ursula (1997): Die Nutzung von Zertifikaten als Signal für Produktqualität. Eine informationsökonomische Betrachtung. In: Zeitschrift für Betriebswirtschaft 67(1997)1, S. 21-39.

Welters, Klaus/Winand, Udo (1980): Beschaffung und strategische Unternehmensführung. Zwischenergebnisse einer Delphi-Untersuchung. In: Zeitschrift für betriebswirtschaftliche Forschung 32(1980)7, S. 585-610.

Wierdemann, Wolfgang/Putzke, Maike (1995): Die IO(Irregular Operations)-Analyse im Einkauf. In: Beschaffung aktuell o.Jg.(1995)12, S. 15-23.

Wietersheim, Wend von (1993): Strategische Beschaffung unter dem Einfluss neuer Produktionstechnologien. Diss. St. Gallen 1993.

Wildemann, Horst (1990): Kundennahe Produktion und Zulieferung: Eine empirische Bestandsaufnahme. In: Die Betriebswirtschaft 50(1990)3, S. 309-331.

Wildemann, Horst (1991): Einführungsstrategien für eine Just-in-Time-Produktion und -Logistik. In: Zeitschrift für Betriebswirtschaft 61(1991)2, S. 149-169.

Williamson, Oliver (1975): Markets and Hierarchies: Analysis and Antitrust Implications. New York 1975.

Williamson, Oliver (1984): The Economics of Governance: Framework and Implications. In: Zeitschrift für die gesamte Staatswissenschaft 140(1984), S. 195-223.

Williamson, Oliver (1985): The Economic Institutions of Capitalism. Firms, Markets, Relational Contracting. New York 1985.

Wittmann, Waldemar (1959): Unternehmung und unvollkommene Information. Köln u.a. 1959.

Wittmann, Waldemar (1980): Information. In: Grochla, Erwin (Hrsg.): Handwörterbuch der Organisation. 2., völl. neu gest. Aufl. Stuttgart 1980, Sp. 894-904.

Wondergem, Jan/Hakanson, Bill (2000): Supply-Chain-Management ist kein DV-Problem. http://www.supply-chain.org/eu/Deutsch/7_2.html, 6.6.2000.

Wynstra, Finn (1998): Purchasing Involvement in Product Development. Eindhoven 1998.

Young, Yoyce A./Varble, Dale L. (1997): Purchasing's Performance as Seen by its Internal Customers: A Study in a Service Organization. In: International Journal of Purchasing and Materials Management 33(1997)3, S. 36-41.

Zäpfel, Günther (1973a): Bestimmungsgründe und ausgewählte Systeme der Lieferanten-Bewertung. Teil 1: Bestimmungsgründe bei der Wahl der Lieferanten. In: Fortschrittliche Betriebsführung 22(1973)1, S. 27-33.

Zäpfel, Günther (1973b): Bestimmungsgründe und ausgewählte Systeme der Lieferanten-Bewertung. Teil 2: Lieferantenauswahl- und Lieferantenkontrollsysteme. In: Fortschrittliche Betriebsführung 22(1973)2, S. 81-87.

Sachverzeichnis

Konzepte für das neue Jahrtausend

Rüstzeug für die Verkehrspolitik

Das Buch behandelt die verkehrspolitischen Fragestellungen aus volkswirtschaftlicher Sichtweise. Mittels Verkehrsökonometrie wird das Verkehrsgeschehen quantifiziert und durch statistische Verfahren und Methoden ausführlich erklärt. Die Darstellung der praktizierten Verkehrspolitik und deren Instrumente ist ein weiterer Schwerpunkt.

H.-F. Eckey/ W. Stock
Verkehrsökonomie
Eine empirisch-orientierte Einführung in die Verkehrswissenschaften
2000. ca. XXV, 409 S. mit 55 Abb., 60 Tab. Br. ca. DM 78,00
ISBN 3-409-11438-6

Leitfaden zur Erschließung wirtschaftlicher Kontexte

Dieses Lehrbuch bietet Ihnen einen theoretisch fundierten und praxisorientierten Leitfaden, mit dessen Hilfe Sie sich die Kernelemente und Prinzipien wirtschaftlichen Denkens und Handelns erschließen und nutzbar machen können.

Rainer Palupski
Management von Beschaffung, Produktion und Absatz
Leitfaden mit Praxisbeispielen
2., erg. u. durchges. Aufl. 2000. ca. 400 S. Br. ca. DM 52,00
ISBN 3-409-23227-3

Modelle für Weltklasse-Logistik

Führende Logistikpraktiker aus Industrie, Dienstleistung und Handel stellen zusammen mit Wissenschaftlern Grundlagen zur Zukunftsforschung und zum Visionsmanagement vor. Mit einem neuartigen Konzept zur angewandten Logistik werden umsetzungsorientierte Praktiker angesprochen.

Ingrid Göpfert (Hrsg.)
Logistik der Zukunft - Logistics for the Future
2., akt. u. erw. Aufl. 2000. XVI, 305 S. mit 106 Abb. Br. DM 89,00
ISBN 3-409-23311-3

Änderungen vorbehalten. Stand: März 2000.

Gabler Verlag · Abraham-Lincoln-Str. 46 · 65189 Wiesbaden · www.gabler.de

GABLER

Konzepte für das neue Jahrtausend

BWL an Fachhochschulen

Zulassung, Aufbau, Anerkennung – Wissenschaftliches Arbeiten – Praxisbezug im FH-Studium – Finanzierung und Stipendien – Weiterbildung nach dem Diplom – Internationale Studiengänge

Das Buch bietet einen Überblick über das Betriebswirtschaftsstudium an deutschen Fachhochschulen. Es ist zugleich ein Wegweiser zum Auffinden geeigneter Studiengänge mit Angaben zu Zulassungsvoraussetzungen und Bewerbungsfristen. Es zeigt die Möglichkeiten des BWL-Studiums an Fachhochschulen auf und gibt einen fundierten Überblick über das Angebot von allgemeiner und spezieller Betriebswirtschaftslehre. Besondere Berücksichtigung finden internationale Studiengänge mit Zuslassungsvoraussetzungen und Bewerbungsfristen.

Die Professoren Hans-Werner Stahl und Wolfgang Stahl sind ausgewiesene Wissenschaftler und erfahrene Dozenten an der international renommierten Fachhochschule Reutlingen.

Hans-Werner Stahl,
Wolfgang Stahl
Effizient studieren:
Wirtschaftswissenschaften an Fachhochschulen
(Edition MLP)
1998. XII, 338 S. Br.
DM 32,80
ISBN 3-409-13636-3

Änderungen vorbehalten. Stand: September 2000.

Gabler Verlag · Abraham-Lincoln-Str. 46 · 65189 Wiesbaden · www.gabler.de

GABLER